Photo: Li Gotami

LAMA ANAGARIKA GOVINDA

Lama Anagarika Govinda
(Anaṅgavajra Khamsum Wangchuk)

Schöpferische Meditation und multidimensionales Bewusstsein

Aurum Verlag · Freiburg im Breisgau

Mit 8 Farb- und 1 Schwarzweiß-Tafel sowie Frontispiz,
7 Zeichnungen und 1 Tabelle.

1977
ISBN 3 591 08041 1

Gesamtherstellung: Druckerei und Verlagsanstalt Konstanz Am Fischmarkt.
Printed in Germany.

ADVAYAVAJRA

Upācārya des Ordens
Ārya Maitreya Maṇḍala
in Freundschaft und
Dankbarkeit gewidmet.

Inhalt

Teil 3

Meditation als unmittelbare Erfahrung und als geistige Haltung

Teil 4

Kunst und Meditation

Teil 5

Kontemplative Gedanken

Teil 6

DIMENSIONEN DES BEWUSSTSEINS

Diagramme und Illustrationen

Vorwort

Vorliegende Schrift ist kein Lehrbuch der Meditation, in dem Regeln oder technische Einzelheiten erklärt werden. Sie ist vielmehr die Frucht eines ein ganzes Leben füllenden Studierens und Übens von Kontemplation und Handeln im Geiste des Buddha-Dharma vor dem Hintergrund, der durch die Probleme des Ostens wie des Westens in unserer gegenwärtigen Zeit gegeben ist.

Ich war ein Bürger zweier Welten: Während meine frühe Jugend von den großen Traditionen westlicher Kultur genährt wurde, stützten und inspirierten mich dann die altehrwürdigen Traditionen des Ostens, in dem ich den größten Teil meines Lebens verbrachte.

So hoffe ich denn, daß dieses Buch ein Brückenschlag zwischen diesen beiden Welten werden möge und nicht ein bloßes Handbuch bzw. eine Informationsquelle. Es möge ein Ansporn sein, der auch andere anregt, die Brücke in beiden Richtungen zu überqueren. In keinem Fall aber soll es irgend jemanden veranlassen, von der einen zur anderen Seite zu konvertieren. Es soll vielmehr andere ermutigen, die Forschungen, mit denen ich mich befaßte, fortzusetzen – nicht um einer Endlösung willen, sondern allein aus der Freude, die jenem Gefühl und jener inneren Gewißheit entspringt, daß dem geistigen Entdeckungsdrang eines schöpferischen Lebens kein Ende gesetzt ist und daß der Akt des Fortschreitens seinen eigenen Lohn in sich trägt. Denn wie bei einer Pilgerreise gilt auch hier, daß das Gehen wichtig ist und nicht das Ankommen! Hier hat jeder Schritt seine ihm eigene Bedeutung – hat seinen eigenen Sinn, der uns mit Freude erfüllt. Doch besagt das nun nicht, daß wir weder Ziel noch Richtung haben sollen: Wenn unser Ziel ein der höchsten Wirklichkeit entsprechendes und erhabenes ist, dann ist seine Erfüllung jeder Schritt, der uns ihm näher bringt: Der Weg selbst wird zum Ziel!

Dieses aber führt uns die alles überragende Bedeutung des *Weges* vor Augen, und da es nichts gibt, was als *einziger* Weg bezeichnet werden kann, bedeutet das, daß jedes menschliche Wesen seinen eigenen Weg finden muß. Denn würde es versuchen, den Weg eines anderen nachzuahmen, so könnte es seiner eigenen Natur nicht treu bleiben. Dies ist eines der wichtigsten Dinge, die wir im Gedächtnis behalten müssen, wenn wir über Meditation sprechen.

Ein weiser Lehrer ist darum nur der, der dem Schüler hilft, seinen eigenen Weg zu entdecken. Ein Guru, der seine eigene Persönlichkeit, seinen eigenen Weg und seine eigenen Ideen dem Schüler aufzuzwingen versucht, vergewaltigt damit die Natur des Schülers. Nur was wir selbst finden, gehört uns wahrhaft und hat seine nachhaltige Wirkung auf unseren Charakter. Alles, was wir nur übernehmen, aber nicht unmittelbar erlebt haben, wird nicht zu einem Bestandteil unseres Lebens. Daher legte der Buddha einen so großen Wert auf die eigene Erfahrung, auf der die Anerkennung und Bestätigung seiner Lehre beruhte – ganz im Gegensatz zu jenem blinden Glauben, den andere Religionsstifter oder Lehrer eines vergeistigten Lebens forderten.

Die wahre Aufgabe eines Guru ist nicht das Lehren eines erlernbaren Stoffes, sondern die Erweckung des Geistes. Er vermittelt jene Inspiration, die den Schüler befähigt, *seinen* Lebensweg zu finden. Inspiration aber ist die Quelle wahrer Begeisterung, die das Lernen zur Freude werden läßt. Dem Schüler bleibt es dann überlassen zu assimilieren, was seiner Natur und seinem Verständnis angemessen und seinem geistigen Wachstum förderlich ist. Auf diese Weise formt sich im Akte des Gehens der Weg von selber, wobei das Gehen in sich bereits Richtung und Ziel beinhaltet.

Zum Abschluß sei noch erwähnt, daß die Kapitel 2 bis 10 des fünften Teiles dem Buch *Maṇḍala* (erschienen im Origo-Verlag, Zürich) entnommen wurden, da sie zur Vollständigkeit unseres Themas wesentlich beitragen und Beispiele für eine kontemplative Geisteshaltung sind. Dem Origo-Verlag sei hier gedankt.

Kasar Devi Ashram — Der Verfasser
Kumaon Himalaya, im Oktober 1976

Transskriptionsmethode und Aussprache indischer Worte

VOKALE

a i u ṛ (= ri) sind kurz zu sprechen.
ā ī ū e ai o au sind lang.

KONSONANTEN

A. *Die fünf Klassen*

stimmlos		stimmhaft		nasal
	aspiriert		aspiriert	
k	kh	g	gh	ṅ
c	ch	j	jh	ñ
ṭ	ṭh	ḍ	ḍh	ṇ
t	th	d	dh	n
p	ph	b	bh	m

B. *Die Nicht-Klassen-Konsonanten*

y	r	l	v
ś	ṣ	s	h (ḥ ṃ)

ALLGEMEINE AUSSPRACHEREGELN

Die Vokale werden im allgemeinen gesprochen wie im Deutschen (das kurze a ist etwas dumpfer), doch ist der Unterschied zwischen kurzen und langen Vokalen stärker ausgeprägt. Die langen Vokale sind in indischen Sprachen die Haupttonträger. Die Betonung mehrsilbiger, kurzvokalischer Worte liegt im Sanskrit und im Pāli auf der drittletzten Silbe (z.B. *máṇḍala;* da dieses Wort sehr oft im Text vorkommt und praktisch in die deutsche Sprache übernommen wurde, schreiben wir es in der deutschen Form und behandeln es als Neutrum). Enthält die vorletzte Silbe eines Wortes einen langen Vokal oder einen kurzen mit darauffolgendem Doppelkonsonant, so trägt sie den Ton (z.B. *Anánga-vájra, Mahāyāna).* In Worten, in denen die erste und die dritte Silbe lange Vokale enthalten, ist die erste Silbe betont (z.B. *védanā, śūnyatā).* In aus zwei oder mehreren Worten zusammengesetzten Wortgebilden behält jedes der ursprünglichen Worte seine Betonung bei (z.B. *Rátna-sámbhava, Bódhi-sáttva).* Kurzvokalische zweisilbige Worte tragen den Ton auf der ersten Silbe (z.B. *vájra, dhárma, mántra,* im Gegensatz zu *vidyā, mudrā).* Mudrā ist eines jener Worte, das wir seiner Häufigkeit wegen als eingedeutschtes Wort behandelt haben.

AUSSPRACHE EINZELNER BUCHSTABEN

In allen aspirierten Konsonanten wird das nachfolgende »h« deutlich hörbar gesprochen:

kh wie in »Rückhalt«, *gh* wie in »zaghaft«,
th wie in »statthaft«, *dh* wie in »bildhaft«,
ph wie in »Schlappheit«, *bh* wie in »lebhaft«.
c entspricht dem deutschen »tsch«,
ch daher wie »tsch-h« in »klatschhaft«.
j ist ein weich gesprochenes »dsch« wie im italienischen Namen »Giacomo«.
ñ = nj wie in »Benjamin«.

Bei den zerebralen Konsonanten *(ṭ, ṭh, ḍ, ḍh, ṇ)* berührt die leicht zurückgezogene Zungenspitze den Gaumen.

ś = palatales (scharfes) »sch«,
ṣ = cerebrales (weiches) »sch«,
s = »ss« wie in »Straße«.
ḥ repräsentiert im Sanskrit einen tonlosen Aushauch *(visarga),* im Tibetischen ein nichtgesprochenes Schriftzeichen, das als Basis eines Vokals oder als Dehnungszeichen dient.
ṃ (nur im Sanskrit und Pāli) *anusvāra* genannt, nasaliert den vorhergehenden Vokal und wird als Auslaut entweder wie ein deutsches »ng« (wie in »Angel«) oder wie ein nachtönendes »m« (z.B. in OṂ) gesprochen.

ṅ entspricht dem deutschen »ng«. Da es ohnedies als solches ausgesprochen wird, kann der Punkt über dem »ṅ« ausgelassen werden, ohne die Aussprache dadurch zu verändern. Im Tibetischen haben wir es vorgezogen, den *ṅ*-Laut als »ng« wiederzugeben, weil sich herausgestellt hat, daß bei Zitaten der Punkt über dem »n« häufig ausgelassen wird, da in manchen Druckereien diakritische Zeichen nicht vorhanden sind, was zu Mißverständnissen führen kann, da im Tibetischen das »n« einen ganz anderen Wortsinn vermittelt als das »ng«.

Erster Teil

Die geistige Entfaltung des Buddhismus: Der Weg von seiner Formulierung als Lehre zu seiner meditativen Verwirklichung

1

DER STROM LEBENDIGER TRADITION

Um die heiligen Schriften des Buddhismus zu verstehen, müssen wir bis zu einem gewissen Grade mit dem lebendigen Strom buddhistischer Tradition vertraut sein, der von den Tagen des Buddha bis in unsere Zeit ohne Unterbrechung auf uns gekommen ist, vergleichbar einem mächtigen Strom, der durch viele verschiedenartigste Klimate und Landschaften in immer wechselnden Formen und mit stetig wachsendem Inhalt fließt – und der dennoch immer derselbe Strom ist. Aber diese seine Gleichheit besteht nicht in der Identität seines Inhaltes beziehungsweise seiner materiellen Elemente oder seiner augenblicklichen Erscheinungsform, sondern vielmehr allein in der Kontinuität seiner Bewegung und seiner allgemeinen Richtung. Diese Gleichheit kann jedoch nur von denjenigen verstanden werden, die imstande sind, den Strom in seiner Ganzheit zu sehen: als ein organisches Ganzes in dauernder Bewegung – nicht aber als statische Einheit.

Doch gerade letztere wollen diejenigen, die den Buddhismus studieren, in den meisten Fällen sehen. Sie gleichen Menschen, die den Strom nur an einer bestimmten Stelle seines Laufes in einer bestimmten Landschaft sehen, oder aber jemandem, der eingehend einen Eimer des Flußwassers untersucht und dessen Inhalt analysiert. Sie verstehen nicht, daß der Buddhismus keine bloß intellektuell formulierte Lehre ist, die zu einem gewissen Zeitpunkt der menschlichen Geschichte verkündet wurde, sondern daß er vielmehr (im wahrsten Sinne des Wortes) eine *Bewegung* ist, welche – obwohl sie ihren Impuls von einer einzelnen, großen historischen Persönlichkeit erhielt – ihre tiefste Natur im Kontakt mit verschiedenen Bedingungen und Umständen des menschlichen Lebens auf immer neuen Ebenen des menschlichen Bewußtseins offenbarte.

Anstatt zu fragen: »Was lehrte der Buddha?« (eine Frage, die nie objektiv und mit Gewißheit beantwortet werden kann, da der Buddha keine schriftliche Formulierung seiner Lehre hinterließ, so daß sich jede Aussage in Allgemeinplätzen und Oberflächlichkeiten ergehen muß, durch die die Lehre auf eine Reihe von Aussprüchen, »Standardphrasen« und trockenen Prinzipien reduziert würde), würde es fruchtbarer sein zu fragen: »Was war es, das dem Buddhismus den lebendigen Anstoß gab, sein Wachstum und seine geistige Anziehungskraft durch zweieinhalb Jahrtausende bis auf den heutigen Tag aufrecht zu erhalten?« – In gleicher Weise ist es wichtig, die Bedingungen und Umstände in Betracht zu ziehen, unter denen der Buddha lehrte, und inwieweit diese Lehren von seinen Zeitgenossen und späteren Nachfolgern wiedergegeben oder modifiziert wurden.

Die Lehren des Buddha waren nicht nur für das sechste vorchristliche Jahrhundert gedacht – obwohl sie der Buddha in die Sprache seiner Zeit und seines Landes kleidete – sondern haben gemäß seiner eigenen Erklärung universelle Gültigkeit, jenseits von Kaste, Glauben oder Rasse, und sind im tiefsten Sinne Gesetze zeitloser Wirklichkeit. Doch diese Wirklichkeit muß von Generation zu Generation, von Jahrhundert zu Jahrhundert, ja, von einer Zivilisation zur anderen wiederentdeckt werden, und jedes einzelne Individuum muß sie in sich selbst erleben und in der Tiefe seines eigenen Wesens verwirklichen.

Was der Buddha lehrte, bestand nicht nur in dem, was er sprach, sondern erhellt sich aus der Ganzheit dessen, was er *war,* aus der Ganzheit seiner Persönlichkeit und seines Lebens, die das tiefste Symbol seiner Botschaft an die gesamte menschliche Rasse war. So wurde der Buddhismus, der daraus hervorging, die stufenweise Entfaltung eines gewaltigen geistigen Anstoßes, der durch die Verwirklichung einer neuen Bewußtseinsdimension freigesetzt worden war, die weit über die Macht menschlicher Sprache und Ausdrucksfähigkeit hinausging und die doch durch eine Umkehr unserer inneren Einstellung angegangen werden kann: wenn wir uns von der Welt statischer Begriffe dem Erleben eines im Fluß befindlichen Universums ineinander verwobener Kräfte und Lebensformen zuwenden, an dem jedes Individuum teilhat und das sich in der Tiefe des menschlichen Bewußtseins widerspiegelt.

Um sich dieser neuen Dimension anzunähern, müssen die alten Denkgewohnheiten, die auf unbegründeten Glaubenssätzen und Dogmen beruhen, überwunden werden. Aus diesem Grunde mußte die Botschaft des Buddha in der überzeugendsten Weise und in logischer Sprache formuliert werden, damit sie einer menschlichen Gesellschaft zusagte, die gerade im Begriff war, aus dem Zeitalter der Magie umd des mythologischen Denkens herauszutreten und in den Bereich des logischen Denkens vorzustoßen, welches auf der Anerkennung des Kausalitätsgesetzes und der wechselseitigen Verbundenheit aller natürlichen und psychischen Phänomene beruht. Doch erschöpft sich die Bedeutung der Lehre des Buddha nicht in dieser Formulierung auf intellektueller Ebene. Diese wirkte vielmehr in erster Linie als ein geistiger Anstoß und eine richtunggebende Kraft für eine Entfaltung all jener Eigenschaften, die der Buddha durch sein eigenes Leben und seine Verwirklichung der höchsten Erleuchtung demonstriert hatte. Aus diesem Samen erwuchs dann der mächtige Baum der buddhistischen Tradition, der sich durch Jahrhunderte und Jahrtausende fortentwickelte. Dieses Wachstum aber vollzog sich in immer wechselnden neuen Ausdrucksformen – so verschieden voneinander wie der Baum von seinem Samen oder die Blüte von der Wurzel, wenngleich sie von gleichem Wesen sind und den gleichen Samen wieder hervorbringen, aus dem sie entsprangen, ungeachtet der Zeit und des Ortes.

So sind selbst die verhältnismäßig späten Schulen des Buddhismus, wie das Mahāyāna und Vajrayāna, trotz vieler Verschiedenheiten in Auffassung und Formulierung auf den Lehren der frühesten uns bekannten Tradition fest gegründet. Aber bereits der frühe Buddhismus war in viele verschiedene Schulen gespalten, von denen jede ihren eigenen Kanon heiliger Schriften besaß. Doch nur einer dieser Kanons ist uns vollständig bis auf unsere Tage erhalten geblieben, nämlich jener der Theravādins, die Lehren der »Ordensältesten«. Der Grund für das Überleben dieser Tradition war die Abgeschlossenheit Ceylons als Insel: Sie blieb daher von den geistigen und politischen Umwälzungen des indischen Festlandes und des übrigen asiatischen Kontinentes unberührt.

Bis in neuere Zeiten waren dem Westen hauptsächlich die Texte der Theravādin als älteste Zeugen des Buddhismus bekannt, so daß – selbst unter Gelehrten – die Meinung entstand, die Schriften dieser Schule seien die einzig authentischen Quellen des Buddhismus, da sie die tatsächlichen Worte des Buddha enthielten. Doch sollte man sich hier erinnern, daß bereits vier Jahrhunderte vergangen waren, bevor der Palikanon schriftlich fixiert wurde. Selbst wenn wir der indischen Gedächtnisfähigkeit vertrauen wollen, durch die die Worte großer Religionsstifter getreu von Guru zu Cela weitergegeben wurden, so sollte man dennoch nicht vergessen, daß Worte keine leblosen Objekte sind. Sie sind wie alle lebendigen Dinge dem Wechsel unterworfen und besitzen viele Bedeutungen und Assoziationen geistiger und emotionaler Art, die sich von Generation zu Generation ändern, so daß Menschen verschiedener Temperamente, verschiedener Herkunft und verschiedener Mentalität – ganz zu schweigen von Menschen verschiedener Jahrhunderte – den gleichen Worten eine ganz andere Bedeutung zuschreiben, entsprechend den gefühls- und verstandesmäßigen Assoziationen ihrer Zeit.

Dieses Phänomen zeigt sich schon in der Tatsache, daß zur Zeit der Fixierung des Theravāda-Kanons bereits achtzehn verschiedene Schulen bestanden. Kein gewissenhafter und unvoreingenommener Gelehrter kann an dieser Tatsache vorbeigehen. Darum müssen wir jeder der verschiedenen Schulen oder Traditionen die gleiche Glaubwürdigkeit zuerkennen, die wir den Theravādins zu geben gewillt sind. Jede der verschiedenen Schulen kann gleichermaßen den Anspruch erheben, einen wahrheitsgemäßen Aspekt der buddhistischen Lehre wiederzugeben und ehrlich bemüht zu sein, so umfassend wie möglich die Worte und Gedanken des Erleuchteten weiterzugeben. Nur auf diese Weise können wir ein vollständiges und wahrheitsgemäßes Bild des frühen Buddhismus bekommen und den ganzen Reichtum buddhistischer Kultur und ihre Verwirklichung im Leben verstehen. Solch ein vollständiges Bild aber wird nicht nur unser Wissen bereichern, sondern den Sinn und die Bedeutung jeder einzelnen Phase und Schule des Buddhismus vertiefen. Dieses Wissen ist ebenso notwendig für das Verständnis der Pāli-Texte der Theravādin oder anderer Hīnayāna-Schulen wie für die Schulen des Mahāyāna, die später zur Hauptströmung des Buddhismus wurden und diesen über ganz Südostasien bis in den Fernen Osten und nach Zentralasien verbreiteten.

2

Die Dharma-Theorie

Erst durch die Erforschung der Dharma-Theorie in den Sarvāstivāda- und Mahāyāna-Texten wurde es möglich, die Lehren des Theravāda-Buddhismus in ihrer wahren Perspektive zu sehen und zu einem tieferen Verständnis ihrer philosophischen und metaphysischen Grundlagen zu kommen. Die einseitige Anschauung früherer Forscher, der Buddhismus sei eine bloße Vernunftlehre, ohne jeden metaphysischen Hintergrund – sozusagen in einem geistigen Vakuum schwebend –, machte aus der Lehre des Buddha einen kalten intellektuellen Rationalismus, der mehr Ähnlichkeit hatte mit den Ideen der »Aufklärung« des letzten Jahrhunderts (die mit dem Beginn der buddhistischen Forschung zusammenfielen) als mit einer religiösen Bewegung.

Die Worte eines von den Buddhisten aller Schulen wegen seiner Unparteilichkeit hochgeschätzten Forschers mögen dem oben Gesagten weiteres Gewicht verleihen. In seinem Beitrag »Zur Geschichte der buddhistischen Dharma-Theorie« sagt Glasenapp: »Der Umstand, daß man früher nichts von der Dharma-Theorie wußte, ist die Ursache davon, daß manche Forscher in den kanonischen Lehrreden eine metaphysische Grundlage vermißten und dann je nach ihrem Temperament Buddha als Agnostiker und reinen Ethiker charakterisierten oder aus seinem Schweigen über Gott, Seele und andere Vorstellungen, die der Dharma-Theorie widersprechen, eine mystische Geheimlehre über den ātman usw. zu konstruieren suchten.«[1] Noch deutlicher spricht Glasenapp hierüber in einem anderen Artikel, in dem er den Begriff der »dhammas« erklärt, »durch deren gesetzmäßiges Zusammenspiel nach buddhistischer Anschauung jede (scheinbare) Persönlichkeit und die von ihr erlebte Welt zustande gebracht werden. Es ist dies ein Begriff, dessen fundamentale Bedeutung für die buddhistische Welterklärung und Heilslehre der abendländischen Wissenschaft erst in den letzten dreißig Jahren erschlossen worden ist. Da das Wort ›dhamma‹ (wörtlich ›das tragende Element‹) im Pāli schon verschiedene Bedeutungen (Weltgesetz, Recht, Pflicht, Eigenschaft, Objekt) hat, war man sich nicht darüber klar geworden, daß es im Pālikanon außer in diesem vielfältigen Sinne auch als terminus technicus für die letzten, nicht mehr reduzierbaren Faktoren verwendet wird, aus denen sich alles, was wir empirisch innerhalb oder außerhalb von uns wahrzunehmen glauben, zusammensetzt. Da man diesen grundlegenden Begriff der buddhistischen Philosophie nicht in seiner wahren Bedeutung und vollen Tragweite verstanden hatte, konnte man wohl die Ethik und Heilslehre des Buddha würdigen, war sich aber nicht dessen bewußt geworden, daß der praktische Buddhismus als theoretische Grundlage eine in der Geistesgeschichte der Menschheit einzig dastehende ›Philosophie des Werdens‹ hat, die dadurch, daß sie alles, was ist, durch das gesetzmäßige Zusammenwirken von in funktioneller Abhängigkeit aufspringenden und wieder verschwindenden, kurzfristig existierenden Kräften erklärt, auf die Vorstellung von ewigen Substanzen (Materie, Seele, Gott) verzichten konnte, die in allen anderen religiösen Lehren die tragende Basis bildet.«[2]

Hier kommen wir zum Kern des Problems: Was den Buddha von seinen Zeitgenossen unterschied und ihn aus der Gesamtheit des geistigen Lebens Indiens heraushob, war seine Erkenntnis vom dynamischen Wesen der Wirklichkeit. Die »vier heiligen Wahrheiten«: vom Leiden, seiner Ursache, seiner Überwindung und vom edlen achtfachen Pfad zur Erlösung, bilden den allgemein indischen Rahmen seiner Lehre, nicht aber das, was dem Buddhismus seinen spezifischen Charakter gibt. Wenn der Buddha die Anātman-Idee in den Mittelpunkt seiner Lehre stellte, so tat er hiermit den Schritt von einer statischen zu einer dynamischen Weltanschauung, von einer Betonung des »Seins« zu einer Betonung des »Werdens«, vom Begriff eines beharrenden »Ich« zur Erkenntnis der gegenseitigen Bezogenheit und bedingten Entstehung aller Lebenserscheinungen und der Fähigkeit des Individuums, über sich selbst (d.h. seine selbstgeschaffenen Begrenzungen) hinauszuwachsen. So wurde der unversöhnliche Gegensatz zwischen »Ich« und »Welt«, »Geist« und »Materie«, »Substanz« und »Erscheinung«, »Ewigem« und »Vergänglichem« und dergleichen aufgehoben.

Die Lehre des Buddha ist die Antithesis des Substanzbegriffes, der durch Jahrtausende das menschliche Denken beherrschte. So wie die Einsteinsche Relativitätstheorie das gesamte Denken unserer Zeit beeinflußte und veränderte, so verursachte die Anātman-Idee des Buddha eine Umwälzung im indischen Denken. Es handelte sich hier weniger um eine Ablehnung der religiösen Prinzipien der Vergangenheit oder um eine Skepsis gegenüber dem Glauben an metaphysische Werte, als um eine Neuwertung dieser Ideen im Lichte der Erfahrung und eines neuen geistigen Blickpunktes. Der Buddha zweifelte nicht an der Kontinuität des Lebens über den Tod hinaus, noch an dem Bestehen und der Erreichbarkeit höherer Daseinsformen und ihrem Einfluß auf menschliche Verhältnisse. Er zweifelte nicht an einer moralischen Gesetzmäßigkeit, noch an einer ewigen Weltordnung; und die Welt, in der er lebte, war für ihn kein bloß materielles Phänomen, sondern eine Manifestation lebendiger bewußter Kräfte. Es war eine durch und durch beseelte Welt, wie sie dem Menschen der heutigen Zeit schwer vorstellbar ist, was sich nur zu deutlich in der »seelenlosen« – und geistlosen – Interpretation der Buddhalehre durch moderne Buddhisten zeigt, die die Anātman-Idee mit »Seelenlosigkeit« verwechseln, ein Ausdruck, der einen gänzlich falschen Eindruck vermittelt. Wie können wir von einer buddhistischen Psychologie sprechen, ohne eine »Psyche« vorauszusetzen?

Der Buddha lehnte die Idee eines ewig beharrenden, unveränderlichen Seelensubstrats oder einer Seelensubstanz ab, nicht aber jene organische Ganzheit lebendiger, wachsender, wirkender, in zielbewußter Bewegung befindlicher geistiger oder seelischer Kräfte, in denen Bewußtes und Unterbewußtes, Emotionelles und Intellektuelles, Vergangenes und Gegenwärtiges zusammenfließen. Der Mensch ist nicht ein bloßer Mechanismus blind zusammengewürfelter Kräfte, die nach mechanischer Gesetzmäßigkeit abrollen, sondern ein bewußter, eigengesetzlicher Organismus, in dem Individuelles und Universelles ständig zusammenwirken. »Es scheint, als ob Materie und Psyche nur die äußeren und inneren Erscheinungsformen derselben, das Bewußtsein übersteigenden Wirklichkeit seien, denn die letzten Bestandteile der Materie stellen sich unserem Bewußtsein in ähnlichen Formstrukturen dar, wie der Urgrund unseres innersten Wesens, unserem universellen Tiefenbewußtsein, das in Jungs Terminologie als das ›kollektive Unbewußte‹ (ein ziemlich unglücklicher Ausdruck) dargestellt wird.«[3]

»Die Chinesen unterscheiden einen körperlichen und psychischen Aspekt des Menschen, welche sich beide beim Tode in die beseelte Allsubstanz zerstreuen, als Drittes aber bleibt noch etwas Psychisches zurück, welches bewußtseinsfähig ist, gewissermaßen eine Bewußtseinstendenz, welche aber im Laufe des Lebens konzentriert werden muß, wenn sie den Tod überdauern soll. Diese Bewußtseinstendenz muß im Laufe des Lebens einen ›subtile body‹ um sich bauen, einen Leib geistiger Art, der ihr nun (im Tode) einen Rückhalt gibt, wenn sie sich von dem Körper, der bisher ihr Gehilfe war, loslösen muß, weil sie keine Herberge mehr findet. Dieses Psychische ist zunächst noch etwas sehr Zartes, und nur bei höchsten Weisen hat es in sich selbst einen Halt über den Tod hinaus.«[4]

Unsterblichkeit ist also in diesem Sinne nicht eine naturgegebene Eigenschaft des Individuums, sondern muß erworben werden, ein Gedanke, der bereits im Bardo Thödol (dem sogenannten Tibetischen Totenbuch) ausgesprochen ist, wo es heißt, daß die Lehren des Bardo Thödol nur demjenigen nutzen und zur Befreiung führen, der sie im Leben verwirklicht hat und in meditativer Schauung sie sich zu eigen gemacht hat – d. h. nicht nur intellektuell erkannt oder rein gefühlsmäßig diese Lehren akzeptiert hat –, sondern wer in seinem tiefsten Wesen von ihnen durchdrungen ist und imstande war, eben jenen »unsterblichen Leib« in sich zu erschaffen, der auch der demantene Körper Vajrasattvas genannt und auf dem direkten oder inneren Pfad der Meditation gewonnen wird. Denn die Meditation ist es, die den Menschen verwandelt und neu gestaltet und ihn in einem neuen Leib auferstehen läßt, nicht nur nach dem Tode, sondern bereits in diesem Leben. Darin liegt die Bedeutung des Bardo Thödol. Wer aber dieses Buch nur als magisches Befreiungsmittel betrachtet, das den Menschen erlöst, falls es in der Sterbestunde oder gar nach seinem Tode verlesen wird, hat damit den Sinn dieses Buches verfehlt und seine Weisheit zum Aberglauben erniedrigt. Es ist nicht eine Totenmesse, sondern ein Führer durchs Leben und demonstriert die Macht der Meditation: eben jenen Geistesleib zu schaffen, der den Tod überwindet, indem er ihn akzeptiert und vorwegnimmt, denn in jeder tiefen Meditation – wie in den Mysterien der Antike – gehen wir durch den Tod zu neuem Leben, so wie das Samenkorn, das sterben muß, um zu neuem Leben zu erwachen. »Das Ew'ge regt sich fort in Allem: denn alles muß im Nichts zerfallen, wenn es im Sein beharren will.« (Goethe)

3

Die Lehre von der Nicht-Substantialität

Der Buddha entdinglichte die Welt, indem er einem im Dogma verhärteten Ātmavāda – der aus dem ursprünglichen Erlebnis der inneren Wirklichkeit des lebendigen Atems zum Exponenten einer unveränderlichen individuellen Selbstheit erstarrt war – die Idee des Anātmavāda entgegenstellte, die Idee der Nicht-Ichheit, der Nicht-Substantialität. Der beharrenden, keiner Entwicklung, keines Wachstums fähigen Seelenmonade stellte der Buddha das von Freiheitsdrang beseelte, nach Vollendung und höchster Erleuchtung strebende, ständig werdende und entwerdende Wesen des menschlichen Bewußtseins entgegen.

Im Werden und Entwerden liegt nicht nur die Quelle des Leidens und der Vergänglichkeit, sondern auch die Quelle alles geistigen Lebens und Wachstums. Wenn der Buddha von der Unzulänglichkeit sprach, die er mit dem Wort »*dukkha*« bezeichnete, so war dies nicht Ausfluß einer negativen Haltung oder eines fruchtlosen Weltschmerzes, sondern Ausdruck der Erkenntnis, daß, solange Wesen und Ursachen unseres Leidens nicht erkannt werden, wir auch keinen Gebrauch von jenen unerschöpflichen Möglichkeiten unseres Geistes machen können. Ein solches Erkennen ist aber nicht durch gedankliche Schlußfolgerungen zu gewinnen, sondern beruhte auf des Buddha eigener Erfahrung, auf dem Erlebnis der Erleuchtung *(sambodhi),* der Überwindung individueller Bewußtseinsschranken durch Aufhebung der Ich-Illusion.

Von diesem Erlebnis höchster Wirklichkeit und Selbstverwirklichung zurückkehrend und zurückblickend, sah der Erleuchtete die Welt in der (vom Standpunkt des gewöhnlichen Menschen) umgekehrten Perspektive, in der Perspektive der Anātman-Idee; und siehe da, diese scheinbar so substantielle, festgefügte, unentrinnbare Welt, verflüchtigte sich in die wirbelnden Nebelmassen ewig kreisender, in jedem Augenblick werdender und entwerdender Daseinselemente *(dharmas).* Die Momentanheit dieser Daseinselemente, aus denen sich der Strom des Geschehens zusammensetzt, macht eine Anwendung von Begriffen wie »Sein« und »Nichtsein« unmöglich.

»Die Welt, o Kaccāna, ist dem Dualismus hingegeben, dem ›Es ist‹ und dem ›Es ist nicht‹. Wer jedoch, o Kaccāna, der Wirklichkeit gemäß *(yathabhūtam sammappaññāya)* erkennt, wie die Dinge in der Welt entstehen, für den gibt es kein ›Es ist nicht‹ in dieser Welt. Und derjenige, o Kaccāna, der der Wirklichkeit gemäß in Weisheit erkennt, wie die Dinge dieser Welt vergehen, für den gibt es kein ›Es ist‹ in dieser Welt.« (Samyutta-Nikāya II, 17)

Die Postulierung des Seins oder Nichtseins kann nur auf »an sich« bestehende Dinge oder Substanzen, d.h. auf absolute Einheiten, wie sie uns in abstrakten Begriffen vorgetäuscht werden, angewandt werden, nicht aber auf Wirkliches, Wirkendes, dem auf einer unendlichen Vielfalt von Beziehungen Beruhenden. Kein Ding oder Wesen besteht »an sich« oder »für sich«, sondern nur in Beziehung zu allen anderen Dingen, Erscheinungs- und Lebensformen, zu den bewußten und unbewußten Kräften des Universums. Begriffe wie »Identität« und »Nichtidentität« verlieren darum ihre Bedeutung. Und deshalb konnte der weise Nagasena dem König Milinda auf seine Frage nach der Identität des Tuenden und des die Früchte seines Tuns Erntenden (sei es in diesem oder in einem folgenden Leben) antworten: *»na ca so na ca añño«,* »er ist weder derselbe, noch ein anderer«.

Der Buddha setzt also an Stelle der Identität oder ihrer Negierung – was beides Denkextreme sind, die der »mittlere Weg«, den er lehrt, ebenso vermeidet wie die Extreme der Lebensführung (Askese und Ausschweifung) – das abhängige Entstehen *(pratītyasamutpāda).* Dies war weit mehr als die Proklamation eines naturwissenschaftlichen Kausalgesetzes, wie oberflächliche Beobachter zur Bestätigung ihres eigenen seelenlos-mechanistischen Weltbildes behaupten. Eine solche Kausalität setzt eine rein zeitliche und unabänderbare Aufeinanderfolge voraus, einen zwangsmäßigen, notwendigen und vorhersehbaren Ablauf. Der *pratītya-samutpāda* erschöpft sich jedoch nicht in zeitlicher Aufeinanderfolge, sondern kann ebenso als gleichzeitiges Zusammenwirken aller seiner Glieder aufgefaßt werden, indem jedes von ihnen sozusagen die Quersumme aller übrigen darstellt.

Mit anderen Worten: Unter dem Gesichtspunkt der Zeit und des individuellen Lebensablaufs, d.h. vom weltlichen (relativen), nicht aber vom supramundanen Gesichtspunkt höchster Wahrheitserkenntnis *(paramārtha)* kann die Formel des abhängigen Entstehens als eine kausal interpretierbare Formel aufgefaßt werden. Dies jedoch ist mehr eine Konzession an das populäre Verständnisvermögen, das eines konkreten, auf das menschliche Leben bezogenen Beispieles bedarf, als eine streng logische oder wissenschaftliche Formel. Daher finden wir selbst in den Pāli-Texten die Formel nicht einheitlich dargestellt, sondern öfters unter Auslassung mehrerer Glieder und unter Hinweis auf die Umkehrbarkeit in der Reihenfolge gewisser Glieder. Dies beweist nicht einen Mangel an logischem Denken, wie frühere Beurteiler glaubten, sondern nur, daß die Urheber dieser Formulierungen etwas ganz anderes demonstrieren wollten als nur eine zeitliche, mit mechanischer Notwendigkeit eintretende Aufeinanderfolge von Phänomenen. Worauf es ihnen ankam, war, die Nichtsubstantialität und Relativität aller individuellen Erscheinungsformen zu demonstrieren. Keine von ihnen existiert ihrer eigenen Natur zufolge, unabhängig von allen übrigen. Deshalb werden sie als »leer« *(śūnyaṃ)* bezeichnet: leer aller Eigennatur, nicht-absolut. Da aber kein erster Anfang irgendeines »Individuums« oder irgendeiner individuellen Erscheinungsform innerer oder äußerer Art gefunden werden kann, so liegt jeder derselben die Gesamtheit des Universums zugrunde oder, wenn wir es vom Standpunkt der Zeit ausdrücken wollen: jeder dieser Erscheinungsformen liegt eine unendliche Vergangenheit zugrunde und somit eine Unendlichkeit von Beziehungen, die nichts, das je in Erscheinung trat oder treten wird, ausschließt.

Alles Individuelle hat somit das Universelle zur Grundlage, und das Universelle spiegelt sich im Individuellen bewußt und wird in ihm – falls dieses Bewußtsein zur völligen Reife, zur Vollendung kommt – verwirklicht. Śūnyatā, der Zentralbegriff des Prajñā-paramitā-sūtra, ist also nicht, wie oft behauptet wurde, der Ausdruck einer nihilistischen Weltanschauung, die jegliche Wirklichkeit leugnet, sondern die logische Konsequenz der Anātman-Lehre, der Lehre von der Nichtsubstantialität, die von den Sarvāstivādins, welche die absolute Realität der einzelnen Dharmas behaupteten, in Frage gestellt worden war. Śūnyatā ist das Leersein von allen begrifflichen Bestimmungen, die Anerkennung einer höheren, unaussprechbaren, undefinierbaren Realität, die nur im Zustand völliger Erleuchtung erlebt werden kann.

Während wir zum Verständnis der Relativität auch auf intellektuellem Wege kommen können, kann das Erlebnis jener Ganzheit nur dann erreicht werden, wenn alles begriffliche Denken (kalpanā), alles Wortdenken zur Ruhe gekommen ist. Die Verwirklichung der Prajñā-pāramitā-Lehren liegt daher auf dem Pfade meditativer Praxis, auf dem »Wandel im Yoga« (Yogācāra), mit anderen Worten: auf der Verwandlung unseres Bewußtseins. Meditation ist hier also nicht mehr ein Suchen nach gedanklichen Lösungen oder ein Analysieren weltlicher Phänomene mit weltlichen Mitteln – was im besten Falle ein im »Kreise-Laufen« ist –, sondern ein Heraustreten aus diesem Kreise, ein Brechen mit unseren Denkgewohnheiten, ein »zum anderen Ufer Gelangen« (wie es nicht nur im Prajñāpāramitā-Hrdāya-Sūtra, sondern auch schon im Sutta-Nipāta heißt), eine völlige geistige Umkehr und Umwandlung, eine »Umkehr im tiefsten Sitze unseres Bewußtseins«, wie es das Lankāvatāra-Sūtra nennt. Diese Umkehr bringt eine neue geistige Blickrichtung mit sich, ähnlich jener, die der Buddha bei seiner Rückkehr vom Baum der Erleuchtung erlebte. Sie eröffnet eine neue Dimension geistiger Erfahrung, jenseits der Grenzen weltlichen Bewußtseins.[5]

Die Erforschung jenes über die Grenzen individuellen Daseins hinausgehenden Bewußtseins ist das besondere Verdienst der Vijñānavādins, die sich auch Yogācārin nannten, um anzudeuten, daß sie sich nicht mit einer theoretischen Forschung begnügen wollten, sondern vielmehr die praktische Erfahrung für das einzig legitime Mittel der Erkenntnis hielten. Für sie ist nicht das Denken, sondern das Bewußtsein selbst die letzte Instanz der Wirklichkeit, und je tiefer wir in diese Wirklichkeit hinabsteigen, desto klarer enthüllt sie ihr Wesen, vor dem alle Worte umkehren müssen und von der nur in Negationen wie »Unendlichkeit«, »Zeitlosigkeit«, »śūnyatā« noch jene Ungeheuerlichkeit des Erlebens angedeutet werden kann.

So entdeckten im universellen Urgrund allen Bewußtseins die Vijñānavādins die Quelle aller Daseinsgestaltung und ebenso ihr Zur-Ruhe-Kommen im Zustand vollkommener Erleuchtung.

4

Der Weg der Intuition und der Universalität

Wenn wir den übereinstimmenden Berichten aller frühen buddhistischen Schriften über die Erleuchtung des Buddha Glauben schenken wollen, so haben wir es hier zweifellos mit einem Erlebnis von einer derart umfassenden Universalität zu tun, daß in ihm alle Schranken des Raumes und der Zeit, d.h. alle Begrenzungen individueller und weltlicher Art überwunden wurden und damit die Illusion von der Substantialität unserer Sinnenwelt und der Realität eines ihr gegenüberstehenden, beharrenden »Ichs« zunichte gemacht wurde.

Auf dieser Erkenntnis gründend, stellt der chinesische Ch'an-Buddhismus, ebenso wie seine als »Zen« bekannte japanische Ausformung, den Versuch dar, auf das Urerlebnis des Buddhismus zurückzugehen und Buchwissen durch Erfahrung, Gelehrsamkeit durch Intuition und den historischen Buddha durch die Erleuchtung des eigenen Geistes zu ersetzen. Es ist ein mutiger Versuch, der den Einsatz des ganzen Menschen fordert, es ist ein geistiges Vabanquespiel, in dem man alles gewinnt oder alles verliert, denn auch nur eine Haaresbreite vom Ziel entfernt zu bleiben, ist so gut, wie weltenweit von ihm entfernt zu sein. Die Ch'an-Praxis wird darum mit einem Sprung in den Abgrund verglichen, mit einem Loslassen aller gewöhnlichen oder gewohnten Vorstellungen und Vorurteile. Der Abgrund ist die Weltentiefe des eigenen Bewußtseins, welcher sich jenseits des engen Kreises unserer egozentrischen Vorstellungswelt auftut. Um aber den Sprung in diese Tiefe zu wagen, bedarf es einer gewissen inneren Vorbereitung und eines geistigen Stimulus. Zunächst muß man sich jener Tiefe bewußt sein, und wenn der Geist reif genug ist, sie zu ahnen oder sie zu erkennen, muß er den Mut und die Kraft haben, den Absprung zu wagen. Hier ist es notwendig, daß das Vertrauen in den Buddha, als jenen einen, der diesen Weg selbst gegangen ist (das ist die Bedeutung des Wortes »Tathagata«), uns erfüllt. Doch dieses Vertrauen *(śraddha)* ist kein blindes Fürwahrhalten, sondern findet seine Rechtfertigung in dem vom Buddha erzielten Durchbruch und dem Beispiel seines Lebens, sowie der kontinuierlichen Wirkung, die er auf seine Nachfolger damit hatte. Jedoch, wenn wir nicht bereit sind, jenes Risiko auf uns zu nehmen, das der Buddha einging, als er seinen einsamen Weg zur Erleuchtung im Walde von Uruvela verfolgte, kann nichts gewonnen werden. Derjenige, der sich in seiner Unwissenheit oder in seinem begrenzten Wissen wohlfühlt, wird keine Neigung hierzu verspüren: entweder weil er den Punkt noch nicht erreicht hat, an dem das Problem beginnt, oder weil er dem schwachen Überbau seiner logischen Spekulation vertraut, unter dem er das Problem begraben hat. Der eine weiß noch nichts von der gähnenden Tiefe, der andere glaubt, daß er sie intellektuell überbrücken kann.

Der Nachfolger des Ch'an jedoch weiß, daß alle logischen und philosophischen Lösungen und Definitionen begrenzt und einseitig sind, während die Wirklichkeit jenseits der sich widersprechenden oder einander sich ausschließenden Gegensatzpaare ruht. Er bedient sich darum des Denkens nur als eines Mittels, um sich des Undenkbaren bewußt zu werden, um den problematischen Charakter der Welt und des Mysteriums seines eigenen Daseins zu erkennen; aber er erwartet von seinem Denken keine Lösungen, die über die begrenzte Natur dieses Denkens hinausgehen. Er versucht darum, sich aller gedanklichen Assoziationen und Urteile zu enthalten, im Zustand rein kontemplativer Betrachtung zu verharren und die Dinge zu sehen, als ob er sie zum ersten Male erblicke, ohne vorgefaßte Meinung, frei von Abneigung oder Zuneigung. Dann wird jedes Ding zum Wunder, zum Tor des großen Mysteriums, hinter dem sich die Fülle des ganzen Universums verbirgt und ebenso die »große Leere«, die ja diese Fülle erst möglich macht und die uns dennoch ihrer Unbegreiflichkeit halber schreckt und unserem um seine Identität besorgten Ich-Bewußtsein als Abgrund erscheint. Wenn wir jenes ichbezogene, unterscheidende, urteilende und zerteilende Denken unseres Intellektes auch nur für einen Augenblick aufgeben könnten, so würde das wahre Wesen aller Dinge sich manifestieren »wie die Sonne, die durch den leeren Raum aufsteigt und das ganze Universum ungehindert und unbegrenzt erleuchtet«. Mit anderen Worten: sobald wir die Tätigkeit dieses rastlosen Intellektes zum Schweigen bringen können, geben wir dem intuitiven Bewußtsein, dem reinen, allverbundenen Geiste in uns, Gelegenheit, sich zu manifestieren. Es ist nicht die Sinnentätigkeit oder die Wahrnehmung von Sinnenobjekten, die zu scheuen ist, sondern ihre falsche, egozentrische Beurteilung. Darum heißt es, daß diejenigen, die Sehen, Hören, Fühlen und Wissen als ihnen gehörige Tätigkeiten betrachten, sich geistig abgeschnitten fühlen, wenn sie dieser Wahrnehmungen beraubt werden. Wir müssen erkennen, daß der wahre Geist (unser tieferes Bewußtsein) in diesen Wahrnehmungen zwar zum Ausdruck kommt, ohne jedoch von ihnen abhängig oder von ihnen getrennt zu sein. Man soll nicht von solchen Wahrnehmungen her urteilen, noch es zulassen, daß das Denken sich aus ihnen herleitet oder sich von ihnen leiten läßt. Dennoch soll man zu gleicher Zeit davon abstehen, das universelle Bewußtsein von ihnen getrennt zu suchen oder sie in Verfolgung religiöser Ziele aufzugeben. Man soll sie weder festhalten noch sie aufgeben, weder in ihnen verweilen, noch an ihnen haften, sondern unabhängig bleiben von allem, das über, unter oder um uns ist. Denn es gibt keinen Ort, an dem der Weg des Ch'an (des Dhyāna, der inneren Schauung) nicht befolgt werden könnte. Wir haben es hier also nicht mit einer die Sinne oder die Sinnenwelt verleugnenden Askese zu tun, sondern mit der Gewinnung eines tieferen, umfassenderen, seinem Wesen nach universellen Bewußtseins, das beide Seiten der Wirklichkeit umfaßt: das Endliche und das Unendliche, Materielles und Geistiges, Vergängliches und Ewiges, Bedingtes und Unbedingtes.

Je länger wir davon abstehen können, Dinge gewohnheitsmäßig zu sehen, desto tiefer werden wir uns ihres rätselhaften, ihrer unbegreiflichen, weil unbegrenzten Natur bewußt. Gewohnheit tötet jegliche Intuition, denn sie hindert uns an lebendiger Erfahrung, am unmittelbaren Erleben. Wenn unser Denken daher bis zur Problemstellung vorgedrungen ist, sollten wir ihm nicht erlauben, in intellektuellen »Lösungen« steckenzubleiben oder in der Anhäufung von Resultaten und Fakten zu erstarren, sondern den Mut haben, bis zur letzten Konsequenz, bis zur Grenze des Denkbaren fortzuschreiten, wo Worte zu Paradoxa werden und Logik sich selbst *ad absurdum* führt.

In dem Augenblick, in dem wir, statt nach außen in eine vermeintliche Welt materieller Wirklichkeit zu blicken, unser inneres Auge öffnen, verschwindet die Illusion, die uns so lange gefangen hielt, und wir werden mit einem Schlage der wahren Wirklichkeit inne. Dies ist der Grund, warum die Dhyāna-Schule von einer »plötzlichen Erleuchtung« spricht. Es ist eine Umkehr der Blickrichtung, die zu einer Umkehrung aller Werte führt. Dann verliert die Welt der Sinneswahrnehmung ihre Absolutheit und nimmt den ihr zukommenden Rang in der Ordnung relativer und zeitlicher

Phänomene ein. Hier beginnt der Weg des Buddha, der Weg, welcher zur Verwirklichung der Buddhaschaft in uns selbst führt, wie er durch die Hauptschulen der Meditation des Mahāyāna dargestellt wurde.

Meditation war immer das Hauptrequisit der buddhistischen Erlösungslehre. Jedoch, je mehr die verschiedenen Techniken der Meditation, ihre psychologischen Definitionen und ihre metaphysischen und philosophischen Prinzipien erklärt, klassifiziert und in Kommentaren und Subkommentaren festgelegt wurden, desto mehr wurde die Praxis der Meditation vernachlässigt und erstickt unter theoretischen Diskussionen, moralischen Vorschriften und endlosen Rezitationen heiliger Texte. Die Reaktion war eine Revolte gegen heilige Schriften und Gelehrsamkeit und eine Rückkehr zu spontaner und unmittelbarer Erfahrung. Die Pedanterie des scholastischen Denkens und der intellektuellen Logik wurde durch die Waffe des Paradoxon beantwortet, das wie ein scharfes Schwert durch die Knoten künstlich geschaffener Probleme geht, mit der Geschwindigkeit eines Blitzes, der uns die wahre Natur der Dinge für einen Augenblick enthüllt. Das Paradoxon ist jedoch ein doppelschneidiges Schwert. Wenn es zur Routine wird, zerstört es denselben Gegenstand, den es enthüllen half. Die Macht des Paradoxons, wie die eines scharfen Schwertes, liegt in seiner Unerwartetheit und der Geschwindigkeit, mit der es gehandhabt wird. Sonst ist es nicht besser als das Messer in der Hand eines Schlächters.

Ein gutes Beispiel hierfür ist die Geschichte, in der von zwei chinesischen Mönchen berichtet wird, die einen Disput über eine im Winde wehende Fahne hatten. Der eine behauptete, daß die Fahne wehe, der andere, daß der Wind sie bewege. Eno (Hui Neng), der Sechste Patriarch in China, der dieser Diskussion zuhörte, sagte: »Weder der Wind noch die Fahne bewegt sich; euer Geist bewegt sich.«

Mummon aber, ein japanischer Patriarch des dreizehnten Jahrhunderts, war nicht mit dieser Antwort einverstanden und ging noch einen Schritt weiter, indem er sagte: »Weder der Wind, noch die Fahne, noch der Geist bewegt sich«, somit auf das letzte Prinzip der *śūnyatā* anspielend, in dem es weder ein Kommen noch ein Gehen gibt, weder Bewegung noch Stillstand, da *śūnyatā* beide Seiten der Wirklichkeit, Subjekt und Objekt umfaßt.

Diese Wirklichkeit, jenseits der Gegensätze, ist jedoch nicht getrennt oder abstrahiert von ihren Exponenten: Momentanheit kann nicht von Ewigkeit unterschieden werden. Der vollkommenste individuelle Selbstausdruck ist die objektivste Beschreibung der Welt. Der größte Künstler ist derjenige, der auszudrücken vermag, was von jedem Menschen empfunden wird. Und wie bringt er dies zustande? Dadurch, daß er *subjektiver* ist als andere. Je getreuer er sich *selbst* zum Ausdruck bringt, desto näher kommt er den anderen, denn unsere wahre Natur ist nicht unser eingebildetes beschränktes »Ich«. Unsere wahre Natur ist so weit und allumfassend und zugleich so unfaßbar wie der Weltenraum. Sie ist *śūnyatā* im tiefsten Sinne.

Klar und ungehemmt ist das Leuchten des geistigen Spiegels,
Grenzenlos durchdringt es die unzähligen Reiche,
Die so zahlreich sind wie der Sand am Meere.
In seiner Mitte befindet sich als gestaltetes Bild
Die ganze Welt.
Es ist ein vollkommenes Licht. Es ist ungebrochen,
Es ist weder bloß innen noch außen. (Shodo-Ka)***

Es ist das Geheimnis der Kunst, daß sie das Überindividuelle durch Individualität enthüllt, das Nicht-Ich durch das Ich, das Objekt durch das Subjekt. Kunst ist selbst eine Art Paradoxon. Und aus diesem Grunde ist sie für alle meditativen Schulen des Buddhismus, auch im Fernen Osten, in Tibet und den angrenzenden Ländern, von so großer Bedeutung. Kunst ist hier das wortlose Mittel zum Erlebnis des tiefsten Sinnes. Sie ist das Eingangstor zum Tempel der Mystik.

5

Die Botschaft des Sechsten Patriarchen

Als ein Beispiel für den berechtigten Gebrauch von Paradoxa sei das Sūtra des Sechsten Patriarchen erwähnt. Es gelang ihm, die geistige Haltung des Ch'an in einer Weise zum Ausdruck zu bringen, die weder unseren »common sense« verletzt, noch die menschliche Vernunft zum Maßstab aller Dinge zu machen versucht. Der Leser dieser Schrift wird von Anfang an in die rechte Atmosphäre versetzt, die es ihm ermöglicht, von der Ebene des Alltagsbewußtseins zu einer höheren Bewußtseinsebene aufzusteigen. Die Figur des Sechsten Patriarchen beeindruckt uns durch seine natürliche Spontaneität, wie sie jedem menschlichen Wesen eingeboren sein sollte und mit der der unvoreingenommene Leser sich leicht identifizieren kann. In dieser Weise ist er fähig, innerlich an den Erlebnissen und Lehren des Sechsten Patriarchen teilzunehmen, dessen Leben zu einem Symbol des Ch'an-Buddhismus in seiner Blütezeit geworden ist. Der von grübelnder Problematik unbeschwerte Geist des jungen Novizen von Kwangtung drang unmittelbar in das Zentrum alles geistigen Strebens vor: das Erlebnis der Buddhaschaft. Und diese ist nicht von Klosterregeln und Gelehrsamkeit, von Tugendhaftigkeit und Askese, von Buchwissen und der Rezitation heiliger Texte abhängig, sondern einzig und allein von der Verwirklichung des lebendigen Geistes in uns.

Der Sechste Patriarch kam zur spontanen Erleuchtung ohne Studium und Buchwissen, aber dennoch auch nicht ohne eine Berührung mit der durch Bücher und Volkslegenden vermittelten Tradition. Die Rezitation des Diamant-Sūtras war es, die ihm das geistige Auge öffnete. Formulierungen dieser Art sind also wesentliche Erweckungsmittel. Das spontane Erlebnis erwies sich somit als Produkt einer geheiligten Tradition und unmittelbarer individueller Erfassung eines in dieser Tradition enthaltenen übergedanklichen Inhaltes, der im unerwarteten Zusammenprall zwischen dem Individuum und der geheiligten Symbolform zur Wirklichkeit wurde.

Der Sechste Patriarch stammte aus einer guten, aber verarmten Familie Kwang-tungs. Eines Tages, als er Brennholz auf dem Markt in Kanton verkaufte, hörte er eine Rezitation des Diamant-Sūtras, die ihm zu einem so tiefen Erlebnis wurde, daß es ihn veranlaßte, als Novize in das Kloster einzutreten, in dem der damalige Fünfte Patriarch der Ch'an-Schule Abt war. Aber viele Monate lang wurden ihm nur die niedrigsten Arbeiten in Stall und Küche zugewiesen.

Eines Tages versammelte der Abt alle seine Jünger, um einen Nachfolger zu erwählen und forderte sie auf, einen Vers über die innerste Natur des Geistes zu schreiben. Aber niemand wagte dies zu tun, mit Ausnahme des gelehrten Shin-shau, in dem jeder schon den Nachfolger des Fünften Patriarchen sah. Er schrieb seinen Vers auf die Wand eines Wandelganges, in der Absicht, das Urteil des Lehrers abzuwarten und erst dann vorzutreten, wenn der Patriarch mit seinem Vers einverstanden war. Der Patriarch jedoch, obwohl er die Stanze lobte, bat Shin-shau, über sie einige Tage zu meditieren und dann eine andere Stanze zu schreiben, aus der es ersichtlich sein würde, daß ihr Autor durch »das Tor der Erleuchtung« geschritten sei – in anderen Worten, daß er wirklich erlebt hatte, was er schrieb.

Zwei Tage später geschah es, daß ein junger Mann, der an dem Raume, in dem der Novize aus Kwang-tung Reis schälte, vorbeiging und die Stanze des Shin-shau laut aufsagte. Der Novize begab sich darauf in den Korridor, an dessen Wand Shin-shau seine Stanze geschrieben hatte und bat einen Besucher, der gerade zugegen war, ihm den Vers vorzulesen, da er selbst weder lesen noch schreiben könne. Nachdem der Besucher das getan hatte, sagte ihm der Novize, daß er auch eine Stanze sich ausgedacht habe und bat ihn, sie unter die Zeilen des Shin-shau zu schreiben. Als die anderen Mönche die neue Stanze sahen, waren sie von Erstaunen erfüllt und sagten zueinander: »Wie war es möglich, daß wir einen so erleuchteten Menschen für uns arbeiten ließen.« Der Abt aber, der befürchtete, daß einige Neider dem Novizen schaden könnten, wenn sie wüßten, daß er zu seinem Nachfolger auserkoren sei, wischte mit seiner Strohsandale die Stanze weg und ließ des Nachts den jungen Mann zu sich kommen, um ihn zu seinem Nachfolger zu machen.

Die Gegenüberstellung der beiden Stanzen, nämlich der des Shin-shau und der des späteren Sechsten Patriarchen, gibt uns einen blitzartigen Einblick in die geistige Haltung der Ch'an-Schule. Der Vers des Shin-shau lautete:

Unser Körper gleicht einem Bodhibaum,
Unser Geist einem klaren Spiegel;
Von Stunde zu Stunde muß er gereinigt werden,
So daß kein Staub auf ihm haften kann.

Dieser Vers zeigt nicht nur eine pedantische Besorgtheit um die Erhaltung der Reinheit des »inneren Spiegels«, sondern vor allem, daß sein Autor nicht aus eigener Erfahrung spricht, sondern nur als gelehrter Literat. Denn dieser Vers stützt sich auf den Ausspruch der Svetasvatara-Upaniṣad, in dem es heißt:

Gleichwie ein Spiegel, der mit Staub bedeckt war,
Wie Feuerschein erglänzt, wenn er gereinigt,
So wird nur, wer erkannt der Seele Wesen
Des Zieles teilhaftig und befreit vom Kummer.

Shin-shau wiederholte also nur den Standpunkt der Upaniṣaden, ohne selbst zur Geisteswirklichkeit vorgedrungen zu sein, während der junge Novize, der die Quintessenz des Prajñā- oder »Diamant«-Sūtras mit unmittelbarem Tiefblick erfaßt hatte, ihm den buddhistischen Standpunkt entgegensetzt.

Seine Stanze lautet:

Da gibt es keinen Bodhibaum,
Noch ist der Geist ein bloßer Spiegel.
Da alles leer ist,
Wo könnte sich da Staub ansammeln?

Der Buddhageist oder das Prinzip der »bodhi«, das latent jedem Bewußtsein zugrunde liegt, ist nicht nur ein Reflex des Universums – etwas, in dem sich das Universum widerspiegelt –, sondern es ist selbst die universelle Wirklichkeit, die dem begrenzten Verstand nur als die metaphysische Leere, als Abwesenheit aller Bestimmungen und Begrenzungen, erscheinen kann. »Bodhi« ist daher nicht etwas Entstandenes, wie ein Baum; noch ist der Geist ein bloßer Spiegel (ein Sekundäres), der die Wirklichkeit nur aus zweiter Hand widergibt. Da er selbst die das All umfassende Leere *(śūnyatā)* ist, wo könnte sich da Staub ansammeln? »Wir sagen, daß die Essenz des Geistes groß ist, weil sie alle Dinge umfaßt, denn alle Dinge sind unserer Natur.«

Es handelt sich also nicht darum, unseren Geist zu verbessern und zu reinigen, sondern uns seiner Ganzheit bewußt zu werden. Was wir verbessern können, ist nur unser Intellekt, unser beschränktes individuelles Bewußtsein. Das aber führt uns nur über seine Beschränktheit hinaus, denn wir bleiben in seinem festumgrenzten Kreise. Erst der Sprung über seine Grenze, das Aufgeben seiner verhaftenden Inhalte, kann uns zum Ganzheitserlebnis, zur Verwirklichung der wahren Natur des Geistes und somit zur Erleuchtung führen. Die wahre Natur unseres Geistes umfaßt alles Lebende. Das Bodhisattvagelübde, alle lebenden Wesen zu befreien, ist daher nicht aus der Anmaßung geboren, daß ein sterblicher Mensch sich zum persönlichen Retter aller Wesen aufwerfen solle, sondern aus der Erkenntnis, daß wir nur im Zustande der Erleuchtung alle Wesen umfassen und mit allem, was da lebt, eins werden können. In diesem Akt der Einswerdung befreien wir uns und wirken auf die Befreiung aller Wesen hin, die potentiell in der Natur unseres Geistes gegenwärtig sind. Dies ist der Grund, warum im Mahāyāna die bloße Befreiung vom eigenen Leiden, das bloße Erlöschen des Lebenswillens und der Begierden als ungenügend betrachtet und die vollkommene Erleuchtung (samyak-sambodhi) angestrebt wird. Solange wir die Welt verachten und ihr zu entfliehen suchen, haben wir sie nicht überwunden und sind weit entfernt von der Befreiung. Darum heißt es: »Diese Welt ist die Buddhawelt, in der Erleuchtung gefunden werden kann. Erleuchtung zu suchen, durch Trennung, ist ebenso töricht, wie nach dem Horn eines Hasen zu suchen.« Denn: »Wer den Pfad der Welt ernstlich wandert, wird nicht die Fehler der Welt sehen.«

In gleicher Weise sollen wir auch nicht glauben, daß wir durch Unterdrückung des Denkens oder unserer intellektuellen Fähigkeiten zur Erleuchtung kommen. »Es ist ein großer Fehler, alles Denken zu unterdrücken«, sagt Wei-Lang. Ch'an ist der Weg, die Begrenzungen unserer intellektuellen Haltung zu überwinden. Aber zunächst müssen wir unseren Intellekt, unsere Denkfähigkeit und unser Unterscheidungsvermögen entwickelt haben, bevor wir Ch'an würdigen können. Wir können nicht einen Intellekt überwinden oder über ihn hinausgehen, wenn wir nie einen solchen besessen haben. Auch ist der Intellekt ebenso notwendig für die Überwindung bloßer Emotionalität und der Unklarheit und Verworrenheit, wie Intuition notwendig ist zur Überwindung der Begrenzungen des Intellekts und seiner Unterscheidungen.

Vernunft, die höchste Eigenschaft des Intellekts, ist das, was unser zweckgebundenes Denken leitet. Zwecke aber sind begrenzt. Vernunft ist daher nur im Begrenzten wirksam. Weisheit *(prajñā)* allein erfaßt das Unbegrenzte im Verzicht auf Erklärung und in Anerkennung des Mysteriums, das nur erahnt, erlebt und im letzten verwirklicht – nie aber definiert werden kann. Weisheit wurzelt im Erleben, in tiefinnerer Erfahrung. Vernunft ist im Denken begründet. Dennoch wird Weisheit weder Denken noch Vernunft verachten, sondern sich ihrer bedienen, wo sie am Platze sind: nämlich im Bereich zweckmäßigen Handelns zur Ordnung der verschiedenartigen Erfahrungsinhalte zu einem sinnvollen Ganzen.

Hier kommt die schöpferische Seite des Denkens zur Wirkung, die aus dem Rohmaterial der Erfahrung eine verständliche Welt gestaltet. Wie groß oder wie klein diese Welt ist, hängt von der Kreativität des individuellen Geistes ab. Der kleine Geist wird in der engen Welt seiner Wünsche und Bedürfnisse leben, der große Geist in einem unendlichen Universum und im dauernden Bewußtsein des unergründlichen Mysteriums, das seinem Leben Tiefe und Weite gibt und ihn daran hindert, seine Sinnenwelt für letzte und höchste Wirklichkeit zu halten. Derjenige aber, der bis zu den Grenzen des Denkens vorgedrungen ist, wagt den Sprung in die große Leere, in den unermeßlichen Urgrund des eigenen Seins.

6

DIE MEISTER DES MYSTISCHEN PFADES

Wenn eine Religion altert, tritt an die Stelle des Glaubens das Dogma, an die Stelle des Erlebens die Schriftgelehrsamkeit, an die Stelle persönlicher Ethik die konventionelle Moralität, die im Einhalten gegebener Regeln besteht. Hingabe wird dann durch äußeres Ritual ersetzt und Meditation durch metaphysische Spekulation. Die Zeit ist dann reif für eine Wiederentdeckung der Wahrheit und für einen neuen Versuch, ihr einen lebendigen Ausdruck im täglichen Leben zu geben.

Dies ist es, was im 6. vorchristlichen Jahrhundert geschah, als der Buddha die religiöse Erfahrung Indiens neu belebte durch Wiederentdeckung jenes »ursprünglichen Dharma« (wie er selbst seine Lehre nannte), der einem unterirdischen Strome gleich durch die vor-vedischen Traditionen der śramaṇas (Wanderasketen verschiedenster Schulen) floß und Ausdruck fand in den nicht-theistischen Lehren des Yoga, Sāmkhya und Jainismus. Dieser Dharma gründete sich auf einer religiösen Haltung, die weder auf Opfer (yagña), noch auf Kaste (varṇa), noch auf der Anbetung mächtiger Götter basierte, sondern allein auf Selbstdisziplin und Meditation (yoga und bhāvanā). Er wurzelte in ethischen Werten (śīla), wie Mitleid (karunā) und Ehrfurcht vor dem Leben (ahimsa), der Würde des Individuums, das ohne Ansehen seiner Kaste voll verantwortlich war für all sein Tun (karma) und das nicht ein Spielball der Launen von außen wirkender Mächte (devas) war, die man durch blutige Opfer und durch von Priestern vollzogene Rituale günstig stimmen mußte. Gleichzeitig aber erkannte der Buddha, daß es nicht auf die *Resultate* des menschlichen Denkens, d. h. nicht auf die »Ideen«, Formulierungen, Glaubensartikel oder das begriffliche Wissen ankommt, sondern auf den Weg oder die *Methode* und die geistige Haltung, die zu diesen Ergebnissen führen.

Und wiederum nach einem Jahrtausend hatte sich der Buddhismus in so viele philosophische Schulen und monastische Institutionen kristallisiert, daß der einzelne Gefahr lief, seine Zielrichtung zu verlieren wie ein einsamer Seefahrer in der unbegrenzten Weite des Ozeans. Damals entstand wiederum ein Verlangen nach jener Gewißheit, die nur aus der unmittelbaren Erfahrung aufbrechen kann – ein Verlangen, wieder mit der Wirklichkeit des Lebens und mit dessen Urquell in Berührung zu kommen. Das ist gewiß, daß das Wesen der Existenz offen und zugänglich ist im konkret gelebten Alltag, und zwar nicht jenseits des Kampfes mit der Realität, sondern mitten darin. Doch daß dieses Wesen offenliegt und zugänglich im wirklich gelebten Konkreten ist, bedeutet nun nicht, daß man es durch wie immer geartete analytische oder synthetisierende Forschung oder irgendeine Art des Nachdenkens über das Lebendig-Konkrete gewinnen oder besitzen könnte. Denn das Wesenhafte muß im lebendigen Handeln und im Es-Erleiden erfahren werden, und zwar in der ungeminderten Unmittelbarkeit des Augenblickes.

Auf der Suche nach dieser Gewißheit und der Unmittelbarkeit der Erfahrung verließen Mönche ihre Klöster, Laien ihre Familien, Könige ihre Paläste und Gelehrte ihre Lehrstühle. Einige wurden Wanderasketen, andere Waldeinsiedler, andere widmeten sich einem meditativen Leben, während sie ihrer alltäglichen Arbeit nachgingen. Aber alle von ihnen verwarfen die Unterschiede zwischen Geistlichkeit und Laienstand, Mönchstum und normalem Leben. Sie anerkannten weder Kaste noch gesellschaftliche Position und widmeten sich selbst uneingeschränkt der Erforschung der tiefsten Tiefe der Wirklichkeit, indem sie jenen »essentiellen Sprung« in die Tiefe ihres eigenen, unergründlichen Wesens wagten. Nachdem sie die Verwirklichung erreicht hatten, wurden sie dann geistige Lehrer, Menschen, die inspirierten, Dichter und Sänger, die viele Schüler hatten und die uns Berichte über ihr Leben und Lehren, über ihre Gesänge und Aussprüche hinterließen. Sie waren die Meister des »Mystischen Pfades der Selbstverwirklichung« und daher bekannt als *Siddhas,* die Vollendeten.

Sie zogen das Paradoxon logischen Formulierungen vor und legten mehr Gewicht auf eine lebendige Fragestellung als auf intellektuell fertige Antworten. Ihre Lebensführung war oft genauso paradox wie ihre Aussprüche, weil sie alle konventionellen Werte verachteten und sich einer Symbolsprache bedienten, in der das Höchste in Worten ausgedrückt wurde, die das Gemeinste bezeichneten – wo das Heiligste in profanster Weise dargestellt wurde und die innere Erfahrung in den Worten eines äußerlichen

Ereignisses erschien. So zeigte sich bei ihnen ein ähnlicher Trend wie bei den Anhängern des Ch'an und Zen-Buddhismus, obwohl ihre Meditationsmethoden, ihr Üben und ihr Hintergrund von dem der Ch'an und Zen-Buddhisten des Fernen Ostens sehr verschieden waren. Und dennoch haben sie alle den gleichen Ursprung: die Konzeption der *śūnyatā* und die Herausstellung der entscheidenden Bedeutung des intuitiven geistigen Erfassens.

Paradoxa, wie Humor, sind weitgehend von dem Boden abhängig, in dem sie wachsen. Wir finden daher einen großen Unterschied zwischen den Paradoxa in den Geschichten der indisch-buddhistischen Siddhas und denen der Ch'an-Meister Chinas und ihrer japanischen Nachfolger.

In den Geschichten der Siddhas nehmen die Paradoxa entweder die Form des Wunderbaren an, in dem innere Erlebnisse symbolisiert sind, oder sie zeigen, daß gerade das, wodurch ein Mensch fällt, auch die Ursache seines Aufstiegs sein kann; in anderen Worten, daß eine Schwäche in eine Stärke verwandelt werden kann, ein Fehler in einen Vorteil – vorausgesetzt, daß wir imstande sind, uns selbst ebenso objektiv und unvoreingenommen zu betrachten wie einen Fremden, dem wir zum ersten Mal begegnen, und die Welt, als ob wir sie zum ersten Male erblickten.

Wir sind der Wirklichkeit gegenüber blind, weil wir so an unsere Umgebung und an uns selbst gewöhnt sind, daß wir sie nicht mehr bewußt wahrnehmen. Sobald wir aber die Fesseln der Gewohnheit durch die Macht einer paradoxen Situation oder einer blitzartigen Intuition sprengen, wird selbst das Unscheinbare zur Offenbarung und das Alltagsleben zu einem Wunder. In den Geschichten der tantrischen Mystiker wird das wundersame Erleben, das der inneren Umkehr, der großen geistigen Wandlung folgt, durch äußere Wunder und außerordentliche psychische Kräfte *(siddhi)* symbolisiert. In der verfeinerten Psychologie des Ch'an-Buddhismus wird die Handlung gänzlich auf die Bühne des menschlichen Geistes verlegt, und die Paradoxa sind von einer sehr viel komplexeren Natur.

Vielleicht war es diese Verschiedenheit in der Behandlung des Stoffes, im Stil der Darstellung und im Temperament der Erzähler, welche bisher die Mehrzahl der Fachgelehrten daran gehindert hat, den inneren Zusammenhang zwischen Ch'an (Zen) und den Siddhas zu sehen – ein Zusammenhang, der sich trotz zeitlicher und räumlicher Entfernung zwischen den Angehörigen dieser zwei Geistesrichtungen nicht leugnen läßt.

Die folgende Geschichte, die wir »der Mann, der sich selbst begegnete« nennen könnten, mag hier als Beispiel dienen. Sie findet sich in den tibetischen Biographien der Vierundachtzig Siddhas *(Grub-thob brgyad-cu-rtsa-bṣihih rnam-thar),* die zwischen dem 7. und 11. Jahrhundert unserer Zeitrechnung lebten:

Es war einmal ein Jäger, der hieß Savari. Er war sehr stolz auf seine Kraft und seine Treffsicherheit. Das Jagen und Töten der Tiere waren seine einzige Beschäftigung, wodurch sein Leben zu einer einzigen Sünde wurde.

Eines Tages, als er auf der Jagd war, sah er von ferne einen Fremden, augenscheinlich einen Jäger, ihm entgegenkommen. »Wer wagt es, in meinem Gebiet zu jagen!«, dachte er voller Zorn, und als der Fremde sich ihm näherte, sah er, daß dieser nicht nur ebenso groß und kräftig war wie er selbst, sondern daß er – und das überraschte ihn über alle Maßen – ihm aufs Haar glich.

»Wer bist du?«, fragte Savari mit strenger Stimme.

»Ich bin ein Jäger«, antwortete der Fremde, ohne sich aus der Ruhe bringen zu lassen.

»Wie ist dein Name?«

»Savari«

»Wie kann das sein?!«, rief der Jäger voll Erstaunen. »Ich selbst heiße Savari! – Woher kommst du denn?«

»Aus einem fernen Land«, antwortete der Fremde ausweichend. Savari fühlte sein Selbstbewußtsein neu erwachen.

»Kannst du mehr als eine Gazelle mit einem einzigen Pfeil erlegen?«

»Ich kann dreihundert mit *einem* Schuß töten!«, antwortete der Fremde.

Dies schien Savari eine übertriebene Prahlerei zu sein, und er wünschte sich sehnlich eine Gelegenheit, die lächerliche Behauptung des Fremden *ad absurdum* zu führen.

Der Fremde aber, der niemand anders war als der Bodhisattva Avalokiteśvara, der aus Mitleid für Savari diese Form angenommen hatte, schuf sofort durch magische Kraft eine Herde von fünfhundert Gazellen.

Savari war hocherfreut, als er die Gazellen aus dem nahen Walde treten sah, und fragte mit triumphierendem Lächeln: »Wird dein Pfeil durch alle diese Gazellen gehen?«

»Er wird durch alle fünfhundert gehen«, antwortete der Fremde, als ob es das einfachste Ding der Welt sei, woraufhin Savari vorschlug: »Laß deinen Pfeil an vierhundert Gazellen vorbeigehen und nur hundert treffen.«

Der Fremde vollbrachte dieses Wunder mit der größten Leichtigkeit, aber nun wurde es Savari unheimlich, und er begann an der Wirklichkeit des Geschehens zu zweifeln.

»Geh und bring eine der gefallenen Gazellen, wenn du Zweifel hast«, sagte der Fremde und Savari tat, wie ihm geheißen.

Aber ach, als er eine der Gazellen aufzuheben versuchte, fand er sie so schwer, daß er sie nicht einmal von der Stelle bewegen konnte.

»Was? Du willst ein großer Jäger sein und kannst nicht einmal eine tote Gazelle aufheben!«, lachte der Fremde, und Savari wußte nicht mehr, was er sagen sollte.

Sein Stolz war gebrochen, und er fiel dem Fremden zu Füßen und bat ihn, sein Lehrer zu werden.

Avalokiteśvara gab seine Einwilligung und sagte: »Wenn du diese magische Schießkunst erlernen möchtest, mußt du dich erst innerlich reinigen, indem du dich für einen Monat aller Fleischkost enthältst und statt dessen über die Liebe und das Mitleid zu allen lebenden Wesen meditierst. Wenn du das getan hast, will ich zurückkehren und dich in das Geheimnis dieser Kunst einweihen.«

Savari folgte gewissenhaft dem Rat des Lehrers. Als der Guru nach einem Monat zurückkehrte, war in Savari eine große Veränderung vor sich gegangen, obwohl er es selbst noch nicht wußte. Er bat den Guru um die versprochene Einweihung in die geheime Schießkunst.

Der Guru zeichnete darauf ein magisches Diagramm *(mandala)* auf den Boden, schmückte es mit Blumen und befahl Savari und seinem Weib, es aufmerksam zu betrachten.

Da sie beide einen Monat lang voller Hingabe meditiert hatten, waren sie imstande, ihre ungeteilte Aufmerksamkeit auf das Mandala zu richten – und, siehe da, der Boden, auf dem das Mandala gezeichnet war, schien durchsichtig zu werden, so daß sie in die Tiefe der Erde hinabblicken konnten. Aus den Eingeweiden der Erde aber stiegen Flammen und Rauch empor, und Schmerzensschreie drangen an ihr Ohr.

»Was seht ihr?«, fragte der Guru.

Der Jäger und sein Weib waren vor Schrecken unfähig zu antworten. Als aber der Rauch sich etwas verzogen hatte, erblickten sie die acht großen Höllen und die Qualen unzähliger menschlicher Wesen.

»Was seht ihr?«, fragte der Guru wieder.

Und als sie näher zuschauten, erkannten sie zwei schmerzhaft verzogene Gesichter unter den gepeinigten Wesen.

»Was seht ihr?«, fragte der Guru zum dritten Mal.

Und plötzlich leuchtete ihnen die volle Bedeutung des Gesehenen wie ein Blitz auf, und sie schrien wie mit einer Stimme: »Wir selbst sind es!«

Sie fielen dem Guru zu Füßen und baten ihn, ihnen den Weg zur Erlösung zu weisen. Und darüber vergaßen sie gänzlich, um die Einweihung in die geheime Schießkunst zu bitten.

Savari aber gab sich weiter der Meditation hin, und indem er von Liebe und Mitleid für alle Wesen erfüllt war, wurde er einer der Vierundachtzig Siddhas.

Es ist interessant und lehrreich, die Hauptzüge dieser Geschichte im Gewande des Zen-Buddhismus zu sehen, wie sie in Suzukis Übersetzung von Chuan-teng Lu erscheint.[6]

Shih-kung war ein Jäger, bevor er als Zen-Mönch unter Ma-tsu ordiniert wurde. Als Jäger verabscheute er alle buddhistischen Mönche, weil sie gegen seinen Beruf waren.

Eines Tages, während er eine Gazelle jagte, kam er an der Hütte, in der Ma-tsu wohnte, vorbei. Ma-tsu trat heraus und grüßte ihn.

Shih-kung fragte: »Sahst du eine Gazelle an deiner Tür vorbeikommen?«

»Wer bist du?«, fragte der Meister.

»Ich bin ein Jäger.«

»Wieviele Tiere kannst du mit einem Bogenschuß töten?«

»Ein Tier mit jedem Pfeil.«

»Dann bist du kein Jäger!«, erklärte Ma-tsu.

»Wieviele kannst du denn mit einem Pfeil erlegen?«, fragte der Jäger.

»Eine ganze Herde.«

»Warum solltest du eine ganze Herde mit einem Schuß töten? Sie sind doch auch Lebewesen!«

»Wenn du soviel weißt, warum schießt du dich nicht selbst?«

»Ich weiß nicht, wie ich das anfangen soll!«

»Dieser Bursche«, rief Ma-tsu plötzlich aus, »hat heute all seiner Unwissenheit und seinen üblen Leidenschaften ein Ende gesetzt!«

Daraufhin zerbrach Shih-kung, der Jäger, seinen Bogen und seine Pfeile und wurde Ma-tsus Schüler.

Als er selbst Zen-Meister wurde, hielt er stets einen Bogen mit einem Pfeil schußbereit und bedrohte seine Mönche damit, wenn sie sich ihm mit einer Frage nahten.

San-ping wurde einst in dieser Weise bedroht. Shih-kung rief: »Hüte dich vor dem Pfeil!«

Ping entblößte seine Brust und sagte: »Dies ist der Pfeil, der tötet; wo aber ist der Pfeil, der wiederbelebt?«

Kung schlug dreimal auf die Bogensehne. Ping verneigte sich. Kung sagte: »Während der letzten dreißig Jahre habe ich einen Bogen und zwei Pfeile benutzt, und heute ist es mir gelungen, nur die Hälfte eines weisen Mannes niederzuschießen.«

Shih-kung zerbrach seinen Bogen und seine Pfeile ein zweites Mal und machte nie mehr Gebrauch von ihnen.

7

Tantrische Erfahrung

So – wie in vorstehendem Beispiel – entwickelte jeder Meister seine eigene Methode – und mehr noch: er ließ jeden seiner Schüler seinen eigenen, individuellen Weg finden. Denn es gibt ebensoviele Wege zur Befreiung, wie es denkende Wesen gibt. Aus diesem Grunde ist es zum Beispiel so schwierig, eine klare Vorstellung davon zu vermitteln, was das Wesen von Ch'an, Zen oder die Bewegung der Siddhas ausmacht, ohne bei diesem Versuch individuelle Aspekte in den Vordergrund zu stellen bzw. ohne durch eine allzu große Verallgemeinerung am eigentlichen Problem vorbeizugehen.

Die Meister des mystischen Pfades hielten nicht viel von Worten und wiesen nur in die Richtung, in der die Wahrheit gefunden oder zum Erlebnis werden konnte. Denn Wahrheit ist nicht etwas in sich selbst Existierendes bzw. etwas objektiv Vorhandenes und kann deshalb nicht einmal durch die Vernichtung des Irrtums hervorgebracht werden, was ein Schüler des Sechsten Patriarchen in folgender Hymne zum Ausdruck brachte:

Die Wahrheit suche ich nicht.
Den Irrtum vernichte ich nicht.
Ich weiß ja, daß beide nichts, –
Daß beide keine Gestalten sind.
Das Ungestaltete ist dennoch kein »Nichts«,
Jedoch auch kein Nicht-Nichts.

(Shodo-Ka)[7]

In derselben Hymne finden wir die Worte: »Der vergänglichen

Einbildung leere Gestalt ist nichts anderes als die der Wahrheit.« Mit anderen Worten: die Wirklichkeit enthüllt sich uns in jeder Form, in der die Welt uns erscheint, ebenso wie in jenem dauernden Wechsel, dem diese Formen unterworfen sind. Denn Formen wie Wechsel sind Ausdruck universeller Gesetze, durch die gewisse Formen in Erscheinung treten, sich auflösen oder in andere Formen verwandelt werden. Denn »Vergänglichkeit« ist im Grunde nur ein anderes Wort für »Verwandlung«. Doch während der Begriff der Vergänglichkeit lediglich die Tatsache des Wechsels oder der Auflösung einer gewissen Form (eines materiellen »Dinges« oder eines Daseinszustandes) zum Ausdruck bringt, vereinigt der Begriff der Transformation oder Verwandlung in sich Wechsel *und* Beständigkeit – das, was Wechsel aufgrund eines ihm innewohnenden Gesetzes in einer bestimmten, festgelegten Richtung bedeutet. Diese Gerichtetheit des Wandels (der also nicht willkürlich vor sich geht) ist das Prinzip der Kontinuität *(santāna)* und Beständigkeit, welch letztere mehr und mehr in höheren Lebensformen Ausdruck findet, das heißt in sich selbst regulierenden und selbst erneuernden Organismen.

Das Prinzip der Kontinuität ist in der Tat der Grundbegriff tantrischer Lebensauffassung: es ist eine Kontinuität, welche sich sowohl in der Zeit wie im Raume abspielt, und zwar insofern, als jeder kontinuierliche Vorgang von unzähligen gleichzeitig ablaufenden Prozessen durchsetzt oder mit solchen verwoben ist. Das aber ist jenes Gewebe aus »Schuß« und »Kette«, das wir Wirklichkeit nennen – jene unendliche Verwobenheit all dessen, was in der äußeren Struktur des Universums existiert und das sich in verkleinertem Maßstab in jedem lebendigen Organismus wiederholt bzw. widerspiegelt.

Diese große Entdeckung der Tantras machte es möglich, alle religiösen Dogmen und Formulierungen zu durchbrechen und so eine geistige Wissenschaft – unabhängig von bloßen Glaubenssätzen und Meinungen – zu begründen, die jederzeit durch Erfahrbarkeit und Einblick in die Wirklichkeit überprüfbar ist und die auf einer streng methodischen, psychologischen Beobachtung und auf meditativer Praxis basiert. Damit aber bereichert sie die tiefschürfend wahre und fruchtbare Grundhaltung des Ch'an und Zen um eine neue Dimension, indem sie nicht *nur* auf blitzartige Momente intuitiver Erkenntnis wartet, sondern aktiv den Boden durch eine sorgfältige Führung – entsprechend den individuellen Neigungen und Fähigkeiten des Schülers – vorbereitet, wodurch eine Atmosphäre der Gewißheit und des Vertrauens geschaffen wird, durch die der einzelne dann eine sinnvolle Beziehung sowohl zu seiner eigenen Innenwelt als auch zur Welt, die ihn umgibt, herstellen kann.

So wie jeder normal begabte Mensch die Fähigkeit hat, Arzt oder Wissenschaftler zu werden, so hat auch jedes Individuum die Möglichkeit, in diesem oder einem zukünftigen Leben zur Erleuchtung zu kommen. Aber ebensowenig wie man Arzt oder Gelehrter oder Ingenieur wird durch bloßes Sitzen und Warten in vager Hoffnung, daß die verborgenen Fähigkeiten sich bemerkbar machen und ans Licht kommen, genausowenig kommt man durch bloßes Sitzen und Warten zur Erleuchtung. Bewußtes Streben und bewußte Bemühung sind notwendig. Das aber bedeutet nun keineswegs ein krampfhaftes Erzwingenwollen eines uns fremden Zieles, das wir weder verstehen noch unserer Natur entspricht, sondern ist vielmehr ein ruhiges Voranschreiten auf dem uns adäquaten Wege, der unmittelbar vor uns liegt.

Darum betonte Buddha Śakyamuni *vīrya,* das heißt Anstrengung, Tatkraft, Energie (welche eine seiner besonderen Eigenschaften unter den fünf Buddhas unseres Weltzyklus ist), als einen der wesentlichsten Faktoren der Erleuchtung. Dieser Faktor ist jedoch abhängig von klarer Vergegenwärtigung *(smṛti,* Pāli: *sati)* und Einsicht in die Gesetzmäßigkeit des Dharma im ethischen wie universellen Sinne – das heißt von dem *unterscheidenden Wissen* darüber, was Dharma ist und was es nicht ist *(dharma-vicaya).* Aus ihm erwächst die Gewißheit, daß es sich lohnt, sich anzustrengen, und daß unsere Energie auf ein erstrebenswertes Ziel gerichtet ist: Wenn wir nicht den Berggipfel in seiner ganzen Majestät und erhabenen Schönheit erblickt hätten, würden wir niemals den Drang empfinden, ihn zu ersteigen. *Vīrya* ist daher keine mühsame oder erzwungene Anstrengung, sondern vielmehr eine freudige Haltung, die von einem spontanen inneren Antrieb ausgeht.

So wird die Gestalt des Buddha zum Symbol der Erleuchtung, mit dem sich der tantrische Buddhist in seiner meditativen Praxis *(sādhanā)* zu identifizieren versucht. Er weiß, daß diese Gestalt ein Symbol seiner eigenen Möglichkeiten und seiner Verwirklichungsfähigkeit ist. Doch ist diese potentielle Fähigkeit etwas, das noch nicht verwirklicht wurde und deshalb noch keine Wirklichkeit ist. Darum ist das oft gehörte Dictum: »Du bist Buddha« nur ein offenes Tor der Selbstgefälligkeit und Selbsttäuschung, wenn man es als vollzogene Tatsache betrachtet anstatt als eine Versicherung unserer uns innewohnenden Möglichkeiten.

Unsere »unbewußte Natur« (die von der modernen Psychologie

wiederentdeckt worden ist) entspricht der latenten Universalität des *Ālaya-vijñāna* und kann als solche nicht mit unserer inhärenten Buddha-Natur identifiziert werden, da dieses universelle Bewußtsein gleichzeitig dämonische wie göttliche Eigenschaften enthält: Grausamkeit wie Mitgefühl, Egoismus wie Selbstlosigkeit, Irrtum wie Wissen, blinde Leidenschaft und dunkelste Triebe wie tiefstes Verlangen nach Licht und Freiheit. Freud verbindet mit dem Unbewußten hauptsächlich alle negativen Eigenschaften und alle verdrängten, unterdrückten oder nicht assimilierten Inhalte des menschlichen Geistes, die in den »unterirdischen Kellern« unseres Bewußtseins verborgen sind. Jung andererseits ist eher geneigt, das Unbewußte als die Quelle göttlicher Inspiration zu betrachten. Beide Anschauungen sind mehr oder weniger willkürlich, ebenso wie die Idee, daß die Buddhanatur zwar verborgen, doch fix und fertig bereit läge oder daß sie bereits in jedem Lebewesen vorhanden sei und in ihrer Vollkommenheit und Vollständigkeit hervorbrechen würde, sofern wir nur unsere Gedankentätigkeit, unsere Urteile, unser Wollen und unsere Entscheidungen zurückstellen würden. Dies aber würde zu einer vollkommenen Aufhebung unserer Individualität führen, das heißt zur Vernichtung eines fokalisierten Bewußtseins, ohne welches Wahrnehmung, geistige Verarbeitung, Unterscheidung und Begreifen – kurz, alle mentale Tätigkeit – unmöglich wäre.

Wenn wir den momentanen »Brennpunkt« oder das Integrationsprinzip für etwas Dauerndes oder eine unabhängig bestehende Einheit oder ein autonomes »Ich« halten, dann wird dieses Bewußtsein festgehalten, in eine einseitige Lage gedrängt, im wahrsten Sinne »beschränkt« und somit zum Hindernis. Jedoch als ein *relativer* Bezugspunkt, der eine Beziehung zwischen vergangenen und gegenwärtigen Erfahrungen und Eindrücken herstellt, ist das »Ich« oder die Vorstellung eines dauernd sich selbst erschaffenden inneren Zentrums eine wesentliche Eigenschaft der Struktur eines Bewußtseins, das sich seiner selbst bewußt und fähig ist, seine eigene Relativität und die seiner Umwelt zu erkennen. »Dieselben ordnenden Kräfte, welche die Natur in allen ihren Formen geschaffen haben, sind für die Struktur unserer Psyche verantwortlich und auch für unsere Fähigkeit zu denken.« (W. Heisenberg)

Es ist nicht genug, zu unserem intuitiven Bewußtsein der Alleinheit vorzudringen, es sei denn, wir haben auch den entgegengesetzten Pol verwirklicht: nämlich die unterscheidende Weisheit innerer Schauung, welche unseren Sinn für geistige Werte und

Selbstverantwortlichkeit erweckt. Es ist nicht genug, uns mit der Einheit eines gemeinsamen Ursprungs oder einer potentiellen Buddhaschaft zu identifizieren, sofern wir nicht auch den entscheidenden Schritt zur Verwandlung und Reintegration der auseinanderstrebenden Tendenzen oder Elemente unserer Psyche tun.

Gerade so wie ein Künstler aus den verschiedenartigsten Materialien, die ihm zur Verfügung stehen, ein Kunstwerk schafft, indem er seine Materialien zu einem organischen Ganzen zusammenfügt, so daß sich Aspekte der Wirklichkeit in einer imaginativ-individuellen Form enthüllen, so sollte der Meditierende einen sinnvollen und gültigen inneren Kosmos erstehen lassen und mit ihm eins werden. Dies ist der Weg der Entfaltung und Wiedereinschmelzung der tantrischen Meditation, so wie sie im mystischen Kreis des Maṇḍala und seiner archetypischen Symbole dargestellt sind.

Was die oben erwähnte Selbstverantwortlichkeit anbelangt, so setzt sie selbstverständlich die Entwicklung einer zentralisierten Individualität voraus, die ebenso wichtig ist wie die Notwendigkeit eines dynamischen (jedoch nicht absoluten) Charakters. Darum ist die Vorbedingung aller Meditationserfahrung das Einswerden, das Ganz- und Heilwerden wie das Bewußtwerden des inneren Zentrums.

»Als geglücktes Welt-Ich ist der Mensch als das seiner selbst und der Welt bewußte Subjekt kein starrer Punkt, sondern eine lebendige Gestalt, die unter allen Bedingungen beweglich um die Achse ihrer wesensmäßigen Selbstwerdung schwingt, in aller Eigenständigkeit verwandlungsfähig, in aller Form durchlässig und in aller Durchlässigkeit in Form bleibt.«[8]

Die feste Achse, um welche unser »Ich« schwingt, könnte mit der Richtung unserer karmischen Entwicklung verglichen werden, durch welche die kausal verbundenen oder gegenseitig abhängigen, aufeinanderfolgenden Existenzen eine psychische Kontinuität herstellen, welche uns befähigt, in einem graduellen Reifungsprozeß, der sich über viele Leben erstreckt, der Erleuchtung zuzustreben.

Zweifellos wird dieser Prozeß in großem Maße beschleunigt, wenn wir unsere Aufmerksamkeit nach innen wenden und eine klare Einsicht in unsere eigene Natur gewinnen, die tatsächlich durch *samyak dṛṣṭhi* gekennzeichnet wird, dem ersten und wichtigsten Schritt auf dem Achtfachen Pfad, als einer Vorbedingung aller folgenden Schritte.[9] Bei *samyak dṛṣṭhi* handelt es sich nicht um

»richtige« oder »falsche« Ansichten oder Meinungen im intellektuellen Sinne, sondern um eine unmittelbare, unvoreingenommene, intuitive Einsicht in die wahre Natur der Dinge und ganz besonders in die Natur unserer selbst.

8

Vernunft und Intuition

Wenn Intuition keinen entsprechenden Ausdruck in unserem Denken findet, so wird sie nie einen wirklichen Einfluß auf unser Leben haben, denn keine Kraft kann wirksam werden, es sei denn, sie ist gestaltet und zielgerichtet. Andererseits müssen Gedanken und Wahrnehmungen, die einseitig auf der intellektuellen Ebene entwickelt wurden, durch unmittelbare Erfahrung bestätigt und verwirklicht werden, wenn sie die Kraft und Fähigkeit haben sollen, unser Leben und unser innerstes Wesen zu verwandeln.

Diejenigen, die bloß im Bereich der Gedanken verweilen, bleiben Gefangene ihres Denkens, genauso wie diejenigen, die nur in ihren mehr oder weniger vagen Intuitionen oder Gefühlsanwandlungen leben, Gefangene ihrer augenblicklichen Stimmungen und Gemütsbewegungen werden.

Jedoch diejenigen, die imstande sind, ihre Gedanken und Emotionen zu harmonisieren und zu koordinieren, gewinnen das Beste von beiden: Sie genießen die Freiheit eines intuitiven Geistes, der von Begriffen und Vorurteilen ungehindert wirkt. Sie haben die schöpferische Freude und Genugtuung, aus den Elementen ihres intuitiven Erlebens eine allumfassende Weltanschauung aufzubauen und sie zu einer Lebensphilosophie zu entwickeln, die dauernd ihren Ausblick erweitert, bis sie ihre Vollendung im Zustand völliger Erleuchtung findet.

So besteht keine Notwendigkeit, unseren Intellekt zu negieren oder den freien Fluß unserer Gedanken und die Fähigkeit vernunftmäßiger Betrachtung *(vitarka-vicāra)* zu unterdrücken, solange wir uns der Grenzen alles diskursiven Denkens bewußt sind und unseren Intellekt innerhalb seines ihm zukommenden Gebietes betätigen. Die Fähigkeit des folgerichtigen Denkens ist ein wertvolles Werkzeug des menschlichen Geistes. Ohne seine richtenden, führenden, klärenden und stabilisierenden Eigenschaften würde sich unser Leben in einen chaotischen Alptraum verwandeln.

Die Idee, daß wir bereits vollkommen seien, weil ja das ganze Universum in uns stets gegenwärtig sei, und daß wir nur den bösen Intellekt zu unterdrücken hätten, damit unsere Vollkommenheit an das Tageslicht kommen könne, um sich dann in ihrer ganzen Fülle zu offenbaren –: das ist einer der größten Irrtümer all derer, die Vollkommenheit nur in der undifferenzierten Einheit des absoluten *brahman* sehen und die die Befreiung oder Wiederherstellung jenes ursprünglichen Zustandes absoluter Einheit durch Entwertung und Verneinung der Individualität und des individuellen Bewußtseins anstreben. Und so seltsam es auch erscheinen mag: gerade in einer derartigen Theorie feiert das abstrakt-logische Denken seine höchsten Triumphe. Aber eben darin besteht auch die Attraktion, die solche Ideen auf Menschen des westlichen Kulturkreises ausüben, die von der Logik besessen sind. Logisch ist vieles – auch zum Beispiel das System des Kommunismus und andere Denkmodelle, die das Wohl der Menschen anstreben. Und dennoch führt das Logische meist zum Unmenschlichen. Die größte Gefahr für den Intellektuellen ist der reine Intellekt, der sich nur in der Welt des Dinghaften bewegt, nie aber in der viel größeren Welt des Nicht-Dinghaften, das im Buddhismus als *śūnyatā* bezeichnet wird und nur unvollkommen als »metaphysische Leere« oder als die unsere Sinne übersteigende Transzendenz aller sinnlichen Objekte bezeichnet wird.

Wenn wir uns wirklich unserer innersten Natur anvertrauen wollen – um damit der Natur jenes Universums, aus dem wir hervorgingen –, dann können wir nicht gleichzeitig die Bedeutung und Sinnhaftigkeit unserer Individuation bezweifeln, da diese ja das Produkt eben jener angenommenen Ur-Einheit und Vollkommenheit ist.

Weder absolute Einheit noch absolute Differenzierung können ein sinnvolles, erstrebungswürdiges Ideal sein. Und so kann Vollkommenheit weder mit einem unpersönlichen *brahman* gleichgesetzt werden noch mit dem begrenzten, egozentrischen Bewußtsein einer getrennt existierenden Persönlichkeit. Vielmehr muß dieses Ideal in der Mitte der zwei Extreme gesucht werden: da, wo das Individuum zum lebendigen Brennpunkt eines universellen Bewußtseins wird.

Die universale Tendenz zur Individuation scheint auf einer Fokalisierung und Intensivierung des Bewußtseins zu beruhen, welche schließlich das Universum befähigt, sich seiner selbst bewußt zu werden. Die Verwirklichung dieses Zieles vollzieht sich genau in der Mitte zwischen dem kleinsten und größten »organischen«

System des Universums: dem Atom (A) und dem Sonnensystem (S), zwischen denen der Mensch (M) – entsprechend der Größenordnung – in der Mitte steht. Das heißt aber mit anderen Worten, daß die Größe eines Atoms bezogen auf die Größe eines Menschen etwa annähernd dem Verhältnis der Größe des Menschen zur Größe des Sonnensystems gleich ist (A:M = M:S), wie einer unserer bedeutendsten modernen Wissenschaftler (Lecomte du Noüy) berechnete. Obwohl dies nun eine nur sehr grobe Wahrscheinlichkeitsrechnung sein dürfte, so ist sie doch genügend signifikant, um die Tatsache zu enthüllen, daß Bewußtsein ein Phänomen ist, das annähernd in der Mitte zweier Unendlichkeiten liegt – nämlich der des unvorstellbar Kleinen und des unvorstellbar Großen. Unendlichkeit aber ist eines jener Ideale, die – abgesehen von ihrem poetischen Gefühlsinhalt – keine Eigenschaften aufweisen, die sie empfehlenswert erscheinen lassen, – und gleiches gilt auch für den Begriff der Ewigkeit. Beide Begriffe sind »absolute« Negativwerte, mit denen wir operieren, wenn wir die Grenze des Denkbaren erreicht haben und den Bereich reiner Abstraktion, den Bereich des Nichtwirklichen, der im stagnierenden Begriff des Absoluten endet, erreicht haben. »Alles wahre Wissen muß eine stufenweise Enthüllung des Niederen oder Abstrakteren in Form der höheren oder konkreteren Aspekte der Wirklichkeit sein«, sagt J. S. Haldane. Und der konkretere Aspekt der Wirklichkeit ist der des Organismus – der organischen Beziehungen aller Kräfte und Formen, in denen keinem Teil eine Eigenbedeutung zukommt und wo »kein Teil verstanden werden kann, außer in bezug auf das Ganze«.[10]

Somit ist alle Wirklichkeit auf Polarität gegründet – der Polarität von Teil und Ganzem –, von Individualität und Universalität, von Materie und Energie, Differenzierung und Einheit, Raum und Zeit, Form und Leere, Beharrung und Verwandlung, Zusammenziehung und Ausdehnung, Einatmung und Ausatmung, Systole und Diastole, Materialisierung und Entmaterialisierung, Werden und Entwerden usw. Und wir können hier weder von »höheren« noch von »niederen« Werten bezüglich dieser polaren und gegenseitig sich ergänzenden Qualitäten sprechen. Denn der Wertbegriff hängt von den Umständen der jeweiligen Situation ab: Wann immer eine Gleichgewichtsstörung zwischen den beiden Polen entsteht, ist einer von den beiden in Gefahr, durch das Übergewicht des anderen, der einen größeren Wert repräsentiert, verdrängt zu werden. »Für einen Gott sollte das Endliche ebenso ein Bedürfnis sein wie für den Menschen das Unendliche.«[11]

Differenzierung und Individualität als bloße Zufälle der Natur zu betrachten oder gar als Verirrungen der ursprünglichen Reinheit und Einheit des göttlichen oder kosmischen Bewußtseins, ist eine Ansicht, die aus der Arroganz des einseitigen menschlichen Intellekts hervorging, der sich unterfängt, über eben jene Kräfte, aus denen er hervorging, zu Gericht zu sitzen. Wenn *māyā* das Produkt des universellen Bewußtseins oder einer göttlichen Kraft ist – des unpersönlichen *brahman,* das sich in seinem reinen, ungeteilten Urzustand befindet –, dann bedeutet dies, daß *māyā* der schöpferische Aspekt des *brahman* ist, und wir haben kein Recht, diesen als Illusion oder als Folge der Unwissenheit zu definieren. Denn tun wir dies, so schieben wir die Eigenschaft der Unwissenheit gerade jenem *brahman* zu, das wir als Synonym der höchsten Wirklichkeit betrachten.

Dem Unerwachten nur ist *māyā* gleichbedeutend mit Illusion, der Ursache von Irrtum und Unwissenheit, denn er versucht, sich an deren augenblickliche Formen zu klammern, möchte deren unaufhörlichen Fluß hemmen, will sie besitzen oder seinen beschränkten Zwecken dienstbar machen. Für den Erwachten aber ist sie die schöpferische Macht des Geistes – die einzige Wirklichkeit, von der wir sprechen können –, denn nur was wirkt, ist wirklich in dem Sinne, daß es einerseits uns berührt und beeinflußt und andererseits von uns erlebt werden kann. Eine Wirklichkeit jedoch, die nicht erfahren oder erlebt werden kann, ist nur ein abstrakter Begriff, ein Produkt unserer Spekulation, eine Hypothese, das heißt etwas, das immer ohne direkten Einfluß auf und ohne eine Beziehung zu unserem wirklichen Leben bleiben wird. Derartiges aber hat im Buddhismus ebensowenig Platz wie das »Absolute«, welches in der westlichen Philosophie herumspukt und das im Grunde nichts als ein Ersatz für den Begriff »Gott« ist, nachdem man diesen von jedem positiven Inhalt, von jedem Erlebniswert und jeder menschlichen Beziehung entblößt hat. Es gibt viele Ebenen oder Dimensionen der Wirklichkeit. Aber es kann keinerlei Sinn haben, von einer »Wirklichkeit als solcher« zu sprechen (selbst wenn dies eine sehr logische Hypothese und eine unumgängliche Schlußfolgerung unseres immer abstrahierenden und deduzierenden begrifflichen Denkvermögens wäre), denn dies wäre eine Wirklichkeit ohne Beziehung zu irgend etwas anderem – kurz: eine »absolute Realität«.

Aber besteht denn überhaupt irgendeine Notwendigkeit für den Begriff des »Absoluten«? Da das Absolute kein Erfahrungsinhalt ist sondern nur der denkerische Gegensatz des Relativen, entbehrt es jeden Wirklichkeitscharakters und hat auch keine Wirkung auf unser Leben und unser Handeln. Leben bedeutet unendliche Bezogenheit. Das Absolute aber bedeutet das Gegenteil und ist somit die vollkommene Verleugnung des Lebens.

Dasselbe trifft auch für die Idee eines unabhängigen, für sich bestehenden und unveränderlichen Geisteszustandes zu. Jede Lebensform, jeder Geisteszustand, jede Form des Bewußtseins ist bedingt und hängt von der Ganzheit alles Bestehenden und all dessen ab, das einmal existierte. Je mehr wir uns dieser unendlichen Bezogenheit und Verwobenheit bewußt werden, desto freier werden wir, denn wir befreien uns von der Illusion der Gesondertheit und lernen, uns als das wahre Zentrum oder den bewußten Brennpunkt eines unendlichen Universums zu empfinden.

Dies aber lehrt uns sowohl Bescheidenheit infolge unserer wechselseitigen Abhängigkeit als auch Universalität unserer wahren Natur wie auch Freiheit von der tödlichsten aller Täuschungen: der Illusion eines permanenten, gesonderten Ichs. Denn was immer sich der Transformation entgegenstellt, verurteilt sich selbst zum Tode. Wer aber das Gesetz der Wandlung anerkennt, für den gibt es keinen Tod. Wer die Tatsache akzeptiert, daß sein Wesen etwas Bedingtes ist, für den gibt es weder Knechtschaft noch Begrenzung – vorausgesetzt, daß er die allumfassende Ganzheit seines Bedingtseins durch wechselseitige Beziehungen erkennt und Gebrauch macht von dem grenzenlosen Erbe, das sein ist.

Schon die bloße Tatsache, daß wir nicht-absolute Wesen in einer nicht-absoluten Welt sind, gibt uns die Freiheit, diese Welt in all ihren unendlichen Aspekten und das Leben in all seinen unendlichen Transformationen zu erleben. Was wir »Illusion« nennen – *māyā* oder welch anderes Wort wir immer gebrauchen, um Nicht-Absolutheit *(nairātmya)*, die Relativität alles Wahrnehmbaren, auszudrücken –, ist das spezifische Ergebnis der schöpferischen Kraft des Bewußtseins, die ein ebenso echter Ausdruck universeller Wirklichkeit ist wie die schöpferische Befähigung eines inspirierten Künstlers, der seine Visionen in materielle, konkrete, sichtbare und hörbare Wirlichkeit verwandelt. Diese Wirklichkeit aber ist »real« nicht im Sinne von etwas unabhängig in sich selbst Existierendem, sondern in dem Sinne, daß es die wahre Natur einer Erfahrung bzw. eines Erlebnisses enthüllt.

Wenn wir eine Landschaft betrachten und uns vorstellen, daß das, was wir da sehen, eine unabhängige, außerhalb unserer selbst existierende Wirklichkeit sei, dann sind wir Opfer einer Illusion geworden. Wenn wir jedoch dieselbe Landschaft im Werk eines großen Künstlers dargestellt sehen, dann erleben wir – trotz der Tatsache, daß das Gemälde nur eine visuelle Illusion der Landschaft hervorruft – einen Aspekt der Wirklichkeit, weil wir uns der Illusion bewußt sind und sie als Ausdruck eines echten Erlebnisses akzeptieren.

In dem Augenblick, wo wir eine Illusion als Illusion erkennen, hört sie auf, Illusion zu sein und wird zum Ausdruck der Wirklichkeit und echten Erlebens. Der Träumer, der weiß, daß er träumt, ist bereits »erwacht«, das heißt, er ist nicht mehr der Gefangene seines Traumes – ist nicht mehr den Traumgeschehnissen ausgeliefert und nicht mehr besorgt um das, was mit ihm geschehen mag.

So laßt uns endlich mit dem Selbstbetrug, den wir ständig durch Abstraktion von Abstraktionen oder dadurch begehen, daß wir uns in einem »Absoluten« verlieren, Schluß machen, denn dies sind nur Worte oder Begriffe, die weder einen Inhalt haben, noch vorstellbar, erfahrbar oder in irgendeinem Sinne »konkret« sind. Leute, die von »absoluter Wahrheit«, von »absoluter Wirklichkeit«, von »absoluter Einheit«, einem »absoluten Gott« oder dem »Absoluten an und für sich« reden, schwelgen in leeren Worten – in Worten, die keiner Erfahrung entsprechen, weil Erfahrung immer eine Beziehung zu etwas voraussetzt. Ein Absolutes aber drückt Beziehungslosigkeit aus und damit einen vollkommenen Mangel an erfahrbarem Inhalt. Hüten wir uns daher vor leeren Worten!

9

Begriff und Wirklichkeit

Der mittlere Weg des Buddha – betont und neu formuliert in Nāgārjunas Mādhyamika-Philosophie und in die Praxis umgesetzt in den tantrischen Sādhanas des Vajrayāna – baut geradezu auf der Leugnung und Verneinung von irgendeinem »Absoluten« auf, was durch die Proklamation des Gesetzes von der abhängigen und gleichzeitigen Entstehung (pratītyasamutpāda) geschah, durch das die Elemente der Zeit (oder Kausalität) und der Synchronizität (oder Akausalität) vereint sind. Nāgārjuna brachte dies in seinem berühmten Vers zum Ausdruck:

Anirodham anutpādam
Anucchedam asas vatam
Anekartam ananārtham
Anāgamam anirgamaṃ
Yah pratītyasamutpādaṃ
Prapancopasamam śivaṃ
Deśayamāsa sambuddhas
Taṃ vande vadatāṃ varam.

Ohne Vergehen und ohne Entstehen,
Nicht abgeschnitten und nicht ewig,
Weder eines seiend, noch auch verschieden,
Ohne ein Kommen und ohne ein Gehen,
Wer so das abhängige und gleichzeitige Entstehen
Der Seinsentfaltung und ihres Zurruhekommens lehren kann,
Dem höchsten aller Lehrer, dem vollkommenen Buddha
Bringe ich meine höchste Verehrung dar.

So wird auch verständlich, daß selbst ein Ausdruck wie *śūnyatā* nicht »Leere« im absoluten Sinne bedeutet, denn wenn wir von der »Leere« sprechen, können wir dem Wort keinerlei Bedeutung zumessen, sofern wir es nicht durch die Frage »leer wovon?« qualifizieren. Das Wort »leer«, wie alle beschreibenden Worte der menschlichen Sprache, ist ein relativer Begriff, ebenso wie »hoch« oder »niedrig«, »rechts« oder «links«. Dies zeigt sich auch deutlich in der Klassifikation der śūnyatā in achtzehn Arten der Leerheit: Leere von inneren Dingen *(adhyātma śūnyatā)*, Leere von äußeren Dingen *(bahirdha-śūnyatā)*, Leere von inneren und äußeren Dingen *(adhyātma-bahirdha-śūnyatā)*, Leere von Leere *(śūnyatā-śūnyatā)*, große Leere *(mahā-śūnyatā)*, Leere von höchster Wahrheit *(paramārtha-śūnyatā)*, Leere von erschaffenen oder zusammengesetzten Dingen *(saṃskṛta-śūnyatā)*, äußerste oder höchste Leere *(atyanta-śūnyatā)*, Leere der Grenzenlosigkeit *(anavaragra-śūnyatā)*, Leere der Zerstreuung *(anavakara-śūnyatā)*, Leerheit der primären oder Ur-Natur *(prakṛta-śūnyatā)*, Leerheit von Selbstheit *(svalakṣana-śūnyatā)*, Leerheit von Dingen *(sarvadharma-śūnyatā)*, Leere der Unerreichbarkeit *(anupalambha-śūnyatā)*, Leere des Nichtseins *(abhava-śūnyatā)*, Leere von Selbstnatur *(svabhava-śūnyatā)*, Leere des Nichtseins einer Selbstnatur *(abhava-svabhava-śūnyatā)*.[12]

Diese Liste könnte endlos fortgesetzt werden und war selbst

Gegenstand von zahllosen gelehrten Kommentaren, welche die Sache noch mehr komplizierten und den Intellekt mehr und mehr mit Begriffen und Abstraktionen beschäftigt hielten, bis der Geist schließlich seine eigene Leere und Nichtexistenz bewiesen hatte. Wir wollen uns nicht weiter mit diesen gelehrten Spielereien beschäftigen. Die Tantras durchbrachen das ganze Labyrinth begrifflichen Denkens, indem sie die Menschen zur Wirklichkeit zurückführten, das heißt zu der einzigen Wirklichkeit, von der wir sprechen können, nämlich der Wirklichkeit unserer Erfahrung und unseres Erlebens, auf die der Buddha, im Gegensatz zur spekulativen Natur der religiösen und philosophischen Theorien seiner Zeit, das größte Gewicht legte.

Es besteht bei unserem begriffsbildenden Intellekt die Gefahr, daß wir uns weiter und weiter dem Leben entfremden, indem wir uns in reinen Abstraktionen verlieren; denn je abstrakter ein Begriff, desto leichter ist es, diesen zu manipulieren.

»So werde man sich darüber klar, daß das Moment des Hypothetischen, Bedingten aller Wissenschaft anhängt; daß jede Definition, jede Begriffsbildung eben nicht ein Nicht-Definitives, sondern ein Vorläufiges ist, und man gewöhne sich beizeiten, danach den wahren Wert der Wissenschaft zu bemessen. Die Strenge der Logik, mit der die Wissenschaft arbeitet, arbeiten kann, ändert an dieser bedingten Bewertung nichts: Logik ist anwendbar nicht nur auf hypothetische, sondern auch auf fiktive Voraussetzungen, ja Logik ist sogar umso strenger durchführbar, je reiner hypothetisch, je reiner fiktiv diese Vorbedingungen sind, das heißt je weniger sie mit Wirklichkeit verquickt sind und je weniger ihnen die Wirklichkeit den Text verdirbt. Strengste Logik entwickelt die Euklidsche Geometrie, und zwar deshalb, weil sie nicht mit Wirklichkeiten, sondern mit Grenzwerten arbeitet. Einen Punkt, eine Linie, eine Fläche im Euklidschen Sinn gibt es nicht in der Wirklichkeit; das sind lediglich Abstraktionen von der Wirklichkeit, die erst auf Grund ihrer Abstraktivität jene reine Logik ermöglichen, die dem menschlichen Geist so sehr imponiert. Man werde sich beizeiten darüber klar: reine Logik ist nur erkaufbar auf Kosten des Wirklichkeitsgehaltes; sie ist nur da erreichbar, wo es sich um reine Begriffe handelt, die ihren Gehalt an Wirklichkeit verloren haben und auf Grund davon mit jeder beliebigen Wirklichkeit gefüllt werden können. In einen reinen Syllogismus kann man jeden Gehalt pressen; er ist nur eine Form, ein Formalismus, ein leerer Rahmen, der für jedes Bild paßt. So geschieht es immer und immer wieder, daß der Mensch, das geistige Leben der Menschheit für das Linsengericht der Ratio sich das Beste verscherzt: die Wirklichkeit selber.«[13]

»Leere« bedeutet somit im Buddhismus Leerheit von irgend etwas, das in sich selbst besteht, sei es ein Ding, ein Lebewesen oder ein absoluter Begriff. Selbst wenn wir von der Totalität der Welt oder des Universums sprechen, so meinen wir hiermit die Totalität der Beziehungen, die Einheit wechselseitiger Bezogenheiten in einer organischen Differenziertheit. Der Begriff einer undifferenzierten Einheit ist ein Begriff ohne irgendeinen Wirklichkeitsgehalt. Nur wenn der Intellekt vom Leben getrennt ist, wird die fundamentale Tatsache der Polarität und der Differenzierung von dem Ideal einer absoluten Einheit überschattet. Polarität verleugnet die Einheit in keiner Weise. Sie setzt im Gegenteil eine allem zugrunde liegende Einheit voraus, denn Einheit im geistigen und wirklichen Sinne ist nicht eine bloße Uniformität, sie ist sowohl ein vollkommenes Zusammenarbeiten von verschiedenen Qualitäten und Kräften als auch die Untrennbarkeit polarer Gegensätze, die sich in Wirklichkeit ergänzen. Hier beginnt das Paradoxon und das Wunder jener mysteriösen Kraft, die wir Leben und Bewußtsein nennen.

Dies ist der zentrale Faktor tantrischer Erfahrung: die Anerkennung dieser Polarität und ihrer Integration in der Vereinigung der »männlichen« und »weiblichen« Qualitäten, der schöpferischen und der empfangenden, aktiven und passiven, körperlichen und geistigen, endlichen und unendlichen Eigenschaften, usw. Es ist die Erkenntnis, daß keine Form ohne Leere und keine Leere ohne Form existieren kann, so wie es kein Wissen ohne Unwissen geben kann, denn Wissen entsteht aus einer Begrenzung oder Abgrenzung der Wahrnehmung; es ist eine Fokalisierung oder Konzentration, die im Ausschluß aller nicht-relevanten Elemente der Wirklichkeit besteht, das heißt auf dem Hintergrund von »Nicht-Wissen« oder absichtlich ignorierten Elementen. Dieses »Nicht-Wissen« hat nichts mit dem religiösen Ausdruck *avidyā* zu tun, der durch den Irrwahn einer getrennten und unveränderlichen Selbstheit oder der absoluten Realität irgendeiner Erscheinungsform charakterisiert wird.

Weisheit ist darum nicht Allwissenheit im Sinne eines Wissens aller Dinge und aller Vorgänge in Gegenwart, Vergangenheit und Zukunft, sondern ist die Erkenntnis unserer wahren Natur als einer Manifestation der Ganzheit des Universums unter der einzigartigen Form unserer durch Zeit und Raum bedingten Individualität. Wenn die Texte von der »Allwissenheit« der Erleuchteten sprechen, so kann dies nur in dem Sinne verstanden werden, daß sie die wesentliche Natur des Lebens durchschauten und in jeder Situation das Richtige zu tun wußten. Sie begriffen intuitiv jede Erscheinungsform, auf die sie ihre Aufmerksamkeit richteten. Ihre Weisheit verbindet die polaren Gegensätze tiefsten Mitgefühls (dem vereinigenden Prinzip) und tiefer Erkenntnis (dem Prinzip der Unterscheidung), die Qualitäten eines warmen Herzens mit einem klaren Geist, wie sie sich im Dhyāni-Bodhisattva Avalokiteśvara (dem Juwel im Lotus des Herzens) und im Dhyāni-Bodhisattva Mañjuśrī mit dem flammenden Schwert darstellen.

Weisheit (das Wissen des Herzens) besteht nicht aus einer Anhäufung von Tatsachen, sondern in der immer gegenwärtigen Unterscheidung und klaren Einsicht in die Natur der Dinge. Dies ist nur möglich, wenn wir sie immer wieder mit neuen Augen betrachten, so als ob wir sie zum ersten Male sähen, das heißt von einem unvoreingenommenen Standpunkt, ohne zu urteilen, quasi von einem Standpunkt schöpferischen Nichtwissens oder schöpferischer Leere, die sich aller Entscheidungen enthält und der darum alle Wege offenstehen. Es ist jene Rezeptivität, jene Empfänglichkeit, die uns befähigt, eine neue Dimension in einem tatsächlich bekannten Phänomen oder in einer uns vertrauten Situation zu sehen.

Hier berühren wir eines der tiefsten Mysterien unseres Daseins, ja den Urgrund, aus dem alle echte Meditation entspringt und den die Tibeter »das magische Spiel von Unwissenheit und Wissen« nennen *(rig dang ma-rig cho-ḥphrul)*. Wäre das Leben lebenswert ohne dieses Nichtwissen? Würde das vollkommene Wissen jedes zukünftigen Ereignisses erträglich sein? Würde das Leben irgendeinen Sinn haben, wenn es mit Allwissenheit verbunden wäre?

Der Sinn des Lebens – wie der einer Reise – liegt nicht in der Ankunft an einem bestimmten Ort, sondern im Fortschreiten auf ein gewisses Ziel zu: das heißt in der Bewegung selbst und in dem allmählichen Sich-Entfalten von Begebenheiten oder Ereignissen. Natürlich spreche ich hier nicht von Geschäftsreisen, die einen bestimmten, im voraus geplanten Zweck haben, sondern von Reisen um des Reisens willen, wie Goethes Italienreise oder die Reise eines weltoffenen Forschers, wie die Darwins auf der Beagle, die ihn rund um die Welt führte. Allwissenheit, im wörtlichen Sinne, würde zu äußerstem Stumpfsinn und Langeweile führen und weit schlimmer sein als Nichtwissen: denn alles zu wissen ist gleich nichts zu wissen. Wissen kann nur einen Sinn haben in bezug auf etwas oder jemanden, nämlich auf den Wissenden oder das Individuum. Der Wissende muß also ein Individuum sein mit einem zentralisierten Bewußtsein, das sich selbst von seiner Umgebung unterscheidet trotz seiner wesentlichen Einheit mit ihr, die so stark empfunden werden kann, daß, wie es heißt, der Wissende mit dem Wahrgenommenen eins wird.

Einswerden bedeutet jedoch nicht, sich im anderen aufzulösen und Polarität, auf welcher das Wissen beruht, aufzuheben. Auch das Einswerden im Liebesakt hebt dieses Wissen um die Identität des Individuums nicht auf, wenngleich sie diese modifiziert und ihrer »Absolutheit« beraubt. Im Überwinden der »absoluten« Zweiheit zugunsten einer Polarität, in welcher Einheit und Differenzierung in gleicher Weise gegenwärtig sind, werden die Liebenden im Akt der »Einswerdung« in ihrer Individualität nicht vernichtet, sondern sie verlieren nur ihr Ichheitsgefühl. Individualität ist verschieden von der Illusion der Ichheit. Die letztere resultiert in einer geistigen emotionellen Gleichgewichtsstörung und ist die Ursache von Leiden und Enttäuschungen. In gleicher Weise wurde die Individualität des Buddha nicht im Vorgang der Erleuchtung oder im Erlebnis seiner Universalität zerstört. Er »zerschmolz nicht in der Unendlichkeit«, löste sich nicht im All auf, sondern führte vierzig weitere Jahre ein aktives Leben.

Leben bedeutet Individualisierung, und diese Individualisierung wächst mit dem Grad der Differenzierung und Verfeinerung der Organe und der allgemeinen Aufnahmefähigkeit. Gleichzeitig erschafft es ein sich immer mehr erweiterndes Bewußtsein, welches schließlich bewirkt, daß das Individuum über die Grenzen des rein Individuellen hinauswächst und sich des gesamten Universums bewußt wird. All dies beweist, daß Individualität und Universalität sich nicht gegenseitig ausschließen, sondern im Gegenteil einander ergänzen. Sie sind wie zwei gleichzeitige Bewegungen in entgegengesetzter Richtung.

Individualität, die bis zur letzten Konsequenz gelebt wird, das heißt völlig verwirklicht wird, führt zur Universalität. Darum schließt die Ātman-Idee, in ihrer ursprünglichen Weite und Dehnbarkeit, das Universum in sich ein. Die meisten Menschen aber bleiben auf halbem Wege stehen, weshalb der Buddha es für sicherer hielt, von vornherein die Anātman-Lehre zu verkündigen, so daß keine Verwechslung mit der Ich-Idee möglich war. Wer aber auf dem halben Wege stehen bleibt, verhärtet seine Individualität und läßt sie zum Begriff einer persönlichen Ichheit einschrumpfen, die der Universalität entgegensteht.

Der Begriff der Individualität als etwas Unteilbarem (da eine unteilbare Einheit, wie die eines lebendigen Organismus, nicht zerstückelt werden kann) bedeutet nicht notwendigerweise etwas, das völlig in sich selbst geschlossen ist oder von allem anderen, das in der Welt existiert, getrennt ist. Im Gegenteil, es stellt etwas dar, das unteilbar ist, weil es die Ganzheit des Universums zur Grundlage hat und lebendige Beziehungen zu allen ähnlich konstituierten Erscheinungsformen.

Aus demselben Grunde glaubt der tantrische Buddhist nicht an eine unabhängig von ihm existierende äußere Welt. Die innere und die äußere Welt sind »Kette« und »Schuß« desselben Gewebes, in dem die Fäden aller Kräfte und allen Geschehens sowie aller Bewußtseinsformen und ihrer Objekte in ein untrennbares Netz von endlosen, sich gegenseitig bedingenden Beziehungen verwoben sind. Daher das Wort *Tantra* (Faden, Gewebe, Verwobenheit). Somit ist Wirklichkeit keine feststehende Größe, sondern ein variabler und intensivierbarer Wert, der von dem Grad der Intensität unseres Erlebens abhängig ist, wie Martin Buber es ausdrückt.[14] Ebenso wie wir das Gesehene nicht vom Seher trennen können, so können wir das Erlebnis nicht vom Erlebenden trennen.

Das unschöpferische Individuum (wie auch das Tier) lebt in einer gegebenen Wirklichkeit, das heißt in einer Wirklichkeit, die durch seine Sinne und die Koordinationsfähigkeit seines Geistes oder die Dimension seines Bewußtseins bedingt ist. Jede Dimension läßt eine verschiedene Wirklichkeit, eine verschiedene Welt erstehen. Ein zweidimensionales Wesen lebt in einer Welt von Oberflächen, aber hat keinen Begriff von Raum oder dreidimensionalen Objekten. Ein dreidimensionales Bewußtsein lebt in einer Welt entsprechender Raumerfahrung, in der Objekte von ähnlicher Natur wahrgenommen und als materielle Gegebenheiten angesehen werden. In der nächst höheren Dimension können sich diese Objekte in sich schnell bewegende Prozesse auflösen, ohne die Eigenschaften der vorhergehenden Dimension aufzuheben. Somit hat die Wirklichkeit ebensoviele Aspekte wie es Dimensionen oder Möglichkeiten bewußter Wahrnehmung gibt – sprich: unendliche.

10

Die verwandelnde Macht schöpferischer Vorstellung

Wenn wir unsere Wahrnehmung ändern, leben wir in einer anderen Welt und erleben eine andere Wirklichkeit. Aber die Fähigkeit, unser Wahrnehmungsvermögen zu ändern, tritt nur auf einer gewissen Stufe des reflektiven und schöpferischen Bewußtseins auf, die beim Tier gar nicht und beim Menschen nur teilweise entwickelt ist. Ich sage »teilweise«,weil nicht alle Menschen ihre schöpferischen Fähigkeiten entwickelt haben oder Gebrauch davon machen. Diejenigen, die es getan haben, werden als die großen Inspiratoren der Menschheit gefeiert. Durch die Macht ihrer schöpferischen Vorstellung haben sie dem Leben neue Werte gegeben, neue Ideale. Sie haben den Menschen eine neue Anschauung gegeben und haben die Welt der Wilden in eine Welt gesitteter Menschen verwandelt, die sich ihrer universalen Erbschaft bewußt wurden oder wenigstens eines solchen Bewußtseins fähig waren.

»Von allen den Unterschieden zwischen Mensch und Tier ist die Macht, symbolische Bilder zu erschaffen und mit ihnen zu arbeiten, die charakteristische Gabe, die uns zu Menschen macht: die Gabe der Imagination. Die Macht, die der Mensch über die Natur und über sich selbst hat, liegt in seiner Beherrschung imaginärer Erfahrung. Fast alles, was des Tuens wert ist, bestand zunächst im Auge des Geistes. Der Reichtum des menschlichen Lebens besteht darin, daß wir viele Leben haben. Wir leben die Ereignisse, die nie stattfinden (und selbst einige, die auch nicht stattfinden können), erleben sie genau so lebhaft wie die, welche sich tatsächlich ereignen. Wenn wir infolgedessen auch tausend Tode sterben, so ist das der Preis, den wir für die tausend Leben, deren wir fähig sind, zahlen. Die Vorstellung (oder die Phantasie) ist der charakteristische Akt nicht nur des Dichters, des Malers oder des Wissenschaftlers, sondern des menschlichen Geistes überhaupt. Vorstellung ist eine spezifisch menschliche Gabe.«[15]

Diese Macht der schöpferischen Vorstellung begnügt sich nicht damit, die Welt zu beobachten, wie sie ist, indem sie die gegebene Wirklichkeit akzeptiert, sondern sie ist fähig, eine neue Wirklichkeit zu erschaffen, indem sie die innere und äußere Welt verwandelt. Das ist die Essenz der tantrischen Lehre und Erfahrung, welche der Ausübung der Meditation und aller geistigen Disziplin eine neue Dimension hinzufügt.

Die Anhänger des Kleinen Fahrzeugs *(Hīnayāna)* versuchen, die Welt zu sehen, »wie sie ist« – das heißt als eine gegebene Wirklichkeit –, und wenden sich von ihr ab. Der Nachfolger des Zen sieht die Welt als ein Paradoxon und versucht, die gegebene Wirklichkeit, die sich hinter diesem verbirgt – nämlich seine innere Welt, sein »wahres Gesicht« –, zu entdecken, indem er die begriffsbildende Tätigkeit des Intellekts unterbindet. Wer die tantrische Meditation ausübt *(sādhaka)*, stimmt mit dem Zen-Anhänger insofern überein, als auch er das begriffliche Denken zu überwinden versucht. Weil er jedoch weiß, daß es kein Wachbewußtsein ohne Inhalt gibt und daß es ebenso unmöglich ist, Wachbewußtsein ohne Inhalt zu haben und den Gedankenstrom aufzuhalten, wie es unmöglich ist einen Fluß zum Stehen zu bringen, ersetzt der tantrische *sādhaka* abstrakte (rein mentale) Begriffe sowie die Manipulationen einer zweidimensionalen Logik durch schöpferische und vieldimensionale Symbole lebendiger Erfahrung. Auf diese Weise werden die inneren und äußeren Welten verwandelt und vereinigt in der Erkenntnis, daß die grundlegenden Elemente der menschlichen Individualität, die uns an unsere weltliche Existenz *(samsāra)* fesseln, zu gleicher Zeit die Mittel der Befreiung und der Erleuchtung sind.

Kurz, eine geistige Disziplin oder meditative Praxis, die die Macht der Vorstellung meidet, beraubt sich selber des wirksamsten und vitalsten Mittels, um die menschliche Natur zu verwandeln und zu dem zu machen, was sie sein könnte, wenn ihre noch schlafenden Potentialitäten völlig erweckt wären. Aber sofern diese Potentialitäten nicht im menschlichen Geiste lebhaft imaginiert und bildlich dargestellt werden, besteht keine Veranlassung, sie in Wirklichkeiten umzusetzen.

Hier müssen wir jedoch darauf hinweisen, daß ein großer Unterschied besteht zwischen schöpferischer Vorstellung und ziellosem Sichgehenlassen in bloßen Phantasien, in denen der Geist auf der Oberfläche unseres halbwachen Bewußtseins umhertreibt. Schöpferische Vorstellung baut mit den »Ziegelsteinen« der Wirklichkeit, genauso wie der Künstler, der mit den Materialien der physischen Welt und der Potentialität seiner Psyche ein Kunstwerk schafft. Dies geschieht auf eine innerliche, sinnvolle und zielgerichtete Weise, die sich in einem neuen und einzigartigen Ausdruck der Wirklichkeit kristallisiert, entweder in Form eines Kunstwerks oder in der eines verwandelten Bewußtseins und damit eines verwandelten Individuums, das zu einem neuen Aspekt der Wirklichkeit erwacht ist. Die subtilsten Materialien, die uns zur Verfügung stehen, sind die Elemente unserer gegenwärtigen Persönlichkeit. Sie sind das Rohmaterial, das wir zu einem höchsten Kunstwerk zu gestalten haben: dem völlig verwirklichten Menschen, der in uns lebt als der Archetyp des ewigen Menschen – der hehren Gestalt des völlig Erwachten.

Und wir betonen nochmals: die Tatsache, daß der Buddha oder irgendein anderer der Erleuchteten der Menschheit (der ja mit denselben Grundeigenschaften *(skandhas)* individueller Existenz ausgestattet war wie jedes andere Wesen) imstande war, diese *skandhas* in Faktoren der Erleuchtung zu verwandeln, beweist, daß es dieselben Qualitäten sind, die im Unerleuchteten zur Quelle von Illusion und Verwirrung in der endlosen Tretmühle von Geburt und Tod werden (und ihn so immer wieder zum *samsāra* führen), die gleichzeitig auch die Elemente der Wirklichkeit und die Mittel zur Befreiung und Erleuchtung beinhalten.

Wenn wir *Nirvāna* und *Samsāra* als die zwei Seiten der Wirklichkeit betrachten, so sollten wir dieselbe Polarität auch in den *Skandhas* sehen, die in sich selbst weder schlecht noch gut sind, weder falsch noch richtig, weder wirklich noch illusorisch, weder befreiend noch bindend, weder fördernd noch hindernd, weder dem Nirvāna noch dem Samsāra angehörend. Alles hängt davon ab, was wir aus jenen Skandhas machen – wie wir sie gebrauchen. Diejenigen, die zu ihren wesentlichen und grundlegenden Potentialitäten erwacht sind, werden die Skandhas nicht mehr als Instrumente der Selbstbegrenzung und egozentrischen Verhaftung betrachten. Im Gegenteil, sie werden sie zu Werkzeugen der Freiheitsverwirklichung und Erleuchtung machen, die ohne den rechten Gebrauch individueller Eigenschaften nicht möglich wären. Aus diesem Grunde nannte der Buddha die menschliche Geburt die beste aller möglichen Existenzformen.

Zweiter Teil

Die Grundelemente der Vajrayāna-Meditation

1

Die Umformung der Bestandteile der menschlichen Persönlichkeit

Nach alter buddhistischer Tradition wird die Persönlichkeit als eine Kombination von fünf Gruppen oder *Skandhas* aufgefaßt. Diese sind in gegenseitiger Beziehung stehende Funktionen, die entsprechend zunehmender Feinheit definiert werden als:

1. *Rūpa-Skandha:* a) die Gruppe der Körperlichkeit, oder genauer die Gruppe des durch die Sinne Vermittelten, welche die vergangenen Elemente des Bewußtseins, die den Körper gebildet haben, umschließt und die sich im Körper darstellen; b) die gegenwärtigen Elemente des Bewußtseins, wie die Empfindung oder die Idee der Materie und c) die zukünftigen oder potentiellen Elemente der Sinnenwahrnehmung (dharmāh) in allen ihren Erscheinungsformen[16]. Diese Definition schließt alle Sinnesorgane, Sinnesobjekte und ihre gegenseitige Bezogenheit sowie ihre psychologischen Konsequenzen ein.
2. *Vedanā-Skandha:* die Gruppe des Gefühls, die alle Reaktionen, die von Sinneseindrücken hervorgerufen werden, umschließt, sowohl wie alle Reaktionen, die durch Gemütserregungen oder durch innere Ursachen entstehen, wie Gefühle von Schmerz oder Vergnügen (körperlich) oder Freude und Leiden (seelisch), Indifferenz und Gleichmut.
3. *Samjñā-Skandha:* die Gruppe der Wahrnehmungen unterscheidenden Gewahrwerdens und Darstellens, welche die reflektive oder diskursive (savicāra) Funktion wie auch die intuitive Fähigkeit des Unterscheidens (avicāra) umfaßt.
4. *Saṃskāra-Skandha:* die Gruppe der geistigen Funktionen und Gebilde, die bildenden Kräfte oder Tendenzen des Willens, die das aktive Prinzip des Bewußtseins oder den Charakter des Individuums darstellen, d.h. die karmischen Konsequenzen, die durch bewußten Willen verursacht werden.
5. *Vijñāna-Skandha:* die Gruppe des Bewußtseins, welche alle vorhergehenden Funktionen enthält, vereint und zusammenordnet beziehungsweise die Potentialität des Bewußtseins in seiner reinen, unqualifizierten Form darstellt.

In der Persönlichkeit eines Buddha ist jeder der *Skandhas* in einen Aspekt des erleuchteten Bewußtseins transformiert. Somit ist das Prinzip der Form oder der Körperlichkeit nicht mehr auf den physischen Körper beschränkt, sondern enthält die Totalität des Universums, aus dem es entstand und das sich widerspiegelt in der Struktur, den Organen und Funktionen des menschlichen Körpers und besonders in der spiegelgleichen Qualität eines gestillten Bewußtseins. In ihm verwirklicht der erleuchtete Geist die »*Weisheit des Großen Spiegels« (mahādarśa-jñāna)*, in dem die Formen aller Dinge potentiell gegenwärtig sind und entsprechend ihrer Natur als Exponenten der »*Großen Leere*« erkannt werden.

Das Prinzip des Fühlens ist – statt wie vorher ichbezogen zu sein und nur mit dem eigenen Wohlsein oder rein persönlichen Neigungen und Aversionen beschäftigt zu sein – ausgeweitet in ein allumfassendes Gefühl der Solidarität mit allen empfindenden Wesen, in Erkenntnis der größeren Einheit alles Lebens, aus der die »*Weisheit der Gleichheit« (samathājñāna)* entspringt. Aus dieser Erkenntnis heraus wird die Liebe von jeglichen Besitzansprüchen und zugleich auch von jenem »Mitleid« befreit, das aus einem Sich-Herablassen entspringt. Diese Weisheit ist es, die uns dem Größeren Leben öffnet.

Das Prinzip der Wahrnehmung ist beim Erleuchteten nicht mehr mit intellektuellen und begrifflichen Unterscheidungen oder bloßen Sinneswahrnehmungen beschäftigt, sondern ist in die Spontaneität inneren Sehens und geistiger Unterscheidung in der Meditationspraxis verwandelt und somit in die »*Unterscheidende Weisheit« (pratyavekṣaṇa-jñāna)*. Hier wird die Differenzierung gegen einen Hintergrund von Einheit und in bezug zu allen konkreten Situationen des Lebens und der Individualität gesehen. Wenn die »*Weisheit der Gleichheit*« die essentielle Einheit des Lebens betonte, so lehrt uns die »*Unterscheidende Weisheit*«, die Verschiedenheit und die Einzigartigkeit jedes Individuums und jeder Situation, in der wir uns befinden, zu respektieren.

Auf der Basis dieser drei vorhergehenden Weisheiten verwandelt sich das Prinzip des Wollens in die »*Weisheit, welche jede Arbeit vollendet« (kṛtyānuṣṭhāna-jñāna)*, denn sie führt zu einer Handlung ohne einen Handelnden, d.h. einer Handlung, die weder ichbezogen oder ichbedingt und darum frei von Karma ist. Es ist die Tat, die einer Kraft entspringt, die ihren Ursprung in einem Bewußtsein hat, dessen Wurzeln tiefer sind als diejenigen unserer individualisierten Absichten: die spontane Handlung, welche die

Totalität unseres Wesens zum Ausdruck bringt. Es ist jene Art von Handeln, welches Laotse andeutet, wenn er sagt:

Handeln ohne Absicht,
sich beschäftigen, ohne
ein Geschäft daraus zu machen,
das Große finden im Kleinen
und die Vielen in den Wenigen,
Verletzung mit Freundlichkeit vergelten,
schwierige Dinge vollbringen,
solange sie noch leicht sind
und große Dinge vollbringen in ihrem Anfang:
Dies ist die Methode des Tao.

Diese Ganzheit unseres Wesens wird sich selbst bewußt in der Universalität eines erleuchteten Bewußtseins, in der die begrenzte und nur koordinierende Fähigkeit des durchschnittlichen menschlichen Geistes (durch den wir vergangene und gegenwärtige Objekte wahrnehmen, sowie Zeit und zukünftige Möglichkeiten und unserer selbst als Individuen im Strome der Ereignisse und wechselnder Bedingungen gewahr sind) zur Wahrnehmungsfähigkeit einer höheren Dimension der Wirklichkeit umgeformt wird: der des Gesetzes (Dharma), das alle Erscheinungsformen des Lebens im Universum leitet: *die Weisheit des Dharma-Bereiches (dharma-dhātu-jñāna)*.

Auf diese Weise wird jeder der Skandhas, welcher für den Durchschnittsmenschen zu einer Quelle des Irrtums und der versklavenden Verstrickung wird, zu einem Instrument der Befreiung. Wenn wir diese wichtige Tatsache übersehen, dann entgeht uns die wesentlichste Botschaft, die uns die leibhaftige Existenz eines Buddhas in dieser unserer Welt offenbart; der durch sein Leben demonstriert, daß das menschliche Wesen fähig ist, den erhabenen Zustand der Buddhaschaft zu erreichen. Seine heldische Leistung wurde die Geburtsstunde eines mächtigen und weitreichenden Symbols und inspirierte einige der größten Zivilisationen der menschlichen Geschichte. Es hat über eine Spanne von zweieinhalb Jahrtausenden sich erhalten, ohne seine universelle Anziehungskraft und Bedeutung für unsere Zeit zu verlieren. Tatsächlich ist die Betrachtung und Verwirklichung dieses zutiefst archetypischen Symbols des vollkommenen, erleuchteten Menschen, in dem sich das Universum spiegelt und in dem es in einer erfahrbaren Form wiedererschaffen wird, selbst der Weg und der Schlüssel, der uns den Zugang zu allen Problemen und Mysterien unserer menschlichen Existenz eröffnet: *»Das Ziel ist der Weg!«*

Dies ist der Punkt, an dem die Tantras und alle Meister der Meditation, von den frühen Yogācārins bis zu den Nachfolgern von Ch'an und Zen den Weg des Worts und der Intellektualisierung verlassen haben, um die Ganzheit des Menschen wiederzuentdekken und seine wesentliche Einheit mit dem Universum, in dem er lebt, wieder zu erfahren. Diese Einheit ist aber keine Einförmigkeit oder unqualifizierte Identität, sondern eine organische Bezogenheit, in der Differenzierung und Einmaligkeit, beziehungsweise Einzigkeit der Funktionen ebenso wichtig sind wie jene letztliche, zugrunde liegende Einheit.

Individualität und Universalität sind nicht gegenseitig sich ausschließende Werte, sondern zwei Seiten derselben Wirklichkeit, die sich gegenseitig ergänzen und vervollständigen und eins werden im Erlebnis der Erleuchtung. Dieses Erlebnis löst den Geist aber nicht in einem amorphen All auf, sondern bringt uns vielmehr zum Bewußtsein, daß das Individuum selbst die Ganzheit in seinem Kern in einem Punkt, wie in einem Brennpunkt, enthält. So wird die Welt, die bisher als eine äußere Wirklichkeit aufgefaßt wurde, verschmolzen oder integriert im erleuchteten Geist in jenem Augenblick, in dem die Universalität des Bewußtseins realisiert wird. Dies ist der höchste Augenblick der Befreiung von den Hindernissen und Fesseln der Unwissenheit und der Illusion.

Immer wieder werden wir noch die Beute grober Gleichnisse, die uns quantitative Massen statt qualitativer Werte bieten, so z.B. wenn wir das höchste Erlebnis der Befreiung mit »dem Tropfen, der in das schimmernde Meer eingeht« vergleichen. Denn es würde – obwohl es vom Standpunkt der dreidimensionalen Logik paradox klingt – der Wirklichkeit weitaus mehr angemessen sein zu sagen, daß »das Meer in den schimmernden Tropfen eingeht«.[17]

Der Tropfen ist qualitativ nicht vom Meer verschieden. All die Ozeane, welche die Erde bedecken, sind, wenn man sie aus der Entfernung der Sonne sieht, nicht mehr als ein Tropfen in der Unendlichkeit des Weltraums; und ein Tropfen, der vom Standpunkt eines Mikro-Organismus aus gesehen wird, ist so groß wie ein Ozean.

2

Die vier symphonischen Sätze der Meditation

Die anschauliche Darstellung der Universalität des Menschen und seiner Fähigkeit der Selbstverwirklichung im höchsten Erlebnis der ERLEUCHTUNG auf dem direkten Wege der Meditation, ohne die Hilfe von Göttern, Priestern, Dogmen und Opferritualen: das war es, was der BUDDHA der Welt gab und was zum Herzstück des Buddhismus wurde, unabhängig von all jenen Differenzen, die Sekten, philosophische Schulen, scholastische Traditionen oder rassische wie linguistische Einflüsse schufen.

Meditation jedoch ist nicht allein eine Angelegenheit des Geistes, sondern betrifft den ganzen Menschen, einschließlich seiner körperlichen Funktionen und Handlungen. Daher ist der erste Schritt auf dem Weg zur Meditation, daß man die Situation, in der man sich befindet, klar sieht und richtig beurteilt.

Meditation hat viele Bedeutungen: z.B. sich nach innen wenden, ruhiges Beobachten, Erwägen und wache Bewußtheit seiner selbst wie der Welt, die uns umgibt. Aber Meditation hat auch die Bedeutung, sich des Bewußtseins bewußt zu sein und ein aufmerksamer Beobachter des Stromes der wechselnden Gedanken, Gefühle, Impulse und Schauungen zu werden, bis man schließlich ihr Wesen und ihren Ursprung erkennt. Dies sind aber die Hauptzüge der Satipatthāna-Übung des Theravāda-Buddhismus.

Doch sind das nur die ersten Schritte in der meditativen Praxis. Auf den höheren Stufen wechseln wir die Rolle von einem bis dahin mehr oder weniger intellektuellen Beobachter zu einem Erlebenden tiefer reichender Wirklichkeit – nämlich jener zeitlosen und universellen Quelle aller Erscheinungsformen, die wir in der Betrachtung unseres Bewußtseinsstromes beobachten und genauso in den einfachsten körperlichen Funktionen, wie z.B. im Atmungsprozeß. Der Atem kann daher selbst Meditationsobjekt werden, denn er macht das Wesen des Lebens offenbar in seiner wechselnden nach innen und aussen gerichteten Bewegung, in seinem unaufhörlichen Prozeß von Empfangen und Loslassen, von Nehmen und Geben, von tiefer Beziehung zwischen innerer und äusserer Welt und zwischen Individuum und Universum.

Doch zwischen und jenseits der zwei alternierenden Bewegungen – gewissermaßen an ihrem Umschlagpunkt – gibt es einen Augenblick der Stille, in dem die innere und äußere Welt zusammen und in eins fällt. Hier gibt es nichts, das man »innerlich« oder »äußerlich« nennen könnte. Dieser Augenblick, in dem die Zeit still steht (da er leer ist von allen Bestimmungen der Zeit, des Raumes und der Bewegung, und der dennoch ein Moment unendlicher Potentialität ist), ist der Zustand reinen »Seins« oder der »Istheit«, der seinen Ausdruck im Wort »*Śūnyatā*« fand –: der alles beinhaltenden Leere oder metaphysischen Leerheit, die sich jeder Definition entzieht und jenseits jeglicher Art von »Dingheit« liegt wie auch jenseits aller begrifflichen Begrenzungen (die man folgerichtig als »Nicht-Dingheit« bezeichnen kann oder als den Urgrund, aus dem alles entspringt). Es ist der zeitlose Augenblick *vor* der Schöpfung oder – vom Standpunkt des Individuums gesehen – der Augenblick reiner Rezeptivität, der allem schöpferischen Handeln vorausgeht.

Es ist die erste Phase oder Bewegung – der erste »Satz« im großen symphonischen *maṇḍala* oder magischen Kreis, in dem unsere innere Welt in Erscheinung tritt als Klang und Licht, Farbe und Form, Gedanke und Bild, Rhythmus und harmonische Koordination, sichtbares Symbol und meditatives Erlebnis. Die erste Phase oder »Bewegung« (ein Ausdruck, den man im musikalischen, geistigen oder emotionalen Sinn verstehen mag) entspricht der ersten tiefen meditativen Haltung oder Erfahrung, nämlich der »*Weisheit des Großen Spiegels*« (*ādarśa jñāna*).

Im Lichte dieser spiegelgleichen Weisheit sind die Dinge von ihrer »Dingheit«, ihrer Vereinzelung befreit, ohne ihrer Form beraubt zu sein; sie sind nur ihrer Materialität entkleidet (vergleichbar den Bildern im Spiegel, von denen weder gesagt werden kann, daß sie innerhalb noch außerhalb des Spiegels seien), ohne aufgelöst zu sein. Das schöpferische Prinzip des Geistes, das allen Formen und aller Stofflichkeit zugrunde liegt, wird als die aktive Seite des universellen Bewußtseins *(ālaya-vijñāna)* erfahren, auf dessen Oberfläche Formen entstehen und vergehen wie Wellen auf der Oberfläche des Meeres, das – wenn es ganz ruhig ist – die reine Leerheit des Raumes und das reine Licht des Himmels reflektiert (die zwei Aspekte der *śūnyatā)*.

Hui-Neng, der sechste Patriarch der Ch'an-Schule, sagte einmal: »Wenn ihr mich über die Leere sprechen hört, so verfallt nicht in den Fehler zu denken, ich meinte ein Vakuum... Die unbegrenzte Leere des Universums ist fähig, Myriaden von Dingen verschiedenster Art und Form zu beeinhalten, wie z.B. Sonne,

Mond, Sterne, Welten… himmlische Bereiche und Höllen, große Ozeane und alle Gebirge… Der Raum nimmt all das in sich auf, und ebenso macht es die Leerheit unserer Natur. Wir sagen, daß das Wesen des Geistes groß sei, weil es alle Dinge umfaßt, da alle Dinge in unserem Wesen sind.«

Wenn *śūnyatā* auf die Nichtsubstantialität der Welt und die wechselseitigen Beziehungen aller Wesen und Dinge hindeutet, so gibt es wohl kaum ein besseres Wort, um ihre Bedeutungen zu umschreiben, als *Transparenz*. Dieses Wort vermeidet die Gefahr einer reinen Negation und setzt an die Stelle der Begriffe von Substanz, Widerstand, Undurchdringlichkeit, Begrenzung, Stofflichkeit etwas, das positiv erfahren werden kann und mit den Qualitäten von Raum und Licht eng verknüpft ist.

Die Transparenz des geisterschaffenen Körpers – des *Vajrakāya* oder »Diamentkörpers« –, wie er in der tantrischen Meditation erschaut wird, symbolisiert *śūnyatā* in sichtbarer Form und stützt so die obige Interpretation. Hier steht »Form« nicht mehr im Gegensatz zum Raum, sondern Form und Raum durchdringen einander in einem leuchtenden und dynamischen Spiel von Licht und Farbe.

Die Anschauung des *jijimu-ge* (jap., wörtl.: »Jedes Ding kein Hindernis«) hat ihren Ursprung in diesem Ineinandergreifen von Form und Leerheit – oder von Form und Raum –, das in der Verwirklichung der höchsten Transparenz der Welt erfahren wird: die Welt als ein Phänomen des Bewußtseins. Ohne Bewußtsein gibt es weder Form noch den dazugehörigen Begriff der Leerheit. Bewußtsein bestimmt die Welt, in der wir leben, beziehungsweise die besonderen Aspekte, unter denen das Universum uns erscheint. Doch in sich selber ist dieses Universum weder diese noch jene Erscheinungsform, sondern *śūnyatā*, die von jeder Bestimmung freie POTENTIALITÄT aller Formen.

So reflektiert die spiegelgleiche Weisheit mit der Unbestechlichkeit eines Spiegels die Natur aller Dinge und unserer selbst – bleibt selbst aber unbewegt und unberührt von der Vielzahl der Bilder, die sie widerspiegelt. Und diese Haltung des unparteilichen Beobachters – beziehungseise der reinen spontanen Bewußtheit – ist es, die im Zen-Buddhismus *SATORI* oder *KENSHO* genannt wird: »Der Tiefblick in die eigene Natur«.

Indem wir unsere eigene Natur als *śūnyatā* erkennen, realisieren wir, daß sie sich nicht unterscheidet von der innersten Natur aller anderen lebendigen Wesen. Dies ist die »gleichmachende Weisheit« oder die *»Weisheit der Wesensgleichheit« (Samatājñāna)*, durch die wir uns von der kühlen und unbeeinflußten Haltung eines Beobachters dem warmen menschlichen Gefühl allumfassender Liebe und Mitempfindens für alles, was lebt, zuwenden. Bereits im *Dhammapada (Pāli)* wurde diese essentielle Wesensgleichheit mit anderen zum Eckstein buddhistischer Ethik; es heißt dort, daß »nachdem man sich selbst mit anderen gleichgesetzt habe« oder »nachdem man sich selbst in anderen erkannt habe«, man davon ablassen sollte, andere zu verletzen – womit auch deutlich wird, daß Mitleid im Buddhismus nicht auf dem Gefühl einer moralischen oder geistigen Überlegenheit – und der damit unvermeidlich verbundenen Haltung eines Sich-Herablassens – gründet, sondern allein auf dem Empfinden der Einheit, gerade so wie es eine Mutter gegenüber ihrem Kinde empfindet.

Wenn dieses Gefühl jedoch nur auf das Emotionale beschränkt bleibt, so kann es leicht zu einer rein sentimentalen und einseitigen Haltung führen, in der das Individuum seines Sinnes für Eigenverantwortlichkeit beraubt ist. Es kann dann unfähig werden, zu handeln und zu unterscheiden in einer Welt, die keineswegs eine undifferenzierte Gleichheit ist, sondern ein organisches Ganzes, in dem Differenzierung und Einheit in gleicher Weise Ausdruck derselben Realität sind und in dem der Form die gleiche Wertigkeit zukommt wie der Leerheit, da die Gegensatzpaare stets in Abhängigkeit voneinander bestehen, beziehungsweise sich einander bedingen wie Licht und Schatten.

Damit aber kommen wir zur dritten Phase (zum Thema und der Bewegung des dritten symphonischen Satzes) meditativer Erfahrung, in der wir uns weder mit konkreten Wesen noch mit materiellen Dingen auseinandersetzen, sondern in der beides, Differenzierung und Einheit, Form und Leerheit, die Reinheit des Lichtes und die unendlichen Modulationen der Farbe in ihren zahllosen Wechselbeziehungen offenbar werden, durch welche sie jedoch weder ihre bestimmten Eigenschaften noch ihre individuellen Ausdrucksformen verlieren. Dies ist die *»unterscheidende Weisheit« (Pratyavekṣaṇa-jñāna),* durch die unser weltliches Denken, unsere Unterscheidungsfähigkeit und unser urteilender Intellekt sich in das intuitive Bewußtsein innerer Schau verwandelt, in der die besonderen wie die allgemeinen Merkmale aller Dinge klar sichtbar werden, ohne Hemmnisse (Sanskṛt: *asaṅga,* d.h. spontan), und durch die die Entfaltung der verschiedensten geistigen Fähigkeiten möglich wird.

Durch diese Weisheit werden die Funktionen der Gruppe unterscheidender Prozesse, die wir unter dem Sammelbegriff der Wahrnehmung oder »Perzeption« *(samjñā-skandha)* zusammenfassen, nach innen gekehrt und dabei umgeformt und intensiviert zur schöpferischen transzendentalen Schau *(dhyāna)*. Eine solche Schau übersteigt bloße sinnliche Wahrnehmung und kann deshalb »übersinnlich« oder transzendent genannt werden. Es ist eine Schau, in der die individuellen Charakteristika aller Phänomene sowie ihre allgemeinen und universellen Beziehungen offenbar werden. Diese Weisheit verkörpert sich im Dhyāni-Buddha Amitābha, dem Buddha des unbegrenzten Lichtes, der in der Meditationsgeste *(dhyāna-mudrā)* dargestellt wird.

Die vierte Phase (das Motiv und die Bewegung des vierten symphonischen Satzes) gehört in den Bereich des Handelns und der Willenskraft und steht für die »alles vollbringende Weisheit« oder die *»Weisheit, die alle Werke vollendet« (kṛtyānuṣṭhāna jñāna)*. Hier wird das Wollen und dessen formbildende Tendenzen *(saṃskāra-skandha)* in das selbstlose »karmafreie« Handeln eines Daseins verwandelt, das ganz der Verwirklichung der Erleuchtung geweiht ist und das in all seinem Tun vom Mitempfinden bestimmt wird und auf dem Verstehen der individuellen wie universellen Lebensaspekte basiert – sowie auf jenen Phänomenen, die in den drei vorangegangenen meditativen Vollzügen erfahren wurden. In dem *Vijñaptimātra-siddhi-śastra* wird gesagt, daß »diese Bewußtseinsart sich zum Wohle aller lebenden Wesen offenbart... in den drei Arten verwandelten Tuns...«, nämlich denen des Körpers, der Rede und des Geistes »entsprechend dem Gelöbnis«, nämlich dem eines Bodhisattvas, dessen »Körper« das All ist *(Dharmakāya)*, dessen »Rede« das mantrische Wort - das Wort der Wahrheit und der geistigen Machtvollkommenheit – wurde und dessen »Geist« das universelle Bewußtsein ist.

3

Die Bedeutung der Gesten

Jeder der vier Sätze beziehungsweise »Bewegungen« meditativer Erfahrung wird durch eine Geste *(mudrā)* dargestellt, die einem der vier Dhyāni-Buddhas entspricht. Diese symbolisieren die Stadien der Meditation und sind alle entsprechend um die zentrale Figur eines fünften Dhyāni-Buddha – dem Herrn des Mandala – gruppiert, in dem die vier »Bewegungen« integriert sind. Diese fünf Buddhas bilden so ein Mandala, einen »heiligen Kreis«, in dem ein jeder den ihm zukommenden Platz einnimmt, entsprechend der aufeinander folgenden »Bewegung« und jener geistigen Haltung, die durch die Stellung der Hände ausgedrückt ist.

Bei Padmavajra im *Avatāra Vyakhyāna* (96B – 3 ff.) heißt es: »Maṇḍala bedeutet ein Einschließen der Essenz.«[18] Dies ist zwar ein philologisch nicht haltbares Wortspiel (indem hier *Maṇḍala* nach tibetischer Weise als »manda-la« interpretiert wird), aber es verdeutlicht den Sinn eines *Maṇḍala,* das heutzutage leider oft im rein dekorativen Sinne oder als ein autohypnotisches Mittel aufgefaßt wird. Ein ähnliches Mißverständnis entstand, wenn die Beschreibung der im Yoga verwandten Cakras als »hypnotische Kreise« aufgefaßt wurden, – ein Mißverständnis, das noch heute im südlichen Buddhismus gang und gäbe ist und im *Manual of a Mystic* (Yogācāra) in Ceylon seinen dauernden Niederschlag gefunden hat.

Die Bewegung oder die Haltung unserer Hände ist höchst bedeutsam als Ausdruck unserer geistigen oder emotionellen Haltung. Das Sanskritwort »*Mudrā*« bezeichnet daher mehr als eine zufällige Geste oder unbeabsichtigte Bewegung der Hände. Es bedeutet einen spontanen Ausdruck unseres Tiefenbewußtseins, selbst wenn wir normalerweise uns dessen nicht bewußt sind. Es ist das Siegel oder der sichtbare Ausdruck unseres Geistes, der den Fluß oder die Richtung unseres Bewußtseins charakterisiert.

Die Hauptmudrās in den Buddhadarstellungen sind nicht nur auf allgemeinen gültigen konventionellen Gebräuchen begründet (– die nur in einer bestimmten Tradition und innerhalb des Rahmens einer bestimmten kulturellen oder rassischen Umgebung gültig sein würden –), sondern sind von Natur aus dergestalt, daß sie allgemein und überall verstanden und akzeptiert werden können. Sie basieren auf dem Wissen und der Erfahrung allgemeingültiger menschlicher Psychologie.

Von jeher wurden die inneren Handflächen als wichtige Zentren psychischer Energie betrachtet – sekundär nur in bezug auf jene Hauptzentren, die im Gehirn, in der Kehle, im Herzen, im Nabel und in den reproduktiven Organen lokalisiert sind, in denen diese Energie für gewöhnlich gesammelt und transformiert wird, und zwar entsprechend dem unterschiedlichen Niveau bewußter, unterbewußter und unbewußter Aktivität. Im Prozeß des Erwachens und Integrierens der Aktivitäten dieser Cakras durch Meditation und spezialisierte Yogatechniken kann nun alles dies auf die Ebene geistigen Gewahrseins gehoben werden.

Wenn die Hauptzentren des Körpers – miteinander verbunden

durch den Nervenkanal der Wirbelsäule, die Achse unseres psychosomatischen Organismus – harmonisiert und integriert sind, dann werden die sekundären Zentren, wie z. B. die der inneren Handflächen, fähig, die fokalisierte Energie auszustrahlen und auch bewußte Kräfte in die unmittelbare Umgebung zu projizieren oder zu übertragen – z. B. auf irgendwelche Objekte oder Lebewesen, mit denen sie in Berührung kommen.

Die Erfahrung dieser Projektionskraft ist die Basis aller rituellen Gesten und des Segnens. Sie findet ihren stärksten Ausdruck im Auflegen der Hände – eine Praxis, die seit Jahrtausenden bekannt ist und die oft durch ihre beobachteten Resultate (– nämlich die Kraft des Heilens körperlicher und geistiger Gebrechen –) demonstriert wurde. Daß diese Kraft nur durch Personen, die einen hohen Grad körperlicher, geistiger oder psychischer Vollendung erreicht haben, ausgeübt werden kann, ist selbstverständlich. Nur ein Mensch, der selbst »vollständig«, d.h. ganz geworden ist, kann andere »ganz« (d.h. heil oder gesund) machen. Dies ist der Grund, warum die Fähigkeit des Heilens oder des Segnens nur Heiligen oder erleuchteten Wesen zugeschrieben wird.

Doch dadurch wird die Wichtigkeit dieser sekundären Zentren psychischer Energie auch für die weniger entwickelten Inidividuen nicht gemindert. So werden z. B. die Energien, die von den Handflächen emaniert werden, in der Geste des Betens (in der die Hände erhoben werden und flach so gegeneinanderliegen, daß die Handflächen einander fast berühren, während die Finger nach oben ausgestreckt sind und gegeneinander ruhen) intensiviert und in den Kreislauf individueller Kräfte resorbiert in Richtung auf das höchste überindividuelle Zentrum, in dem das universelle Bewußtsein seinen potentiellen Sitz hat.[19] Gebet ist der erste Schritt, um es zu erwecken.

Das Beten ist ein Akt des Sichöffnens für die universellen Kräfte in uns und über uns. Es hat seine Wurzel im Herz-Zentrum, wo unsere tiefsten Gemütsbewegungen – etwa Liebe, Glauben und Mitleid – entstehen. Darum werden die Hände zur Ebene dieses Zentrums erhoben und weisen aufwärts, als ob es sich darum handele, den aufwärtsweisenden Zug unserer Bestrebungen – in welchem sich das Individuum der Universalität des Geistes unterwirft – zu unterstützen oder auszudrücken. Doch bedeutet dies nun nicht, daß das Individuum sich einer Kraft außerhalb seiner selbst unterwirft, sondern vielmehr, daß es sich jenem Etwas einordnet, das bereits in seinem innersten Wesen gegenwärtig ist, obwohl dieser Mensch sich seiner noch nicht bewußt wurde.

	MUDRĀ Geste	EBENE (Niveau)	SKANDHA Aggregat	Transformiert in	Dargestellt durch	
Linke Hand im Schoß, Handfläche aufwärts	*Bhūmisparśa-mudrā* Erdberührungsgeste (rechte Handfläche nach unten bzw. nach innen)	untere Ebene	*Rūpa* Form und Körperlichkeit	Die Weisheit des Großen Spiegels	Akṣobhya	Introspektiv
	Dāna-mudrā Geste des Gebens (rechte Handfläche nach außen)		*Vedanā* Gefühl	Die Weisheit der Gleichheit oder der essentiellen Einheit	Ratnasambhava	Kommunikativ
Rechte Handfläche auswärts gerichtet	*Dhyāna-mudrā* Meditationsgeste (beide Handflächen nach oben)	mittlere Ebene	*Samjñā* Wahrnehmung	Die Weisheit der unterscheidenden inneren Schauung	Amitābha	Introspektiv
Beide Hände	*Abhaya-mudrā* Geste der Furchtlosigkeit (rechte Handfläche nach außen)	obere Ebene	*Saṃskāra* Wille	Die Weisheit der alles vollendenden karmafreien Tat	Amoghasiddhi	Kommunikativ
	Dharma-mudrā Universelles Gesetz (linke Handfläche nach innen, rechte Handfläche nach außen)		*Vijñāna* Koordinierendes Bewußtsein	Die Weisheit des universellen Gesetzes	Vairocana	Integrierend

Da aber Erleuchtete, die diese Universalität verwirklicht haben, nicht nur in der Vergangenheit, sondern auch in der Gegenwart existieren, so können wir unsere Hingabe nicht besser ausdrücken, als indem wir unsere zusammengelegten Hände zur Stirn oder über den Scheitel unseres Kopfes erheben, um unserer Verehrung Ausdruck zu verleihen, in Anerkennung ihrer Verwirklichung des höchsten Zieles, das auch wir hoffen, eines Tages zu verwirklichen, indem wir jene höheren Zentren erwecken und aktivieren. Diese Form grüßender Verehrung ist ein charakteristischer Zug ritueller Verehrung im Osten – oft verbunden mit Niederwerfungen, wobei die Stirn den Boden berührt. Das ist aber nun zugleich eine Übung in Demut, welche westlichen Menschen leider oft schwerfällt: Es verletzt ihren Stolz, ihre Eitelkeit, ihr Ich oder ihr falsches Ehrgefühl. Doch dieses Berühren des Bodens mit dem höchsten Zentrum des Bewußtseins ist nicht nur ein Akt der Demut: Es ist auch ein Symbol dafür, daß das höchste Bewußtsein in die Tiefen des materiellen Daseins herabsteigen muß, – daß das »Niedrigste« und das »Höchste« auswechselbar sind (da sie im Wesen eins sind, aber verschieden in ihrer Erscheinungsform oder Funktion) und daß die »Erde« die Basis, der Mutterschoß und der Daseinsgrund für die Entfaltung und Verwirklichung des Geistes ist.

Die erste Geste des Buddha unter dem Baum der Erleuchtung war das Berühren der Erde *(bhūmisparśa-mudrā),* indem er die Erde zum Zeugen anrief. Die Erde steht hier für die Gesamtheit seiner Vergangenheit, die so alt ist wie die Welt und in welcher er unzählige Akte des Verzichtes vollbrachte, die ihn zu seiner gegenwärtigen Position berechtigen und ihn befähigen, die Erleuchtung zu erlangen. Die Erde ist also das Symbol für die Gesamtheit alles *Gewordenen,* das konkrete und berührbare Form angenommen hat als die »materialisierte Vergangenheit« nicht nur eines, sondern aller lebenden Wesen dieser Welt. Das aber bedeutet auch, daß alle Wesen diese Welt in ihrem gegenwärtigen Sosein akzeptieren müssen als die unerschütterliche Basis und Startfläche all ihrer weiteren Entwicklungen und der schließlichen Befreiung.

Ohne dieser Vergangenheit ins Auge zu blicken und sie als die Welt, in welcher wir leben, anzuerkennen, können wir nicht frei werden von unserem Verhaftetsein an sie, das um so stärker wird, je mehr wir sie verneinen. Wir werden nicht frei durch Verneinung und Aversion, sondern durch Wissen, durch Verständnis und durch Akzeptieren der Dinge und Lebensbedingungen, wie sie ihrem Wesen entsprechend vorgegeben sind. Dies ist der erste

Aspekt der Meditation, dargestellt durch den Dhyāni-Buddha Akṣobhya: die reine Wahrnehmung der Dinge, so wie sie ihrer Eigennatur nach sind, und das Gewahrsein, daß wir uns dieser Dinge und unserer selbst bewußt sind.

In diesem Punkt wird sich der Ozean des Bewußtseins seiner selbst dadurch bewußt, daß er alle Dinge wie in einem Spiegel reflektiert: ohne an ihnen zu hängen und ohne sie zu hassen, d.h. ohne Aversion – aber auch ohne Wertunterscheidung und ohne ein Urteil über sie zu fällen, indem er nur die Gesamtheit innerer und äußerer Erscheinungen betrachtet: die Totalität unserer Vergangenheit und Gegenwart, wie sie sich unserem geistigen Auge darstellt. Dies ist die Weisheit des Großen Spiegels.

Die Beruhigung des Geistes ist somit der erste Schritt in der Meditation. Doch ist dieses Zur-Ruhe-Kommen nur dann möglich, wenn wir den festen Boden unserer gegenwärtigen Position, aber auch die Welt, in der wir leben, anerkennen. Denn wir haben diese Welt durch unsere eigene Vergangenheit geschaffen insofern, als es diese Vergangenheit ist, die bestimmt, was unsere Sinne wahrnehmen und erfahren können. Daher bedeutet das Berühren der Erde die Anerkennung unserer Vergangenheit im Spiegel unseres gegenwärtigen Bewußtseins. Und je fester wir auf dieser »Erde« stehen, desto vollkommener können wir das Licht des »Himmels« – d.h. die Universalität des Geistes – reflektieren.

Die Innenseite der Hand, die die Erde berührt, ist nach innen, d.h. auf den Betrachter gerichtet und ist daher auf unser eigenes inneres Zentrum bezogen. Die nach außen zeigende Handfläche stellt dagegen die Kommunikation mit anderen her. Dies zeigt sowohl ein Sich-Öffnen für andere an wie auch ein Ausströmen psychischer Kräfte. Deshalb wäre es auch ganz undenkbar, wenn z.B. bei einer Geste des Segnens der Handrücken dem Gegenstand oder der Person, die des Segens teilhaftig werden soll, zugewandt wäre. Vielmehr müssen beim Handauflegen die Handinnenflächen auf dem Kopf der den Segen empfangenden Person ruhen, da – nach allgemeiner Anschauung – die heilende psychische Kraft den inneren Handflächen entströmt.

Das Nachaußendrehen der Handinnenfläche, in Umkehrung der Erdberührungsgeste, bedeutet daher auch eine vollständige Änderung der geistigen Haltung, nämlich den Wechsel von der kühl-unbeteiligten Haltung des »objektiven« Beobachters zu der warmen und fürsorglichen Haltung eines Menschen, der nicht nur die Einheit alles Lebes erkennt und dementsprechend handelt, sondern der sich der Solidarität alles Lebendigen zutiefst verpflichtet fühlt, indem er aller Wesen Freude und Leid mitempfindet und sich selbst in Liebe und Mitleid allen Wesen öffnet.

Dies war die Haltung des Buddha nach seiner Erleuchtung, als er – statt sich der eigenen Erlösung zu erfreuen und in das endgültige *Parinirvāṇa* einzugehen – in die Welt zurückkehrte, um seine große Vision und sein befreiendes Wissen seinen Mitwesen mitzuteilen. Damit aber gab er der Welt nicht nur seine Lehre, sondern sich selbst – sein ganzes Leben. Das ist symbolisiert in der Geste des Gebens *(dāna-mudrā),* welche die Weisheit der Gleichheit oder der essentiellen Einheit alles Lebens zum Ausdruck bringt, wie sie in Form des Dhyāni-Buddha Ratnasambhava dargestellt wird, dessen rechte Hand über das Knie mit nach *außen* gerichtetem Handteller ausgestreckt ist, wobei die Fingerspitzen ganz leicht den Boden berühren.

Die gebräuchlichste Meditationshaltung, in die alle Ebenen des Geistes einbezogen sind, wird durch den Dhyāni-Buddha Amitābha repräsentiert, den »Buddha des Unendlichen Lichtes«, der die Weisheit des »Unterscheidenden Inneren Schauens« versinnbildlicht und verkörpert. Seine beiden Hände, mit den Handflächen nach oben, ruhen auf den ebenfalls nach oben gerichteten Fußsohlen, die aktive rechte Hand über der passiven linken Hand. Die nach oben gerichteten inneren Handflächen, so charakteristisch für diese Meditationsstellung *(dhyāna-mudrā),* stellen eine Rezeptivität gegenüber den ewigen Qualitäten und Kräften des Universums dar: Die Handflächen sind hier vergleichbar offenen Schalen, die bereit sind, die Gaben des Himmels zu empfangen. In dieser Haltung ist der Körper in vollkommener Symmetrie, vollkommen zentriert, ausgeglichen und entspannt und ruht in vollkommenem Gleichgewicht.

Nur aus einer so zentrierten und zugleich entspannten Haltung kann eine spontane und selbstlose Tat geboren werden. Im Dhyāni-Buddha Amoghasiddhi, der die »Weisheit, die alle Werke vollendet« verkörpert, wird dies dargestellt: Seine rechte Hand, zur Höhe der Schulter erhoben, zeigt die Handfläche nach außen gerichtet bei ausgestreckten, nach oben weisenden Fingern in der Geste der Furchtlosigkeit *(abhaya-mudrā),* dem Sinnbild der wiederholten Versicherung, Beruhigung und der Segnung. Amoghasiddhi ist so die Verkörperung jener höchsten Freiheit, in der ein Erleuchteter durch diese Welt schreitet, ohne neue karmische Fesseln durch seine Handlungen zu schmieden, denn sein Tun ist motiviert von selbstloser Liebe und Erbarmen.

Die passive linke Hand aller oben erwähnten vier Dhyāni-Buddhas des äußeren Kreises ruht im Schoß, mit der Handfläche nach oben, in einer offenen rezeptiven Haltung, weil unsere essentielle, wenngleich unbewußte Beziehung zum Universum (oder den ihm entsprechenden Kräften in uns) allen Stadien der Meditation gemeinsam ist. Von der Richtung der Handflächen abgesehen, müssen wir die drei Ebenen oder »Lagen« dieser Gesten in Betracht ziehen: Die ersten zwei mudrās liegen auf der untersten Ebene und weisen auf die Erde. Die *dhyāna-mudrā* hat ihre Lage im mittleren Bereich, die für den »Menschen« steht, in dem »Himmel« und »Erde« vereint sind. Die vierte Geste ist schließlich zum universellen Bereich erhoben, wo sich Weisheit in geistige Handlung umsetzt.

Auf dieser Ebene finden wir auch die fünfte Geste, die dem zentralen Buddha des *maṇḍala* – Vairocana, dem nach allen Seiten Strahlenden – zugehört, der die Verkörperung der Ganzheit der vier Weisheiten ist, nämlich des »Universellen Gesetzes«. Seine Geste ist die des »In-Bewegung-Setzens des Gesetzesrades« *(dharma-cakra-mudrā)*. In dieser Geste sind beide Hände aktiv zur Ebene des Herzzentrums erhoben: die linke Hand ist nach innen gewendet, die rechte nach außen. So sind die inneren und äußeren Welten in der höchsten Erkenntnis vereint und stellen den Urzustand wieder her – den ursprünglichen Zustand der Universalität.

4

Orientierung, Farbe und Zeitfolge im Maṇḍala

Aus dem Vorangegangenen ist klar ersichtlich, daß die Position der Dhyāni-Buddhas im Maṇḍala nicht eine bloße räumliche Anordnung ist, um deren wechselseitige Beziehungen erkennen zu lassen, sondern daß sie auch zugleich eine zeitliche Aufeinanderfolge aufzeigt, nämlich: die Entwicklung oder Entfaltung geistiger Eigenschaften im Verlauf der Meditation, die die Ganzheit des menschlichen Bewußtseins und aller seiner Fähigkeiten umfaßt so wie sie in den fünf *Skandhas* angelegt sind.

Das Maṇḍala ist vergleichbar einer Landkarte der Innenwelt, die wir im großen Abenteuer der Meditation erforschen und erfahren wollen. Jedoch geradeso wie eine Landkarte nichtssagend für jemanden ist, der mit ihren konventionellen Zeichen oder den geographischen Namen und Bezeichnungen nicht vertraut ist, – in eben der gleichen Weise hat auch ein Maṇḍala keine Bedeutung für Menschen, die keine Ahnung haben von der zugrunde liegenden Tradition und Symbolik. So wie man erst die entsprechende Sprache und die Schriftzeichen kennen muß, bevor man ein Buch lesen kann, so muß man auch die Sprache der Symbole und Farben beherrschen, bevor man ein Maṇḍala lesen und seine Botschaft würdigen kann.

Aber heute reden Menschen über Maṇḍalas, sammeln und produzieren Maṇḍalas und betrachten sie als bloße ästhetische Komposition oder Schmuckgegenstände oder als magische Mittel, um meditative Trancezustände herbeizuführen. Dabei gehen sie vollkommen an der Tatsache vorbei, daß Maṇḍalas eine ganz bestimmte Bedeutung haben und daß jedes Detail in ihnen wichtig und sinnträchtig ist und nicht etwa von willkürlichen Stimmungen oder Schrullen eines Künstlers abhängt. Maṇḍalas sind vielmehr das Ergebnis jahrhundertealter meditativer Erfahrung und einer konventionellen Symbolsprache, die so präzise ist wie die Zeichensprache mathematischer Formeln, wo nicht nur jedes Zeichen, sondern auch die jeweilige Stellung in der Formel dessen Wert bestimmt.

Selbst eine gewöhnliche geographische Karte setzt das Wissen voraus, daß z.B. blaue Stellen Ozeane oder Seen, blaue Linien Flüsse, schwarze und rote Linien Straßen und Eisenbahnen, grüne Flecken tiefliegende Ebenen, verschieden getönte Braunfärbungen Erhebungen von verschiedener Höhe bedeuten. Doch würde das Wissen um diese Zeichen für den Betrachter nur von geringem Wert sein, wenn die Landkarte nicht entsprechend den vier Himmelsrichtungen angeordnet wäre. Denn, wenn wir nicht wissen, daß oben auf der Karte Norden und unten Süden ist, daß der Osten auf der rechten und der Westen auf der linken Seite der Karte liegt, so könnte die Karte uns nicht helfen, die richtige Richtung zu finden.

Das gleiche gilt für das Maṇḍala. Aber wenn die Leute annehmen, daß das Maṇḍala wie eine geographische Landkarte angeordnet ist, dann verfehlen sie die Bedeutung und bringen die Zeitabfolgen seiner Untergruppen durcheinander.

Norden, Süden, Osten und Westen eines Maṇḍala sind keine Bezeichnungen des dreidimensionalen Raumes, sondern Bewegungen im Innenraum meditativer Erfahrung. Und diese Bewegung, wie der Sonnenlauf, beginnt im Osten. Folglich ist der Eintritt in ein Maṇḍala von der Ostseite gegeben, wo die Sonne aufgeht, oder anders ausgedrückt: wo die meditative Erfahrung beginnt. Da das Maṇḍala aber ursprünglich auf den Boden vor dem Meditierenden gezeichnet oder entworfen wurde, so ist der Eingang der Punkt, der ihm am nächsten ist und wird daher als »Osten« bezeichnet. Und da die Bewegung im Uhrzeigersinn weitergeht, dem Sonnenlauf folgend, wird die linke Seite des Maṇḍala als Süden, die rechte als Norden und der dem Meditierenden am weitesten gegenüberliegende Punkt als Westen bezeichnet.

Wenn ein solches Maṇḍala in einem Thangka wiedergegeben wird und wie eine Landkarte an einer Wand hängt, dann ist der obere Bildteil der Westen (also nicht der Norden) und der untere der Osten (und nicht der Süden). Das aber wurde oft mißverstanden und falsch dargestellt (indem man Maṇḍalas seitenverkehrt reproduzierte), weshalb hier dieser Punkt besonders herausgearbeitet wurde.

Der Prototyp aller Maṇḍalas ist der große Stūpa in Sanchi, ein massiver Tumulus, in dem einige der Reliquien des historischen Śākyamuni geborgen wurden. Der Stūpa ist umgeben von einem monumentalen Steinzaun (medhi) mit Toren (toranā), welche sich nach den vier Himmelsrichtungen öffnen. Die Betonung der vier offenen Tore – die den universellen Charakter des Buddhismus, der alle Wahrheitssucher mit des Buddha Worten »komm und sieh« willkommen heißt, zum Ausdruck bringen – ist in den Maṇḍalas des Vajrayāna erhalten geblieben, wo der Grundriß eines rechteckigen Tempels mit vier offenen Toren den inneren Kreis umgibt.

Zwischen dem Steinzaun und der Basis des Stūpa war ein Pfad zur rituellen Umwandlung in der Richtung des Sonnenumlaufs (pradakṣinā patha) offengelassen. Die Orientierung der Tore entspricht ebenfalls dem Umlauf der Sonne: Sonnenaufgang, Zenith (Mittagssonne), Sonnenuntergang und Nadir. So wie die Sonne die physische Welt erleuchtet, so erleuchtet der Erwachte die geistige Welt. Das östliche Tor stellt des Buddha Geburt dar, das südliche seine Erleuchtung, das westliche die Verkündigung seiner Lehre und das nördliche seine endgültige Befreiung (parinirvāṇa).

Die Umwandlung des Stūpa-Heiligtums bedeutet somit, Buddhas Pfad der Befreiung ihm nachfolgend nachzuvollziehen; und das ist auch genau der Sinn des tantrischen Maṇḍala. Doch statt nur den chronologischen Ablauf der Ereignisse im Leben des historischen Buddha nachzuempfinden, folgt das sehr viel komplexere und entwickeltere Maṇḍala des Vajrayāna psychologisch der Struktur des menschlichen Geistes und der Elemente der menschlichen Persönlichkeit, wie sie in der ursprünglichen Lehre des Buddha und in der Definition der Skandhas enthalten ist.

Deshalb ist die »Weisheit des Großen Spiegels«, wie sie in Akṣobhya verkörpert ist, im östlichen Viertel des Maṇḍala gelegen; Ratnasambhava, die Verkörperung der »Weisheit von der essentiellen Gleichheit (oder Einheit) aller Lebewesen«, nimmt das südliche Viertel ein; Amitābha, die Verkörperung der »unterscheidenden Weisheit innerer Schauung« hat das westliche Viertel inne; Amoghasiddhi, die Verkörperung der »alles-vollendenden Weisheit«, nimmt das nördliche Viertel ein, und Vairocana, der die Gesamtsumme aller dieser Weisheiten verkörpert, bildet das Zentrum.

Jeder dieser Himmelsrichtungen und der sie beherrschenden Dhyāni-Buddhas wird eine bestimmte Farbe zugeschrieben: dem Osten das dunkle Blau des Himmels vor dem Sonnenaufgang, dem Süden das Gelb der Sonne am Mittag, dem Westen das Rot der untergehenden Sonne und dem Norden das mysteriöse Blaugrün der vom Mondlicht erhellten Nacht. Die Mitte, in der alle Farben integriert sind, ist weiß.

Auf diese Weise drücken die Farben der Dhyāni-Buddhas und der ihnen entsprechenden Felder des Maṇḍala eine spezifische Stimmung und geistige Haltung aus, die zusammen mit den Gesten der Dhyāni-Buddhas einem jeden Teil dieses Maṇḍala einen ausgesprochenen Charakter und ein leicht visualisierbares Bild geben. Gerade die Farben, in denen diese Gestalten und Schaubilder erscheinen, befreien sie von jedem Begriff des Stofflichen und erheben sie auf die Ebene einer durchaus geistig-psychischen Wirklichkeit – einer Wirklichkeit, die ebenso real ist wie der Geist, der sie hervorgebracht hat.

Aber die Fähigkeit, sie zu erleben, ist abhängig von den schöpferischen Kräften unseres intuitiven Bewußtseins und der Tiefe unseres Gefühls. Beide können durch die Praxis bewußt geführter Schaubildentfaltung und mantrischer Anrufung, wie man sie in den Sādhanas (Übungen) und Liturgien tantrischer Meditation lehrt, entwickelt werden. Diese wiederum sind auf einem intensiven Verstehen unseres Tiefenbewußtseins begründet und setzen eine allgemeine Kenntnis menschlicher Psychologie voraus. Dies aber wurde als wichtiger erachtet als die Beschäftigung mit metaphysischen Problemen und Spekulationen, wie wir aus der frühen Abhidharma-Literatur ersehen können, aus der die späteren tantrischen Sādhanas mit ihren sorgfältigen psychologischen Details, Schaubildern und Maṇḍalas erwuchsen.

»Jede Form und Gestalt, die aus der Seele aufsteigt, jedes Verbindungsglied, das uns in einer geheimnisvollen Weise mit dem universellen Leben verbindet, vereint uns, vielleicht ohne daß wir dessen gewahr werden, mit des Menschen ältester Erfahrung. Die Stimmen, welche uns aus der Tiefe des Abgrunds erreichen, alle werden mit fast liebevoller Besorgtheit begrüßt. Der Buddhismus wünscht nicht, daß solches Leben der Seele vergeudet werde. Es ist von keiner Bedeutung, ob diese Bilder, Visionen, Befürchtungen und Hoffnungen völlig unseren eigenen Erwartungen entsprechen. Sie sind eine Erbschaft, die der Mensch von Geburt an mit sich trägt. Sie haben eine positive und reale Existenz, wie die Dinge, die wir sehen und fühlen. Sie sind ein unleugbares Element unserer Person. Wenn wir mit der Herrschaft der Vernunft wünschen sollten, sie in die Tiefe unserer Seele zurückzustoßen –: sie würden nichtsdestoweniger hevorbrechen, und zwar in unmittelbarer und zerstörerischer Weise. Es ist besser daher, ihr Dasein zunächst zu dulden und dann sie stufenweise zu transformieren, ebenso wie man von dem äußeren Rand des Maṇḍala stufenweise durch die anderen Schichten den Mittelpunkt erreicht und das ursprüngliche Gleichgewicht nach den Erfahrungen des Lebens wiedergewinnt.«[20]

Selbst die negativen Aspekte, unsere Skandhas, unsere Leidenschaften, Aversionen, unser Anhängen und unsere Täuschungen müssen der Wahrheit gemäß erkannt und schmerzlich erfahren werden, bevor sie zu Hilfsmitteln unseres Fortschrittes auf dem Befreiungswege werden, bevor sie in das Licht höherer Weisheit verwandelt werden können. »Der Zweck aller Tantras ist, die Wege zu lehren, durch die wir das göttliche Licht freisetzen können, obwohl es in einem verhängnisvollen, von der Seele selbst gewobenen Gespinst verstrickt ist.«[21]

Über dieses Ziel sind sich alle buddhistischen Meditationssysteme einig, so sehr ihre Wege auch verschieden sein mögen. Doch solange sie die vier Weisheiten als Basis meditativer Praxis anerkennen, werden sie niemals ihr geistiges Gleichgewicht, von dem der Enderfolg aller Methoden abhängt, verlieren.

Daß dies nicht nur in der Mahāyāna-Literatur und in den indischen und tibetischen Tantras anerkannt wurde, sondern auch im chinesischen Ch'an und im japanischen Zen, wird klar ersichtlich in der VIERFACHEN BETRACHTUNG Rinzais (dessen chinesischer Name Lin-chi ist).[22]

Um seine meditative Methode zu erklären, machte er folgende Feststellung: »Zunächst vernichte ich den Menschen, aber nicht das Objekt. Im nächsten Augenblick vernichte ich das Objekt, nicht aber den Menschen. Im dritten Augenblick vernichte ich beide: den Menschen und das Objekt. Im vierten Augenblick vernichte ich keines: weder den Menschen noch das Objekt.«

Diese Feststellung, die oberflächlich wie ein paradoxes Zen-Koan erscheint, ist in Wirklichkeit eine nüchterne Darstellung des Subjekt-Objekt-Verhältnisses im Erlebnis der vier Weisheiten.

In der »Weisheit des Großen Spiegels« herrscht die reine objektive Wahrnehmung vor, während das Gewahrsein eines Subjektes (des Menschen) nicht besteht.

In der »Weisheit der essentiellen Gleichheit aller Lebewesen« wird das Subjekt (der Mensch) die einzige bewußte Wirklichkeit ohne ein Objekt.

In der »Weisheit unterscheidender innerer Schauung« verlieren sowohl das Subjekt wie das Objekt ihre unabhängige Wirklichkeit und werden in ihrer gegenseitigen Abhängigkeit auf der universellen Bühne gesehen und in ihrem ewigen Spiel von Leere und Form erschaut, in der die Materialität, die Dingheit und die Illusion getrennter Wesenheiten der Transparenz schöpferischer Schau weicht. Es war dieses Erlebnis, das, nach des Buddha eigenen Worten, seine Erleuchtung kennzeichnete.

In der »allesvollendenden Weisheit selbstlosen Handelns« werden Subjekt und Objekt in ihrem *funktionellen* Zustand der Polarität auf der Ebene der dreidimensionalen Welt existentieller – d.h. relativer – Wirklichkeit wieder anerkannt. Somit werden »weder der Mensch noch das Objekt« vernichtet, und wir sind in unsere gewohnte Welt zurückgekehrt, in der »Berge wieder Berge sind und Gewässer wieder Gewässer« (um uns eines wohlbekannten Zen-Satzes zu bedienen). Aber wir sehen jetzt alles mit neuen Augen, d.h. nicht mehr verschleiert von der Illusion der Ichheit und Getrenntheit, befreit vom Begehren und Besitzenwollen wie von Feindschaft und Aversion: Samsāra hat sich in Nirvāna verwandelt, die äußere Welt ist zu einem gigantischen Maṇḍala geworden, in dem jede Form zum Ausdruck der gesamten Wirklichkeit geworden ist und jedes lebendige Wesen zu einer einzigartigen Offenbarung eines größeren Lebens und eines universellen Bewußtseins.

So enthüllt sich das meditative Erleben der vier Weisheiten als eine gewaltige Symphonie in vier Sätzen (oder »Bewegungen«), in der das Pendel der Erfahrung eine Transformation aller Fähigkeiten des Menschen bewirkt, bis er *ganz* geworden ist, d.h. zur Vollendung reifte.

Diese Ganzwerdung und Vollendung, die im vollen Einsatz aller Fähigkeiten besteht, kann aber weder durch Verneinung erreicht werden (– deshalb verwarf der Buddha die Askese –), noch durch einseitige Betonung der einen oder anderen Fähigkeit unserer innewohnenden Kräfte. So ist Gefühl durch Wissen auszugleichen, Intuition durch klares Denken, Versenkung durch aktives Handeln. Diejenigen, die glauben, durch bloßes Sitzen zur Erleuchtung kommen zu können, sind ebensoweit vom Ziel entfernt wie solche, die glauben, sie könnten die Erlösung durch bloße Gelehrsamkeit erreichen oder durch Rezitation von heiligen Texten. Dieses wurde schon von dem alten Meditationsmeister Tai-hui klargemacht, als er an seinen Schüler Chen-ju Tao-jen schrieb:

»Es gibt zwei Formen des Irrtums, welche heutzutage unter den Nachfolgern des Zen vorherrschen, – sowohl bei Laien wie bei Mönchen. Der eine denkt, daß wundervolle Dinge in Worten und Phrasen verborgen sind . . . Der zweite geht in das andere Extrem und vergißt, daß Worte der zeigende Finger sind, der einem andeutet, wo der Mond zu suchen ist. Indem sie blind den Anweisungen der Sūtras folgen, wo es von Worten heißt, daß sie einen am rechten Verstehen der Wahrheiten des Zen und des Buddhismus hindern, verwerfen sie alle in Worte gefaßten Lehren und sitzen einfach mit geschlossenen Augen, indem sie ihre Brauen herunterlassen, als wären sie völlig tot. Nur wenn diese zwei falschen Ansichten überwunden werden, gibt es eine Möglichkeit für wirklichen Fortschritt im Zen.«[23]

Ein anderer Meditationsmeister, Long-chen-pa, drückt dies noch krasser aus:

»Ach, jene Leute, die vorgeben zu meditieren, aber jeden Gedanken unterdrücken, sind stolz auf einen begrifflosen Zustand, den sie ›Gegenwart‹ nennen (oder ›Vergegenwärtigung‹), und indem sie so stumpf wie das Vieh sind, verwandeln sie sich in Tiere durch Gewöhnung an diesen Zustand. Auch wenn es nicht so weit kommt, so haben sie trotzdem keine Gelegenheit, sich vom Saṃsāra zu befreien, selbst wenn sie über die Sphäre der Formlosigkeit ›meditieren‹. Darum, desto hochmütiger sie werden, desto mehr sind sie vom Dämon ihres eigenen Systems besessen.«[24]

5

MANTRAS ALS SIEGEL DER INITIATION UND ALS SYMBOLE DER MEDITATION

Wir haben Orientierung, Farbe und zeitliche Abfolge im inneren Raum des Maṇḍala betrachtet und ebenfalls die mudrā, die geistigen und emotionellen Meditationshaltungen, dargestellt in Form der Dhyāni-Buddhas. Alle bisher benutzten Symbole gehören vornehmlich dem Bereich der sichtbaren, berührbaren oder qualitativ-räumlichen meditativen Erfahrung an. Aber ebenso wichtig ist das Hörbare – der Laut.

Tatsächlich sind das Sichtbare, das Hörbare und das Berührbare die Hauptelemente, aus denen sich das nach außen gerichtete Bewußtsein unserer dreidimensionalen Welt sinnlicher Wahrnehmung aufbaut. Wenn jedoch unser Bewußtsein nach innen gerichtet ist, lassen diese selben Elemente eine Welt von vielartigen Dimensionen erstehen, die weit über die Dimensionen der gewohnten Welt hinausgehen.

Selbst das Element der Berührung, das wir gewöhnlich nur mit der materiellen oder körperlichen Welt assoziieren und mit dessen Oberflächenerfahrung (durch Betasten), bekommt einen neuen und viel tieferen Aspekt: den des intuitiven Gefühls, das nicht nur unsere Sinne, sondern den Kern unseres Wesens betrifft. Wir sagen, daß wir »gerührt« oder »angerührt« sind, wenn wir von Liebe, Freundschaft, Mitgefühl, Dankbarkeit oder irgendeiner anderen großen Eigenschaft des menschlichen Herzens tief ergriffen sind.

In gleicher Weise wird das Sehvermögen in schöpferische Schauung verwandelt, in der Formen und Farben eine neue Bedeutung, Beziehung und Transparenz annehmen, wobei die Formen sich gegenseitig durchdringen und die Farben derartig oszillieren, daß das Ganze zum Ausdruck eines lebendigen und universellen Kontinuums wird und nicht nur zu Begriffen eines objektivierenden Intellekts.

In gleicher Weise wird der Laut in eine dynamische Kraft verwandelt, und zwar nicht nur im Sinne einer Vibration oder einer bloßen physikalischen Bewegung, sondern im Sinne einer tiefen Gemütsbewegung. Unser ganzes Wesen schwingt in einem neuen

Rhythmus und bewirkt ein Raumgefühl, das uns aus dem beschränkten Raum unserer Individualität in einen universellen Bereich erhebt, in dem sich uns »die Harmonie der Sphären« offenbart und aus dem alle große Musik, Dichtung und mantrische Macht hervorgehen.

»Die Gestalten des göttlichen Lebens in All und Natur ... brechen aus dem Seher als Gesicht, aus dem Sänger als Laut und sind im Banne von Gesicht und Laut unvermittelt und schlechthin da.«[25]

Vision und Laut sind im Mantra integriert. Darum hat das Mantra die Macht, das innere Schaubild aufzurufen. Aus dem reinen und urtümlichen mantrischen Laut (bīja = Same) entsteht das Wort, und das Wort verwandelt sich in Rede und Gedanken. Solange wie Wort und Rede im Rhythmus des göttlichen Gesanges der Dichter und Seher – in Harmonie mit dem ewigen Fluß des Lebens – dahinfließen, solange hat das Wort mantrische Macht. Aber wenn sich das Wort zum bloßen Begriff verhärtet oder sich in leblose Abstraktion verflüchtigt, dann ist die Schauung verloren und die Welt zu einer Sammlung von leblosen Dingen und Objekten verfremdet. Diese Verfremdung ist in angemessener Weise in einem Abschnitt von Alan Watts Schriften charakterisiert worden:

»Vielleicht war der scheußliche Irrtum gerade jener Schritt in der menschlichen Entwicklung, der es für ihn möglich machte zu reflektieren und das Leben als Ganzes zu kommentieren. Denn in der Fähigkeit, vom Leben getrennt zu stehen und über es nachzudenken, stellte der Mensch sich auch außerhalb desselben und entfremdete sich ihm. Vielleicht sind das Nachdenken über die Welt und das Beanstanden ihres Grundprinzips nur zwei Aspekte ein und derselben Aktivität. Die Worte selber verführen uns zu dem Schluß, daß wir alles beanstanden müssen, was zu einem Objekt wird. Aber sprechen wir im Englischen nicht manchmal von einem Objekt als ›Subjekt‹ (im Sinne von ›Thema‹), z.B. wenn wir vom Thema eines Buches oder des Gegenstandes meiner gegenwärtigen Studien reden? Und so frage ich mich denn, ob es nicht möglich wäre, sich dem Leben als Subjekt zu unterwerfen, anstatt es objektiv zu beanstanden?«[26]

Es ist leider nicht möglich, das Wortspiel zwischen »to subject to life« und »objecting to life« im Deutschen wiederzugeben. Aber der Sinn von Alan Watts Bemerkung mag dennoch deutlich werden. Im Mantra unterwerfen wir uns tatsächlich den machtvollen Aspekten unseres Innenlebens, indem wir uns öffnen und uns mit diesen Mächten unseres tieferen Wesens identifizieren. Mantras sind wie Lieder und Dichtungen der Ausdruck unmittelbarer Erfahrung, d.h. inneren Erlebens, und als solche sind sie fähig, ähnliche Erfahrungen oder Erlebnisse den Hörern zu vermitteln – vorausgesetzt, daß letztere zu lauschen und sich innerlich zu öffnen verstehen. Obwohl Gesang und Poesie in ihrem Ursprung nicht verbal (im Sinne logischer und intellektueller Sprache) sind, bedienen sie sich dennoch nicht nur des Lautes und des Rhythmus, sondern der Wortsymbole evokativer Bilder, die in des Zuhörers Geist wiederentstehen und mit denen er sich identifiziert. So ist ein Mantra nicht nur das Produkt direkter Erfahrung oder eigenen Erlebens, sondern ein Mittel, durch das diese Erfahrung wiedererschaffen werden kann. Dieses aber wird durch die genaue Übersetzung des Wortes »*mantra*« klar: Es ist das »Werkzeug des Geistes«.

Aber wie bei jedem anderen Werkzeug liegt seine Macht nicht in ihm selbst, sondern in der Weise, in der es gehandhabt wird. Mit anderen Worten: ohne das Wissen, wie das Werkzeug zu handhaben ist, ist das Mantra so nutzlos wie eine chemische oder mathematische Formel für jemanden, der nichts von Chemie oder Mathematik versteht. Durch die bloße Wiederholung der Formel H_2O können wir kein Wasser hervorbringen. Und Menschen, die stumpfsinnig Mantras wiederholen, ohne ihren Sinn und kulturellen oder geistigen Hintergrund zu kennen, verschwenden ihre Zeit und betrügen sich selber. Wenn ich vom »Sinn« eines Mantras spreche, so meine ich damit weder einen intellektuellen noch einen verbal erfaßbaren Wortsinn, sondern vielmehr die Beziehung zum erlebnismäßigen Hintergrund des Mantra mit seinen emotionalen, religiösen und kulturellen Aspekten, subtilen Andeutungen und Hinweisen, insbesondere auf diejenigen, die dem Bereich des Heiligen zugehören und die unsere begrenzte Sinneswahrnehmung und unsere lineare Logik überschreiten.

Mantras sind Siegel der Initiation, in denen ein langer Prozeß geistigen Trainings gipfelt. Sie sind kondensierte wesentliche Erfahrung und kondensiertes Wissen, das im Laufe dieses Trainings und im Vollzug der Einweihung erworben wurde. Dieser Initiationsvollzug besteht in der Übertragung des Bewußtseins vom Guru auf den Schüler *(cela)*, was auch als die »Übertragung der geistigen Macht« (tib.:*dBang-bskur*) bezeichnet wird, da es dem Schüler die Macht oder die Befähigung gibt, in der eingeschlagenen Richtung fortzuschreiten bis zur Verwirklichung des hohen Zieles. Von diesem aber hat er einen Vorgeschmack bekommen, als er im Augenblick der Initiation des Bewußtseins- und Verwirklichungsgrades des Guru teilhaftig wurde. Dies ist es, was dem Schüler die Gewißheit gibt, das Ziel sei erreichbar und der Mühe wert, es anzustreben. Er ist nun nicht mehr nur ein blinder Sucher, sondern einer, der weiß, wohin es geht. Und er ist von freudigem Vertrauen erfüllt, so daß sein religiöses Training *(sādhana)* ihn mit tiefer Befriedigung erfüllt und nicht eine bloße Pflichtübung darstellt bzw. das formelle Befolgen religiöser Verhaltensregeln.

Das Mantra wird darüber hinaus aber auch zu jeder Zeit die Gegenwart des Guru beschwören, der damit zu einer Quelle dauernder Inspiration wird und zum Führer zu einem immer tiefer werdenden Verständnis des Inhalts und Sinnes eines *jeden* der von ihm übermittelten Mantras. Denn jedes einzelne Mantra ist Schlüssel zu einem besonderen Aspekt des menschlichen Geistes.

So ist das Mantra (abgesehen von dem ihm eigenen Charakter als archetypischem Symbol einer gewissen Geisteshaltung) die Kristallisation einer über Jahrhunderte gehenden meditativen Praxis und Erfahrung und erhält darüber hinaus eine besondere emotionale und individuelle Prägung, die Guru und Cela verbindet. Das Mantra ruft den Augenblick der Initiation zurück, in dem eine neue Bewußtseinsdimension im Adepten wachgerufen wurde.

Es ist die Tragödie unserer Zeit, daß gerade jetzt, wo der Westen einigermaßen sein Vorurteil gegen Mantras (dessen Gebrauch selbst namhafte Indologen und Tibetologen als völligen Unsinn belächelten und verdammten) überwunden hat, sich eine Anzahl selbsternannter »Lehrer« des Ostens und Westens daran machten, mit pseudo-wissenschaftlicher Begründung eine Parodie der alten mantrischen Tradition zu fabrizieren, indem sie Mantras zu mechanischen Hilfsmitteln einer mißverstandenen psychiatrischen Therapie machten, die jedes vernünftigen Inhalts und irgendwelcher religiösen Werte entleert ist.[27] Andere naive Verfechter östlicher Lehren versuchten, ohne Kenntnis der westlichen Mentalität, diese Doktrinen in das Abendland zu importieren, wobei sie vergaßen, die notwendigen Vorbedingungen zu schaffen, die nötig sind, daß westliche Schüler ein Verständnis für östliches Denken und Fühlen gewinnen können, ohne ihren normalen Menschenverstand zu vergewaltigen oder gar die echten Werte ihrer eigenen Kultur über Bord zu werfen. Die durch große Reklame verkündete und geschäftsmäßig betriebene Invasion sogenannter Gurus in den Ländern des Westens führte zu einer derartigen Herabsetzung aller religiösen und geistigen Werte, daß selbst die gute Arbeit, die von ernsthaften Exponenten östlicher Kultur geleistet wurde, in Gefahr ist, mißverstanden und von rechtdenkenden Menschen abgelehnt zu werden.

6

Das Mantra als Urlaut und als archetypisches Wortsymbol

Mantras sind weder magische Beschwörungsworte, deren innewohnende Macht die Gesetze der Natur aufhebt, noch sind sie Formeln für die psychiatrische Therapie oder zur Selbsthypnose. Sie besitzen keine irgendwie ihnen eigene Macht, sondern sind Mittel zur Erweckung und Konzentrierung bereits vorhandener Kräfte der menschlichen Psyche. Sie sind archetypische Laut- und Wortsymbole, die ihren Ursprung in der natürlichen Struktur unseres Bewußtseins haben. Sie sind darum nicht willkürliche Schöpfungen individueller Initiative, sondern entstehen aus der kollektiven oder allgemein menschlichen Erfahrung, modifiziert allein durch kulturelle oder religiöse Traditionen.

»Ein Symbol ist auf der einen Seite der primitive Ausdruck des Unbewußten, auf der anderen Seite ist es eine Idee, welche den höchsten Ahnungen des bewußten Geistes entspricht. Solche Dinge (wie archetypische Symbole) sind nicht ausgedacht, sondern müssen aus dem tiefen Abgrund der Vergessenheit wieder emporwachsen, um die äußeren Ahnungen des bewußten Geistes und seiner höchsten Intuitionen in der Einmaligkeit des Bewußtseins zu vereinen, indem wir die Gegenwart völlig wahrnehmen zusammen mit der Urvergangenheit des Lebens.«[28]

Das Mantra verbindet somit unser peripheres Oberflächenbewußtsein mit dem Tiefenbewußtsein, welches die Gesamtheit unserer Vergangenheit darstellt. Unsere Vergangenheit jedoch erstreckt sich zurück in eine Zeit, die vor der Erschaffung einer strukturellen Sprache und fester Wortformen bzw. Begriffe liegt. Daher sind die frühesten mantrischen Formeln vorsprachlich, d. h. Urlaute, welche Gefühle ausdrücken, aber keine Begriffe, – Gemütsbewegungen, aber keine Ideen.

Geradeso, wie die Musik zwar einen Sinn vermittelt, obwohl dieser nicht in Worte gefaßt werden kann, so haben die mantrischen Urlaute oder Keimsilben, welche unsere geistige Haltung, unsere Stimmungen, unsere Bewußtseinzustände bestimmen, einen definitiven Sinn, auch wenn dieser nicht unmittelbar sichtbar wird. Sie wirken außerdem auf die verschiedenen psychischen Zentren unseres Körpers, die nicht mit Gedankentätigkeit, sondern mit Raumgefühl, innerer Bewegung, Emotion oder anderen psychischen Eigenschaften verbunden sind; denn Bewußtsein ist nicht nur im Gehirn lokalisiert, sondern in vielen anderen Zentren psychischer Energie *(cakra)*. Wenn wir von einem Gesang oder von einem gewissen Musikstück beeindruckt werden, so können wir nicht einmal sagen, warum dies so ist. Dafür gibt es keine logischen Beweggründe. Wir fühlen nur, daß irgend etwas in uns zu schwingen beginnt, wie eine Saite, die auf die gleiche Wellenlänge abgestimmt ist.

Der grundlegende Vokallaut einer mantrischen Keimsilbe *(bīja)* – sofern sie aus der (sowohl körperlichen wie geistigen) Tiefe des das heilige Ritual Ausübenden kommt und dabei seinen gesamten Körper und Geist einbezieht – bringt eine schwer zu beschreibende Wirkung hervor, die um so erstaunlicher ist, wenn wir bedenken, daß jener Laut nur als eine gedruckte Silbe in einem Buch oder als gesprochenes Wort wiedergegeben wird. Obwohl es wahr ist, daß schließlich jeder Laut potentielle mantrische Qualitäten besitzt, so besteht doch ein klarer Unterschied zwischen einem bloß linguistischen Vokallaut und einer mantrischen Keimsilbe. Die mantrische Natur der letzteren wird durch einen kleinen Kreis oder einen Punkt *(anusvāra)* über dem geschriebenen Buchstaben angedeutet, was besagt, daß der ausströmende Laut abgeschlossen und nach innen gerichtet wird an der Stelle, wo er vom hörbaren Laut in die unhörbare innere Schwingung übergeht. Die letztere aber ist der wirkliche *śabda,* der innere Laut, der die entsprechenden inneren Kräfte der *Cakras* in Bewegung setzt und sie von den sie hindernden Verwicklungen oder Verstrickungen befreit, indem sie die »Knoten« lockert oder auflöst, in welche sie sich durch unsere Nachlässigkeit oder unseren Mißbrauch verstrickt haben.

Wie in der Musik können wir in allen mantrischen Vokalen einen verschiedenen Schwingungscharakter unterscheiden: das O ist ein runder, alles einschließender Laut, und es ist gewiß kein Zufall, daß er in der griechischen wie in der lateinischen Schrift durch einen Kreis symbolisiert wurde. Indem wir das *anusvāra* diesem Laut zufügen, wird er zu der mantrischen Keimsilbe OṀ. Als solches wurde es aber immer als der universale Laut betrachtet - von den frühesten Zeiten indischer Geschichte bis auf den heutigen Tag. In den Worten des großen indischen Dichters Rabindranath

Tagore ist OṀ das symbolische Wort für das Unendliche, das Vollkommene, das Unvergängliche. Als Laut ist es schon vollkommen und stellt die Gesamtheit aller Dinge dar. »Alle unsere religiösen Betrachtungen beginnen mit OṀ und enden mit OṀ. Es soll den Geist mit dem Vorgefühl zeitloser Vollkommenheit erfüllen und ihn von der Welt enger Selbstsucht befreien.«[29]

Der Buddhismus teilt mit den Lehren der Upaniṣaden die Anerkennung der potentiellen Universalität des Menschen; aber er ist sich ebenso der Wichtigkeit der Individualität bewußt, da ohne sie diese Universalität weder erfahren noch verwirklicht werden könnte. Der buddhistische Weg beginnt gewissermaßen dort, wo der upaniṣadische endet. Obwohl das mantrische Symbol OṀ von beiden anerkannt wird, ist seine Wertung nicht die gleiche, da diese von der Stellung abhängt, die das Symbol in der jeweiligen mantrischen Tradition und in Beziehung zu anderen Symbolen innerhalb dieser Tradition einnimmt. OṀ steht darum in der buddhistischen Tradition immer am Anfang einer mantrischen Formel, aber nie am Ende. OṀ wird auch niemals gesprochen oder geschrieben als A-U-M, das eine rein scholastische Interpretation ist, um eine spätere metaphysische Spekulation zu rechtfertigen, die nichts mit dem ursprünglichen mantrischen Laut zu tun hat, dessen Stärke und Klarheit gerade in seiner Einfachheit bestand – in seiner vokalischen Eindeutigkeit. (OṀ wird selbst im Tibetischen immer als O-Ṁ transskribiert.)
OṀ ist wie das Öffnen unserer Arme, um alles, was lebt, zu umarmen. Es ist wie eine Blume, die ihre Blütenblätter der Sonne öffnet. Das Scheitelzentrum *(sahasrāra-cakra),* in welchem OṀ der Tradition gemäß ruht, ist in der Tat ein Lotus mit tausend Blütenblättern. Jedoch die Energien, die dort empfangen und entwickelt werden, bleiben nicht in den Blütenblättern der Blume, sondern müssen herabsteigen in die Dunkelheit der Wurzeln, um in die lebendige und Leben erhaltende Kraft verwandelt zu werden. In gleicher Weise muß die Universalität, die im OṀ erlebt wurde, d.h. im Urlaut zeitloser Wirklichkeit, herabsteigen und sich in der Tiefe des menschlichen Herzens verwirklichen, um in vibrierendes und leuchtendes Leben verwandelt zu werden.

OṀ ist der Aufstieg zur Universalität, HŪṀ der Abstieg dieses universellen Zustandes in die Tiefe des menschlichen Herzens. OṀ und HŪṀ verhalten sich wie der Kontrapunkt in der Musik. OṀ ist das Unendliche, aber HŪṀ ist das Unendliche im Endlichen, das Ewige im Zeitlichen, das Unbedingte im Bedingten, das Formlose als Basis aller Form: Es ist die Weisheit des Großen

Spiegels, welcher die Leere ebenso widerspiegelt wie die Objekte, wobei er die Leere in den Dingen ebenso enthüllt wie die Dinge in der Leere.

Das OṀ steht wie die Sonne im Zentrum des Maṇḍala, dem Ort des Vairocana, des »Sonnenbuddha«, des Strahlenden; das HŪṀ hingegen steht im Osten, dem Ort des Akṣobhya. Obwohl der Osten der Eingangspunkt in das Maṇḍala ist, kann das HŪṀ dem OṀ doch nicht vorangehen, denn die Gegenwart des Zentrums ist die *conditio sine qua non* des Mandala, das im Tibetischen daher ganz richtig mit »Zentrum und Zirkumferenz« *(dkhyil-hKhor)* übersetzt wurde. Mit anderen Worten, wir müssen durch das Erlebnis des OṀ hindurchgegangen sein, um das noch tiefere Erlebnis des HŪṀ zu erfahren und zu verstehen. Viele haben Augenblicke der Universalität erfahren, aber nur sehr wenige waren imstande, sie in die Wirklichkeit umzusetzen und ihrem Leben einzuverleiben.

Die einzige Persönlichkeit unter den großen Führern und Denkern des modernen Hinduismus, die dies klar erkannte – ohne in irgendwelcher Weise sich dieses Parallelismus zwischen seiner eigenen Philosophie und dem buddhistischen Vajrayāna bewußt zu sein –, war Sri Aurobindo. Er betonte die Wichtigkeit des Herabstiegs des »Supramentalen« in das menschliche Leben und Bewußtsein nach der höchsten geistigen Verwirklichung der Universalität – also durch bewußtes Weitergehen über das ursprüngliche Ziel des upaniṣadischen Denkens.

Der grundlegende Vokallaut des langen U im HŪṀ ist der Laut der Tiefe, der im anusvāra vibriert und der in das Unhörbare übergeht. Der Vokal »u« drückt eine abwärtsgehende Bewegung aus und stellt die untere Grenze der Lautskala der menschlichen Stimme dar – jene Schwelle des Schweigens, welche im Tibetischen als »das Tor des Unhörbaren« bezeichnet wird *(u-ni thos-pa-med-pahi sgo)*. Das aspirierte »h«, das ihm vorausgeht, ist der Laut des Atems *(prāna)*, der subtilen Lebenskraft. Der tönende, nach innen gerichtete, im Inneren vibrierende Endlaut des nasalierenden »m«, in dem sich der *anusvāra* darstellt, steht zwischen Konsonanten und Vokalen, quasi beide vereinend und somit einen Zustand jenseits aller Dualität andeutend. Dies ist es, warum der *anusvāra* das charakteristische Zeichen oder Merkmal so gut wie aller Keimsilben *(bīja-mantras)* ist, die sich dadurch von gewöhnlichen Vokalen unterscheiden.

Eine Ausnahme bildet das lange ĀḤ, der dritte wichtige mantrische Laut, der zugleich der grundlegende Laut aller Sprache ist. Er ist in seiner kurzen Form – entsprechend den Regeln des *saṁskṛt* in allen Konsonanten potentiell, so daß er im Devanagari (der Schrift, in der *saṁskṛt* gewöhnlich geschrieben wird) wie auch im Tibetischen nicht geschrieben werden muß, ausgenommen, wenn der volle Laut des langen »ā« dargestellt werden soll, was durch eine vertikale Linie hinter dem vorangehenden Konsonanten geschieht (und im Tibetischen durch ein angehängtes Längenzeichen). Dieser Laut »Ā« steht seinem tonalen und mantrischen Wert nach in der Mitte zwischen dem allumfassenden »O« und der Tiefe des »Ū«. Er ist horizontal in seiner Bewegung und drückt die Fähigkeit der Rede und des Denkens aus (entsprechend dem »logos« westlicher Tradition). Er ist der erste Laut des neugeborenen Kindes. Er ist der erste Ausdruck der Kommunikation und der Anerkennung anderer sowie der uns umgebenden Welt. Das »Ā« ist der Ausdruck des Sich-Wunderns und der unmittelbaren Wahrnehmung. Als das *bīja-mantra* Amoghasiddhis stellt es die Weisheit, die alle Werke vollendet, dar: die spontane Handlung, die verursacht wird durch die Erkenntnis beider Seiten, nämlich der Einheit alles Lebens und der Einmaligkeit und Einzigkeit jeder einzelnen seiner Formen. Diese zwei Prinzipien aber sind in den zwei vorhergehenden Stadien in der zeitlichen Ordnung des Maṇḍala verkörpert, nämlich in Ratnasambhavas Weisheit der essentiellen Einheit alles Lebens und Amitābhas Weisheit unterscheidender Schauung und innerer Vision.

OṀ

ĀḤ

HŪṀ

stellen drei Ebenen der Wirklichkeit dar:

die universelle

die ideale und

die individuelle,

und drei Dimensionen des Bewußtseins, die in drei psychischen Zentren verkörpert sind:

dem Scheitelzentrum *(sahasrāra-cakra)*,

dem Kehlzentrum *(viśuddha-cakra)*

und dem Herzzentrum *(anāhata-cakra)*.

Darum finden wir in tibetischen Thangkas (gemalten Rollbildern oder Tempelbannern), die Buddhas, Bodhisattvas, prominente religiöse Persönlichkeiten oder furchteinflößende Schutzherren des Dharma darstellen, auf der Rückseite des Thangka an jenen Stellen, die dem Kopf, der Kehle und dem Herzen der Zentralfigur des Bildes entsprechen, die jeweilig zugehörigen bīja-mantras.

So stellen OṀ-ĀḤ-HŪṀ die drei großen Mysterien des Vajrayāna dar, nämlich das Mysterium von Körper, Rede und Geist *(kāya, vāk, citta)*. Was hier mit Körper gemeint ist, ist aber nicht der physische Körper, sondern das ganze Universum, das unseren kosmischen Körper darstellt, von welchem unser physischer Körper nur eine kleine Replika ist. Der Erleuchtete, dessen Geist das Universum umfaßt, lebt somit im *Dharmakāya,* dem universellen Körper.

Das Mysterium der Rede ist mehr als bloße Worte oder Begriffe: es ist das Prinzip aller geistigen Vorstellung und Kommunikation, sei es in Form hörbarer, sichtbarer oder denkbarer Symbole, in denen die höchste Weisheit enthalten ist und vermittelt wird. Es ist das Mysterium des schöpferischen Lautes, der mantrischen Sprache oder der heiligen Schauung und des verständlichen Gedankens, von denen die Dharma-Verkündung eines Erleuchteten kommt. »Wie es im ersten Lautwerden beschwörender Zwang war, mit dem Unmittelbares den Seher-Dichter als Bild und Wort überkam, Zwang, mit dem der Dichter Unmittelbares in Bild und Wort bewältigte, – so ist es für jede zukünftige Generation, die Mantra-Worte zu gebrauchen weiß, beschwörender Zwang, magisches Mittel, um unmittelbar Wirklichkeit – Erscheinung der Götter, Spiel der Kräfte – zu wirken. – Das ist ja das Eigene am wahren Dichter, daß sein Wort unbestreitbare Wirklichkeit schafft, ein Wirkliches unmittelbar aufruft und entschleiert. Sein Wort redet nicht, es wirkt.«[30]

In der Tat, das Mysterium der Rede ist das Mysterium der mantrischen Macht und schöpferischer Vorstellung, aus der Träume, Ideen, Gedanken, Kunst und Kultur, Religion und Wissenschaft geboren werden. Es ist diese mysteriöse Eigenschaft des menschlichen Geistes, aus der die Idee und Visualisierung der leuchtenden Körper von Dhyāni-Buddhas und -Bodhisattvas entsprungen sind: sie sind bekannt als die »Körper geistiger Freude« oder des »Segens und der Inspiration« *(sambogha-kāya)*.

Das Mysterium des Geistes ist jedoch mehr als das, was über Gedanken und Ideen begriffen werden kann: es ist die Verwirklichung des Geistes in dieser unserer Welt individueller Existenz in der Tiefe des menschlichen Herzens. Es ist die Verwandlung des sterblichen Körpers in das kostbare Gefäß des *Nirmāna-Kāya,* des Körpers der Verwandlung, der sichtbaren Manifestation des *Dharma-Kāya.*

Vom Niveau des universellen Gesetzes *(dharma-dhātu)* zur Ebene der idealen Wahrnehmung und Vorstellung *(sambhoga-kāya)* oder des mantrischen Lautes und innerer Schauung kristallisiert sich das Bewußtsein schließlich auf der Ebene menschlicher Verwirklichung *(nirmāna-kāya).* So sind die drei Mysterien des Körpers, der Rede und des Geistes, deren Erlebnis in die *bīja-mantras* OṀ-ĀḤ-HŪṀ kondensiert worden sind, der Lehre von den drei Körpern oder den Prinzipien, in welchen ein Erleuchteter – ein Buddha – sich auf den drei Ebenen der Wirklichkeit manifestiert (nämlich der universellen, der ideellen und der individuellen), nahe verwandt.

7

Die Bedeutung der mantrischen Keimsilbe »HRĪḤ«

Die mantrische Keimsilbe »HRĪḤ« hat die Natur einer Flamme. Sie hat deren Wärme, Intensität, ihre Aufwärtsbewegung, Strahlkraft und Farbe. Sie ist das heilige Lautsymbol des Amitābha, dessen Farbe rot ist und dessen Platz sich im Maṇḍala der Dhyāni-Buddhas im *Westen* befindet – dem Ort des Sonnenunterganges und der Stunde der Meditation *(upāsana),* wenn des Tages Arbeit getan ist und Frieden die Welt erfüllt. Die äußere Aktivität kommt zur Ruhe und macht der inneren Platz. Der Geist befreit sich von den Fesseln weltlicher Sorgen und schwingt sich auf zum geistigen Bereich Amitābhas, symbolisiert in Sukhāvati – dem Wohnsitz der Glückseligkeit.

Bei der Meditation der sinkenden Abendsonne visualisiert der Meditierende das strahlende tiefe Rot Amitābhas, das erfüllt von Liebe und Erbarmen mit allen fühlenden Wesen erglüht. Und wie diese Strahlung den Sādhaka umflutet und erfüllt, öffnen sich die Blütenblätter seines Herzens, und in tiefer Hingabe wiederholt er das Mantra »OṀ Amitābha HRĪḤ«.

Im OṀ macht er sich so weit wie das All (der Laut »O« ist allumfassend, die ihm innewohnende Bewegung ist vergleichbar dem Öffnen der Arme), gleichsam als wolle er Raum schaffen für das Unendliche *(amita)* Licht *(ābha),* das Amitābha ist. Im HRĪḤ aber entzündet er die aufwärtslodernde Flamme der Inspiration und Hingabe, durch die er teilhat an der Wesensnatur Amitābhas!

Nichts könnte besser sein Gefühl der Hingabe zum Ausdruck bringen als das jedes Herz ergreifende Gebet Milarepas:

Herr, vom Sonnenball Deiner Gnade
Schienen die leuchtenden Strahlen des Lichtes
Und öffneten weit die Blütenblätter des Lotos meines Herzens,
So daß es ganz erfüllt ist von dem Duft,
Der aus dem Wissen sich gebiert,
Durch den ich immer neu an Dich gebunden bin;
Drum will ich Dich durch ständige Betrachtung ehren.
Geruhe Du, mir Deinen Segen zu gewähren in meinem
ernsthaften Bemüh'n,
Daß Gutes nur zuteil den Wesen allen werde.
Nicht eine Regung meines Körpers sei weltlichen Zwecken
dienstbar weiterhin,
Denn Körper, Rede und das Herz weih ich
allein dem Ziel: der BUDDHASCHAFT.

Die unterscheidende Weisheit *(pratyavekṣana-jñāna)* des Amitābha ist die Weisheit der inneren Schau *(dhyāna)*. Mit anderen Worten, es ist keine intellektuelle Analyse oder Unterscheidung, sondern die vollkommene und unvoreingenommene Bewußtheit der mannigfachen Lebensformen und Phänomene, geschaut vor dem Hintergrund der allem zugrunde liegenden Einheit.

Die Bedeutung dieser Bewußtheit – einhergehend mit der Erkenntnis, daß Differenzierung ebenso wichtig ist wie Einheit, da beide einander bedingen – wird deutlich in der Manifestation Amitābhas auf der Ebene der Individualität und Aktivität, auf der er in der Form Avalokiteśvaras erscheint. In jenem werden die Strahlen seines unermeßlichen Lichtes in unzählige helfende Arme und ausgestreckte Hände transformiert. In jeder der Handflächen aber erscheint das »Auge der Weisheit«, um deutlich zu machen, daß *upāya* (das »zweckmäßige Werkzeug oder Mittel«, die Kraft der Liebe und des Erbarmens) immer mit *prajñā* (der transzendenten Weisheit) verbunden sein muß. Nur so kann Avalokiteśvara der Führer und Helfer all derer sein, die nach Befreiung streben.

So ist es zu verstehen, wenn auf der Ebene der Individualität und Aktivität das Bija-Mantra HRĪḤ – vergleichbar einem lebendigen, wachsenden Samenkorn – sich erweitert und Blüten treibt in der Formel: OṀ MAṆI PADME HŪṀ, in der »MAṆI« – das Juwel – Avalokiteśvara ist, der im »Lotus *(padma)* des Herzens« (auch *»anāhata cakra«* genannt) realisiert wird.

Mit anderen Worten: HRĪḤ ist die Quintessenz des »OṀ MAṆI PADME HŪṀ« – ist das Samenkorn, aus dem dies Mantra hervorgeht und in das es wieder integriert wird. Darum wird das HRĪḤ im allgemeinen dem »OṀ Maṇi Padme HŪṀ« hinzugefügt.

Es versteht sich von selbst, daß die oben erwähnte Interpretation dieses Mantras dessen Bedeutung nicht erschöpfend wiedergibt, da *jedes* Mantra vieldimensional ist und auf verschiedensten Erfahrungsebenen angewandt werden kann; und eben darin besteht sein wahrer Wert und seine schöpferische Kraft.

Auf der ersten Ebene müssen wir den reinen Schwingungswert des Mantra und dessen psychologische Assoziationen berücksichtigen. Auf der zweiten Ebene geht es um die Wortdeutung (sofern diese überhaupt festgestellt werden kann) und die geistigen und traditionellen Assoziationen des Mantra. Auf der dritten Ebene müssen wir den kreativen bzw. evokativen Wert des Mantra erwägen, der von der spezifischen Initiationserfahrung in dem erhabenen Augenblick der Kraftübertragung *(abhiṣeka)* abhängt.

Schließlich ist noch der ständig wachsende und sich erweiternde spirituelle Wert eines Mantra zu berücksichtigen, der während der Übung und Erfahrung des fortschreitenden Sādhana erlebt wird.

In einem solchen Sādhana besetzt das Mantra verschiedene Dimensionen und ruft unterschiedliche geistige Vorstellungen und Schaubilder hervor, je nachdem das Mantra auf den universellen Bereich des *Dharmakāya* angewandt wird, oder auf den des *Sambhogakāya* – den Bereich schöpferischer Schau und spiritueller Beglückung –, oder auf den des *Nirmanakāya* – den Bereich der Aktivität und der Verwandlung des Körpers wie des Geistes.

Im Falle der Bīja- oder Keim-Silben müssen wir ferner berücksichtigen, in welcher Beziehung oder Verbindung diese gebraucht werden, weil – vergleichbar chemischen Formeln – es die Kombination ist, die die spezielle Bedeutung bestimmt. Deshalb können wir hier die Keimsilbe HRĪḤ nur bezogen auf die ersten beiden vorerwähnten Ebenen diskutieren.

Das »H« ist der Laut des vitalen Prinzips, der Laut des Atems, dem Symbol alles Lebens. »R« ist der Laut des Feuers, dessen

Keimsilbe »RAṀ« ist. Das »I« steht in der Tonskala der Vokale am höchsten; es hat die größte Intensität, die höchste Schwingungsrate und steht daher für die höchste geistige Aktivität und Differenzierung. Der gehauchte Nachklang *(visarga),* den wir mit »Ḥ« transkribieren, hat keinen Tonwert und wird im Tibetischen nur als ein geschriebenes Symbol gebraucht (die zwei kleinen Kreise hinter dem Silbenblock), das unausgesprochen bleibt. Dieses Symbol unterscheidet die Keimsilbe vom alltäglichen Gebrauch eines Wortes und betont dessen mantrischen Charakter.

Die wörtliche Bedeutung von »Hrī« ist »erröten« (das ja darin besteht, daß die Farbe Amitābhas angenommen wird), bzw. »sich schämen«. Im Pāli-Abidhamma steht »hīri« an dritter Stelle in der Liste der heilsamen oder »wunderbaren« *(sobhana)* Bewußtseinsfaktoren, unmittelbar nach »Vertrauen«, »Glaube« *(saddha)* und »Achtsamkeit« *(sati).* Wenn wir psychologisch den Ursprung des Gefühls bzw. den der innewohnenden Befähigung zur Scham analysieren, so werden wir entdecken, daß es auf der edelsten Eigenschaft des menschlichen Charakters basiert, nämlich einem angeborenen Sinn für Werte und Verantwortlichkeiten. Es ist eines der seltsamsten und subtilsten Phänomene, in dem die tiefsten Kräfte der menschlichen Seele, unabhängig von unseren Wünschen, unserem Wollen und unserem Intellekt arbeiten, wobei sie körperliche Reaktionen in Bewegung setzen (z.B. Veränderungen des Blutkreislaufs), die sich unserer Kontrolle entziehen.

Was ist das nun für eine unfaßbare, geheimnisvolle Kraft? Es ist die »innere Stimme«, das moralische Gesetz *(dharma)* in uns, die Stimme des Gewissens, des inneren Wissens *(bodhi),* d.h. nicht des intellektuellen, sondern des intuitiven, spontanen Wissens, durch das wir das Rechte tun, ohne Belohnung oder Vorteile zu erwarten. Es ist das bestimmende Prinzip und die besondere Tugend des Bodhisattva, der, ohne an die Ergebnisse seines Tuns *(Karma)* gebunden zu sein, handelt, weil er auf die Früchte seines Tuns verzichtet hat, indem er sich der Erleuchtung aller Wesen verschrieb, ohne Rücksicht auf sein eigenes Wohlergehen. So ist er der Sonne vergleichbar, die in gleicher Weise für Sünder und Heilige leuchtet, – ist er einer jener, die die Kraft des HRĪḤ verwirklichten: Die Weisheit der inneren Schau Amitābhas.

Dies mag genügen, um einführend die innere Bedeutung der Keimsilbe HRĪḤ darzulegen. Doch wie eine geschriebene Partitur nicht den emotionalen und spirituellen Eindruck gehörter oder gespielter Musik vermitteln kann, ebenso kann das Laut-Symbol eines Mantras und dessen intellektuelle Analyse nicht die Erfahrung

MAṆḌALA DES AMITĀBHA

in dem die Keimsilbe HRĪḤ in die Mitte gestellt wird, während OṀ auf den Platz im Westen (oben) rückt, der ursprünglich durch Amitābhas HRĪḤ besetzt war.

Das bedeutet, daß die Zentralfigur oder deren Keimsilbe, so wie der Notenschlüssel vor einer Notenreihe, den Charakter des Maṇḍala bestimmt und somit die Bedeutung all seiner Teile verändert.

Das oben wiedergegebene Maṇḍala, das stark vereinfacht wurde, um dessen wesentlichste Züge klarer herauszustellen, zeigt den quadratischen Grundriß des universellen Tempels, der sich nach den vier Richtungen des Raumes hin öffnet. Er ist von drei Schutzkreisen umgeben: einem inneren Kreis aus Lotusblättern, einem mittleren Kreis aus diamantenen Zeptern und einem äußeren Flammenkreis, die, von innen nach außen, die Reinheit des Herzens, die Standhaftigkeit und Zielgerichtetheit eines konzentrierten Geistes und die transzendentale Weisheit symbolisieren. (Vgl. auch Seite 116.)

eines Initiierten wiedergeben noch jene tiefgehende Wirkung offenbaren, die es im Laufe einer langwährenden Übung *(sādhana)* hervorbringt.

Obwohl der erste Anstoß vom Guru durch dessen »Übertragung der Kraft« *(abhiṣeka)* erfolgt (und wieviel dieser dabei übertragen kann, hängt einmal von dessen eigener Verwirklichung ab, zum andern vom Vorbereitetsein und der Aufnahmefähigkeit des zu Initiierenden), so kommt es dann darauf an, ob und wie weit der *sādhaka* fähig ist, das Mantra lebendig zu erhalten und es in die Praxis umzusetzen. Ein Mensch mag beispielsweise eine Formel für Atomenergie besitzen – doch wenn er nicht weiß, wie man diese Formel in die Praxis umsetzen kann, so kann er diese Kraft nicht nutzen.

Ein Mantra hat keine Kraft aus sich heraus, sondern ist lediglich ein Konzentrationsmittel. Es lenkt und setzt jene Kräfte und Fähigkeiten frei, die an sich immer im Individuum vorhanden sind, aber jenseits des allgemeinen Zugriffs liegen.

Ein Mantra – ähnlich einem KOAN – widersteht jeder Rationalisierung, hat aber dem KOAN gegenüber den Vorteil, gleich zu einer unmittelbaren Erfahrung zu führen und es nicht wie bei jenem dem Zufall zu überlassen, ob eine solche zustandekommt. Auch hat jedes Mantra eine spezifische Richtung, die den Sādhaka in immer tiefere Bewußtseinsbereiche führt – unabhängig davon, ob er die höchste Verwirklichung erreicht oder nicht. Und was noch wesentlicher ist: Es kann niemals in die Irre führen, da es nicht die Lösung eines Problemes erstrebt, sondern die Auflösung der Hindernisse und Hemmnisse, das Lösen der Knoten *(granthi)*, in die wir uns wie in einem Netz bewußt oder unbewußt durch unsere Wünsche, unsere Vorurteile und die sich akkumulierenden Auswirkungen unseres vielfältigen Verhaftetseins verfangen haben.

Jeder Gedanke schafft einen neuen Gedanken, und jede Antwort wirft eine neue Frage auf. Nur wenn unsere Gedanken zur Ruhe kommen und unser Bewußtsein wieder den Zustand reinen Leuchtens und Empfindens gewinnt, öffnen sich die Tore der großen Mysterien des Geistes, und die ganze Fülle der Kraft und Realisation kommt über uns.

Wenn ich hier das Wort »Kraft« gebrauche, so benutze ich es nicht im Sinne von etwas, das äußerlich wirkt oder das für persönliche Zwecke oder für unsere eigene Rangerhöhung eingesetzt werden könnte, sondern als etwas, das eine völlige Umwandlung des Individuums bewirkt, in dem diese Kraft vergegenwärtigt wird. Diese Umwandlung zu einem Exponenten überindividueller Wirklichkeit aber ist es, die dann auf andere ihre Wirkung haben kann.

Daher kann ein Guru nur Initiationsriten und Kraftübertragungen vollziehen, wenn er diese Kraft in sich selbst durch Jahre harten Übens gespeichert hat – und selbst dann wird er im allgemeinen noch viele Tage und Nächte in tiefer Meditation verbringen, ehe er irgendeinen dieser Riten vollzieht.

Nur jene, die das Glück hatten, eine solche körperlich-geistige Transformation zu erleben, die sich in dem Guru vor unseren Augen vollzieht, kann erahnen, was es bedeutet und wie es möglich ist, auf andere etwas von dem Glück und der Inspiration eines Bereiches jenseits aller Worte zu übertragen: dem Bereich der BUDDHAS, dem Bereich der ERLEUCHTUNG.

8

DIE MULTIDIMENSIONALITÄT DER KEIMSILBEN *(BĪJAS)*

Die wesentlichen Keimsilben des Vajrayāna und insbesondere diejenigen, die in der Grundstruktur des Maṇḍala der Dhyāni-Buddhas verwandt werden, gehen eindeutig auf einfache Vokallaute, wie o, ā, ū, ī zurück, die vier Prinzipien entsprechen: einer kreisförmigen (alles einschließenden), einer horizontalen, einer nach unten und einer aufwärts gerichteten Bewegung.

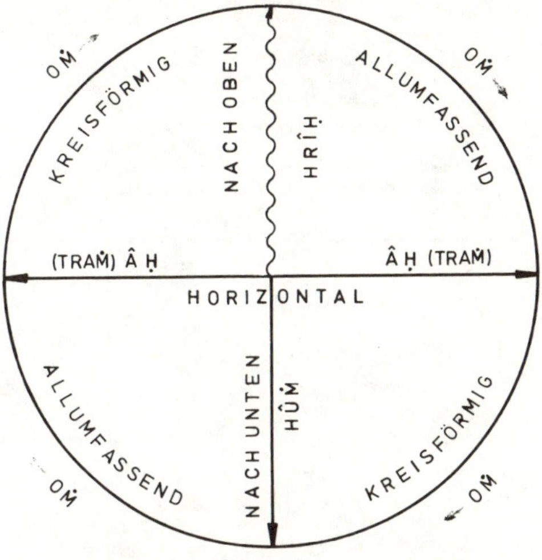

DIE VIER BEWEGUNGSRICHTUNGEN
DES MANTRISCHEN LAUTES

Die nach oben und unten gerichteten Bewegungen von HRĪḤ und HŪṀ stimmen auch mit den Bewegungen jener ihnen zugeordneten Elemente überein, mit denen sie im Maṇḍala assoziiert sind: Feuer bewegt sich aufwärts, Wasser nach unten. Die Elemente Erde und Luft, die mit den Bījas TRAṀ und ĀḤ assoziiert werden, dehnen sich horizontal aus.

Ebenso wie Wasser und Feuer entgegengesetzte Bewegungen darstellen, so stehen Akṣobhya und Amitābha an entgegengesetzten Stellen im Maṇḍala. Aber ihre Polarität, d.h. ihre sich ergänzende Natur, wird dadurch angedeutet, daß sie im Maṇḍala derselben Achse angehören. Das ihnen beiden Gemeinsame ist, daß jeder von ihnen eine introspektive Haltung darstellt, die sich darin voneinander unterscheiden, daß Akṣobhyas Haltung in der Hauptsache die reflektive und rezeptive Wahrnehmung ausdrückt, während Amitābhas Haltung die der unterscheidenden Schauung und damit eine aktive und schöpferische Haltung darstellt.

Die entsprechenden Mudrās der beiden Dhyāni-Buddhas zeigen dieselbe Tendenz: Akṣobhyas reflektive Haltung ist durch die nach innen gerichtete Handfläche ausgedrückt, Amitābhas unterscheidende Schauung hingegen durch die nach oben gerichtete Handfläche seiner rechten Hand. Die von beiden gebildete (verti-

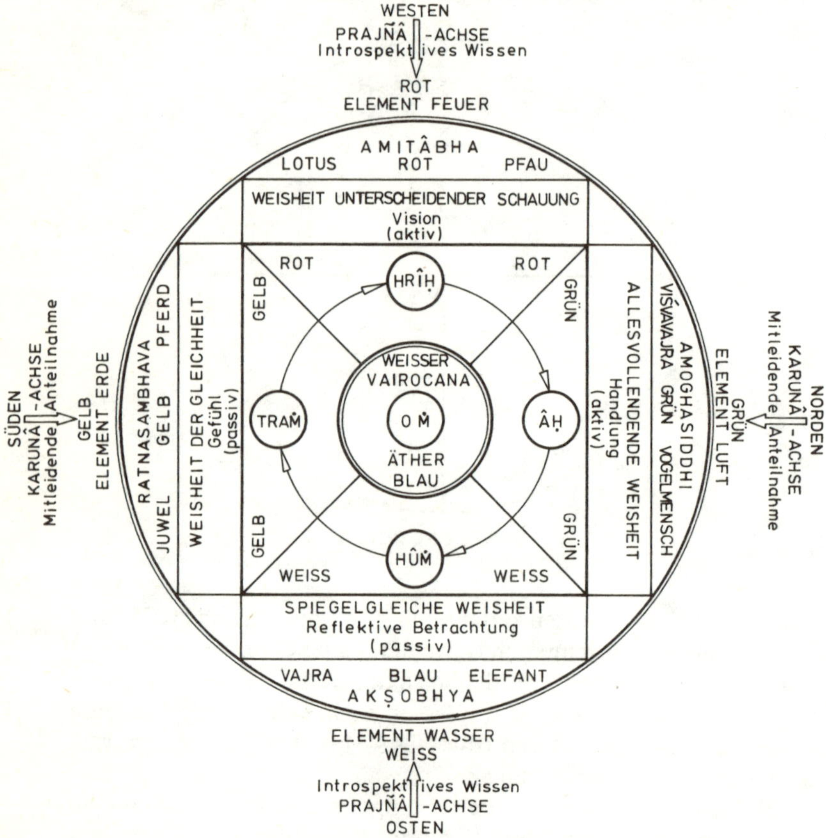

GRUNDLEGENDE STRUKTUR DES MAṆḌALA DER
FÜNF DHYĀNI-BUDDHAS,
IHRER KEIMSILBEN, WEISHEITEN, ELEMENTE, FARBEN UND SYMBOLE.

kale) Ost-West-Achse des Maṇḍala wird folgerichtig die Achse des introspektiven Wissens (prajñā) genannt. Im Gegensatz hierzu kann die (horizontale) Nord-Süd-Achse als die nach außen gerichtete Achse »mitleidender Anteilnahme« bezeichnet werden.

Ebenso wie Erde und Luft aber Gegensätze sind hinsichtlich ihrer Dichte und Beweglichkeit, so sind Ratnasambhava und Amogasiddhi die gegensätzlichen Pole auf der horizontalen Achse des Maṇḍala: Ratnasambhava steht dabei für Gefühl und Emotion, Amogasiddhi dagegen für Willenskraft und Aktion. Beide sind extravertiert oder kommunizierend, d.h. auf andere Wesen hin ausgerichtet, und zwar entweder mit dem Gefühl von Nächstenliebe und Mitgefühl oder durch ein selbstloses Handeln, das von eben diesen Gefühlen bestimmt wird. Jedoch verhält sich Ratnasambhava relativ passiv im Vergleich zu Amogasiddhis aktivem Handeln: ersterer fühlt, aber handelt nicht, während letzterer Gefühl in Handlung umsetzt. Die ihnen beiden aber gemeinsame nach Außengerichtetheit und Kommunikationstendenz findet deutlich in den Mudrās von Ratnasambhava und Amogasiddhi ihren Ausdruck: die rechten Handflächen beider sind nach außen gewandt.

Dadurch aber wird deutlich, daß das Maṇḍala eine doppelte Polarität aufweist: einmal die von *prajñā* und *karunā,* bzw. die der Achsen introspektiven Wissens und mitfühlender Anteilnahme, und zum zweiten die innere Polarität jeder einzelnen Achse selbst, wie sie sich uns als reflektive Wahrnehmung und schöpferische Schauung in der Ost-West-Achse darstellt oder als Gefühl und Handlung (bzw. als Emotion und Willenskraft) in der Nord-Süd-Achse.

Aber ein Maṇḍala ist nicht nur eine statische Darstellung der Struktur des Geistes; es stellt auch den inneren Raum dar, in dem wir uns bewegen. Unsere Bewegung darin jedoch enthüllt eine dritte Art der Polarität, und zwar dadurch, daß wir ständig zwischen nach innen und außen gerichteten Geisteshaltungen wechseln: In Richtung des Uhrzeigers schreitet der Meditierende vom östlichen Ausgangspunkt einer nach innen gerichteten, introspektiven Haltung (Akṣobhya) fort zu der nach außen gerichteten, kommunikativen Haltung (Ratnasambhava). In einer dritten Bewegungsphase wendet er sich dann in der Haltung meditativer Versenkung (Amitābha) wieder nach innen und in einer vierten erneut nach außen zu aktivem Handeln (Amogasiddhi).

All das wird, wie wir bereits sahen, durch die jeweils alternierenden Mudrās angedeutet. Der Wechsel in der Haltung jedoch bedeutet keinen Bruch in der Beständigkeit bzw. in dem kontinuierlichen Fluß des *sādhana* oder gar eine Negierung der vorangegangenen Zustände. Im Gegenteil, jede Erfahrung bildet hier die Grundlage für den folgenden Schritt und ist somit in der neuen Haltung und Erfahrung integriert.

Ohne die Weisheit des Großen Spiegels, der uns die wahre Natur unserer selbst und unserer Stellung in der Welt enthüllt, könnten wir nicht die essentielle Einheit alles Lebens und unsere Solidarität mit allen anderen empfindenden Wesen erfahren. Und in gleicher Weise ist die Weisheit unterscheidender Schauung nur möglich auf der Basis der essentiellen Einheit alles Lebens, durch die wir instand gesetzt sind, die gegenseitige Bezogenheit und Abhängigkeit aller Formen und individuellen Lebewesen zu sehen. Die zugrunde liegende Einheit macht es erst möglich, den Wert und die Schönheit der Differenzierung und die Bedeutung der Individualität einzuschätzen und anzuerkennen. Ohne dies wäre Einheit sinnlos und ein gegenseitiges Verstehen unmöglich. Und wiederum ist es auch nur auf dieser Basis der Anerkennung und des Verstehens von Individualität und Einheit alles Lebens möglich, daß selbstlose und spontane Handlung es erreicht, Freude und Befreiung in die Welt zu bringen.

Die Keimsilben verhalten sich in ähnlicher Weise. Das OṀ ist im HŪṀ enthalten, insofern als das OṀ jedem Mantra vorausgeht, wie zum Beispiel im Mantra des Akṣobhya: »OṀ Akṣobhya HŪṀ«. Und indem wir nun von Akṣobhya zu Ratnasambhava fortschreiten, schließen wir gleicherweise sowohl OṀ wie HŪṀ im TRAṀ ein, während die Erlebnisse von HŪṀ und TRAṀ im HRĪḤ enthalten sind und diese wiederum im ĀḤ Amogasiddhis. Wenn wir nun zum HŪṀ Akṣobhyas nach Durchlaufung des vollen Kreises der Dhyāni-Buddhas zurückkehren, erleben wir die Spiegelgleiche Weisheit auf einem höheren Niveau, d. h. auf einem Niveau, das sich dem Zentrum annähert. Und tatsächlich, wenn wir das höchste Niveau der Spiegelgleichen Weisheit erreichen, so reflektiert diese nicht mehr nur die individuelle Situation des Sādhaka, sondern die Universalität von Vairocanas Dharma-dhātu-Weisheit.

Wenn dieses eintritt, so wird Akṣobhya als *Vajrasattva-Akṣobhya* bezeichnet, dessen »diamantenes Wesen« mit dem Zentrum des Maṇḍala identisch ist. Aus diesem Grunde können Akṣobhya und Vairocana am Ende der Meditation ausgetauscht werden, und diese Beziehung drückt sich auch deutlich in den Farben aus, die mit ihnen assoziiert werden. Die Körperfarbe Akṣobhyas ist dunkelblau, aber die Strahlung der Spiegelgleichen Weisheit, die von seinem Herzen ausgeht, ist weiß (wie die Reflektion und die Farbe des Elementes »Wasser«). Die Körperfarbe Vairocanas dagegen ist weiß, während die Strahlung der Dharma-dhātu-Weisheit, die von seinem Herzen ausgeht, dunkelblau ist (wie die Farbe des Elementes »Äther«).

Entsprechend der Betonung des einen oder anderen Aspektes dieser Dhyāni-Buddhas wird das dreieckige Feld auf der östlichen Seite des Maṇḍala entweder weiß oder blau gehalten, wobei der kreisförmige Raum um Vairocana die entgegengesetzte Farbe annimmt, d.h. blau, wenn Akṣobhyas Feld weiß ist (– wie in unserm Diagramm –), und weiß, wenn Akṣobhyas Feld blau ist.

Eine tiefere Erklärung hierfür kann in der Ansicht der Viññānavādins (Skt. Vijñānavādins) gefunden werden, nämlich daß *mano-vijñāna,* das empirische Bewußtsein (mit dem wir die Meditation beginnen), und das universelle Bewußtsein sich in dem überschneiden, was als jenes *manas* definiert wurde, dessen Objekt nicht die Sinnenwelt ist, sondern jener ewig fließende Strom des Werdens (santāna), der weder durch Geburt noch Tod des Individuums begrenzt ist, sondern die Gesamtsumme unserer Vergangenheit in der Tiefe unseres innersten Wesens bewahrt. Es ist die Manifestation unseres zugrunde liegenden universellen Bewußtseins, das als *ālaya-vijñāna* bezeichnet wird.

Während *Mano-Vijñāna* ordnet und die Resultate abwägt, die von den fünf Sinneswahrnehmungen an ihn herangetragen werden, ist *Ālaya-Vijñāna* einem Ozean gleich (wie es in den buddhistischen Texten heißt), auf dessen Oberfläche sich Wellen bilden und Strömungen enstehen, wenn es von äußeren Einflüssen bewegt, in seiner ursprünglichen Ruhe gestört wird, aber welches das Licht des Himmels widerspiegelt, wenn es solchen Einflüssen nicht unterworfen ist, die im Falle des *Ālaya-Vijñāna* Gemütsbewegungen, Wünsche oder Aversionen sind und die das Gleichgewicht jenes universellen Tiefenbewußtseins stören, welches im Zustande der Ruhe zum Großen Spiegel von Akṣobhyas Weisheit wird.

Das geistige Bewußtsein *(manas)* vermittelt zwischen dem individuellen Intellekt und dem universellen Tiefenbewußtsein, indem es an beiden Funktionen teilnimmt. Es stellt das stabilisierende Element des menschlichen Bewußtseins dar, den zentralen Schwerpunkt, der das Gleichgewicht zwischen diesen Funktionen herstellt und so den Zusammenhang seiner Seinselemente aufrechterhält und zu einem gleichbleibenden Bezugszentrum wird. Aber eben deshalb kann es auch die Ursache für den Begriff oder die Vorstellung eines permanenten »Ichs« werden. Denn das unerleuchtete Individuum ist geneigt, jenes relative Bezugszentrum als das wirkliche und dauerhafte Zentrum seiner eigenen Persönlichkeit anzusehen. Im LANKĀVATĀRA SŪTRA wird dieser Gedanke folgendermaßen formuliert:

»Intuitives Bewußtsein (manas) ist eins mit dem universellen Bewußtsein (ālaya-vijñāna), da es Anteil an der transzendentalen Erkenntnis (ārya jñāna) hat und eins ist mit dem Bewußtseinssystem (den fünf Sinnen und dem Intellekt) durch seine Fähigkeit, differenziertes Wissen zu erfassen.«

Somit hängt es davon ab, ob dieses intuitive Bewußtsein der Welt zugewandt ist (d.h. den verschiedenartigen Sinneswahrnehmungen) oder dem universellen Tiefenbewußtsein. Im ersten Falle spiegelt es unsere Augenblick-Situation in der Welt wider (d.h. in der gegenwärtigen Umgebung) – was der Geisteshaltung zu Beginn der Meditation entspricht –, im zweiten Falle spiegelt es unsere wahre universelle Natur, unsere Identität mit dem *Dharma-dhātu,* den wir erreichen, nachdem wir viele Male in immer enger werdenden Kreisen das Maṇḍala durchlaufen haben, bis wir endlich mit dem Zentrum eins werden.

Da somit Akṣobhya eine Widerspiegelung Vairocanas auf der Ebene des menschlichen Bewußtseins ist, stellt das Mantra HŪṀ die menschliche Erfahrung des *Dharmakāya* dar: die Verwirklichung des *Dharmakāya* im menschlichen Körper, der auf diese Weise zum *Nirmañakaya* wird. Hierin liegt die besondere Bedeutung des HŪṀ, denn es bringt das Supramentale herab auf die menschliche Ebene, worin das Ziel der Buddhaschaft besteht. OṀ ist sozusagen das Rohmaterial, das Universum in reiner Soheit und Objektivität oder die *conditio sine qua non* alles dessen, das ist oder als Form erscheint. Das HŪṀ jedoch enthält das Erlebnis dieser Soheit mit allen seinen Modifikationen... Es umschließt Einheit und Vielheit.

OṀ könnte gewissermaßen mit der Reinheit und Unschuld eines Kindes verglichen werden, in dem alle Möglichkeiten der Entwicklung in latenter Form gegenwärtig sind, während HŪṀ die Rückkehr zur Reinheit und Einfachheit des Kindes ist nach einem Leben menschlicher Erfahrung mit dem Wissen und der Barmherzigkeit, die aus tiefem Leid und erhabener Freude erwachsen. Es ist die Haltung eines Erleuchteten, der den Weg der Erkenntnis und Vertiefung gegangen ist und der »am anderen Ufer« *(param)* angelangt ist. Somit enthält das HŪṀ in seiner höchsten Potenz sowohl das OṀ wie alle anderen Mantras der Dhyāni-Buddhas.

In denjenigen Schulen des Vajrayāna, die dem mystischen oder inneren Pfad Vajrasattvas (des diamantenen Wesens) folgen – dem aktiven Reflex oder der Emanation Akṣobhyas, in dem die Strahlen der gesamten Weisheiten integriert sind – wird Vajrasattva-Akṣobhya zum Exponenten aller verwandelten *Skandhas,* die in das gereinigte oder »reine Aggregat des Bewußtseins« überführt werden, während Vairocana zum Exponenten des »reinen Aggregates körperlicher Form« wird, d. h. zum Prinzip räumlicher Ausdehnung oder des Raumes als Vorbedingung aller körperlichen Existenz. In diesem Falle nimmt das HŪṀ eine höhere Dimension in Anspruch als dasjenige, was am Anfang des meditativen Pfades steht: Es ist die Integration aller Erlebnisse, geistigen Haltungen und Weisheiten, die im Vorgang der vier Bewegungen um das Zentrum des Maṇḍala stattfanden. Dies mag in folgender Formel dargestellt werden:[31]

OṀ
HŪṀ
TRAṀ
HRĪḤ
ĀḤ

OṀ-HŪṀ
OṀ-HŪṀ-TRAṀ
OṀ-HŪṀ-TRAṀ-HRĪḤ
OṀ-HŪṀ-TRAṀ-HRĪḤ-ĀḤ = HŪṀ

Dieselbe Idee ist in einer anschaulichen Form dargestellt, in der die Keimsilbe HŪṀ in den fünf Farben der »Weisheiten« und ihrer entsprechenden Dhyāni-Buddhas erscheint.

DIAGRAMM DER KEIMSILBE HŪṀ

9

Die Multidimensionalität mantrischer Formeln und ihre Beziehungen zu den höheren psychischen Zentren

Im Gegensatz zu den vorsprachlich entstandenen Keimsilben oder primären mantrischen Lauten (bīja) können deren Kombinationen mit religiösen Symbolen oder Symbolnamen mit gutem Recht »sekundäre Mantras« genannt werden, obwohl sie in keiner Weise von sekundärer oder geringerer Bedeutung sind. Keimsilben werden in der Praxis selten alleinstehend verwendet. Hingegen werden die wichtigsten Mantras entweder von Keimsilben eingeleitet, oder man findet diese Formeln von Keimsilben umschlossen. Dabei sind die Keimsilben sowohl die bewegende Kraft als auch ein Hinweis auf die Ebene (oder Dimension) der Wirklichkeit, auf die sich das Mantra bezieht. Auch können sie den Platz innerhalb des Maṇḍala anzeigen, auf den sich das Mantra bezieht. Denn das Grundmaṇḍala wird in fünf »Familien« (kula) eingeteilt, denen jeweils ein Dhyāni-Buddha vorsteht. Jede dieser Familien wird durch spezifische Symbole oder Embleme gekennzeichnet. So wird die Buddha-Familie durch das Gesetzesrad symbolisiert, welches dem Zentrum des Maṇḍala zugeordnet ist und entsprechend durch die Keimsilbe OṀ charakterisiert wird. Der östliche Sektor des Maṇḍala wird von der »Vajra-Familie« eingenommen, deren Keimsilbe HŪṀ ist. Der südliche Sektor gehört der »Juwelen-Familie« *(ratna)* an, der westliche der »Lotus-Familie« *(padma)*, und der nördliche Sektor wird von der »Karma-Familie« eingenommen, deren Symbol der Viśva-Vajra oder das Schwert und deren Keimsilbe ĀḤ ist. Wie bereits im vorigen Kapitel dargelegt, beginnen praktisch alle Mantras mit der Keimsilbe OṀ, denn sie ist die universelle Basis aller Buddhas und Bodhisattvas. Dagegen gehört jedes Mantra, das die Keimsilbe HRĪḤ enthält, dem westlichen Sektor Amitābhas an, während das HŪṀ auf die Beziehung zur Vajra-Familie des Akṣobhya, Vajrasattva, Vajradhāra etc. hinweist. Dabei muß herausgestellt werden, daß der Vajra-Familie – wie bereits bei der Besprechung der Keimsilbe HŪṀ erwähnt – eine besondere Bedeutung im Meditationssystem des Vajrayāna zukommt, da diese zugleich das Herzzentrum (anahāta-cakra) besetzt, d. h. den Ort der Verwirklichung auf der menschlichen Ebene, der deshalb für den tantrischen Buddhisten von zentraler Wichtigkeit ist, weil er das Feld der Entscheidung ist.

Da es unmöglich ist, alle Gesetze und ihre Modifikationen, welche die mantrische Tradition des Vajrayāna beherrschen, in diesem beschränkten Rahmen zu erörtern, wollen wir uns auf die folgenden allgemeinen Betrachtungen und einige diesen angemessene Beispiele beschränken.

Die meisten Mantras sind eine Kombination von Keimsilben und Symbolwerten von evokativer Macht. Was es ist, das eine evokative Macht darstellt, hängt von dem kulturellen und religiösen Hintergrund des Individuums ab, d. h. von den Assoziationen, welche das Symbol mit sichtbaren, berührbaren, vorstellbaren oder in sonstiger Weise erfahrbaren Objekten mit tiefgehenden Emotionen verbindet. Mit anderen Worten: das Symbol muß entweder die Vorstellungskraft anregen und damit die schöpferischen Qualitäten des menschlichen Geistes – oder es muß Emotionen hervorrufen, die stark genug sind, um den Sādhaka in einen Zustand der Erhebung oder der Hingabe oder innerer Einswerdung zu versetzen. Dementsprechend werden im allgemeinen devotionale Symbole – je nach dem geistigen Niveau und dem religiösen Hintergrund des einzelnen – entweder mit dem Namen von Gottheiten oder Heiligen verbunden (so wie zum Beispiel in den meisten Mantras des Hinduismus und des Volksbuddhismus, die sich an lokale Gottheiten oder Schutzmächte wenden), oder aber sie beinhalten die Namen erleuchteter Wesen, wie die der Buddhas oder Bodhisattvas oder deren Entsprechungen in meditativer Erfahrung. Wo dieser Hintergrund nicht besteht, hat das Symbol keine emotionale Anziehungskraft und daher weder Macht noch irgendeinen intellektuellen Wert. Dies ist der Grund, warum mantrische Formeln – gleich welcher Art – nicht von Leuten übernommen werden können, die nicht in der spezifischen religiösen Tradition aufwuchsen, aus der diese Mantras entstanden sind – es sei denn, sie sind in eine solche Tradition durch Verständnis, religiöse Praxis, Training und geistige Erfahrung oder Assimilation hineingewachsen.

Im tantrischen sādhana ruft der Laut des Mantra das erschaubare Symbol oder Bild hervor: seine Farbe, seine emotionale Haltung, seine Bewegung oder Geste, seinen Ort oder seine Richtung im Maṇḍala sowie seine Beziehung zu allen anderen Charakteristika oder Qualitäten jener geistigen Symphonie, welche eine Repräsentation der Ganzheit des menschlichen Geistes und des Universums ist, die es widerspiegelt. Und so, wie wir keine Symphonie (im musikalischen Sinne) verstehen oder gar komponieren können, wenn wir nicht vorher alle Einzelinstrumente und die Gesetze ihres Zusammenklangs und Zusammenspiels studiert und geübt haben, ebenso wenig können wir ein Maṇḍala verstehen oder aus ihm Nutzen ziehen, wenn wir nicht vorher jedes einzelne Detail, aus denen es sich zusammensetzt, studiert und praktiziert haben.

Mantra, Yantra, Mudrā und Maṇḍala bilden eine vollkommene Einheit von Laut, sichtbarem Symbol, Geste und gegenseitiger Beziehung. Im Karaṇḍa Vyūha heißt es, daß Avalokiteśvara sich weigerte, die Bedeutung der sechs Silben seines heiligen Mantras zu lehren ohne vorherige Initiation in den tieferen Sinn und das mit ihm verbundene Maṇḍala, denn jedes Wort bekommt seine besondere Bedeutung durch den Zusammenhang, in dem es gebraucht wird. In gleicher Weise empfängt jeder mantrische Laut und jedes mantrische Wort seinen Sinn durch die Art und Weise, in der es mit anderen Worten und Silben kombiniert und im Maṇḍala angeordnet ist.

»Wenn Avalokiteśvara ohne eine Beschreibung des Maṇḍala die sechs Silben nicht mitteilen will, so hat dieses seinen Grund in der Tatsache, daß die Formel als eine Schöpfung im Bereich des Lautes unvollständig und sinnlos ist, wenn seine Schwestern im Bereich innerer und äußerer Schauung und im Bereich der Gesten nicht mit ihm verbunden sind. Wenn diese Formel imstande sein soll, ein Wesen zu verwandeln und in den Zustand der Erleuchtung zu führen... so muß es alle Sphären der Wirklichkeit und initiatorischen Tätigkeit umfassen: Rede, Vorstellung, körperliche Haltung und Bewegung.« [32]

Wenn das Mantra nicht das gesamte menschliche Wesen erfaßt und beschäftigt: seinen Geist, seine Sinne, seinen Körper und sein Vorstellungsvermögen, so kann es weder die Integration all seiner Fähigkeiten bewirken noch es zu einem »ganzen Menschen« (d.h. zu einem heilen und in diesem Sinne »Heiligen«) machen, was aber die Vorbedingung der Erleuchtung ist. Ohne die Vieldimensionalität des Mantra würde es nicht möglich sein, die verschiedenen Bereiche äußerer und innerer Wirklichkeit, des Körpers und des Geistes, der Gemütsbewegung und des Handelns, des Sichtbaren und Hörbaren, des Berührbaren und des Unberührbaren, des Konkreten und des Idealen, der Wirklichkeit und der Imagination zu vereinen.

Durch die Kombination von Keimsilben und Symbolworten treten wir vom Bereich prälinguistischer Lautsymbole in die Sphäre imaginativen Denkens und poetischer Sprache, d.h. einer Sprache, welche weit über die Bedeutung einzelner Worte hinausreicht und zum Wesen der Dinge und Gefühle vordringt. Die Worte alter Dichter und Seher waren Worte der Macht, die den menschlichen Geist formten, Religionen und Kulturen, Kunst und Literatur schufen sowie alles, was die Menschen dazu anspornte, über die Bedürfnisse des Tages und die Notwendigkeiten des Lebens hinauszugehen und in das Reich der Freiheit, der Selbstgestaltung, der Erfüllung menschlicher Träume und Bestrebungen vorzudringen.

Das mächtige, sechssilbige Mantra Avalokiteśvaras »OṀ MAṆI PADME HŪṀ HRĪḤ« hat ein Jahrtausend tibetischer Geschichte mit übermenschlichen Idealen und Bestrebungen erfüllt, die durch Millionen von Niederschriften, auf Steine und in Felsen gemeißelt und auf Berghängen in riesigen Buchstaben dargestellt, als Zeugen einer gewaltigen geistigen Erhebung uns vor Augen stehen, durch die das ganze Land erfüllt war von dem Bewußtsein des barmherzigen Bodhisattva, der eine Emanation des unendlichen Lichtes Amitābhas ist.

Dieses Mantra ist ein gutes Beispiel für die Kombination von Keimsilben und Symbolworten. Da die Worte »Maṇi« und »Padma« leicht als »Juwel« und als »Lotus« übersetzt werden konnten, hat sich im Westen die völlig mißverstandene Interpretation eingebürgert, welche die Formel als «O du Juwel im Lotus, Amen« wiedergibt – was nur zeigt, daß Mantras nicht einfach »übersetzt« oder philologisch interpretiert werden können. Sie können nicht ohne ihren erfahrungsmäßigen Hintergrund und die vielfältigen Assoziationen ihrer Wortsymbole verstanden werden.

»Maṇi«, als ein Synonym von »Ratna«, bedeutet nicht nur ein Juwel im konkreten Sinne, sondern ganz allgemein etwas Kostbares und im religiösen Sinne des Buddhismus wird »ratna« mit dem Buddha, seiner Lehre und denen, die sie verwirklicht haben, assoziiert. Buddha, Dharma, Sangha sind also die drei Kostbarkeiten, die im Buddhismus als »ratna« bezeichnet werden. »Maṇi« wird außerdem auch mit der Idee des magischen, wunscherfüllenden »Steins der Weisen« assoziiert *(cintamaṇi),* der in manchen volkstümlichen Geschichten eine große Rolle spielt. Somit steht »maṇi« entweder für den Buddha oder für den erleuchteten Geist überhaupt, und »padma« bedeutet nicht nur die Lotusblüte, sondern weist auf die Fähigkeit geistiger Entfaltung hin. In diesem Falle ist »padma« ein Synonym von »cakra«, dem Zentrum psychischer Kräfte, das bewußt aktiviert wird, so daß sich jene Kräfte wie Blütenblätter eines Lotus entfalten und wie die Strahlen der

Sonne ihre Umgebung durchdringen können. »Cakra« aber ist selbst ein Sonnensymbol: die Speichen des Rades gehen von der Nabe aus wie die Strahlen von der Sonne.

In diesem Zusammenhang steht das *Maṇi-padme* (Locativ) symbolhaft dafür , daß das Licht Amitābhas (dessen rote Farbe den westlichen Sektor des Maṇḍala anzeigt) im Lotus des Herzzentrums *(anāhata cakra)* verwirklicht ist. Ikonographisch wird dies durch die Gestalt des Avalokiteśvara dargestellt, der zwischen seinen – in Höhe des Herzzentrums – zur Brust erhobenen Händen ein rotes Juwel hält.

Diese Geste ist oft als Geste des Betens oder der Anbetung *(anjali-mudrā)* mißdeutet worden, und man hat nicht erkannt, daß es sich hier um die Lotusmudrā *(padma-mudrā)* handelt, bei der die Hände einen Kelch bilden, in dem das Juwel ruht. Und selbst wenn in manchen Darstellungen das Juwel nicht vorhanden ist, so unterscheidet sich die Lotusmudrā dadurch von der Geste des Betens oder der der Verehrung *(namaskāra-mudrā)*, daß die Fingerspitzen der rechten und der linken Hand durch einen kleinen Zwischenraum voneinander getrennt sind (also nicht aneinander liegen wie im *anjali-* bzw. *namaskāra-mudrā)* und sich lediglich die Handwurzeln berühren.

Wenn wir nun das ganze Mantra im Lichte der drei Körper *(trikāya)* und der ihnen entsprechenden drei Mysterien betrachten, erhält die Formel eine weitere vertiefte Bedeutung: Im *OṀ* erleben wir den *Dharmakāya* und das Mysterium des universellen Körpers; in *MAṆI* den *Sambhogakāya,* das Juwel des inspirierenden »Körpers der Entzückung«, in dem die Erleuchteten vor dem inneren Auge im Glanze ihrer Tugenden und Vollkommenheiten erscheinen. Von dieser großen Vision strömt die Inspiration aller unsterblichen Kunst, höchster Weisheit und tiefster Wahrheit, die in mantrischer Sprache und Dichtung ausgedrückt ist. In *PADMA* erleben wir das geistige Entfalten des *Nirmāṇakāya,* und im *HŪM* erleben wir den *Vajrakāya* als die Integration der drei Körper und der drei Mysterien des Körpers, der Rede und des Geistes. Im *HRĪḤ* endlich weihen wir die Gesamtheit unserer verwandelten Persönlichkeit – die auf diese Weise zum *Vajrakāya* geworden ist – dem Dienste Amitābhas.

In der vorgeschrittenen Meditationsübung werden die verschiedenen Formen, in denen Amitābha erscheint, in die entsprechenden psychischen Zentren des Sādhaka projiziert. In dieser Weise wird der *Dharmakāya-*Aspekt Amitābhas auf dem Scheitelzentrum (sahasrāra cakra), d.h. auf dem »tausendfältigen Lotus sitzend« vorgestellt. In seinem Sambhogakāya-Aspekt, in dem er als *Amitāyus,* als Buddha des grenzenlosen Lebens erscheint, der gekrönt ist mit der Krone der fünf Weisheiten und geschmückt mit den Schmuckstücken seiner geistigen Qualitäten und Vollkommenheiten, wird er im Kehlzentrum vorgestellt *(viśuddha cakra).* Und in seinem *Nirmānakāya-* Aspekt wird er als Avalokiteśvara im Herzzentrum *(anāhata cakra)* erschaut.

Als ein weiteres Beispiel für die Vieldimensionalität der Mantras wollen wir kurz eines der Hauptmantras der tibetischen Nyingma-Schule betrachten, deren Begründer, Padmasambhava, der früheste Exponent des Vajrayāna in Tibet war. Sein Mantra lautet:

OṀ ĀḤ HŪṀ / VAJRA GURU PADMA SIDDHI HŪṀ!

Die nachfolgende Tabelle vermittelt besser als Worte die Dimensionen dieses wichtigen Mantras.

OṀ	ĀH	HŪṀ	VAJRA
DHARMAKĀYA	SAMBHOGAKĀYA	NIRMĀNAKĀYA	UPĀYA
Universalität	Potentialität	Verwirklichung	Verwirklichungs-mittel
Sahasrāra Cakra (Scheitel)	Viśuddha Cakra (Kehle)	Anāhata Cakra (Herz)	Selbstlose Handlung
GURU	PADMA	SIDDHI	HŪṀ
PRAJÑĀ	KARUNĀ	JAYA	VAJRAKĀYA
Weisheit	Mitleid	Erreichung (Sieg)	Integration
Padmasambhava in dem Weisheit und Mitleid vereint sind		Der Erleuchtete	

Es gibt auch eine andere Deutung, die den zweiten Teil des Mantra direkt mit den Dhyānibuddhas verbindet: Nachdem wir den

Dharmakāya der Universalität im OṀ erlebt haben, den *Sambhogakāya* inspiratorischen Entzückens im ĀḤ, den *Nirmānakāya* geistiger Verwandlung im HŪṀ, wird man die spiegelgleiche Weisheit im transparenten Szepter des diamantenen Vajra, die Weisheit der essentiellen Gleichheit im Guru, die unterscheidende Weisheit innerer Schauung im entfaltenden Lotus *(padma)*, die allesvollendende Weisheit im *Siddhi* (Erreichung) und die Integration aller dieser Weisheiten im zusammenfassenden HŪṀ des *Vajrakāya* erleben.

10

Die zwei Phasen der Meditation und die psychischen Zentren des Körpermaṇḍala

So, wie das Maṇḍala aus dem Urlaut hervorgeht, so entsteht aus dem Mantra die sichtbare oder visualisierte Form jener göttlichen Gestalt (von der es heißt, daß sie eine »Explosion der *śūnyatā*«, der schöpferischen Leere sei), in die der *sādhaka* seine höchsten Geistesfähigkeiten, sein essentielles und erfahrbares Sein projiziert.

Und langsam entsteht im weiteren Verlauf dann eine göttliche Gestalt nach der anderen, je nach den richtungbestimmenden Tendenzen und dem seines *sādhana* zugrundeliegenden Plan, wobei jede der Gestalten den ihr zukommenden Platz im inneren Raum des Maṇḍala einnimmt. Das aber kann nur erreicht werden, wenn jedes Mantra für eine gewisse Zeit im Geiste gegenwärtig gehalten wird, was wiederum nur dann möglich ist, wenn jedes einzelne Mantra (welches eine bestimmte Vorstellungsform oder Vision hervorruft) Hunderte, ja Tausende von Malen wiederholt wird, bis der *sādhaka* sich vollkommen mit der Farbe und Form seines Schaubildes identifiziert hat und zum innersten Kern von dessen Bedeutung vorgedrungen ist.

Die Struktur des Maṇḍala selbst, welche der Schaubildentfaltung der göttlichen Gestalten vorausgeht, muß – bevor die eigentliche Meditation beginnt – gründlich im Geiste fixiert sein. Daher errichtet man das Maṇḍala in Form eines universellen Tempels auf dem Gipfel eines heiligen Berges, der die Achse des Universums darstellt (die der Wirbelsäule des Meditierenden entspricht). Dieser Tempel ist nach vier Himmelsrichtungen geöffnet, und in jedem der vier Eingänge steht ein Hüter der Schwelle. Der Bau ist umgeben von drei Schutzwällen: Der erste besteht aus einem Kreis von Lotusblütenblättern, welcher die Reinheit des Herzens als Basis der zehn transzendenten Tugenden symbolisiert. Der zweite, ein Kreis von Demantzeptern *(vajras),* symbolisiert die Macht und Entschlossenheit eines konzentrierten Geistes. Als dritten Schutzwall umgibt das Ganze ein Flammenkreis, der die reinigende Kraft des höheren Wissens darstellt, in dessen Feuer alle Verunreinigungen verbrannt werden und in dem alles Verhärtete und zu fester Form Geronnene in einem einzigen aufflammenden Erlebnis eingeschmolzen und integriert wird. Dieser Prozeß integrierender Einschmelzung wird schließlich dann vollendet, wenn das innere Heiligtum des Maṇḍala mit den Emanationen des erleuchteten Geistes ganz erfüllt ist, die nun in immer enger werdenden konzentrischen Kreisen die Mitte umwandeln, bis sie schließlich mit dieser eins werden. Somit gibt es zwei Phasen der Meditation: die produktive oder schöpferische *(utpanna-krama)* und die einschmelzende oder integrierende *(laya-krama).* Ist die Maṇḍalatechnik aber erst einmal in ihrer Ganzheit ausreichend geübt worden, so ist es nicht nötig, den Meditationsvorgang immer erneut von der Peripherie her zu beginnen, d.h. es ist nicht erforderlich, immer wieder mit dem Aufbau des Schaubildes bzw. mit der Visualisierung jedes einzelnen Aspektes und jeder einzelnen Eigenschaft der das Maṇḍala erfüllenden Figuren und Symbole zu starten, sondern man fängt unmittelbar vom Zentrum her alles zu entwickeln an, da aus diesem das ganze geistige Universum in all seinen unterschiedlichsten Aspekten hervorgeht und in das es im letzten Akt der Integration auch wieder eingeht.

Auf diese Weise wird sich der *sādhaka* des universellen Atems der Erschaffung und der Wiedereinschmelzung der Welten bewußt und nimmt aktiv daran Anteil, indem er erlebt, wie sich dieser universelle Atem in jeder Funktion des physischen Atemvorganges – mit jedem Ein- und Ausatmen – manifestiert, worunter er die grundlegende Erfahrung des meditativen Körperbewußtseins macht. Denn nur im Wechselspiel der Bewegungen von Differenzierung und Einswerdung kann eine anschauliche Erfahrung der Wirklichkeit und des Lebens zustandekommen. Und diese Erfahrung muß wieder und wieder neu schöpferisch herbeigeführt werden, bis sie schließlich zum natürlichen Rhythmus des bewußten Lebens wird.

Wenn wir jedoch die Schöpfungen unseres Geistes nicht auflösen oder integrieren, so verhaften wir uns ihnen und werden zu ihren Gefangenen, so wie ein Mann, der zum Sklaven seines Besitzes wurde. Und wenn wir andererseits in einem Zustand unwiderruflicher Gegebenheit verharren, so werden wir in einem Zustand völliger Stagnation erstarren.

Jede Erfahrung muß in unserem tiefsten Bewußtsein oder in der Ganzheit unseres Wesens integriert werden, bis wir den Zustand erreicht haben, in dem unser Bewußtsein zum Exponenten und zum Schnittpunkt aller lebendigen Kräfte des Universums geworden ist und unser Körper zum vielstöckigen Tempel und Maṇḍala dieser Kräfte. Obwohl unser Körper, nach buddhistischer Lebensanschauung, erschaffen, kristallisiert und geformt ist von den richtungweisenden Kräften des menschlichen Geistes *(Pāli: Manopubbaṅgamā)*, so sind sie dennoch geneigt, uns nur mit denjenigen Eigenschaften des Bewußtseins zu indentifizieren, die in unserem Gehirn lokalisiert sind. Dadurch aber vergessen oder vernachlässigen wir die anderen Zentren psychischer Kraft, die den verschiedenen Ebenen oder Dimensionen des Bewußtseins entsprechen und die mit den vitalen, sexuellen und regenerativen Funktionen sowie mit den emotionalen und intuitiven Eigenschaften verbunden sind. Eine typische Reaktion auf unsere einseitige Betonung der intellektuellen Qualitäten unseres Hirndenkens in vergangenen Generationen ist – um nur ein Beispiel zu geben – das plötzliche Aufwallen eines ebenso extremen Sexualbewußtseins in der Jetztzeit. Es ist die Rache der Natur für den Mißbrauch oder die Vernachlässigung wichtiger und notwendiger Eigenschaften, von denen die Harmonie unseres bewußten Daseins als menschliche Wesen abhängt.

Nach alt-chinesischer Weisheit steht der Mensch zwischen Himmel und Erde. Er ist der Schnittpunkt und Vermittler zwischen kosmischen und irdischen Kräften. Die tibetische Tradition spiegelt diese Idee wider, indem sie die psychischen Zentren des menschlichen Körpers in drei Zonen einteilt, die den Prinzipien von »Himmel, Mensch und Erde« entsprechen: eine obere Zone, zu welcher das Scheitelzentrum und das Kehlzentrum gehören; eine mittlere Zone, die dem Herzzentrum entspricht; und eine niedere Zone, zu der der Solarplexus und das Wurzelzentrum gehören (einschließlich der Fortpflanzungsorgane).

Die obere Zone ist der Bereich der geistigen oder psychokosmischen Kräfte (dem chinesischen Begriff des »Himmels« entsprechend). Die mittlere Zone ist der Bereich der menschlichen Verwirklichung. Die niedere Zone ist schließlich der Bereich der erdbezogenen, vitalen Kräfte. In aufsteigender Ordnung entsprechen sie dem vitalen Prinzip des Elements »Erde« (Festigkeit, Stabilität), dem vitalen Prinzip des Elements »Wasser« (Flüssigkeit),

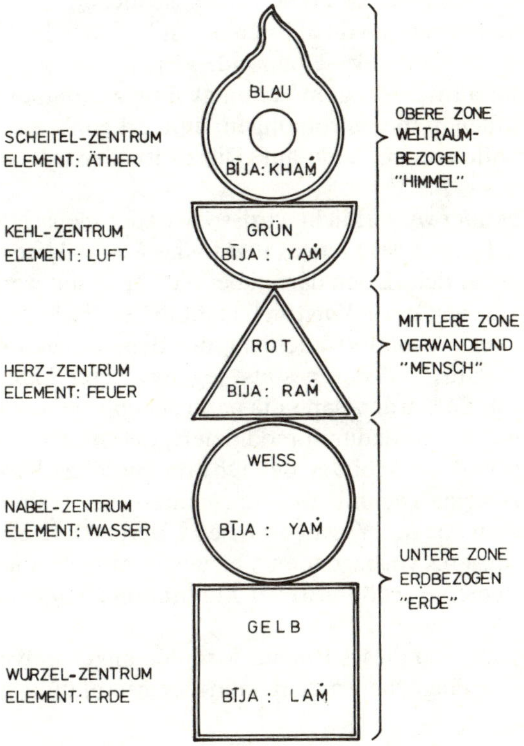

Man beachte, daß die Bījas der Elemente *nicht* mit denjenigen der Dhyāni-Buddhas oder denen der »drei Mysterien« (des Körpers, der Rede und des Geistes) identisch sind. Werden nämlich die letzten bewußt in die entsprechenden Cakras projiziert, so wird die Natur dieser Cakras adäquat modifiziert und ihre Kräfte in die Qualitäten höherer Wahrnehmung und Potentialität verwandelt.

Die hier dargestellten geometrischen Symbole (Quadrat, Kreis, Dreieck, Halbkreis und Flammenkreis) werden in dreidimensionale Formgebilde verwandelt bei der Konstruktion von *Stūpas* (tib.: *mCho-rten),* die als religiöse Symbolmonumente sowohl die Cakras des menschlichen Körpers als auch die Elemente des Universums darstellen. Die zweidimensionalen geometrischen Symbole werden dementsprechend in kubische, sphärische, konische verwandelt, der Halbkreis ist eine Halbkugel (oder Schale) und der Flammenkreis in einen flammenden Tropfen, bzw. in eine Kugel, aus der eine Flamme aufsteigt *(bindu).*

(Mehr hierzu in meiner »Psycho-kosmischen Symbolik des buddhistischen Stūpa«, Aurum Verlag, Freiburg i. Br., in Vorbereitung.)

dem vitalen Prinzip des Elements »Feuer« (Wärme), dem vitalen Prinzip des Elements »Luft« (Bewegung, Vibration, Gasförmigkeit) und dem vitalen Prinzip des Elements »Äther« (Strahlung).

Es ist selbstverständlich, daß die mittlere Zone für uns die wichtigste und entscheidende ist, denn sie vermittelt zwischen »Himmel und Erde« und vereinigt beide, indem sie sie in die menschliche Erfahrung einer erleuchtenden Freiheit verwandelt, die ihren Ausdruck in der Keimsilbe HŪṀ im menschlichen Herzen findet. Vom Zusammentreffen von »Himmel« und »Erde« im Menschen spricht auch die Muṇḍaka-Upaniṣad: »Er, in dem Himmel und Erde und die mittlere Region vereinigt sind, zusammen mit dem Geist und allen Lebensströmungen: ihn erkenne als das eine Selbst. Gib alle andere Rede auf. Dieses ist die Brücke zur Unsterblichkeit.«

Wenn dies aber verwirklicht wird, so wird der menschliche Körper in einen Tempel des Geistes und in das Maṇḍala der Dhyani-Buddhas verwandelt. Doch darf dabei nie vergessen werden, daß der buddhistische *Cakra-Yoga* sich nicht mit statischen oder starren Werten befaßt, sondern allein mit den dynamischen Aspekten lebendiger Kräfte und deren stets gegenwärtiger Fähigkeit zur Verwandlung. So werden dann die natürlichen Eigenschaften der psychischen Zentren dadurch modifiziert, daß man in sie die Eigenschaften und Schaubilder der Dhyani-Buddhas bewußt hineinprojiziert – eine Technik, welche ein intensives Training in dieser besonderen Art des Yoga voraussetzt, deren Darstellung über den Zweck unseres vorliegenden Versuches, ein allgemeines Bild der Hauptelemente schöpferischer Meditation zu geben, hinausgeht.

Der folgende Teil dieses Buches wird den allgemeinverständlicheren und zugänglicheren Aspekten der Meditation gewidmet sein.[33]

Dritter Teil

Meditation als unmittelbare Erfahrung und als geistige Haltung

1

Polarität und Ganzwerdung

Der Osten entdeckte die ewige Wiederkehr derselben Bedingungen und ähnlicher Ereignisse. Der Westen entdeckte den Wert der Einzigartigkeit jedes Ereignisses und jeder existentiellen Situation. Der Osten hielt seinen Blick auf den kosmischen Hintergrund gerichtet; der Westen auf den individuellen Vordergrund. Das vollständige Bild aber vereint Vordergrund und Hintergrund, indem er beide zu höherer Einheit verschmilzt. Das vollständige Menschenwesen – der Mensch, der heil (oder ganz) geworden ist (und den wir darum einen Heiligen oder, im höchsten Sinne, einen Heiland nennen), ist ein Mensch, der das Universelle mit der individuellen Einzigkeit des Augenblicks vereint, in dem sich die zyklische Wiederkehr der Konstellationen und der existentiellen Situationen wiederholen.

Im Wissen um die Unsterblichkeit vernachlässigte der Osten das irdische Leben. Im Wissen um die Einzigkeit des Augenblicks und seines unwiederbringlichen Wertes vernachlässigte der Westen das Unsterbliche. Nur in den tiefsten Aspekten des Vajrayāna (der mystischen Schule des indischen und tibetischen Buddhismus), wie auch des *I-Ching* (des ältesten Buches chinesicher Weisheit), wurde der Versuch gemacht, den Vordergrund mit dem Hintergrund des Lebens und das Augenblickliche mit dem Ewigen zu vereinen und die Einzigkeit jeder Situation mit den ewig sich wiederholenden Konstellationen universeller Kräfte zu verbinden.

Nur derjenige, der in voller Erkenntnis und Anerkennung seines westlichen Erbes das Erbe des Ostens durchdringt und in sich aufnimmt, kann die höchsten Werte beider Welten gewinnen und ihnen gerecht werden. Denn Ost und West sind die zwei Hälften des menschlichen Bewußtseins, vergleichbar den zwei Polen eines Magneten, die sich gegenseitig bedingen und ergänzen und nie getrennt werden können. Nur wenn der Mensch diese Tatsache anerkennt, kann er ein vollständiges menschliches Wesen werden. »Im Menschen wird das Leben sich seiner selbst bewußt, und damit entwickelt es sich zu einer Aufgabe und zur Freiheit, so daß es stets neu empfangen kann, stets einen neuen Anfang machen kann, so daß es seinen Ursprung und sein Erbe wiedergewinnt und wiedergeboren werden kann.« (Leo Baeck)

Des Menschen Leben schwebt zwischen den Polen »Himmel« und »Erde«. Laßt uns die Weite des Himmels in uns aufrecht erhalten, aber laßt uns nicht der Erde vergessen, die uns trägt. Erde und Himmel sind die Symbole des Endlichen und des Unendlichen, an denen wir gleichermaßen Teil haben. Es ist nicht unsere Aufgabe, zwischen diesen zwei Polen unseres Daseins zu wählen oder den einen um des anderen willen aufzugeben, sondern wir müssen vielmehr ihre gegenseitge Abhängigkeit anerkennen und müssen sie in unserm innersten Wesen vereinen. Unser Problem besteht darum nicht in einem »Entweder-Oder«, sondern in einem »Sowohl-als-Auch«, denn der Mensch ist die Mitte zwischen Himmel und Erde – der Ort, wo Himmel und Erde einander begegnen.

Aus diesem Grunde pries der Buddha die menschliche Geburt als die beste, denn nur im menschlichen Leben haben wir die Gelegenheit, den Mittleren Pfad zu verwirklichen, der Himmel und Erde vereint und der allein unserem Dasein Sinn verleihen kann, indem er uns vom Hängen an dem einen oder anderen Extrem befreit. Dasein bedeutet Beschränkung. Aber Beschränkung in diesem Sinne ist nicht gleichbedeutend mit Enge und Unwissenheit, sondern besteht vielmehr in der Erschaffung sinnvoller Form – in der Konzentration auf Wesentliches, im Verzicht auf alles Überflüssige, im Aufgeben oder in der Einschränkung unserer Wünsche und Begierden – in einer Beschränkung, die zu größerer Freiheit führt. Der Weiseste ist der, welcher mit wenigen Worten viel sagen kann, der größte Künstler der, welcher das tiefste Erlebnis in einfachster Form ausdrücken kann. Darum heißt es: in der Beschränkung zeigt sich der Meister.

In anderen Worten: es ist das Endliche, das dem Unendlichen Sinn verleiht, denn das Unendliche kann sich nur in endlicher Form ausdrücken. Und umgekehrt, wo das Endliche um seiner selbst willen am Dasein hängt, ohne das Unendliche zu reflektieren, wird es sinnlos und trägt den Samen des Todes bereits in sich.

Einzigkeit in Zeit und Ausdruck ist die Kostbarkeit der Form. Sie ist kostbar, weil sie vergänglich ist wie eine Blume, die blüht und verwelkt, die aber nichtsdestoweniger den ewigen Charakter aller Blumen und alles Lebens zum Ausdruck bringt. Es ist die Kostbarkeit des Augenblickes, in der die zeitlose Ewigkeit gegenwärtig ist. Es ist die Kostbarkeit der individuellen Form, in der das Unendliche sich offenbart.

Darum heißt es, daß der Buddha eine Blume schweigend emporhielt, als er nach der Essenz seiner Lehre gefragt wurde. Die

Blume, die sich dem Licht des Himmels öffnet, während ihre Wurzeln in der Erde ruhen, gehört zu den tiefsten Symbolen des Ostens. Die Dunkelheit der Erde und das Licht des Himmels: die Kräfte der Tiefe, in denen die Erfahrungen einer unendlichen Vergangenheit – von Äonen individueller Lebensformen – aufgespeichert sind, und die kosmischen Kräfte der überindividuellen, universellen Gesetze sind in der Blüte vereinigt, welche die geistige Entfaltung zu bewußter Form darstellt.

Der Buddha – wie alle Erleuchteten – wird auf einem Lotusthron sitzend dargestellt. Der Lotus ist der Prototyp aller Maṇḍalas, aller zentralisierten Systeme eines geistigen Universums unendlicher Beziehungen. Es ist der Prototyp aller Cakras oder psychischen Zentren, in denen das Chaos unbewußter Kräfte in einen sinnvollen Kosmos verwandelt wird, in welchem das individuelle Dasein seine Erfüllung, Reife und Erleuchtung findet.

Der Zweck der buddhistischen Meditation ist darum nicht ein Zurücksinken in den »unerschaffenen« Zustand, in einen Zustand vollkommener Ruhe und Entspannung mit völlig leerem Geist; es ist nicht ein Zurückgehen ins Unbewußte oder eine Erforschung der Vergangenheit. Es ist ein Vorgang der Umwandlung, der Verwandlung und Transzendierung, in dem wir uns völlig der Gegenwart bewußt werden, der unendlichen Kräfte und Möglichkeiten des Geistes, um Meister unseres Geschickes zu werden, indem wir diejenigen Eigenschaften pflegen, welche zur Verwirklichung unserer zeitlosen Natur führen, d.h. zur Erleuchtung. Somit, anstatt uns in einer Vergangenheit zu verlieren, die wir ohnedies nicht ändern können und auf die wir nicht den geringsten Einfluß haben, dient die Meditation dazu, die Samenkörner wirklicher Befreiung zu säen und schon jetzt die Körper zukünftiger Befreiung und Vollkommenheit im Sinnbild unserer höchsten Ideale zu erschaffen.

Um dies zu tun, genügt es nicht, unser Leben zu »spiritualisieren«: Was wir brauchen, ist die »Materialisierung« unseres Geistes. Die Materie um des Geistes willen zu verachten, ist in keiner Weise besser, als die Materie für die einzige Wirklichkeit zu halten. Novalis sagte einmal, daß die materielle Welt nichts anderes sei als die in einen Zustand des Geheimnisses erhobene Innenwelt. Wenn wir die Welt in dieser Weise mit den Augen eines Dichters – d.h. mit den Augen des Geistes – sehen, werden wir entdecken, daß selbst das einfachste materielle Objekt – ja, selbst alles von Menschenhand oder von der Natur Geformte, ein Symbol höherer Wirklichkeit ist und eine tiefere Beziehung zu universellen und individuellen Kräften aufweist, als wir je ahnten. Und da diese Kräfte dieselben sind wie jene, die unser Bewußtsein ausmachen, unser inneres Leben oder was wir unsere Seele nennen, sind die Worte von Novalis keine poetische Übertreibung, sondern eine tiefe Wahrheit. Wir haben uns daran gewöhnt, das Wort »Materie« mit Vorstellungen von etwas Niederem und Wertlosem zu assoziieren, im Gegensatz zu dem, was wir »geistig« nennen, und wir haben uns dadurch der Mittel beraubt, zum Kern der Wirklichkeit durchzudringen und unserem Leben wie unserer Existenz in dieser materiellen Welt einen Sinn zu geben. Wir haben die tiefe Einheit zwischen der inneren und der äußeren Welt auseinandergerissen, indem wir die eine als »spirituell« oder »geistig« und die andere als »materiell« und im letzten Grunde »illusorisch« deklariert haben.

Es ist die besondere Funktion der Meditation, die innere und die äußere Welt wieder zu vereinen, anstatt die eine um der anderen willen zu verleugnen. Meditation ist nicht eine Flucht vor der Welt, sondern ein Mittel, tiefer in sie hineinzublicken, unbehindert von Vorurteilen und von vertrauten Gewohnheiten, welche uns gegenüber den Wundern und den tiefen Mysterien, die uns umgeben, blind machen.

In der Philosophie, wie in der Religion, werden Begriffe wie Einheit, Universalität, Unendlichkeit, Grenzenlosigkeit, Formlosigkeit, Nicht-Etwasheit, Unveränderlichkeit, Zeitlosigkeit, Ewigkeit und andere Abstraktionen, die alle einseitig und lediglich rein begrifflicher Natur sind, grundsätzlich zu einem *summum bonum* gemacht und so benutzt, als wäre ihnen eine Garantieerklärung intellektueller Geistigkeit beigegeben. Und so versuchte man auch, sie nach Möglichkeit vollständig von ihren Gegenpolen, nämlich Verschiedenheit, Individualität, Form, Materialität, Bewegung in Zeit und Raum, Wechsel, Wachstum, Transformation, etc. zu isolieren, die als Eigenschaften einer niederen Ordnung und als Negation »absoluter Wirklichkeit« gering eingeschätzt, wenn nicht gar abgelehnt werden. Dies ist ein typisches Beispiel für bloßes Wortdenken und logische Wortklauberei, die weit entfernt ist von einer wahren Einsicht in die Wirklichkeit, oder sagen wir: in die Natur der Wirklichkeit, die viele Dimensionen aufzuweisen vermag. Wir können zwar logisch von einem positiven und einem negativen Pol sprechen, aber in Wirklichkeit ist es unmöglich, die beiden Pole zu trennen und zu isolieren.

Wir können ein Stück magnetisierten Stahles so oft wir wollen zerteilen, dennoch werden wir nie imstande sein, den positiven von dem negativen Pol zu trennen. Jedes Teil wird immer beide

Pole haben. Dies zeigt, daß Polarität nur ein Aspekt der Einheit ist, nicht aber eine willkürliche Dualität darstellt, sondern einem untrennbaren Ganzen angehört.

Unsere abstrakten Denker wollen jedoch eine Einheit ohne Verschiedenheit haben und Unendlichkeit ohne etwas Endliches oder Ewigkeit ohne Wechsel, Universalität ohne Individualität, Leere ohne Form, Substanz ohne Qualität, Energie ohne Materie, Geist ohne Körper und dergleichen mehr. Sie sehen nicht ein, daß Einheit ohne Verschiedenheit sinnlos ist oder daß es keine Unendlichkeit geben kann ohne Endliches, daß Universalität nur im Individuum erlebt werden kann und daß das Inividuum andererseits seinen Sinn und Wert nur aus der Erkenntnis seines universellen Hintergrundes schöpft. Mit anderen Worten, Universalität und Individualität sind nicht zwei gegenseitig sich ausschließende, unvereinbare Gegensätze. Wir können zu keiner Universalität gelangen, wenn wir unsere Individualität zerstören oder verachten. Wir alle sind Individuen, aber wir sind nicht notwendigerweise Egoisten. Individualität ist nicht identisch mit Egozentrik. Indem wir unser Ich überwinden, verlieren wir nicht unsere Individualität, sondern im Gegenteil, wir bereichern und erweitern unsere Persönlichkeit, welche auf diese Weise ein Ausdruck eines größeren und universaleren Lebens wird.

Solange die Illusion eines dauernden, unveränderlichen und getrennten, selbständigen Ichs besteht, stehen wir in Opposition zur essentiellen Natur des Lebens. Denn Leben bedeutet Bewegung, Wechsel, Wachstum, Verwandlung, Entfaltung und Integration in immer wesentlichere Formen gegenseitiger Beziehung. Wenn wir die Welt aus der Perspektive unseres begrenzten, kleinen Ichs und unserer zeitgebundenen, flüchtigen Wünsche und Begierden sehen, entstellen wir sie nicht nur, sondern wir machen sie zu einem Gefängnis, das uns von unseren Mitwesen und von den Quellen wahren Lebens trennt.

Aber in dem Augenblick, wo wir wirklich selbstlos werden, indem wir uns aller selbstischen Tendenzen entleeren, allen Begierden und allem Machthunger entsagen, brechen wir die Mauern unseres selbstgeschaffenen Kerkers nieder und werden der Größe und Unbegrenztheit unseres wahren Wesens bewußt. Denn dieses unser wahres Wesen beinhaltet zahllose Formen, Lebensmöglichkeiten und Wahrnehmungen des Bewußtseins, in denen jede Form eine augenblickliche Konstellation von Kräften und Aspekten im dauernden Strom des Lebens darstellt. Die Tatsache, daß keine Form und kein Lebensaspekt eine selbständige und unveränderliche Einheit ist, sondern nur in Beziehung zu anderen und im letzten Sinne zur Ganzheit alles Existierenden besteht, wird im buddhistischen Terminus *śūnyatā* ausgedrückt, der wörtlich »Leerheit« bedeutet, nämlich leer von Selbstnatur oder dauernder Substanz.

Diese Leere kann jedoch nicht begriffen und verwirklicht werden, ohne daß wir uns des entgegengesetzten Poles bewußt sind, d.h. der Vorstellung von Form. Ebensowenig kann die Funktion[34] der Form ohne die Leere gedacht oder wahrgenommen werden. Und wie Objekte nur im Raum existieren können und Raum nur vorgestellt werden kann unter Beziehung auf Objekte, so bedingen auch Form und Leere einander. Sie existieren untrennbar voneinander, weshalb auch *śūnyatā* umschrieben wurde als die »erfüllte Leere« – als die allumfassende, alles enthaltende und alles hervorbringende Leere. Im tiefsten, metaphysischen Sinne ist die *śūnyatā* der Urgrund, der immer gegenwärtige Ausgangspunkt aller Schöpfung. Sie ist das Prinzip unbegrenzter Potentialität, welche in Augenblicken vollständiger und unbedingter Freiheit – in Augenblicken intuitiven Schauens erfahren werden kann, in welchen wir aus dem Netz von Ursache und Wirkung herausgehoben sind und mit dem Gefühl reinen Daseins konfrontiert werden. Auf intellektueller Ebene ist *śūnyatā* die Relativität aller Dinge und Zustände, da kein Ding unabhängig in sich selbst besteht, sondern nur in bezug auf andere – und letztlich in bezug auf das gesamte Universum. Diese Beziehung ist mehr als nur kausal oder als eine reine Raum- und Zeit-Beziehung; sie beruht auf einem gemeinsamen Urgrund und einer gleichzeitigen Gegenwart aller Daseinsfaktoren, obwohl einige dieser Faktoren einen momentanen Vorzug vor anderen haben mögen. Somit ist *śūnyatā* nicht mit »Nichtsheit« zu übersetzen, sondern eher mit »Nicht-Dinglichkeit«. Sie ist der Anfang und das Ende aller Dinge. Wenn wir *śūnyatā* als ein Erlebnis auffassen wollen und nicht als den bloßen Begriff der Relativität (so nützlich dies auch vom philosophischen Standpunkt aus sein mag), müssen wir bewußt durch den Prozeß von Schöpfung und Auflösung, von Werden und Entwerden und Wiedereinschmelzung gehen. Und das geschieht in der Meditation des Vajrayāna. Wir müssen *erleben,* daß Form Leere ist und Leere Form, indem wir bewußt Form erschaffen, bis sie dem inneren Auge klar sichtbar ist und erfüllt ist mit Leben und Bedeutung, – um sie dann wieder Stück für Stück einzuschmelzen in die Leere des allumfassenden inneren Raumes. Dies ist der zweifache Vorgang der Meditation; sie besteht nicht nur in der Umkehrung des schöpferischen Dranges oder in der Negation aller Form, sondern enthält beides: Formschöpfung und Form-Auflösung, denn *śūnyatā* kann niemals zum Erlebnis werden, wenn wir nicht beide Pole ihrer inkommensurablen Natur erfahren haben.

2

Der Weg nach innen

Um *śūnyatā* im tiefsten Sinne zu verstehen, muß man, wie D.T. Suzuki sagt, »im Zentrum des Seins sitzen und von dieser Nabe die Dinge betrachten«. Um aber zu dieser Nabe des Daseins zu gelangen, in das Zentrum unserer Existenz, müssen wir die Richtung unseres geistigen Ausblicks umkehren und nach innen schauen. Diese innere Umkehr in der Tiefe unseres Bewußtseins wird *parāvritti* genannt und ist der Hauptzweck aller Meditation.

Bisher haben wir von innen nach außen geblickt, indem wir unsere Aufmerksamkeit auf die selbstgeschaffenen Objekte unserer Sinneswahrnehmung und unserer geistigen Aktivitäten richteten. Nun kehren wir die Richtung um und gehen den Weg, auf dem wir kamen, zurück, indem wir die Knoten, durch die wir uns mit dieser Existenz, diesem menschlichen Leben, verknüpft haben, auflösen.

Im Śūrangama-Sūtra erklärte der Buddha diesen Vorgang, indem er einen Knoten in einen Seidenschal machte, und, während er ihn emporhielt, fragte er seinen Lieblingsschüler Ānanda: »Was ist das?« – Ānanda antwortete: »Ein seidenes Tuch, in das du einen Knoten geknüpft hast.«

Der Buddha machte daraufhin einen zweiten Knoten und einen dritten und so fort, bis er auf diese Weise sechs Knoten gemacht hatte. Und jedesmal fragte er Ānanda, was er sähe. Und jedesmal gab Ānanda die gleiche Antwort.

Daraufhin sagte der Buddha: »Als ich den ersten Knoten knüpfte, nanntest du ihn einen Knoten. Als ich den zweiten und dritten und alle folgenden knüpfte, gabst du mir dieselbe Antwort.«

Ānanda, der nicht begriff, worauf der Buddha hinauswollte, wurde verwirrt und rief aus: »Ob du einen oder hundert Knoten machtest, sie blieben immer Knoten, obwohl das Tuch aus verschiedenfarbigen Seidenfäden besteht und zu einem Stück gewebt ist.«

Der Buddha gab dies zu, aber wies darauf hin, daß, obwohl das

Gewebe eine Einheit bildete und alle Knoten Knoten wären, es dennoch einen Unterschied gäbe, nämlich die Aufeinanderfolge, in der die Knoten geknüpft waren.

Um diesen subtilen, aber wichtigen Unterschied zu demonstrieren, fragte der Buddha, wie diese Koten aufzulösen wären. Und zu gleicher Zeit begann er, an den Knoten herumzuzupfen, und zwar so, daß sie, statt lockerer zu werden, fester wurden. Schließlich sagte Ānanda: »Ich würde erst herauszufinden versuchen, in welcher Weise die Knoten geknüpft wurden«.

»Du hast recht!« rief der Buddha aus. »Wenn du einen Knoten lösen willst, so mußt du zuerst herausfinden, wie er geknüpft wurde. Denn wer den Ursprung der Dinge kennt, kennt auch ihre Auflösung. Aber laß mich eine andere Frage an dich richten: Können alle Knoten zu gleicher Zeit entwirrt werden?«

»Nein, erhabener Herr! Da die Knoten, einer nach dem andern, in einer bestimmten Aufeinanderfolge geknüpft wurden, können sie nicht gelöst werden, es sei denn in umgekehrter Reihenfolge.«

Der Buddha erklärte sodann, daß die sechs Knoten den sechs Sinnesorganen entsprechen, durch welche der Kontakt mit der Außenwelt hergestellt wird.

In ähnlicher Weise muß die Meditation auf dem Niveau unseres augenblicklichen Daseinszustandes beginnen, von dem unser Körper die augenfälligste Manifestation ist. Statt uns in Glaubenssätze und Meinungen, Theorien und Dogmas, geistige Ideen und hochtrabende Hypothesen verwickeln zu lassen, müssen wir die Knoten unseres Körpers und Geistes lösen. Wir müssen unsere Spannungen und Erregungszustände mindern – uns entspannen und so einen Zustand völliger Harmonie und geistigen Gleichgewichtes herstellen. Um aber dieses Gleichgewicht zu verwirklichen, muß unser Körper zentriert werden und entspannt in sich selbst ruhen. Nur wenn unser Körper zentriert ist und alle seine Funktionen zur Ruhe gekommen sind, kann auch unser Geist zentriert werden und das herstellen, was wir ganz allgemein als Konzentration bezeichnen. Sie ist das erste Requisit der Meditation. Konzentration sollte jedoch nicht mit jener intellektuellen Anstrengung verbunden sein, die zur Lösung eines Problems erforderlich ist, sondern sollte eher ein Ruhen des Geistes in seinem eigenen »Gravitationszentrum« sein, das durch das Interesse am Gegenstand der Meditation entsteht und aktiviert wird.

Das Wort »Interesse« bedeutet ein Darinnensein (inter-esse) – nämlich im Objekt unserer Betrachtung – und damit kein bloßes Von-außen-Betrachten, sondern ein Sich-selbst-mit-den-Gegenständen-Identifizieren. Dies ist aber nur dann möglich, wenn das Objekt unserer Meditation uns inspiriert. Denn womit können wir uns wirklich identifizieren? Sicherlich nicht mit einer abstrakten Idee, einem bloßen Begriff, einem moralischen Prinzip oder einer philosophischen These, wohl aber mit einem im Menschen verkörperten Ideal, das imstande ist, von jedem Menschen verwirklicht zu werden. Hier hat die Vorstellung vom vollendeten oder vollständigen Menschen, vom Vollkommen Erleuchteten, dem Buddha, ihren Ursprung. Dies ist der Grund, warum am Anfang des Meditationspfades ein Element der Hingabe, der Glaube an die höheren Befähigungen (oder die göttliche Natur) des Menschen und das sich einem höheren Ideal Weihen die Hauptkräfte sind, die uns zur endgültigen Verwirklichung unseres Zieles bringen. Diejenigen, welche glauben, daß Meditation ohne Glauben praktiziert werden kann, geben sich einer rein intellektuellen Akrobatik hin. Sie werden nie in das Reich des Geistes vordringen.

Hingabe beseitigt das Haupthemmnis der Meditation, das Ich, und öffnet uns einem größeren Leben, während *Inspiration* uns zur Verwirklichung unseres Zieles antreibt. Doch kann auch ohne ein verständliches und überzeugendes Ziel meditativer Praxis die Meditation selbst nie erfolgreich sein. Aus diesem Grunde haben wir erst unser Ziel festzusetzen und uns selbst von seinem Wert und seiner Erreichbarkeit zu überzeugen. Darum haben wir einen geistigen Hintergrund und ein geistiges Klima zu schaffen, ehe wir mit der eigentlichen Praxis der Meditation beginnen können. Ohne diesen Hintergrund und die Macht innerer Überzeugung (oder Glauben) wird Meditation eine langweilige Angelegenheit, zu der wir uns zwingen müssen, anstatt von ihr angezogen zu werden. Das ist psychologisch von größter Bedeutung, da es dem natürlichen und darum spontanen Verhalten des bewußten organischen Lebens entspricht.

»Das Verhalten eines Organismus resultiert aus seinem Hingezogensein zu einer Sache, aus seinem Wunsch für etwas, wohingegen die orthodoxe Psychologie, die sich auf Physiologie und auf physikalische Wissenschaften stützt, gezwungen ist, Verhalten als eine Folge von Reiz und Trieb aufzufassen (zum Beispiel Hunger, Sexualtrieb, Furcht, Ehrgeiz etc.). Diese werden so dargestellt, als entständen sie aus einer Kette physikalischer Ursachen, die im wesentlichen denen gleichen, die eine Maschine antreiben... das aber erklärt nicht die eindeutige Gerichtetheit von Verhalten. Der Trieb kann zwar - wie der Treibstoff eines Automobils – einen Organismus in Bewegung setzen. Doch ohne Lenkmöglichkeit kann der Wagen kein Ziel anlaufen und wird die Richtung verfehlen.«[35]

»Der Unterschied zwischen den gegensätzlichen Begriffen ›Trieb‹ und ›Ziel‹ – zwischen einem Getriebensein und einem Angezogenwerden, scheint mir mehr als ein bloßes Wortspiel zu sein. Es beinhaltet zwei ungleiche Betrachtungsweisen der Grundlage aller organischen Aktivität. Wir sind so mechanisch eingestellt, daß uns der Begriff des Triebes und des Getriebenseins am natürlichsten erscheint. Tatsächlich ist aber die Idee des von etwas Angezogen-Werdens eine viel genauere Darstellung unserer Motive, so wie wir sie täglich erfahren.«[36]

Meditation sollte nicht eine Aufgabe sein, deren wir uns »mit zusammengebissenen Zähnen und geballten Fäusten« unterziehen, sie sollte eher etwas sein, das uns anzieht, weil es uns mit Freude und Inspiration erfüllt. Solange wir uns zwingen müssen, sind wir noch nicht reif für die Meditation. Statt zu meditieren, vergewaltigen wir unsere wahre Natur. Anstatt uns zu entspannen, halten wir uns an unserem Ich fest, an unserer Willenskraft. In dieser Weise wird Meditation zu einem Spiel des Ehrgeizes, der persönlichen Leistungsfähigkeit und des Größenwahns.

Meditation aber ist eher der Liebe verwandt: ein spontanes Erlebnis, nicht etwas, das erzwungen werden kann oder das durch Anstrengung erworben wird. Wenn es mir erlaubt ist, Martin Bubers treffende Worte über die Philosophie zu paraphrasieren, indem ich das Wort »Philosophie« durch »Meditation« ersetze, würde ich die Quintessenz der Meditation folgendermaßen formulieren: »Wahre Meditation ist die Meditation eines Liebenden. Wer auf diese Weise Meditation praktiziert, dem wird die verborgene Bedeutung aller Dinge enthüllt, das Gesetz der Dinge, das noch niemand anderem zuvor enthüllt wurde und das nicht ist wie etwas, das außerhalb unser selbst lebt, sondern als wäre es unser innerster Geist, der Sinn all unseres Daseins und Schicksals, von allen schmerzlichen und erhabenen Gedanken. Alles dies würde ihm plötzlich offenbar.«

Obwohl der Gipfel der Liebe im Einswerden mit dem geliebten Gegenstand besteht, so ist hier dennoch Voraussetzung, daß Liebe nicht entstehen kann ohne ein anfängliches Objekt, welches uns in solchem Maße inspiriert, daß wir uns am Ende damit identifizieren können. Ebenso: um unser Herz ganz der Meditation zuzuwenden, müssen wir in gleicher Weise von ihrem Ziel inspiriert werden und von ihrem Ausgangsobjekt. Denn Meditation ist nicht bloß ein Zustand der Betrachtung oder der Tagträumerei, sondern vielmehr unmittelbares Bewußtsein und unmittelbare Wahrnehmung, die nicht ohne Objekt bestehen kann. Es gibt kein Bewußtsein ohne Inhalt.

Bewußt zu sein, bedeutet, irgend etwas wahrzunehmen. Menschen, die behaupten, mit »leerem Geist« zu meditieren, betrügen sich selbst. Sie mögen ihrer Phantasie Raum geben oder sich in einem Traumzustand befinden oder gar schlafen, aber sie sind weit entfernt davon zu meditieren. Bewußtsein ist eine dynamische Kraft, in dauernder Bewegung, in einem kontinuierlichen Strom. Man kann ihn so wenig aufhalten wie einen Fluß. Wenn wir ihn aufhalten oder zum Stillstand bringen können, so gäbe es keinen Fluß mehr, denn die Natur eines Flusses besteht im Fließen. Obwohl wir jedoch einen Fluß nicht aufhalten können, können wir ihn regulieren, indem wir sein Wasser in die gewünschte Richtung leiten. In gleicher Weise können wir auch den Geist oder die Tätigkeit des Bewußtseins nicht aufhalten oder zum Stillstand bringen, aber wir können seine *Richtung* bestimmen. Das jedoch bedeutet: *Meditation ist gerichtetes Bewußtsein*.

Dieses gilt selbst für jene, die kein unmittelbares Meditationsobjekt wählen, denn auch sie wechseln auf jeden Fall ihre Bewußtseinsrichtung, indem sie sich nach innen wenden. Das aber resultiert in einem augenblicklichen oder zeitweisen Gefühl des Friedens. Denn dadurch, daß wir das Bewußtsein nach innen wenden, es gewissermaßen auf sich selbst richten und beobachten, halten wir seinen Fluß auf. Und wie ein Wasserlauf eingedämmt werden kann und einen ruhigen See bildet, bis das Wasser wieder überfließt, so verharrt der Geist für eine Zeit im Zustand der Ruhe. Das ist es, was wir als »den Geist in sich selbst ruhen lassen« bezeichnen und was den ersten Schritt der Meditation ausmacht. In diesem Zustand ist das Bewußtsein gestillt und verharrt so zeitweise in »Betrachtung«. In diesem Zustand wird der Inhalt unseres Bewußtseins auf seiner Oberfläche reflektiert, so daß wir ihn wie ein unbeteiligter Zuschauer beobachten können. Die meisten Meditationsübungen erschöpfen sich in diesem Punkt und gelangen nicht über ihn hinaus.

Aber das allein genügt nicht. Auch können wir diesen Zustand nicht längere Zeit aufhalten, denn so wie fließendes Wasser, das eingedämmt ist, nach einer gewissen Zeit in verschiedenste Richtungen überfließt, so zerstreut sich auch unser Geist, wenn wir ihn dann nicht in eine von uns vorbestimmte Richtung leiten. Durch das bloße Beobachten unserer hin- und herschweifenden Gedanken, Emotionen und geistigen Bildeindrücke können wir zwar einen gewissen Einblick in die Funktionen unseres Bewußtseins erlangen, aber mehr nicht. Hier aber bleibt die moderne Psychologie stehen, nachdem sie die Bewußtseinsinhalte analysiert, interpretiert und in dieser Weise gründlich beobachtet hat. Aber Interpretationen geistiger Bilder und archetypischer Symbole auf dem Niveau intellektueller Analyse sind ebenso unbefriedigend wie die Beschreibung von Musik in Worten oder die Beschreibung von Farben einem Blinden gegenüber.

Die Wortsprache (auf der alle intellektuelle Tätigkeit beruht) und die Symbolsprache (die sichtbare, hörbare und emotionale Ausdrucksformen kombiniert und in der unser Tiefenbewußtsein sich ausdrückt) sind zwei ganz verschiedene Medien des Ausdrucks und bewußter Wahrnehmung. Das eine beruht auf mehr oder weniger feststehenden eindimensionalen Begriffen mit einer zweidimensionalen Logik (Entweder-Oder), das andere auf mehr oder weniger fließenden multidimensionalen Symbolen mit einer entsprechend multidimensionalen Logik. Der Bereich der Schauung und der Bereich des Denkens können zwar teilweise ineinander übergreifen, aber sie sind nie identisch. Die höhere Dimension mag die niedere enthalten, aber nicht umgekehrt. Meditation muß daher über das Wortdenken hinausgehen, über das Denken in Begriffen; es muß das ganze menschliche Wesen umfassen, nicht nur seinen Intellekt, sondern auch sein Fühlen, seine Visionen, seine emotionellen und intuitiven Fähigkeiten. Diejenigen aber, die ihren Intellekt wegwerfen oder unterdrücken (– es sind im allgemeinen solche, die nie einen besaßen –) befinden sich in einem ebenso großen Irrtum, wie diejenigen, die alle Emotionen unterdrücken (im allgemeinen nur, weil sie Angst haben, ihnen zu begegnen).

Nur wo Hirn und Herz vereint sind, kann wahre Intuition entstehen. Die Sprache der Intuition jedoch ist die des Symbols, das sich in Form innerer Schauung darstellt. Diese Schauung aber ersetzt die kausale, zeitbedingte Beziehung der verschiedenen Aspekte eines multidimensionalen Gegenstandes oder Prozesses (die – wenn man mit dem Denken herangeht – nur einer nach dem anderen, d.h. in zeitlicher Aufeinanderfolge erfaßt werden können) durch ein gleichzeitiges Gewahrwerden aller wesentlichen Aspekte des betreffenden Symbols, entsprechend der Ebene, auf der es erlebt wurde.

Solch ein Symbol ist die Figur des Buddha, als Repräsentant des vollkommenen menschlichen Wesens – ein Symbol, das nicht nur sichtbar ist, sondern das in Körper und Geist, im Vorgang der Meditation und in devotionaler Praxis erfahren werden kann und mit dem sich der Meditierende in seinem innersten Wesen zu identifizieren vermag, selbst dann, wenn er noch einen langen Weg bis zur Verwirklichung dieses Zustandes vor sich hat.

Wenn wir eine Buddhastatue betrachten, so wird selbst ein Mensch, der nichts von den Lehren des Buddha weiß, zu dem Schlusse kommen, daß dies in der Tat die vollendete Darstellung des vergeistigten Menschen ist, der, ohne den festen Grund unter seinen Füßen zu verlieren, seine Körperlichkeit akzeptiert und dadurch veredelt hat, ohne deshalb an ihr zu hängen oder von ihr abhängig zu sein – der mit sich und der Welt im Frieden lebt. Welche Heiterkeit und Glückseligkeit spiegeln sich in seinem Antlitz, welcher Gleichmut und welche Ruhe in jedem seiner Glieder, welch tiefe Stille und Harmonie. Sie sind geradezu ansteckend und durchdringen den Beschauer! Da ist kein Wunsch mehr, kein Wollen, keine Rastlosigkeit, keine Unsicherheit, kein Jagen nach äußeren Dingen, keine Abhängigkeit von irgend etwas in der Welt. Dort ist der höchste Segen – mit einem Wort: Ganzheit, Vollendung!

Wer dieses Schaubild erschaffen und vor seinem geistigen Auge lebendig erstehen lassen kann, oder mehr noch, wer es in sich selbst erleben kann, wie es die großen Meister der Meditation taten und noch tun in wortloser Hingabe und vollkommener Selbstlosigkeit: ein solcher hat den grundlegenden Schritt zur inneren Verwandlung und Befreiung getan, denn er hat die Haltung gefunden, aufgrund derer das Ewige im Menschen je geboren wurde und auch in Zukunft geboren werden wird.

Dieses Bild des vollendeten oder vollkommenen Menschen, das sich aus den Jahrtausenden meditativer Erfahrung herauskristallisiert hat, stellt nicht einen willkürlich isolierten Augenblick aus der Laufbahn eines Buddha dar, sondern ist die Quintessenz seiner geistigen Tätigkeit – etwas, das zu allen Zeiten und für alle menschlichen Wesen gültig ist, etwas, das die wahre Natur des Menschen zum Ausdruck bringt. Wir mögen nicht imstande sein, diese innerste Natur des Menschen zu definieren oder sie uns in ihrer ganzen Fülle und Universalität vorzustellen. Aber wir können uns, wenn auch nur unvollständig, ein menschliches Wesen vorstellen, in dem alle die Qualitäten, die zur Verwirklichung dieses erhabenen Zustandes führen, verkörpert sind. Und da unser Streben ein unserem Verstehen angepaßtes, konkretes Ziel braucht, das imstande ist, uns mit Mut und Gewißheit zu erfüllen, so kann es nichts Geeigneteres geben als die Gestalt des vollendeten Menschen, wie sie in der Figur des Buddha dargestellt ist. Indem wir unseren eigenen Körper in das lebende Symbol dieser Gestalt dadurch verwandeln, daß wir die Körperstellung und die innere Haltung der Meditation einnehmen, wobei wir unseren Geist von allen äußeren Objekten abziehen und ihn in seiner eigenen Mitte ruhen lassen, bereiten wir den Weg für das Erlebnis endgültiger Befreiung vor.

3

Körperbewusstsein

Meditation im buddhistischen Sinne würde man am besten definieren als »ein Überwinden der äußeren Wahrnehmung zugunsten einer inneren« [37]. Wenn wir unseren Körper in seiner äußeren materiellen Form oder Erscheinung betrachten, behandeln wir ihn als ein Objekt unter anderen Objekten der äußeren Welt. Wir können ihn in Stücke zerlegen, sezieren, analysieren, ihn in chemischen Säuren auflösen oder in seine molekularen Bestandteile zerlegen oder ihn als einen Mechanismus betrachten und die elektrischen Impulse messen, die ihn betätigen oder in Bewegung setzen. Von diesem Gesichtspunkt aus – der durchaus wissenschaftlich ist – können wir uns völlig von unserem Körper trennen und uns ihm soweit entfremden, daß wir uns geistig unabhängig fühlen und alle Verantwortlichkeit für unsere körperliche Existenz ablehnen.

Aber wenn wir *innerlich* unseres Körpers gewahr werden, haben wir es nicht mehr mit einem lediglich materiellen Objekt zu tun, einem Ding unter Dingen; wir stehen vielmehr einem lebendigen Organismus gegenüber, der nach der Lehre des Buddha ein Produkt unseres Geistes ist – d.h. jener grundlegenden Tendenzen unseres Bewußtseins, die wir in Äonen unserer Entwicklung erworben und aufrechterhalten oder durch unsere gegenwärtigen Worte, Taten und Gedanken modifiziert haben.

In andern Worten, unser Körper ist eine Form materialisierten Bewußtseins. Aber da dieses Bewußtsein eine unendliche Vergangenheit hat, ist es notwendigerweise eine Kondensation aller universellen Gesetze und Kräfte, die im Prozeß seiner Individualisierung fokalisiert wurden und die es durch zahllose Inkarnationen mit sich schleppte, immer dabei der Linie seines innewohnenden Impulses folgend, der auf ein stets wachsendes Gewahrwerden und auf die Entfaltung jener Eigenschaften, Kräfte oder Erfahrungen gerichtet ist, die sich in unserem Tiefenbewußtsein angesammelt haben.

»Dieses Sich-Ansammeln des Bewußtseins in der Zeit kann auch im Raume verfolgt werden. Es erstreckt sich von den Zeiten, wo träge Zellmassen sich auf trockenem Urschlamm bewegten, hin zu Zeiten, in denen Reptilien sich von den Zweigen der Bäume ernährten und kleine Säugetiere auf sie durch das Blattwerk blickten, bis zu Proust in seinem feingewebten, schmerzerfüllten Gespinst. So kann ich auch in diesem Augenblick der Zeit Bewußtsein fühlen, wie es sich vom kristallartigen Virus, der die Tomaten befällt, durch Fische, Reptilien und Warmblüter bis zu dem Geist des Menschen erstreckt. In der Tat, es ist augenscheinlich nur eine bequeme Konvention, daß man bei den frühesten Lebensformen in der Zeit und den einfachsten im Raum einfach aufhört. Bewußtsein muß sicherlich bis zu den Felsen zurückverfolgt werden, zu jenen Felsen, die hier waren, als das Leben begann, und die somit den Treffpunkt der frühesten und einfachsten Lebenswurzeln in Zeit und Raum ausmachen. Und warum wollen wir überhaupt bei diesem Planeten stehenbleiben? Selbst wenn nichts wie die menschliche Psyche oder der menschliche Intellekt sich irgendwo entwickelt hätten, wäre es notwendig, an ein unzerteilbares Universum zu glauben und daß das Prinzip des Bewußtseins überall bestehen muß. Selbst jetzt stelle ich mir vor, daß ich fühlen kann, daß alle kleinsten Teilchen des Universums mein Bewußtsein ernähren, so wie mein Bewußtsein alle Partikel des Universums beeinflußt.«[38] Daß dieses Bewußtsein eine lebende Kraft ist und nicht ein stagnierender Zustand, macht deutlich, daß keine dauernde körperliche Form das Wesen dieses Bewußtseins repräsentieren kann oder ihm Genüge tun könnte. Gerade der Wechsel – oder besser gesagt, die Fähigkeit der dauernden Transformation – ist ein Produkt und ein wesentlicher Ausdruck des dynamischen Charakters des Geistes. Wenn wir diesen Wechsel von einem voreingenommenen, besitzergreifenden Gesichtspunkt betrachten, sehen wir ihn bloß von der negativen Seite, als eine negative Qualität, statt uns der positiven Seite dieses Vorgangs bewußt zu werden; daß er nämlich weder eine willkürliche noch sinnlose Vernichtung ist, sondern vielmehr ein Prozeß kontinuierlicher Umformung und Wandlung gemäß dem innewohnenden Gesetz des lebendigen Geistes in uns.

Ich starb als Stein und wurde eine Pflanze,
Starb als Pflanze und wurde ein fühlendes Wesen,

Starb als Tier und wurde zu einem Menschen;
Wann wurde ich je weniger durch mein Sterben?[39]

Diejenigen, welche den Körper um seiner Vergänglichkeit willen verachten, beweisen damit nur ihre mangelnde Reife. Für sie wird der Körper zu einem Gefängnis, während für diejenigen, die den Körper als eine Schöpfung und den sichtbaren Ausdruck jener Kräfte, die unser innerstes Wesen ausmachen, ansehen, er zum Tempel des Geistes wird. Ein Tempel jedoch reflektiert durch seine Struktur die Eigenschaften und Funktionen des darinnen wohnenden Geistes. Ein Tempel aber, der einen universellen Geist beherbergt, muß selbst das Universum darstellen. Genau das behaupten die Tantras. Die Funktionen unseres Körpers entsprechen den Funktionen und Gesetzen des Universums, die sich langsam entfalten und in uns bewußt werden. Je mehr wir diesen Vorgang begreifen, desto größer wird die Harmonie und das Zusammenwirken zwischen Körper und Geist, zwischen der inneren und der äußeren Welt, bis wir schließlich ihre essentielle Einheit verwirklichen. In diesem Augenblick werden wir wissen, daß das Universum selbst unser wahrer Körper ist und daß wir nicht auf unsere gegenwärtige Körperlichkeit beschränkt sind, in der unser universeller Körper auf der zeitlichen, dreidimensionalen Ebene seinen Ausdruck sucht.

Die alleraugenscheinlichste und lebenswichtigste Funktion unseres psychosomatischen Organismus ist die Funktion des Atmens. Wie lebenswichtig und grundlegend sie ist, können wir aus der Tatsache ersehen, daß wir ohne Nahrung für einige Wochen, ohne Getränk einige Tage, aber ohne Luft kaum einige Minuten leben können. Wir können selbst auf unser Bewußtsein verzichten – wie im tiefen Schlaf und unter Narkose –, aber wir können nicht aufs Atmen verzichten, solange wir leben. Atmen ist darum die allersubtilste Funktion unseres Organismus, eine Funktion, die sowohl bewußt wie unbewußt, willentlich und nichtwillentlich (automatisch) sein kann. Dies steht im Gegensatz zu den anderen vegetativen organischen Funktionen, wie z. B. dem Schlagen des Herzens, dem Blutumlauf, den Strömen nervöser Energie, den Funktionen der Verdauung, der Assimilation und Ausscheidung etc. Atmen ist die einzige vitale Funktion, die trotz ihrer Unabhängigkeit von unserem normalen Bewußtsein und trotz ihres sich selbst regulierenden und selbst erhaltenden, nichtbewußten Charakters zur bewußten Funktion erhoben werden kann, die dem Geiste zugänglich ist. Infolge dieser Doppelnatur kann der Atem zum Vermittler zwischen Geist und Körper gemacht werden und wird so zum Mittel unserer bewußten Teilnahme an den lebenswichtigsten und universalsten Funktionen unseres psychosomatischen Organismus. Das Atmen ist auf diese Weise das verbindende Glied zwischen bewußten und unbewußten, grobmateriellen und feinmateriellen, willentlichen und automatischen Funktionen und daher der vollkommenste Ausdruck der Natur alles Lebens.

Diejenigen Übungen, die zu den tieferen Stadien der Meditation führen, beginnen daher mit der Beobachtung und dem Erlebnis des Atmens, der auf diese Weise von einer automatischen und unwillkürlichen Funktion in eine bewußte verwandelt wird und schließlich in den Vermittler geistiger Kräfte. Als solcher wurde er *prāṇa* im alten Sanskrit genannt. Dieser Ausdruck vereinigt in sich die physischen wie die psychischen und geistigen Eigenschaften des Atmens, in etwa vergleichbar dem Wort »Inspiration«, das sowohl im Sinne von Einatmung wie für das unmittelbare geistige Gewahrwerden und Erleben gebraucht werden kann, oder auch vergleichbar dem griechischen Wort *pneuma,* das sowohl »Geist« wie auch »Luft« bedeutet.

Die Alten hatten augenscheinlich eine tiefe Einsicht in die Natur des Atems und behandelten ihn nicht nur als eine physische Funktion, sondern als einen Vermittler kosmischer Energie. Wenn wir darum unseren Willen dieser Funktion aufzwingen wollen, ohne eine tiefere Kenntnis ihrer Gesetze und deren weitreichender Wirkung, sind wir in Gefahr, unserer Gesundheit dauernden Schaden zuzufügen. Wenn wir andererseits mit dieser Funktion mitzuwirken versuchen, und zwar bewußt, ohne ihr unseren Willen aufzuzwingen, ohne selbstische Absichten oder Herrschsucht, sondern nur indem wir sie mit unserem Bewußtsein und ungeteilter Aufmerksamkeit *(smṛti)* erfüllen, dann wird die Funktion des Atmens nicht nur von einem physischen Vorgang zu einem geistigen Erlebnis erhoben, sondern der ganze Körper wird von Lebensenergien durchdrungen und in seiner Ganzheit bewußt werden, so daß er in ein Werkzeug des Geistes verwandelt wird. An Stelle des Sezierens und Analysierens oder der Hinwendung des Bewußtseins auf äußere Bewegungen oder sekundäre Funktionen unseres Körpers, werden wir somit wieder heil und vollständig in Körper und Geist, indem jede einzelne Funktion ihren Sinn in bezug auf das Ganze erhält. Dagegen ist das bloße Gewahrwerden untergeordneter Funktionen, losgelöst von ihren ihnen zugrunde liegenden Beziehungen, völlig wertlos.

Wenn wir dann die Atemfunktion gegen einen Hintergrund betrachten, der weitgespannter ist als der unseres augenblicklichen individuellen Organismus, so erkennen wir, daß diese Funktion nicht nur ein Bindeglied zwischen den bewußten und den unbewußten Funktionen unseres Körpers ist, sondern auch zwischen zwei Welten: der inneren und der äußeren, dem Individuum und dem Universum. Auf dieser Grundlage reifte die upaniṣadische Idee des *ātman,* jenes universellen Prinzips im Menschen, das mit dem dynamischen *prāṇa,* dem Lebensodem, der Lebenskraft, die durch den Menschen strömt, identisch ist, so daß der Mensch an dem größeren Leben teilhat, in dem das Individuum und das Universum eins sind. Und aus dem gleichen Grunde mußte der Buddha die alte Terminologie umkehren, als die Idee des *ātman* sich zu einem stagnierenden, abstrakten Begriff verhärtet hatte, nämlich zu dem Begriff einer unveränderlichen, dauernden, unsterblichen Seele, die für den gewöhnlichen Menschen ununterscheidbar von einem glorifizierten Ich war. Darum ersetzte der Buddha den *ātman* durch den *anātma-vāda,* die Lehre von der Ichlosigkeit, welche die dynamische Natur des Lebes wiederherstellte, ohne dadurch das Ewige im Menschen zu leugnen. Tatsächlich stellte er die Universalität des Menschen wieder her – aber als etwas, das erlebt und verwirklicht werden muß durch die Überwindung unserer einengenden Ich-Illusion.

Eines der wirksamsten Mittel, um dies zu erreichen, ist die Übung der *ānāpānasati,* der Kontemplation und des bewußten Erlebens des Atmungsprozesses, wie sie in einigen der wichtigsten Pāli-Texte (wie *Majjhima-Nikāya* und *Dīgha-Nikāya)* beschrieben sind. Das Pāli-Wort *pāna* entspricht dem Sanskrit-Terminus *prāṇa,* während *sati* das Äquivalent für *smṛti* (Aufmerksamkeit, Geistesgegenwart, Erinnerung, Vergegenwärtigung) im Sanskrit ist. So bedeutet *ānāpānasati* Vergegenwärtigung oder Aufmerksamkeit beim Ein- und Ausatmen. Der Text beschreibt in einfachen Worten, wie der Meditierende, nachdem er sich an einen ruhigen Platz zurückgezogen und mit untergeschlagenen Beinen die übliche Meditationsstellung eingenommen hat, bewußt ein- und ausatmet: »Indem er lang einatmet, weiß er: Ich atme lang ein. Indem er lang ausatmet, weiß er: Ich atme lang aus. Indem er einen kurzen Atemzug nimmt, weiß er: Ich atme kurz ein. Indem er einen kurzen Atemzug ausatmet, weiß er: Ich atme kurz aus, etc.« Es ist selbstverständlich, daß er seine Beobachtung nicht verbalisiert und daß er einfach voll jeder Atemphase bewußt ist, ohne intellektuelle Verantwortung, ohne Zwang, ohne Vergewaltigung der natürlichen Funktionen des Körpers. Er versucht also nicht, seine Gedanken dem Atem aufzuzwingen, sondern folgt bewußt seinem natürlichen Rhythmus. Hierdurch wird nicht nur der Atem selber bewußt, sondern auch die Organe, durch die er fließt.

Wäre dies alles nun lediglich eine Angelegenheit intellektueller Beobachtung und eine Analyse des Atemvorganges, so würde diese Übung in diesem Stadium ihr Ende erreicht haben. Der Zweck dieser Übung ist jedoch das genaue Gegenteil, nämlich die Verwirklichung einer Synthese: das Erlebnis des Körpers als eines Ganzen, und endlich der Synthese von Körper und Geist. Unser Text fährt darum fort mit den Worten: »Den ganzen Körper *(sabba-kāya)* erlebend will ich einatmen – den ganzen Körper erlebend will ich ausatmen.«

Der nächste Schritt ist die Beruhigung aller Funktionen des Körpers durch den bewußten Rhythmus des Atmens. Von diesem Zustand vollkommenen geistigen und physischen Gleichgewichtes und der daraus entstehenden Harmonie erwächst jene innere Heiterkeit und ein Glücksgefühl, das den ganzen Körper mit einer Empfindung höchsten Wohlseins erfüllt, vergleichbar der erquikkenden Kühle einer Quelle, die das ganze Wasser eines Bergsees durchdringt.

So wird der Atem zu einem Vehikel geistiger Erfahrung, zum Vermittler zwischen Körper und Geist. Hier geschieht der erste Schritt zur Verwandlung des Körpers vom Zustand eines mehr oder weniger passiven oder unbewußt funktionierenden physischen Organismus in ein Werkzeug eines vollkommen entwickelten und erleuchteten Geistes, wie er sich im strahlenden und vollkommenen Körper des Buddha darstellt.

Die nächsten Stufen sind der Einverleibung geistiger Funktionen in den Atmungsvorgang gewidmet, d.h.: was immer der Gegenstand unserer wachsenden Wahrnehmung in Form unserer Gefühle, Gedanken, Gemütsbewegungen und Sinneseindrücke etc. ist, wird mit den Funktionen des Atems assoziiert oder in sie hineinprojiziert, so daß sie in ihnen erlebt und von ihnen getragen werden – und schließlich eins werden mit dem universellen Atemkörper. Das aber ist ein Prozeß, der nicht erklärt, sondern nur erlebt werden kann, und der darum nur von denen, die praktische Erfahrung in der Meditation haben, verstanden werden wird. Doch kann diese von all denen erworben werden, welche die Geduld haben, Stufe um Stufe fortzuschreiten, wobei jede der Stufen aus sich heraus den Weg zur nächsthöheren in dem Umfang frei gibt, wie sich der Charakter und das Niveau der geistigen Entwicklung des

Meditierenden hebt. Und eben aus diesem Grunde sind alle östlichen *sādhanas* (meditative Übungen) in ganz allgemein gehaltenen Anweisungen abgefaßt, die lediglich als Marksteine dienen, aber die die individuelle Erfahrung unangerührt lassen. Dies mag als ein Nachteil oder Mangel jener *sādhana*-Texte erscheinen, ist aber in Wirklichkeit nur eine kluge Vorsichtsmaßnahme, um der Gefahr gedankenloser Nachahmung und blinder Übernahme von Erfahrungen anderer Menschen entgegenzuwirken, die oft zeitlich und örtlich weit von uns entfernt sind. Darum müssen wir uns hüten vor einer sklavischen Nachahmung östlicher Tradition, wie dies in unserer Zeit bereits öfters geschehen ist. Meditation ist eine durchaus individuelle Angelegenheit, trotz gewisser allgemein-psychologischer Gegebenheiten. Ebenso wie ein Arzt nicht für alle Patienten dieselbe Medizin verschreiben kann, so kann dieselbe Meditationsübung nicht für alle Meditierenden gültig sein.

4

Die Betrachtung des Atems und die Bedeutung von Prāṇa

Bestimmte Arten von Übungen beruhen auf so universellen Prinzipien, daß sie alle normalen Menschen anwenden können, vergleichbar allgemeinen Regeln zur Erhaltung unserer physischen Gesundheit. Die Praxis von *ānāpānasati* ist die wichtigste dieser Übungen und wurde deshalb vom Buddha als bester Anfangspunkt jeglicher Art schöpferischer Meditation *(bhāvanā)* empfohlen. Es ist bemerkenswert, daß unter den vierzig Meditationsobjekten, die in den Pāli-Texten erwähnt werden, *ānāpānasati* eines der wenigen ist, das zum tiefsten Stadium der Versenkung *(appanā samādhi)* führt.

Aber selbst die Beschreibung dieser Übung kann nur das Rahmenwerk dieser Meditation geben, das mit dem Erleben des Meditierenden ausgefüllt werden muß. Obwohl ein Sonnenuntergang – als ein faktisches Geschehen – für jeden, der ihn beobachtet, der gleiche ist, so gibt es doch nicht zwei Menschen, die diesen Vorgang in gleicher Weise erleben. Dementsprechend sollte keine Beschreibung eines persönlichen Meditationserlebnisses als Modell nachgeahmt werden, sondern nur als ein Beispiel oder eine Andeutung betrachtet werden, wodurch die Möglichkeiten dieser Art von *sādhana* aufgezeigt werden. Sie bewirken eine ähnlich inspirierende Anregung wie ein Gedicht oder irgendein anderes von anderen geschaffenes Kunstwerk, das uns ermutigt, unsere eigenen schöpferischen Fähigkeiten in einer ähnlichen Richtung zu betätigen, ohne daß es uns dabei in den Sinn käme, irgend etwas nachzuahmen oder die Spontaneität unseres Geistes in eine vorgegebene Form zu pressen.

Hier aber liegt gerade der Wesensunterschied zwischen *ānāpānasati* und *prāṇayāma* (das durch viele Yogalehrer im Westen propagiert wurde, die im allgemeinen der Hindutradition folgen). Denn *ānāpānasati* versucht weder den Atem zu beherrschen, noch ihn zu kontrollieren (yama), etwa in dem Sinne, daß wir unserem Atem unseren Willen aufzwingen, was nur unserem Ich schmeicheln würde oder dem Machtanspruch unseres Egos Auftrieb gäbe. *Ānāpānasati* versucht vielmehr, uns diesen lebenswichtigen Vorgang des Atmens voll erlebbar zu machen, indem wir uns bewußt mit seinem Rhythmus und seinen tiefgreifenden, verwirrend vielfältigen Wirkungen identifizieren.

Dadurch aber, daß wir uns dem Rhythmus des Universums einordnen, statt ihn durch willkürliches Einmischen zu stören, erleben wir die innerste Natur des Lebens. Denn es ist der Rhythmus des Universums, der durch uns atmet. Anstatt uns selber als Urheber oder Betätiger dieser Bewegung zu betrachten (*Ich* atme ein, *ich* atme aus), sollten wir vielmehr empfinden: »Das Universum atmet mich ein, strömt durch mich; es ist nicht *ich,* der atmet, es ist das Universum, das durch mich atmet.«

Und während wir dies erleben, empfangen wir die vitalen Kräfte *(prāṇa)* des Universums mit unserem ganzen Wesen, mit jedem Atemzug, und wir geben uns mit jedem Ausatmen ihm hin. Dieses läßt uns erkennen, daß das Leben aus einem dauernden Geben und Nehmen besteht, aus Empfangen und Loslassen, Einverleibung und Verzicht, aus einem dauernden Austausch und tiefer, gegenseitiger Bezogenheit aller individuellen und universellen Kräfte. Was immer wir empfangen, müssen wir zurückgeben, denn was immer wir zurückzuhalten versuchen, um es für uns selbst zu behalten, wird uns zum Todeskeim. Darum heißt es: »Wer sein Leben erhalten will, wird es verlieren.« Ich drückte dies in einem meiner Meditationsgedichte aus, das ich den »Rhythmus des Lebens« nannte und hier wiedergebe:

Dreifach ist des Lebens Rhythmus:
nehmend,
gebend,
selbstvergessen.

Einatmend nehm' ich die Welt in mir auf,
Ausatmend gebe der Welt ich mich hin,
Leergeworden leb' ich mich selbst –
lebe
entselbstet
und öffne mich neu.

Einatmend nehm' ich die Welt in mir auf,
Ausatmend gebe der Welt ich mich hin;
Entleert erleb' ich die Fülle,
Entformt erfüll' ich die Form.[40]

Wir würden ersticken, wenn wir versuchen würden, die Luft, die wir eingeatmet haben, zurückzuhalten; ebenso wie wir uns vergiften würden, wenn wir die Nahrung, die wir zu uns nehmen, in uns behalten wollten. Die Notwendigkeit des Empfangens und Annehmens von dem, was uns an sich nicht gehört, sollte uns unsere Abhängigkeit von etwas Größerem, das uns nicht gehört (aber zu dem wir gehören), vor Augen führen und uns bescheiden machen. Denn nur diejenigen, die bescheiden sind, haben wirklich eine Chance, von dem, was sie empfangen, Gebrauch zu machen. Andererseits macht das Aufgeben dessen, was wir empfangen haben, uns selbstlos und stärkt unsere Fähigkeit des Entsagens. Doch sollte Entsagung hier nicht als Askese betrachtet werden, sondern vielmehr als ein Akt des Sichbefreiens von überflüssigem Besitz, Verlangen und Ehrgeiz, durch die wir uns nur unnötig belasten und unser Leben zu einem Gefängnis machen. Echter Verzicht ist darum kein Akt, der von Schmerz und Kummer begleitet ist, sondern etwas tief Befriedigendes, das uns ein Gefühl der Befreiung gibt und uns die gleiche Befriedigung verschafft, wie wir sie in jedem Akt der Ausatmung erfahren.

Es gibt Menschen, die glauben, daß Verzicht unter allen Umständen als eine der höchsten Qualitäten des Menschseins zu betrachten ist – eine Meinung, die von allen weltverachtenden oder über die Welt hinausstrebenden Religionen geteilt wird. Aber weder die Anerkennung der Welt noch der Verzicht sind Werte in sich selbst. Diejenigen, die stolz der Welt entsagen, weil sie nicht gewillt sind, sie mit offenem Herzen, so wie sie ist, zu akzeptieren, gehen den Weg der Selbstvernichtung und den Weg des geistigen Todes, und genauso diejenigen, die nur nehmen wollen, ohne das, was sie der Welt oder ihren Mitwesen schuldig sind, zurückzugeben.

Wenn somit der Vorgang des Atmens richtig verstanden, erlebt und in seiner tiefgehenden Bedeutung erkannt wird, könnte er uns mehr lehren als alle Philosophie der Welt. Indem wir diesen Vorgang in das Licht unseres Bewußtseins heben, werden wir nicht nur der grundlegenden Funktionen alles Lebens gewahr, sondern wir haben eine Gelegenheit, zu den formenden Kräften des Unterbewußtseins vorzudringen, so daß die Integrierung aller Eigenschaften des Körpers und des Geistes ermöglicht wird.

»Die verborgene formative Kraft der Natur kann sich erst dann voll auf die höhere Entwicklung des Menschen auswirken, wenn dieser sich ihres geheimnisvollen Wirkens bewußt wird. Der Mensch reift und vervollständigt sich nur, wenn er sich der großen Gesetze bewußt wird, die auf dem Niveau der unbewußten Natur einfach gelebt werden. Doch ist das eine besondere Form des Bewußtwerdens, denn es handelt sich hier nicht darum, intellektuell oder objektiv sich des Lebensodems und seiner rhythmischen Auswirkung, die sich im Atmungsvorgang manifestiert, bewußt zu werden, sondern um das Gewahrwerden dieses Atems als einer lebendigen Bewegung, in die man selbst ganz mit einbezogen ist, ohne daß man sie festhalten oder sich von ihr abgesondert halten könnte. Dieses *Gewahrsein* des Lebens, das in uns wirkt, ist grundsätzlich verschieden von jedem Beobachten, Feststellen und Begreifen, das von außen herangeht. Denn bei solchem Beobachten und Verstehen steht der Beobachtende und Verstehende getrennt vom Verstandenen und Beobachteten. Aber indem wir *gewahr* werden, wird die Erfahrung eins mit dem Erfahrenden und verwandelt ihn, indem sie ihn ergreift.«[41]

Solange wir das Atmen als eine rein physische Funktion betrachten, die darin besteht, unsere Lungen mit Luft zu füllen und sie wieder auszustoßen, nachdem wir den darin enthaltenen Sauerstoff absorbiert haben, sind wir weit entfernt von einem wirklichen Verstehen dessen, was *prāṇa* bedeutet. Der Atem, von dem die alten Texte sprechen, ist mehr als nur Luft oder Sauerstoff: Er ist Ausdruck eines dynamischen Erlebnisses jener vitalen Kraft, die mit jedem Atemzug erweckt wird. Sie beschränkt sich nicht auf das Füllen unserer Lungen, sondern wirkt sich aus in unserem Blutstrom, verwandelt sich in immer feinere Formen von Energie, die durch das weitverzweigte System unserer Nerven weitergetragen wird und durch unseren ganzen Körper bis hinab in die entferntesten Gliedmaßen läuft, und wir dann fühlen, daß sie selbst in unsere Finger- und Zehenspitzen gelangt ist und so eine neue Art Körperbewußtsein schafft.

Prāṇa ist somit nicht nur dauernder Verwandlung unterworfen, sondern macht von verschiedenen Medien Gebrauch, ohne seinen Lauf zu unterbrechen. Ebenso wie der elektrische Strom durch verschiedenartige Substanzen fließen kann, gleichgültig, ob sie fest, flüssig oder gasförmig sind, und ebenso wie er selbst durch den leeren Raum in Form von Radiowellen sich fortbewegen kann, wenn die Spannung oder Frequenz hoch genug ist – in gleicher Weise kann der Strom psychischer Kraft den Atem, das Blut oder die Nerven als leitende Substanzen benutzen. Zu gleicher Zeit kann er sich auch außerhalb von ihnen bewegen oder wirken, indem er von den Brennpunkten konzentrierter Nervenenergie *(cakras)* ausstrahlen kann, wenn diese genügend angeregt und durch bewußtes Gewahrsein des gesamten psychosomatischen Parallelismus, wie ihn unser physischer Körper darstellt, stimuliert werden.

Dies kann durch die traditionelle Meditationshaltung erreicht werden, in der der Körper nicht nur sein Maximum an Zentriertheit erlangt, sondern auch im völligen Gleichgewicht ist und in seinem eigenen Schwerpunkt ruht, ohne daß er einer äußeren Stütze bedarf. Man denke hier an die bekannten Darstellungen des Buddha im Lotussitz *(padmāsana)*, durch den ein geschlossener Stromkreis vitaler und psychischer Energie hergestellt wird. Dieser Strom fließt in zwei interkommunizierenden Kreisen, die durch die oberen und unteren Gliedmaßen gebildet werden und die sich in den zusammengelegten Händen, die ihrerseits auf den nach oben gerichteten Sohlen der Füße ruhen, berühren – d. h. vor dem Plexus solaris oder Nabelzentrum *(maṇipūra-cakra)*.

Die Wichtigkeit dieser Körperhaltung, d. h. dieser Art des Sitzens *(āsana)* und der Haltung der Hände *(mūdrā)* wird ersichtlich, wenn wir die beigefügte Reproduktion eines Meditationsbildes betrachten, das spontan in einer Art Nachzustand eines lebhaften Meditationserlebnisses geschaffen wurde, in dem ein ständig sich erweiterndes Bewußtsein den Körper wie den Raum durchdrang. Dieses Bewußtsein war keineswegs tranceartig, sondern durchaus nüchtern und klar. Das Bild zeigt deutlich die Kraftströme mit einem oberen und unteren Stromkreis. Der obere wird vom Hals und den Armen gebildet, der untere vom Unterleib und den ineinanderverschränkten Beinen, während die Hände den Berührungspunkt beider Kreise darstellen, die so zu der Figur einer Acht (8) verschmelzen, in der ein end- und anfangloser Kraftstrom kreist. (Es ist kein Zufall, daß, wenn wir uns die Ziffer »8« liegend vorstellen, daraus das Zeichen der Unendlichkeit wird (∞), die für diesen Stromkreislauf charakteristisch ist.) Dadurch, daß die Hände, in denen der obere und der untere Kreislauf ineinander übergehen, *vor* dem lebenswichtigen Sonnengeflecht oder Nabelzentrum ruhen, werden sie zu einem Brennpunkt des Meditationsbewußtseins. Von hier strahlen bewußte Kräfte in immer sich weitenden Kreisen oder spiraligen Bewegungen nach allen Seiten, bis der ganze Raum mit Bewußtsein erfüllt und zum bewußten Raum geworden ist. Und da sich diese Bewegung nicht nur horizontal ausdehnt, sondern ebenso nach oben und unten, entsteht der Effekt, daß das, was zuvor als fester Boden erschien, jetzt als leerer Raum empfunden wird – als immateriell, substanzlos und nichtfaßbar, wie die Luft, die den Körper umgibt. Das bewirkt ein Gefühl des Schwebens, der Levitation, die Illusion des Fliegens im leeren Raum. Der Meditierende hat alles Gefühl der Schwere verloren, und auch alle Gegenstände um ihn scheinen ihrer Materialität beraubt. Sie werden in einer seltsamen Weise wahrgenommen: nicht einzeln oder nacheinander, sondern *zugleich,* denn an die Stelle des fokalen Bewußtseins tritt ein allgemeines, sich über alles erstreckendes Gewahrsein. Es haftet nicht an den Oberflächen der Dinge, sondern durchdringt sie. So wird der Vorgang des Bewußtwerdens des umgebenden Raumes zu gleicher Zeit eine Verwandlung des Bewußtseins im Raum – also eine schöpferische Entfaltung des bewußten Raumes, das mehr ist als ein bloß intellektuelles oder visuelles Gewahrwerden der Dreidimensionalität. Die Tatsache, daß dies nicht vom Kopf, den wir für gewöhnlich für den Sitz des Bewußtseins halten, ausgeht, sondern von der Nabelregion, in der die Hände ineinander ruhen, zeigt die Wichtigkeit dieses Zentrums im Zusammenhang mit einer anderen Art der Raumerfahrung, die ihre Wurzeln in einer tieferen Region der bewußten oder unbewußten Wahrnehmung als der des Intellektes hat. Eine leise Ahnung hiervon kann uns durch jenes seltsame Gefühl vermittelt werden, das uns im Bereich des Sonnengeflechtes überkommt, wenn wir plötzlich mit dem gähnend-leeren Raum am Rande eines Abgrundes konfrontiert werden.

Da unser Körper vom Nabelzentrum in der Embryonalzeit ernährt wurde und von dorther somit wuchs (d. h. sich von dort aus in den Raum ausdehnte), wird es auch verständlich, warum dieses

Zentrum als lebenswichtig und grundlegend für den Menschen betrachtet wurde und von gewissen Kulturen geradezu als der Sitz der Seele angesprochen wird. Die Japaner nennen es *Hara* und betrachten dieses Zentrum als den Hauptsitz des Lebens (d.h. eines Lebens, das nicht nur dem Individuum angehört, sondern größer ist als es). Geradeso wie das Wachstum und die Entfaltung eines Baumwipfels direkt von dem Wurzelsystem des Baumes abhängt, so auch hängt die Entwicklung des menschlichen Geistes von seiner Treue zu seinen Wurzeln ab, d.h. von einem ununterbrochenen Kontakt mit der Ureinheit des Lebens, aus der das menschliche Leben ebenfalls entsteht.[42]

Wenn darum Meditation der Entwicklung des menschlichen Geistes und der Vollendung seiner psychosomatischen Natur dienen soll, muß sie zu den Wurzeln des Lebens hinabsteigen, bevor sie sich zu den Höhen des Geistes erheben kann.

5

Die Grundlagen der Achtsamkeit

Voll bewußt zu sein in allen Situationen und unter allen Bedingungen des Lebens, das war die Forderung des Buddha, als er davon sprach, daß man achtsam sein solle im Sitzen und Stehen, im Liegen und Gehen. »Vollbewußt« sein heißt aber nicht, daß wir uns nur eines einzelnen Aspektes oder einer einzigen Funktion unseres Körpers oder Geistes bewußt sein sollen, sondern vielmehr, daß wir uns *zugleich* mit unserem ganzen Sein über unser ganzes Sein und Wesen bewußt sind. Diese Art des »Sich-Bewußtseins« umgreift Körper und Geist und etwas, das beide übersteigt: nämlich jene tiefere Wirklichkeit, die der Buddha in dem Wort *Dharma* andeutete und welche er im Zustand der Erleuchtung verwirklichte.

Das wirksamste Mittel, um sich unseres ganzen Wesens bewußt zu werden und um in einem Zustand vollkommener Konzentration und Ruhe – d.h. in geistiger Ausgeglichenheit – zu verharren, ist, wie wir bereits sahen, das Üben der *ānāpānasati.* Sie ist die Grundlage aller Meditation, denn durch den Atem kommen wir mit allen unseren physischen und psychischen Eigenschaften in Verbindung. Durch bewußtes Atmen gewinnen wir die Synthese aller unserer Funktionen und erkennen die dynamische Natur und das universale Wesen des Lebens wie auch die Unmöglichkeit der Idee einer getrennten, unveränderlichen Ichheit, so wie dies der Buddha in seiner *anātma*-Lehre zum Ausdruck gebracht hat. Nur auf dieser Grundlage können die darauf folgenden Schritte der *satipaṭṭhāna*-Meditation verstanden und ihr Abgleiten in eine bloß intellektuelle Analyse und Negation aller positiven Lebenswerte verhindert werden.

Es ist charakteristisch und bezeichnend für die negative und voreingenommene Haltung jener, die eine moderne burmanesische Satipaṭṭhāna-Praxis vertreten, daß sie gerade den Teil des ursprünglichen *satipaṭṭhāna-sutta* unterdrücken, auf den der Buddha den größten Wert legte. Sie ersetzen ihn durch die oberflächlichste aller Methoden, nämlich durch die Beobachtung des Hebens und Sich-Senkens der Bauchdecke oder des Nabels und lenken auf diese Weise die Aufmerksamkeit des Meditierenden vom wirklichen Erleben des Atemprozesses ab. Wenn man aber so zweifelhafte Methoden benötigt, um die eigene Aufmerksamkeit auf einen Punkt zu richten, dann ist es besser, das Üben ganz aufzugeben und seine Konzentration auf etwas Würdigeres zu lenken – auf etwas, das unser natürliches und spontanes Interesse erregt und das keiner Anstrengung und keines Willenseinsatzes bedarf wie eine derartige Nabelschau, die nur der Stärkung unseres Ichs dient.

Wenn man sich allein auf den sichtbaren Mechanismus der Bewegung und der Funktionen der Muskeln und Glieder konzentriert, d.h. auf die rein materiellen körperlichen Vorgänge, so ist das eine Fixierung unseres Bewußtseins auf die niedrigste Form der Illusion und auf rein intellektuelle Analyse. Sie bringt uns der Wahrheit nicht einen Schritt näher, sondern führt uns in die Irre, weil sie uns glauben läßt, daß wir gewisse Tatsachen isoliert hätten, während wir in Wirklichkeit nur unsere materialistische Interpretation ihnen aufgezwungen haben. Die Irreführung besteht in der Tatsache, daß wir keinen Sinneseindruck isolieren können, da jeder Sinneseindruck bereits ein enorm komplizierter Vorgang ist. Wir können ihn nur bis zu jenem Punkt reduzieren, wo wir seinen augenscheinlichsten Aspekt, durch Unterdrückung aller anderen Faktoren, herausheben. Es ist lächerlich, dies einen Akt »unvoreingenommener Beobachtung oder Wahrnehmung« zu nennen, denn man verfälscht dabei die Wirklichkeit durch den willkürlichen Ausschluß der geistigen Faktoren (nämlich: des *Willens* als der Kraft, die Bewegung verursacht, ferner des *Geistes,* der seine eigenen Aktionen und Reaktionen beobachtet und schließlich der Bedingungen, welche diese Bewegung ermöglichen: der Kräfte des Universums, die den Hintergrund und die *conditio sine qua non* aller Phänomene der Materie und der Bewegung, des Bewußtseins und der Willenskräfte, des Lebens und des Todes, des Beharrens und des Fließens bilden).

Die Entstellung von Buddhas *Satipaṭṭhāna* kann leicht durchschaut werden, wenn man erkennt, wie künstlich gemacht solche Phrasen wie »berühren, berühren, berühren« sind – oder: »anheben, anheben, anheben« etc., durch die jede Bewegung verbalisiert wird, so als ob Anheben, Berühren, Aufsetzen etc. etwas wäre, das von selbst geschieht. Der Buddha war frei von derartigen Selbsttäuschungen, die einem engstirnigen Dogmatismus entstammen. Er hatte keine Angst, das Wort »Ich« oder die erste Person des Singular da zu gebrauchen, wo es nötig war. Er sagte z.B. ganz einfach und natürlich: »Wenn ich lang einatme, weiß ich, daß ich einen langen Atemzug gemacht habe; wenn ich kurz einatme, weiß ich, daß ich einen kurzen Atemzug gemacht habe«, oder in ähnlicher Weise, entsprechend der Gegebenheit: »Ich gehe, ich stehe, ich sitze, ich liege« etc.

Die Tatsache, daß alle Bewegungen auf eine zentrale Kraft oder ein individuelles Bewußtsein bezogen sind, bedeutet aber nun nicht, daß diese Kraft ein absolutes, unveränderliches und persönliches Ich ist. Ganz im Gegenteil: wer die fundamentale Bedeutung des Atmungsprozesses begriffen hat – in dem sich ein ständiges Geben und Nehmen, Assimilieren und Umformen, ein Sich-Einverleiben und Zurückgeben vollzieht – der weiß, daß die Essenz individuellen Lebens nicht ein stagnierendes, unveränderliches Ich oder eine in sich selbst bestehende Einheit sein kann – (separat von dem Körper, den sie bewohnt und von der Welt, in der sie lebt) – sondern daß es eine lebendige Kraft ist, ein Brennpunkt unendlicher Beziehungen. Der Versuch, die verschiedenen Funktionen voneinander zu trennen und sie so zu betrachten, als ob sie autonome, zu nichts in Beziehung stehende Erscheinungen wären, ist eine grobe Vergewaltigung der Wahrheit und Wirklichkeit. Wenn eine sichtbare Bewegung stattfindet, so liegt deren Wirklichkeit nicht im bewegten Objekt, sondern in der Kraft, die es bewegt.

Wenn ein Stein fällt, so kann keine noch so gründliche Untersuchung der Natur des Steines die Ursache seines Falles erklären. Nur wenn wir die Kraft und das Prinzip der Gravitation begriffen haben, beginnen wir, die universelle Bedeutung dieses einfachen Phänomens zu verstehen.

Indem wir die eine Hälfte der Wirklichkeit unterdrücken, d.h. den bewußten Vorgang unseres Willensaktes, der wunderbarerweise (und welch größeres Wunder könnte es geben, als das direkte Einwirken des Geistes auf die Materie!) die Bewegung unserer Glieder verursacht, vergewaltigen wir die Wahrheit und degradieren die Wirklichkeit zu einem mechanischen und völlig sinnlosen Phänomen.

Augenscheinlich war Admiral Shattock zu einem ähnlichen Schluß gekommen, als er Mahasi Sayadaw die Frage vorlegte: »Was ist die Verbindung zwischen dem denkenden Geist, der Befehle gibt, und dem physischen Gehirn, das sie im Körper ausführt; wie kommt das zustande?« Hier berührte er eines der tiefsten Mysterien des Lebens: Die gegenseitige Beziehung von Geist und Materie *(maṇo-maya)*, die uns verstehen läßt, daß der Körper nicht einfach ein Werkzeug oder Instrument des Geistes ist – verschieden von der Wesensnatur des Geistes und ihm fremd – sondern daß er *kristallisiertes Bewußtsein* ist, das sich durch Äonen organischer Entwicklung und in Übereinstimmung mit den universellen Gesetzen, die sich in jeder Funktion des Körpers und seiner Organe offenbaren, herausbildete. Doch statt die Gelegenheit zu nutzen, um einige Klarstellungen über die wahre Natur des Geistes und seiner schöpferischen Kraft zu geben *(mano pubbaṅgama dhammā)*, gab der Sayadaw folgende erstaunliche Antwort: »Der Sayadaw kann Ihnen keine Antwort auf eine Sache geben, über die sich der Buddha nicht geäußert hat in seinen Lehrgesprächen. Es ist daher für den Sayadaw unmöglich, eine Meinung über eine solche Sache zu haben.« Der Buddha hat aber niemals seinen Schülern verboten, selber zu denken, noch verkündete er je ein Dogma, das solche Fragen ausschloß.

Durch den Versuch, die spontane Beziehung zwischen Körper und Geist zu leugnen, indem wir ihn einer zeitverleugnenden Analyse und einer oberflächlichen Verbalisierung unterziehen, reduzieren wir uns selbst auf einen Zustand künstlicher Verdummung, der, wenn man bis zu einem logischen Ende ginge, zu einem vollständigen Stillstand aller Lebensfunktionen führen würde und schließlich zu einem körperlichen und geistigen Selbstmord mittels Schizophrenie. Denn das, was hier tatsächlich geschieht, ist der Versuch, einen Keil zwischen die Funktionen des Körpers und des Geistes zu treiben, indem wir ihre Einheit zerspalten in einen beobachtenden Intellekt (einen isolierten Teil unseres Oberflächenbewußtseins) und die äußere Auswirkung einer physischen Funktion (die ebenfalls ein isolierter Teil oder ein bloßes Endprodukt eines komplizierten psycho-physischen Prozesses ist, der seine Wurzeln in den tieferen Schichten unseres Bewußtseins hat). Die Wirkung des Eingreifens unseres analytischen oder intellektuellen Bewußtseins in die spontanen und selbständig wirkenden Funktionen unseres körperlichen Organismus, der durch jahrbillionenlange Übung von der Last bewußter Bemühung befreit ist, wurde in Ogden Nashs bekanntem, humorvollen Gedicht über den Tausendfüßler beschrieben, der im Augenblick, in dem er sich bewußt von der Bewegung seiner Beine Rechenschaft zu geben versucht, nicht mehr weiterzugehen vermag:

Der Tausendfüßler lebte ganz zufrieden,
bis eine Kröte ihn im Spaße fragte:
›Sag', bitte, welches Bein bewegst Du wohl nach welchem?‹
Das wirkte dann in seinem Geiste solchermaßen,
daß er verwirrt in einem Graben liegen blieb,
vor lauter Überlegen nicht mehr wissend,
wie er sich fortbewegen sollte.

Es ist eine Errungenschaft der biologischen Evolution, beziehungsweise der über-individuellen Kräfte unseres Tiefenbewußtseins, daß alle Hauptfunktionen unseres Körpers autonom sind und automatisch, d.h. sich selbst regulierend und unbewußt ablaufen, und daß sie – mit Ausnahme des Atems – ohne irgendeine Einmischung des Willens und des Intellekts vor sich gehen (wie z.B. das Schlagen des Herzens, das Zirkulieren des Blutes, der Ablauf nervöser Erregungen sowie die Vorgänge der Dissimilation, Assimilation und Ausscheidung etc.). Ohne diese unbewußten Funktionsabläufe hätten wir nie die Freiheit gewonnen, ein geistiges Leben zu entwickeln, das weit über die Grenzen des rein Körperlichen hinausgeht – über die physischen Notwendigkeiten und egozentrischen Wünsche und über die Enge momentaner Situationen und Bedingtheiten. Denn wenn wir eine bewußte Anstrengung machen müßten, um das Herz schlagen zu lassen oder um die Funktion des Atmens aufrecht zu erhalten, so würde unsere ganze Aufmerksamkeit darauf sich richten müssen, uns am Leben zu erhalten. Unter diesen Bedingungen aber würde weder Zeit noch Gelegenheit sein, unseren Geist in irgendeiner anderen Richtung zu betätigen; und überwältigte uns der Schlaf, so würde das den sicheren Tod für uns bedeuten.

Wie wir im vorigen Kapitel andeuteten, gibt es nur eine vitale Funktion, die trotz ihrer Unabhängigkeit von unserem Wachbewußtsein und trotz ihres sich selbst regulierenden und autonomen, unterbewußten Charakters in eine bewußte Funktion verwandelt werden kann, die dann auch unserem Willen unterworfen ist. Dies ist der Atem, der infolge seiner Doppelnatur zum Vermittler zwischen Geist und Körper gemacht werden kann und damit zum Mittel unserer bewußten Teilnahme an der lebenswichtigsten und universellsten Funktion unseres Körpers. Wenn wir jedoch unseren Willen dieser Funktion aufzwingen wollen, ohne daß wir ein tieferes Wissen von ihren Gesetzen und ihren weitreichenden Wirkungen haben, sind wir in Gefahr, ihren natürlichen Rhythmus zu stören und unserer Gesundheit ernstlich Schaden zuzufügen. Wenn wir aber versuchen, mit ihr bewußt in Einklang zu bleiben, ohne Einmischung unseres Willens, indem wir sie bloß mit unserem Bewußtsein und unserer ungeteilten Aufmerksamkeit *(smṛti)* erfüllen, dann wird nicht nur die Funktion des Atmens zu einem geistigen Erlebnis erhoben, sondern der ganze Körper wird bewußt durchdrungen und als Ganzes erlebt, so daß er zu einem Instrument des Geistes wird.

Anstatt also zu analysieren und zu sezieren oder bloß unser Bewußtsein auf die äußerlichen Bewegungen und sekundären Funktionen des Körpers zu richten, werden wir wieder vollkommen (ganz) durch die Einswerdung von Körper und Geist, wobei jede einzelne Funktion ihre Bedeutung aus der Beziehung zum Ganzen bekommt. Denn das bloße Beobachten unwesentlicher Funktionen (isoliert von ihrem weitgesteckten Hintergrund und ihren wesentlichen Beziehungen) ist sinnlos. Eine isolierte Erfahrung oder eine isolierte Tatsache oder ein Wissensfragment, das aus seinem Zusammenhang gerissen ist, hat keinen Wert, es sei denn, daß wir es in richtiger Perspektive sehen und in Beziehung zu anderen Informationen. Die Fähigkeit der Koordination ist wichtiger als die Fähigkeit, Teilstücke von Erfahrungen oder angelernte Wahrheiten im Gedächtnis anzuhäufen. Gewahrwerden, Erinnerung und Koordination sind die drei wesentlichen Bestandteile des Geistes. »Reine Wahrnehmung« ist in 99 von 100 Fällen reiner Unsinn, denn wir können nicht etwas wahrnehmen ohne Bezugnahme auf eine frühere Erfahrung, die im Gedächtnis aufbewahrt worden ist. Nur durch Bezugnahme auf frühere Erfahrungen und Koordination ihrer Inhalte und Resultate kann Gewahrwerden irgendeinen geistigen Wert haben.

Der Ausdruck *smṛti* (Pâli: *sati*) bestätigt diese Ansicht, da er nicht nur die Qualität des Gewahrwerdens, der Aufmerksamkeit, der Einsicht und des denkenden Betrachtens darstellt, sondern auch die Fähigkeit des Sich-Erinnerns. Die Sanskritwurzel ›*smṛ*‹ hat die Bedeutung des Sich-Erinnerns bzw. des Denkens an etwas. Somit kann die Idee der »reinen« oder »baren Wahrnehmung«, welche die burmanesische Schule zur Basis ihrer Meditation machen will, nicht als ein Kennzeichen der Satipatthana-Übung aufgefaßt werden. Darüber hinaus fehlt der burmanesischen Methode das zentrale Element aller Meditation, nämlich *prīti* (Pali: *pīti*): Begeisterung oder besser noch Inspiration. Diese ist das freude-erfüllte, vorantreibende Element, das der zentrale Faktor jeder Meditation ist (die als *vitakka, vicāra, pīti, sukha, ekāggatā* in den Pali-Texten beschrieben wird) und in den Endstadien der Meditation mit *sukha* verschmilzt, dem Segen und der Glückseligkeit der Befreiung. Die burmanesische Meditation ist dagegen eine wahre *tour de force*, in der der Meditierende rigoros alle natürlichen Impulse mit seiner ganzen Willenskraft unterdrückt. Konzentration sollte jedoch durch eine Haltung erreicht werden, die ganz natürlich alles auf einen Punkt sammelt und die so ein Zusammenwirken mit all den anderen Kräften der menschlichen Psyche erzielt. Eine Konzentration, die durch die Unterdrückung eben dieser Elemente erzwungen wird, ist der Verkrüppelung oder Verstümmelung eines Organismus zu vergleichen, um ihn dann mit dem Zwang brutaler Kraft gefügig zu machen.

Indem wir die Funktion des Gehens in verschiedene Phasen zerlegen, zerstören wir nicht nur die Einheit der Bewegung und ersetzen sie durch eine künstliche Aufteilung, die das Gehen nur zu einer Folter macht, ohne daß wir dadurch auch nur einen Schritt dem Verständnis unserer oder der Natur der Bewegung näher kämen. Ein solches Vorgehen ist die Antithese der Spontaneität – ist Verneinung all dessen, was die Meister des Zen als die höchste Vervollkommnung des Geistes betrachten: die Intuition. Es stellt den Sieg des engstirnigen Intellekts über die befreienden Kräfte des vereinigenden, intuitiven Geistes dar.

Jeder, der auch nur die geringste Kenntnis von Meditation hat, weiß, daß Unterdrückung weder ein Weg zu den Mysterien des Geistes ist noch zu denen des Körpers, der Gefühle und Emotionen. Was den Geist zu einer Einheit macht und ihn am Umherirren hindert, ist *pīti*, die weitaus mehr ist als die bloße Neugier eines Gehirns, das ein wissenschaftliches Experiment macht, um den Mechanismus von Körper und Geist zu erforschen. Sie ist jene Begeisterung der Inspiration, die wir in der Stille der Natur, am Fuße eines Baumes, in einer einsamen Klause, in einem stillen Zimmer unseres Herzens finden können – eine Inspiration, die die spontane Bewegung vom Geringeren zum Größeren, vom Niederen zum Höheren ist und die keine Spur von Macht oder Gewalt enthält.

6

DIE GRUNDLEGENDEN PRINZIPIEN DER MEDITATION

Inspiration ist das Herz und die zentrale Kraft der Meditation. Da aber Inspiration eine spontane Eigenschaft ist (die auch mit »Entzückung« wiedergegeben wird), kann sie nicht erschaffen oder herbeibefohlen werden, sondern nur dadurch hervorgerufen werden, daß etwas unser Interesse oder unsere Bewunderung erregt.

Doch um auf diese Art inspiriert werden zu können, müssen wir zunächst den Grund dadurch vorbereiten, daß wir eine entsprechende geistige Haltung und Empfangsbereitschaft schaffen, für die zwei Dinge Voraussetzung sind: einerseits Entspannung, Ruhe, Harmonie, Frieden und andererseits etwas, das unserem Geiste Richtung und Konzentration gibt, d.h. entweder ein denkerisches oder geistiges Problem oder ein sichtbares Meditationsobjekt, das attraktiv genug ist, um die Aufmerksamkeit des Meditierenden auf sich zu ziehen.

Die Schönheit der Natur oder die eines Gedichtes, ein ergreifendes Gebet oder eine religiöse Kantate, die Erinnerung oder das Bild einer charismatischen Persönlichkeit oder eines Erleuchteten, dessen Fußstapfen man zu folgen wünscht: alle diese sind zur Meditation geeignet. Andere gute Vorbereitungsmittel sind Musik, Weihrauch, Blumen und Licht oder die rituelle Darbringung von Opfergaben in einem Tempel oder an geweihter Stätte (so befand sich ein Schrein früher in jedem tibetischen Heim, und noch heute findet man ihn in den meisten Wohnstätten frommer indischer Hindus und Buddhisten). Mit anderen Worten: Die Elemente der Schönheit und Hingabe sind die stärksten Stützen der Meditation. Vereint finden wir beide Elemente in den tibetischen Thangkas (Rollbildern, auf denen religöse Themen in traditioneller Weise dargestellt sind), was die einzigartige Faszination, die diese Dinge auf den modernen Geist ausüben, erklärt und besonders diejenigen anzieht, die an Meditation und geistigen Werten interessiert sind. Für Menschen von devotionalem Temperament wird das Gebet zum Eingangstor zur Meditation, denn Gebet ist im tiefsten Sinne »eine Richtung des Herzens«, und damit (wie wir im folgenden Kapitel sehen werden) ist es auch eine der Meditationsformen. Und so wird, was immer wir lieben, zu einem leicht befolgbaren Meditationsobjekt, weil es keine Anstrengung erfordert, sondern der natürlichen Neigung des Herzens und des Geistes folgt.

Jedoch können selbst intellektuelle Studien, das Verfolgen von Ideen, Problemen oder Phänomenen unseres Alltagslebens zu einem Ausgangspunkt unserer Meditation werden, obwohl dabei immer die Gefahr besteht, daß wir in diesen intellektuellen oder rein weltlichen Betrachtungen steckenbleiben und uns mit rationalen Lösungen begnügen, anstatt das Niveau direkten Erlebens zu erreichen, auf dem sich die Probleme auflösen. Dennoch ist die Fähigkeit des Denkens in den Anfangsstadien der Meditation ebenso wichtig wie irgendeiner der anderen Faktoren, die im Vorgang der Meditation eine Rolle spielen. Dies kommt klar zum Ausdruck in der ältesten buddhistischen Definition der Meditation und ihrer Darlegung der ersten zwei Faktoren: *vitarka*, der ursprüngliche Gedanke, der unseren Geist bewegt, und *vicāra*, aufrechterhaltener oder weiterverfolgter Gedanke; mit anderen Worten: des Denkens und Reflektierens – jener beiden Aspekte diskursiven Denkens. Denn diese beiden sind es, die unserem Bewußtsein – dessen Strom ewig wechselnder Gedanken, Gefühle, Eindrücke und Vorstellungen nicht aufgehalten werden kann – Richtung, Zusammenhalt und Konzentration geben; wodurch wir in der Lage sind, ihn zu kanalisieren, einzudämmen und zu lenken, indem wir auf diese Weise starke Anreize geben beziehungsweise einen Sammelpunkt des Interesses schaffen. KLong-chen-pa, einer der angesehensten geistigen Lehrer der tibetischen Nyingma-Sekte, der im vierzehnten Jahrhundert lebte und als einer der großen Meditationsmeister bekannt ist, schrieb in einem seiner Werke unter dem Titel *Die natürliche Freiheit des Geistes:* »Ach, jene Leute, die zu meditieren vorgeben, jedoch alle Gedanken unterdrücken, sind stolz auf ihren begrifflosen Zustand, den sie als ›Gegenwartsbewußtsein‹ bezeichnen. Und da sie auf diese Weise dumm wie das Vieh sind, werden sie auch zu Tieren, indem sie sich an diesen Zustand gewöhnen. Aber selbst wenn sie das nicht werden, so haben sie keine Chance, sich vom Samsāra zu befreien, selbst wenn sie über die formlose Sphäre ›meditieren‹. Je aufgeblasener sie daher werden, desto mehr werden sie vom Dämon ihres eigenen Systems besessen.« [43]

Nach der Psychologie des alten Abhidharma zerstört das Denken *(vitarka)* Trägheit und Müdigkeit; reflexives oder anhaltendes Denken *(vicāra)* räumt den Zweifel fort, indem es Klarheit schafft; inspiratorische Freude oder Begeisterung *(prīti)* verhindert Haß, während Glückseligkeit *(sukha)* Rastlosigkeit aufhebt. Der Buddhismus hat nie das Denken verworfen, andererseits ist er nie zu dem Fehlschluß gekommen, daß begriffliches Denken und Logik metaphysische oder geistige Probleme zu lösen imstande seien. Klares Denken ist eine gute Grundlage, von der wir ausgehen können, aber es ist nicht an sich das Ziel. Es ist nur gültig innerhalb seiner Grenzen, innerhalb dessen, was die Sprache auszudrücken vermag. Aber bevor wir unserer Intuition trauen können, bevor wir imstande sind, zwischen wirklicher Intuition und bloßem Wunschdenken zu unterscheiden, und solange wir augenblickliche Gefühle für Intuition halten, müssen wir unseren Verstand und unsere Fähigkeit zu denken gebrauchen.

Der Buddha bestand von jeher auf Klarheit – nicht nur auf Klarheit des Denkens, sondern auf Klarheit des inneren Schauens. Letztere ist ganz besonders in tantrischen Sādhanas und Thangkas ersichtlich, in denen jede Einzelheit klar definiert und wie in einem surrealistischen Bild in aller Deutlichkeit dargestellt und mit fast übernatürlicher Schärfe umrissen ist. Man kann daher sagen, daß die buddhistische Mystik sich in einem überhöhten Sinn für die Wirklichkeit sichtbarer und unsichtbarer Dinge manifestiert.

Denken und Sinnen sind somit nur der Anfang der Meditation, und sie führen zu einem intuitiven Zustand des Bewußtseins, in dem die Vorgänge des Denkens und Reflektierens zu ihrem Ende kommen und eine andere, tiefere Art des Schauens oder der direkten Erfahrung eintritt, die nun die Führung übernimmt. Der erste Schritt in dieser Richtung ist das Erlebnis des unendlichen Raumes, in der das Bewußtsein seine Grenzen verliert, was zur Unendlichkeit des Bewußtseins führt. Dieses Erlebnis grenzenloser Ausdehnung und Freiheit führt zur Verwirklichung der śūnyatā, die in den früheren Pāli-Texten als die Sphäre der Nichtsheit beschrieben wird *(nañcāyatana)*.

Jenseits hiervon können keine Worte die wirkliche Erfahrung oder das Erlebnis des Meditierenden beschreiben, es wird nur gesagt, daß er den Bereich der äußersten Grenze der Wahrnehmung oder den Zustand von »Weder-Wahrnehmung-noch-Nicht-Wahrnehmung« erreicht hat; denn alle Unterscheidung zwischen dem Erlebenden und dem erlebten Objekt ist aufgehoben, Objekt und Subjekt sind eins geworden – die vollkommene Einswerdung *(samādhi)* ist erreicht.

Nach dem Abhidharma können die verschiedenen Stadien des Meditationsvorganges folgendermaßen definiert werden: Am Anfang sind Denken, Reflektion, Glückseligkeit und Konzentration (Einsgerichtetsein) gegenwärtig. Auf der zweiten Stufe verschwindet der anfängliche Gedanke; im dritten Stadium hört der diskursive Denkvorgang auf, so daß nur ein Gefühl der Inspiration, des Glücklichseins und der Konzentration besteht; auf der vierten Stufe bleiben nur ein Glücksgefühl und Konzentration, und auf der fünften besteht nur noch das Erlebnis der Einheit oder Einswerdung, deren Segen über alle Worte geht.

Der Konzentrationsprozeß kann in Form eines ständig sich verjüngenden Dreiecks dargestellt werden, das durch die ständig weniger werdenden Faktoren des Meditationsbewußtseins gebildet wird:

vitarka-vicāra-prīti-sukha-ekāgratā
vicāra-prīti-sukha-ekāgratā
prīti-sukha-ekāgratā
sukha-ekāgratā
ekāgratā

Wie wir aus dieser systematischen Darstellung der fünf Stufen der Versenkung sehen können, wird kein Versuch unternommen, irgendwelche Inhalte zu beschreiben. Diese Stadien bilden nur den allgemeinen Rahmen, in den jedes meditative Objekt eingefügt werden kann, gleichgültig, ob es sich um einen diskursiven Gedanken oder ein Schaubild handelt. Die erste dieser zwei Möglichkeiten wurde in der Hauptsache von den Hinayāna-Schulen vorgezogen – mit Ausnahme der Kasina-Übungen, die Meditation über »hypnotische Kreise«[44] sind – während die Praxis der Schaubildentfaltung hauptsächlich von den Schulen des Mahāyāna und besonders von denen des tantrischen Buddhismus ausgeübt wurde. In Übereinstimmung mit dieser Neigung wurde der Pāli-Ausdruck *jhāna*, der gewöhnlich mit »Versenkung« und manchmal ganz falsch mit »Trance« oder »Ekstase« übersetzt wird (obwohl »Instase« ein angemessener Ausdruck gewesen wäre), in seinem Sanskrit-Äquivalent *dhyāna* sowohl als »Schauung« wie auch als nicht-verbale, intuitive Erfahrung verstanden und nicht als eine intellektuelle Abstraktion.

Der Buddha selbst sagte, daß seine Lehre »tief, tiefgründig« *(gambhīra)* sei, jenseits aller Spekulationen und allen Wortdenkens *(avitarka, avicāra)*, nur den Weisen verständlich. Denn der einzige Weg, um uns von der Tyrannei der Worte und Begriffe zu befreien, ist die imaginative Methode der Schaubildentfaltung oder des Ersetzens unserer einseitigen Logik durch das vieldimensionale Symbol. Selbst eine so strenge und exakte Wissenschaft wie die Mathematik hat eine Sprache multidimensionaler Symbole und Strukturformeln entwickelt, in der die Position jedes Zeichens und Symbols im Gesamtgefüge einer Formel die Bedeutung und den Wert jedes einzelnen Zeichens bestimmt. Die meditative Erfahrung des Buddhismus entwickelte ein ähnlich kompliziertes System sichtbarer Symbole, die auf archetypische Formen oder Vorstellungsbilder zurückgehen, die sich im Laufe der Jahrtausende in der Tiefe des menschlichen Bewußtseins entwickelten und die in weiteren Jahrtausenden meditativer Praxis ihre Wirksamkeit bewiesen.

Die besondere Bedeutung der Inspiration *(prīti)* ist nicht nur augenfällig aufgrund ihrer zentralen Position innerhalb der fünf Faktoren der Meditation, sondern auch auf Grund einer ähnlichen Position in der Reihe der sieben Glieder der Erleuchtung *(bodhyanga),* die durch sie in zwei Gruppen geteilt wird. Dabei enthält die erste Gruppe drei aktive Faktoren, während die zweite die drei entsprechenden passiven Faktoren enthält:

1. *smṛti* – Wahrnehmung, Erinnerung, Aufmerksamkeit, Vergegenwärtigung
2. *dharmavicaya* – Unterscheidung, was dharma ist und was nicht
3. *viryā* – Bemühen, Energie, Anstrengung, heldischer Einsatz
4. *prīti* – Inspiration, Entzücken, Begeisterung
5. *praśrabdhi* – Ruhe, Serenität
6. *samādhi* – Entase, Einswerdung
7. *upekṣā* – geistiges Gleichgewicht, Ausgeglichenheit, Gleichmut.

So wird Gewahrwerden durch Gleichmut,
Unterscheidung durch Einswerdung,
Bemühung durch Ruhe ausgeglichen;
Inspiration dagegen wahrt die Mitte.

Für all jene, die *samādhi* als Endziel oder als höchste Form meditativer Verwirklichung betrachten, ist es sicher eine Überraschung, daß *upekṣā* den Schluß in der Reihe der Erleuchtungsfaktoren bildet. Der Grund dafür ist, daß – obwohl *samādhi* in gewissem Sinne der Höhepunkt meditativer Praxis ist – wir selber aber nicht dauernd in diesem Erlebniszustand verharren können (was einer Stagnation gleichkäme), sondern vielmehr in die Welt zurückkehren müssen, zu den Beschäftigungen eines normalen menschlichen Lebens. Und hier im Alltagsleben wird das auf die Probe gestellt, was wir in *samādhi* erreichten. Denn wenn ein solches Erleben nicht auf das Alltagsleben ausstrahlt und sich durch Herstellung eines ausgeglichenen, gleichmütigen Geistes bewährt, so war es nicht echt und ist nutzlos. Während *samādhi* den Höhepunkt unseres Erlebens darstellt, ist *upekṣā* der Gleichmut, d.h. jenes innere geistige Gleichgewicht, jene innere Ausgeglichenheit (die nicht mit Gleichgültigkeit verwechselt werden darf), die uns unser ganzes Leben begleitende Auswirkung dieser uns wandelnden und verwandelnden Einswerdung.

In ähnlicher Weise wird Konzentration vielfach geradezu als ein Synonym für Meditation betrachtet. Aber ein Zustand intensiver Konzentration ist nicht notwendigerweise Meditation; nur in den allerseltensten Fällen trifft das zu. Ein Bankbeamter, der sich über seine Zahlen beugt, oder ein Astronaut, der sich auf sein Schaltbrett konzentriert, meditiert bestimmt nicht. Der Unterschied besteht darin, daß Meditation uns ein gewisses Maß an Freiheit in der Bewegung auf unser Ziel läßt. Diese Freiheit kann als eine konzentrische Bewegung um das Meditationsobjekt beschrieben werden, die in einem gewissen Gegensatz zu jener pfeilartigen, gradlinigen Annäherung an das Objekt unserer Betrachtung steht, die dem einseitigen Gesichtspunkt westlicher Perspektive und Logik entspricht. Statt also den Gegenstand unserer Meditation nur von einer Seite, nämlich von unserem persönlichen Standpunkt aus zu betrachten, gehen wir meditativ in immer enger werdenden Kreisen um das Objekt unserer Betrachtung herum, um es von allen Seiten zu sehen und zu erfahren, bis wir mit ihm völlig eins werden. Dies geschieht im Erlebniszustand des *samādhi*, der über alles Wortdenken hinausgeht.

Somit ist Konzentration, obwohl sie ein wichtiger Faktor der Meditation ist, nicht identisch mit Meditation, sondern nur eine der Vorbedingungen, die störende Einflüsse und Ablenkungen verhindern. Aber auch hier müssen wir vorsichtig sein, damit wir nicht unsere Aufmerksamkeit bzw. unseren Ausblick derart extrem einengen, daß wir unser Meditationsobjekt völlig loslösen von allen seinen möglichen Beziehungen zu anderen Dingen und zu seinem allgemeinen Hintergrund.

Entsprechend Patanjalis drei Prinzipien des Yoga kann Meditation als eine Kombination oder eine stufenweise Integration von

FAKTOREN DER MEDITATION

Vorbereitende Schritte: Koordination und Harmonisierung von Körper und Geist in abgeschlossener und ruhiger Umgebung, wie an einem schönen Ort der Natur oder in einem Schreinraum, der für Meditation oder stille Andacht geeignet ist.

Vollständige körperliche und geistige Entspannung durch Körperstellung (āsana) und innere Haltung: sinnesbewußt, offenherzig, empfänglich.

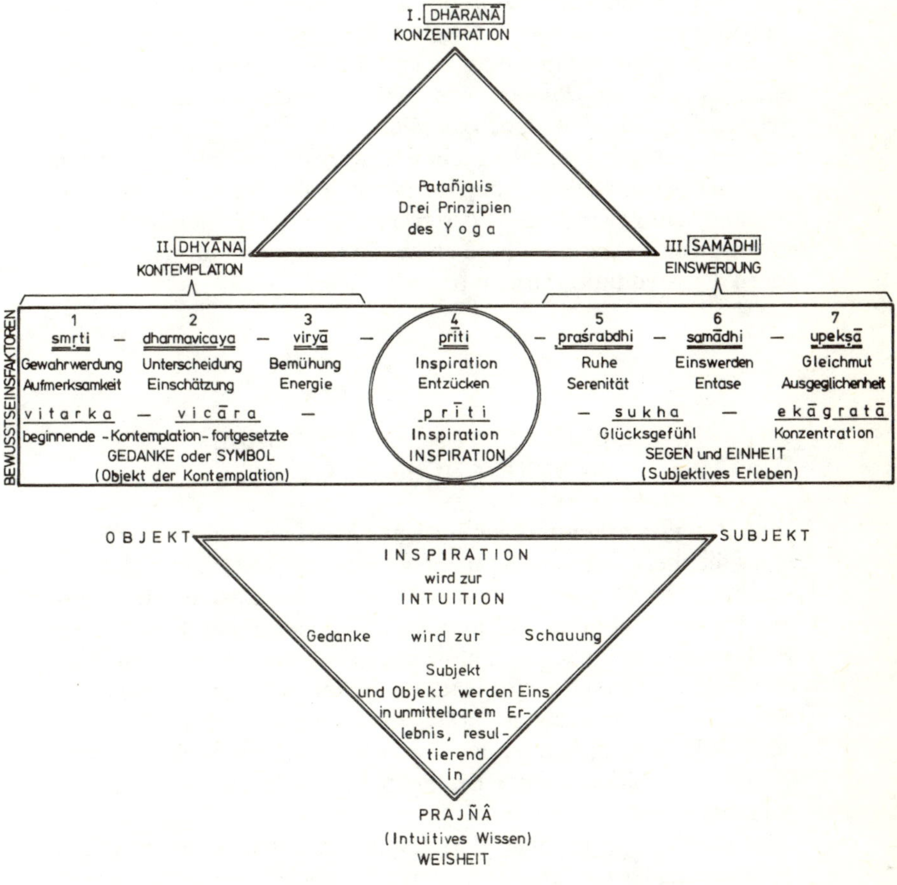

PRAJÑÂ
(Intuitives Wissen)
WEISHEIT

Wenn dieses intuitive Wissen mit selbstloser Liebe (maitrī und karuṇā) verbunden ist, kann es zu vollkommener Erleuchtung (samyak-sambodhi) führen.

dhāraṇā, dhyāna und *samādhi* definiert werden. Die Funktion von *dhāraṇā* ist das Richten des Geistes auf *ein* Objekt oder in eine bestimmte Richtung. Dieses kann durch die Rezitation heiliger Texte, mantrischer Formeln *(dhāraṇī)*, durch Gebete *(praṇidhāna)* oder andere devotionale Handlungen *(pujā, vandanā)*, Konzentration auf den Atem oder auf ein Kultbild bzw. eine Statue oder Maṇḍala etc. erreicht werden. Nachdem der Geist derart fixiert und gerichtet ist, ist er imstande, ohne bewußte Anstrengung jegliches Gedankenobjekt oder Symbol, das ihm echte Inspiration geben kann, zu betrachten oder zu visualisieren. Dadurch aber wird ein Zustand von *dhyāna*, von tiefer Versenkung und innerer Schauung geschaffen, der zu *samādhi* führt, worin die kontemplative Erfahrung in das völlig geeinte Bewußtsein des Meditierenden integriert wird. Dieser ist nun imstande, in die Welt zurückzukehren und sein gewonnenes Wissen und seine Erfahrung in die Tat umzusetzen. – Das auf S. 163 stehende Diagramm der Hauptfaktoren der Meditation spricht für sich selbst.

7

DIE BEDEUTUNG DER HINGABE IN MEDITATION UND GEBET

Jede Religion erkennt einen höchsten Wert an, ein *summum bonum;* die theistischen Religionen nennen es »Gott«, die nichttheistischen Tao, Nirvāṇa, Sammāsambodhi (den Zustand der völligen Erleuchtung) etc... Wenn man das Gebet in den theistischen Religionen als eine Kommunion, ein Zwiegespräch mit Gott definiert hat, so würde für die nichttheistischen Religionen das Gebet als ein Zustand intensiven Verlangens nach dem höchsten Zustand der Vollkommenheit oder der Verwirklichung des höchsten Ideales oder der vollkommenen Erleuchtung definiert werden können.

Gebet im weitesten Sinne ist eine »Richtung des Herzens« und setzt somit eine geistige Polarität voraus: entweder zwischen Mensch und Gott oder zwischen dem Endlichen und dem Unendlichen, dem Individuellen und dem Universellen, dem Unvollkommenen und dem Vollkommenen usw. Im Christentum, im Judentum und im Islam wird der individuelle, menschliche Pol als Seele dargestellt, der göttliche als Schöpfer, im Hinduismus als jīvātman und brahman, im Buddhismus als das begrenzte mundane Selbstbewußtsein und das in jedem Wesen latente universelle Bewußtsein, das in seiner Ganzheit im Zustand der Erleuchtung erlebt und verwirklicht wird.

Das Gebet entsteht somit aus einem Zustand der Spannung zwischen Menschlichem und Göttlichem, dem Bewußtsein der Unvollkommenheit (oder Unvollständigkeit) und dem Ideal der Vollkommenheit (oder Ganzheit), dem gegenwärtigen Zustand der Täuschung, der Unwissenheit, des Nichterkennens der Wirklichkeit und dem zukünftigen Zustand der Täuschungsfreiheit, des Erwachens aus der Illusion der Vereinzelung zur Ganzheit des Lebens. Was uns hier als »Zukunft« erscheint, ist jedoch das Immer-Daseiende, stets Gegenwärtige in jenem allumfassenden Tiefenbewußtsein (ālayavijñāna), das die moderne Psychologie zum »Unbewußten« degradiert und somit zum Feind aller Vernunft, zur dunklen Quelle unkontrollierbarer Triebe abgestempelt hat, um sich um so mehr dem begrenzten Oberflächenbewußtsein seines Intellektes zu verschreiben, das sich in den flüchtigen Interessen seiner momentanen Existenz erschöpft und so den Zusammenhang mit der lebendigen Tiefe, dem Quell aller göttlichen Kräfte, verliert.[45]

Das Gebet ist jener Zustand, in dem wir uns zurückwenden zu jener Quelle, in dem wir die Verbindung zwischen dem individuellen und fokalisierten Oberflächenbewußtsein und dem universellen Bewußtsein der Tiefe wieder herstellen, so daß die Spannung zwischen Oberfläche und Tiefe, wie die Spannung einer Saite, einen reinen Ton hervorbringt, eine höhere Schwingung des Geistes. Wenn das Gebet somit aus einem Zustand der inneren Spannung geboren wurde, so führt es nicht zur Entspannung, wohl aber zu einer Harmonisierung, zu einem sinnvollen Zusammenwirken zweier scheinbar auseinanderstrebender, aber dennoch zusammengehöriger Pole. So kommt es, daß das Gebet zu einer Quelle der Kraft und der Zuversicht wird und nicht zu einem bloßen Beruhigungsmittel.

Der innere Frieden aber, der uns durch das Gebet zuteil wird, entsteht durch das Herstellen eines Gleichgewichts zwischen den Kräften unseres individuellen Bewußtseins und den unermeßlichen Potenzen unseres Tiefenbewußtseins, in dem die Erfahrungen einer anfanglosen Vergangenheit aufbewahrt sind und durch die wir an jenem größeren Leben teilnehmen, das das ganze Universum umschließt und es mit allen lebenden Wesen verbindet.

Das Gebet – und in einem weit höheren Maße noch die Meditation (deren erster Schritt das Gebet nur ist) – ist das *bewußte zielstrebige* Sich-Annähern an jenen unermeßlichen Erfahrungsspeicher, den die moderne Psychologie bloß hinsichtlich seiner als passiv angenommenen, funktionellen Auswirkungen auf den unbewußten Anteil unseres Geistes beobachtet (wie z.B. in Träumen oder archetypischen Symbolen), so als würde dieser nur von unwiderstehlichen Kräften getrieben.

»Die tägliche Erfahrung verweist die Vorstellung, daß wir der Spielball derartiger innerer Antriebe sind, in den Bereich des Unrealen und Gekünstelten. Man muß sich fragen, welchen Sinn solche Vorstellung für Menschen haben könnte, deren Leben dem Streben nach Wissen oder der Erschaffung von Schönem oder dem Dienste an ihren Mitmenschen geweiht ist? Welchen Platz hätte da wohl noch Hingabe und Opfer und das endlose Streben nach Wahrheit und menschlicher Veredlung, die von jeher den besseren Teil des Menschen ausmachten?... So wie es scheint, werden die Menschen doch nicht auf die feineren Dinge gestoßen, sondern folgen vielmehr dem unmittelbaren Angesprochensein von etwas, das sie dann durch Ungemach und Ungewißheit und Entmutigung hindurch zur Verwirklichung eines großen Verlangens zieht.«[46]

»Diese Annahme hat – gegenüber der der gegenwärtigen psychologischen Orthodoxie – den Vorteil, daß ihre Einstellung vorwärts gerichtet ist – hin auf ein Ziel, das erreicht werden soll, und nicht rückwärtsorientiert ist auf Anstöße und Antriebe, die durch irgendwelche äußeren Umstände ausgelöst wurden. Dadurch aber stimmt diese Haltung mit dem allgemeinen Urteil unserer Erfahrung harmonisch überein.«[47]

Das Gebet, da es eine »gerichtete Führung des Herzens« ist (d.h. jenes inneren Zentrums des Menschen, das gleicherweise teilhat an seinem individuellen Bewußtsein wie an seinem überindividuellen Tiefenbewußtsein und damit an seinen Intuitionen), ist eine positive und aktive Annäherung an den verborgenen Schatz universeller Erfahrung. Doch ergreift es nicht blind Besitz von Erfahrungsinhalten, die irgendwann möglicherweise einmal aufwallen, die aber keinen Zusammenhang mit seinem intuitiv erfaßten Ziel haben, vergleichbar etwa einem Menschen, der ohne Licht in den dunklen Speicherraum des Kellers seines Hauses hinabsteigt und der nun ziellos das ergreifen würde, was in seine Hände kommt.

Das Gebet ist tatsächlich die Lampe, die uns befähigt, in der Weite des Schatzhauses jene bestimmten Gegenstände zu entdekken, die erforderlich oder wesentlich sind auf unserem Wege zur Vollkommenheit. Statt fragmentarisch aufblitzende Inhalte des Tiefenbewußtseins an das grelle Licht des Intellekts zu ziehen und sie einer tödlichen Analyse zu unterziehen, richtet das Gebet unser Bewußtsein nach innen und verwandelt die *potentiellen* Kräfte der Tiefe in *aktive* Kräfte, denn »indem man das Unbewußte bewußt macht, transformiert man die bloße Idee der Universalität des Menschen in die lebendige Erfahrung dieser Universalität« (Fromm). Mit anderen Worten: statt die archetypischen Symbole und die Bilder der Tiefe an die Oberfläche zu heben und sie dem diskursiven Denken und den Trivialitäten zeitlicher Ziele und Zwecke zu unterwerfen, sollte der Brennpunkt unseres individualisierten Geistes sich nach innen wenden, um sich seiner universellen Quelle bewußt zu werden, und Gebrauch machen von seinen unermeßlichen Möglichkeiten im Bemühen um Ganzwerdung und vollkommene Erleuchtung.

Das Gebet würde aber – als Mittel, um dieses Ziel zu erreichen – seinen Zweck verfehlen, wenn es Ausdruck egoistischer, auf uns selbst bezogener Wünsche wäre oder wenn es sich ausschließlich um unser eigenes Wohl und Wehe drehen würde. Der Buddhist glaubt weder an ein für sich getrennt existierendes Ich (oder an eine unwandelbare, individuelle Seelenmonade, die »gerettet« und für alle Ewigkeit erhalten werden müsse), noch betrachtet er den Buddha als einen Gott, der ihm seine Wünsche erfüllt. Der Buddha ist vielmehr für ihn das Vorbild des ganzgewordenen oder vollkommenen Menschen, der sich seiner Universalität bewußt wurde und das Göttliche in sich verwirklichte, wodurch er anderen zur Leuchte geworden ist.

Wenn sich der Buddhist daher vor der Statue des Buddha verneigt, so bittet er ihn weder um etwas, noch betet er ihn an, sondern er erweist ihm die gleiche Ehrfurcht auf gleiche Weise wie seinem gegenwärtigen geistigen Lehrer oder Guru, in dessen Fußstapfen er geht, um sich dessen Lehren zu einer lebendigen Wirklichkeit zu machen. Die Formel, die er während des Aktes der Verehrung vor dem Bilde oder der Statue oder irgendeinem anderen Symbol des Erleuchteten (wie z. B. einem Stūpa, einem Reliquar, dem Gesetzesrad, dem Bodhibaum etc.) spricht, besteht in den Worten:

»Ich nehme meine Zuflucht zum Erleuchteten.

Ich nehme meine Zuflucht zu seiner Lehre (dem von allen Erleuchteten verkündeten universellen Gesetz).

Ich nehme meine Zuflucht zur Gemeinschaft der Heiligen (all jener, die die Lehre verwirklichten).«

In Tibet wird dieser Formel der Satz vorangestellt: »Ich nehme meine Zuflucht zum Guru!«, denn der Guru ist der lebende Repräsentant und Verkünder des Buddha – der Übermittler und die Verkörperung des *dharma,* der die Flamme des Glaubens im Jünger entzündet und ihn dazu inspiriert, den Fußstapfen jener zu folgen, die die heilige Lehre *(dharma)* verwirklicht haben und die so wahre Mitglieder der Gemeinschaft der Heiligen *(sangha)* wurden.

Die erste Stufe der Andacht und des Gebetes im Buddhismus ist daher der Ausdruck der Ehrfurcht, Loyalität und der Dankbarkeit dem Lehrer – dem lebenden Guru wie dem Buddha – gegenüber. Und so wie die Person des Guru als ein Glied in der ununterbrochenen Kette geistiger Übertragung der Lehre Buddha Śākyamunis zu verstehen ist, ebenso ist der Buddha Śākyamuni selbst nur ein Glied in der unendlichen Kette der Erleuchteten. So beinhaltet der Begriff »Guru« die gesamte Kette derer, welche die heilige Lehre von Generation zu Generation durch die Jahrtausende weitergaben und lebendig erhielten, und gleicherweise umschließt der Begriff »Buddha« die Gesamtheit aller Erleuchteten, die ihm vorausgegangen sind, die ihm folgten und folgen werden.

Die historische Persönlichkeit des Gautama Śākyamuni Buddha tritt somit (besonders im Mahāyāna-Buddhismus der nördlichen Schulen) hinter der universellen Gestalt des Vollkommen Erleuchteten, des ganzgewordenen, zu voller Bewußtheit seiner göttlichen Natur erwachten Menschen zurück. Statt einen jenseits aller Begreiflichkeit oder Vorstellbarkeit thronenden Gott anzubeten, bemüht sich der Buddhist um die Verwirklichung des Göttlichen im eigenen Herzen, im eigenen Denken und im eigenen Leben, wie ihm dies durch unzählige Heilige und Erleuchtete vorgelebt wurde.

Der Gedanke, daß ein Gott die Welt mit all ihren Übeln, ihrem Leid, ihrer Unvollkommenheit, ihrer Stumpfheit und Grausamkeit geschaffen haben sollte, erscheint ihm wie eine Blasphemie der Idee des Göttlichen als Verkörperung des Höchsten und Heiligsten, das über alle Begriffe und Aussagen erhaben ist. Für ihn ist es nicht ein Gott, der für das Böse und die Unvollkommenheit der Welt verantwortlich ist. Denn die Welt, die wir erleben, ist eine Schöpfung unserer eigenen Unwissenheit, unserer eigenen Begierden und Leidenschaften. Daß aus Vollkommenem Unvollkommenes entstehen könnte, widerspricht nach buddhistischer Ansicht aller Vernunft – das Gegenteil erscheint viel wahrscheinlicher. Die Lebenserfahrung und das Beispiel jener, die Erleuchtung erlangten, lehrten, daß man aus dem Zustand der Unvollkommenheit Vollkommenheit verwirklichen kann und daß die

Leiden, die die Folgen unserer Leidenschaften sind, gerade jene Kräfte sein können, die uns zur Befreiung führen.

Dies ist der Grund, warum der Buddhist die Idee eines allmächtigen Schöpfergottes ablehnt, obwohl er das Prinzip des Göttlichen im Menschen (den eingeborenen Lichtfunken *–bodhicitta–*, verkörpert in seinem Bewußtsein als ein Sehnen nach Vollkommenheit, Ganzwerdung und Erleuchtung) bejaht. Um es paradox auszudrücken: für ihn ist es nicht ein Gott, der den Menschen erschafft, sondern der Mensch, der die Idee des Göttlichen in sich gebiert und sie im Feuer des Leidens verwirklicht, aus dem dann Mitleid, Verstehen, Liebe und Weisheit hervorgehen.

Die Entfaltung des individuellen Lebens im Universum hat sozusagen nur die Bewußtwerdung der uns eigenen göttlichen Essenz zum Ziel. Und da diese Entfaltung dauernd vor sich geht, stellt sie eine dauernde Geburt Gottes dar, oder in buddhistischer Ausdrucksweise: das unaufhörliche Entstehen erleuchteter Wesen, in deren jedem sich die Ganzheit des Universums ihrer selbst bewußt wird.

Diese Vollendeten sind das, was im Mahāyāna-Buddhismus als die »unendliche Zahl der Buddhas« bezeichnet wird oder als die »unendliche Zahl der Bodhisattvas«. Diese letzteren stellen aktive Kräfte dar, die von jenen ausstrahlen, die die höchsten Bewußtseinszustände erlangten und nun alle inspirieren und fördern, die nach Befreiung streben. Bildlich wird dies durch jene Aura des meditierenden Buddha dargestellt, die mit kleinen Replicas des Buddha erfüllt ist. Diese symbolisieren die unzähligen Bodhisattvas, welche sich in Myriaden Formen zum Heile aller lebendigen Wesen verkörpern. Sie manifestieren sich in zahllosen individuellen Formen, sind aber eins im Geiste.

Wir hatten die erste Stufe buddhistischen Gebetes als einen Ausdruck der Ehrfurcht und Dankbarkeit gegenüber den großen Erleuchteten und Wegbereitern der Menschheit bezeichnet. Als ein Beispiel für die tiefe Hingabe, die den Buddhisten hierbei erfüllt, sei hier ein Passus aus Śāntidevas *»Bodhicāryāvatāra«* (dem »Wandel zur Erleuchtung«) wiedergegeben, der das Erwachen des inneren Lichtes beschreibt bzw. die Übung der Bodhisattva auf dem Wege zur Erleuchtung (daher erhielt auch die tibetische Übersetzung den Titel: *Byang-chub-sems-dpahi-spyod-pa):*

»Um von der Perle des erleuchteten Geistes Besitz zu ergreifen, verehre ich die Vollendeten und das fleckenlose Juwel der Lehre, wie auch die geistigen Söhne der Erleuchteten, die Ozeane der Tugenden. Was es auch in dieser Welt an Blumen, Früchten,

Kräutern und lebensspendenden Wassern geben mag, an Bergen voll kostbarer Edelsteine, an Waldeinsamkeiten zur Meditation, an Lianen mit wohlduftenden leuchtenden Blüten, an Bäumen, deren Zweige unter der Last köstlicher Früchte gebeugt sind, an lieblichen Lotusteichen, die vom Gesang der Schwäne widerhallen – kurz alles, was als Opfergabe dienen kann und alles, was in der Unendlichkeit des Weltraumes enthalten ist und niemandes Eigentum ist: ich sammle es in meinem Geiste und lege es den Erhabenen und ihren geistigen Söhnen zu Füßen.

Ich bin ohne Verdienst und darum arm. Ich habe nichts anderes, womit ich sie verehren könnte. Mögen daher die Vollendeten, die keinen anderen Gedanken haben als die Wohlfahrt anderer, mögen sie diese Gaben um meinetwillen annehmen.«

Der nächste Schritt ist die vollkommene Selbsthingabe und innere Umkehr in der Erkenntnis der eigenen Fehler und Schwächen:

»Ich gebe mich ganz und ohne Einschränkung den Erleuchteten und ihren geistigen Söhnen hin: Nehmt Besitz von mir, erhabene Wesen! Von Demut erfüllt, mache ich mich zu eurem Diener. Nachdem ich euer Eigentum geworden bin, habe ich nichts mehr in dieser Welt zu fürchten. Ich will nur das tun, was anderen Wesen zum Wohle gereicht. Ich will meine früheren Missetaten aufgeben und keine neuen begehen. Durch Haß und Begehren habe ich viel Übel getan, denn ich begriff nicht, daß ich alles verlassen und aufgeben muß. Ich begriff nicht, daß ich nur ein Wanderer bin, der durch die Welt reist. – Tag und Nacht, ohne Aufhören, schwinden die Lebenskräfte dahin und der Tod kommt näher. Heute noch will ich darum meine Zuflucht nehmen.

Aus der Tiefe meines Herzens nehme ich meine Zuflucht zur Lehre und ebenso zu der Menge der Bodhisattvas. Mit gefalteten Händen flehe ich die vollkommen Erleuchteten aller Regionen an: mögen sie das Licht der Wahrheit für alle diejenigen entzünden, die aufgrund ihrer Verblendung sonst in den Abgrund des Elends fallen.«

Nachdem sich der Betende so den Erleuchteten geöffnet und sich ihnen »zum Werkzeug ihres Friedens« dargeboten hat (vergleiche dazu das so erhabene und universelle Gebet des heiligen Franz von Assisi[48], das genauso von Śantideva oder irgendeinem anderen frommen Buddhisten hätte gesprochen werden können), verzichtet er auf die Früchte aller von ihm gewirkten guten Werke und gelobt, statt um das eigene Heil besorgt zu sein, sich dem Heil aller lebenden Wesen zu widmen. Mit anderen Worten, er will lieber die Leiden seiner Mitwesen teilen, um anteilnehmend an ihrer Befreiung mitzuwirken, als sich auf dem Piedestal seiner Tugendverdienste auszuruhen im Genuß seiner eigenen Seligkeit. Und so gelobt er:

»Was ich auch an Verdiensten erworben habe, möge ich hierdurch ein Linderer der Leiden aller lebenden Wesen werden. Die Verdienste, die ich auf allen meinen Lebenswegen durch Gedanken, Worte und Taten erworben habe: alles das gebe ich fort, ohne Rücksicht auf mein eigenes Wohl, um die Erlösung aller lebenden Wesen zu verwirklichen. Nirvāṇa bedeutet, alles aufzugeben, und mein Herz sehnt sich nach Nirvāṇa. Da ich alles aufgeben muß, ist es da nicht besser, alles den Lebewesen zu geben? – Ich habe mich der Wohlfahrt aller Wesen gewidmet, mögen sie mich verleumden oder mit Schmutz bewerfen und mich zum Gegenstand ihres Spottes machen. Mögen sie mich töten, wenn es ihnen gefällt; ich habe ihnen meinen Leib gegeben, warum sollte ich mich also noch darum sorgen? Diejenigen, die mich schmähen, mich verletzen oder meiner spotten, mögen sie alle zur Erleuchtung kommen.«

Wer dächte hier nicht an die Worte Christi: »Liebet eure Feinde, tut wohl denen, die euch verfolgen; segnet, die euch hassen«? – Jedem wahren Buddhisten, der diese Worte vernimmt, ist es klar, daß derjenige, der sie aussprach, einer der großen Bodhisattvas – der erleuchteten Helfer der Menschheit – war, denen er täglich Verehrung zollt, wenn er der Erleuchteten der Vergangenheit gedenkt und sich vor denen der Gegenwart und Zukunft verneigt.[49]

Das Kultivieren einer liebevollen Gesinnung und die bewußte Durchdringung der Welt mit liebevollen Gedanken und einem teilnehmenden Herzen (»so wie eine Mutter, die sich für ihr Kind mit dem eigenen Leben einsetzt«) wird im Buddhismus geradezu als ein »Verweilen in Gott« *(brahmavihāra),* ein »göttlicher Zustand« genannt. Hiermit ist gleichzeitig eine gute Definition gegeben für das, was der Buddhist unter »göttlich« versteht. Die Liebe, welche hier gezeichnet wird, ist weit mehr als jenes humanitäre »Wohlwollen«, zu dem westliche Philologen das vom Buddha gebrauchte Wort »Maitrī« (Pāli: *mettā)* immer wieder zu verwässern suchen, obwohl das oben wiedergegebene Zitat sie eines besseren belehren sollte.

Auch die übrigen in diesem Zusammenhang genannten Ausdrucksformen des »göttlichen Zustandes«, nämlich Mitleid *(karuṇā),* Mitfreude *(muditā)* und der Gleichmut *(upekṣā)* eigenem Leiden und Wohlergehen gegenüber, sind ja nichts anderes als der Ausfluß dieser selbstlosen Liebe.

Eine der gröbsten Mißdeutungen der geistigen und emotionalen Haltung des Buddhismus entstand aus der falschen Auslegung des Begriffes *upekṣā* (Pāli: *upekkhā*). Die landläufige, rein negative Übersetzung dieses wichtigen Begriffes als »Gleichgültigkeit« bzw. »Indifferenz« gab wiederholt Anlaß zu dem Schluß (besonders bei christlichen Theologen), daß Liebe, Mitleid und Mitfreude nur Vorstufen zur Erlangung völliger Indifferenz und Gleichgültigkeit seien, die als höchstes Ziel und Kulminationspunkt buddhistischer Ethik betrachtet wurden. Daraus wiederum folgerte man, daß Liebe und Mitleid für den Buddhisten nur konventionelle Mittel seien, um sein eigenes, persönliches Heil zu erreichen, und daß sie daher nicht auf einem wahren Altruismus beruhten und ihnen daher nicht ein gleicher ethischer Wert zukomme wie im Christentum.

Jedoch gerade das Gegenteil ist wahr: so wie Liebe nicht durch Mitleid gemindert wird, sondern vielmehr ihre Erfüllung in dieser höheren Qualität selbstloser Zuwendung findet, so hebt *upekṣā* auch nicht die ihr vorangehenden geistigen Haltungen auf. Denn nur der kann wirklich alle Wesen mit gleicher Zuneigung umfangen, der selber nicht durch anderer Menschen Feindschaft oder Gunst zu erschüttern ist. So finden Liebe, Mitleid und Mitfreude am Glück anderer nicht nur ihre höchste Vollendung in *upekṣā*, sondern *upekṣā* ist die eigentliche Grundlage dieser Eigenschaften, die die Erleuchteten und alle, die ihren Spuren folgen, kultivieren und der Welt schenken – ähnlich der Sonne, die für Sünder und Heilige in gleicher Weise scheint.

Somit ist *upekṣā* in ihrem höchsten Aspekt jene unerschütterliche Standfestigkeit, jenes vollkommene Gleichgewicht und jener Gleichmut unseres Denkens und Fühlens, in dem weder Gleichgültigkeit noch lauwarme Emotionen Platz haben und in dem die Unterscheidung zwischen sich selbst und den anderen verschwunden ist. Śantideva hat das so wunderbar in einer *kārikā* seines *śikṣāsamuccaya* zum Ausdruck gebracht:

> *Yada mama pareṣāṃ ca bhayam duhkhaṃ ca na priyaṃ*
> *Tadāmanaḥ ko viseso yat taṃ rakṣāmi netaraṃ?*
> Wenn mein Nachbar, ebenso wie ich, Furcht und Schmerz verabscheut,
> in welcher Weise unterscheide ich mich dann von anderen, wenn ich nur Schutz für mich selber suche und nicht für andere?

Damit aber kommen wir zum Wesen des Problems und dem Hauptmotiv des buddhistischen Gebetes: es ist Liebe und Mitleid, die sich auf dem tiefen Wissen um die Wesenheit des Lebens und die innere Verbundenheit aller lebendigen Wesen gründet. So wie die Selbstlosigkeit der Mutterliebe nicht auf einer ethischen Forderung oder einem kategorischen Imperativ beruht, sondern auf dem Wissen um die Wesenseinheit von Mutter und Kind, so erweist sich die buddhistische Nächstenliebe als die natürliche Folge einer Weltanschauung, die von der Erkenntnis der essentiellen Einheit aller Wesen ausgeht und damit die Vorstellung eines in sich und für sich bestehenden »Ichs« für die schlimmste Illusion der Menschheit hält.

Diese Überzeugung aber reift allein durch Meditationserfahrungen, deren erster Schritt Gebet ist, so daß man dieses auch als eine Vorform der Meditation betrachten kann. Es benutzt Worte, um den Geist in eine gewisse Richtung zu bringen, der dann, je weiter er voranschreitet, desto weniger Worte braucht. So wird das Gebet schließlich zum Mantra, d.h. zur schöpferischen Sprache oder zum »Machtwort«, das die schlummernden Kräfte der Seele weckt, bis der Geist des sich Hingebenden in den Ozean seines eigenen Tiefenbewußtseins *(ālaya-vijñāna)* hinabtaucht, wo sich ihm die Wirklichkeit eines größeren Lebens enthüllt, das ihn durch ein unmittelbares Erleben jenseits aller Worte und Begriffe mit allen lebenden Wesen und dem Geiste der Erleuchteten verbindet.

So ist das Gebet im Buddhismus der Pfad der Hingabe *(bhakti-marga),* und zwar zunächst an den Guru und die Erleuchteten (durch *śaraṇa-gamana, vaṇdanā* und *pūjā),* dann an alle lebenden und leidenden Wesen *(maitrī-bhāvaṇā)* durch das Bodhisattva-Gelöbnis vollkommener Selbsthingabe *(praṇidhāna),* das schließlich seine Erfüllung im Licht der Erkenntnis findet. Denn der, der am Lichte teilhaben will, muß sich zunächst einmal öffnen. Gebet aber ist ein Akt des Öffnens von Herz und Geist. Und indem wir uns auftun, lassen wir das Licht nicht nur in uns hinein, sondern schlagen zugleich eine erste Bresche in die Mauern unseres selbsterschaffenen Kerkers, der uns von unseren Mitwesen zu trennen droht, so daß im gleichen Maße, wie das Licht in uns einströmt und uns unsere wahre, universelle Natur erkennen läßt (die uns mit allem, das in der Unermeßlichkeit von Raum und Zeit existiert, verbindet), unsere Liebe und unser Mitempfinden mit allen lebenden und leidenden Wesen hervorbricht und aus uns herausströmt wie ein mächtiger Strom, der die ganze Welt umfängt. Dadurch aber wird das Gebet zu einem Akt der Hingabe in zweifacher Hinsicht: einmal an die Kräfte des Lichtes *(bodhi)* und zum anderen an unsere Mitmenschen *(maitrī, karuṇā).* Die Kräfte des Lichtes aber sind nicht ein abstraktes Ideal, sondern eine gelebte und stets lebendige Wirklichkeit, verkörpert in jenen großen Lehrern der Menschheit, die wir als die Erleuchteten verehren.

Je intensiver wir uns in die Gegenwart dieser Erleuchteten versetzen können, je lebendiger sie in unserem Bewußtsein werden, je tiefer wir sie in unser Gefühl aufnehmen, in Erwiderung ihrer Liebe, in Bewunderung ihrer Taten, in Dankbarkeit für ihre Lehren, desto größer ist ihre Wirkungskraft. Zu ihrer Vergegenwärtigung aber bedarf es sichtbarer Symbole, in denen die höchsten Qualitäten des erleuchteten Geistes zum Ausdruck kommen und in denen zu gleicher Zeit das menschliche Empfinden unmittelbar angesprochen wird.

Solche Symbole sind die verschiedenartigen Darstellungen der Buddhafigur, die nicht naturhafte Wiedergabe einer einmaligen menschlichen Persönlichkeit sind, sondern der Niederschlag, die Kristallisation eines durch ungezählte Generationen gepflegten religiösen Erlebens. Das Kultbild ist also nicht ein Gegenstand der »Anbetung«, sondern ein Mittel zur Vergegenwärtigung des zu verwirklichenden Ideals und der Vollendeten, die es in ihrem Leben verkörperten und verkündeten. Ihre geistige Gegenwart ist jedem erfahrbar, der sich ihnen öffnet. Statt aber unser Ideal anzubeten oder nur zu verehren – also etwas außer uns stehendes zu betrachten – müssen wir selbst zu diesem Ideal werden, indem wir uns mit ihm identifizieren, es innerlich nacherleben, um es auch im Äußeren nachleben zu können. Ein Ideal wird nur dann zur wirkenden Kraft, wenn es als unmittelbare Gegenwart und Wirklichkeit empfunden wird, wie dies im Erlebnis der höheren Meditationszustände *(dhyāna)* oder der inneren Schauung geschieht. Das sichtbare Kultbild wie auch das *pūjā*-Ritual und die Liturgie, in der das Gebet zu einem gemeinsamen Bekenntnis, zu einem Akt gemeinsamer Hingabe und Selbstdedikation wird, ist nur der Auftakt und die Vorbereitung zur Entfaltung des inneren Schaubildes der Meditation, in der sich die Einswerdung der menschlichen Persönlichkeit mit ihrem Ideal vollzieht.

In den Gesten *(mudrā)* und den rituellen Handlungen (wie dem Sich-Verneigen, dem Darbringen von Lichtern, Wasser, Blumen, Weihrauch etc.) werden unsere Gedanken und Gefühle sichtbar gemacht als Mittel, um unseren Geist auf das Ziel des heiligen Pfades zu richten und zu konzentrieren. Daher kann die *pūjā* eine dramatisierte Form der Meditation genannt werden: eine Meditation, die in Handlung umgesetzt und in das Sicht- und Hörbare übertragen wurde. Durch den Parallelismus von Körper, Rede und Geist – durch die Koordination von Bewegung, Wort und Gedanken –, durch die Harmonie von Gefühl, verbalem Ausdruck und schöpferischer Vorstellungskraft wie der Schaubildentfaltung erreichen wir eine Einheit aller Funktionen unseres bewußten Seins, wodurch nicht nur die Oberfläche unserer Persönlichkeit angesprochen wird (d. h. unsere Sinnesorgane und unser Intellekt), sondern ebenso auch die tieferen Schichten unseres Geistes. Durch die regelmäßige Ausübung einer solchen rituellen Verehrung aber werden die Fundamente unseres ganzen Wesens langsam aber vollständig umgeformt und für das innere Licht empfänglich.

Vierter Teil

Kunst und Meditation

1

Der Brunnen des Lebens

In unserem innersten Wesen ist ein unaufhörliches Kommen und Gehen von Formen und Lauten, Visionen und Stimmen, die in unhörbaren Melodien erklingen und in denen die Stimmen der Geborenen und Ungeborenen zu uns sprechen. Es ist der Treffpunkt der ganzen Welt. Aber nur dann sind wir innerlich groß, wenn wir völlig geöffnet bereit sind, das All in uns aufzunehmen und den Stimmen unseres Inneren zu lauschen.

Nicht »Unveränderlichkeit« ist es, was unsere Seele groß macht, sondern die Fähigkeit zur Verwandlung, die uns befähigt, mit den Melodien aller Sphären des Universums mitzutönen. Die Ströme des Lebens vereinigen sich in dem tiefen und verborgenen Brunnen unsres Wesens und fließen durch es hindurch.

Der Weise versteht es, diesen Melodien zu lauschen, diese Visionen im Herzen zu erblicken, diese Schwingungen zu fühlen und läßt sich forttragen von den großen Strömen in die Ewigkeit, in das Unendliche.

Um aber zu hören, muß er still sein; um zu sehen, muß er seine Augen den äußeren Formen verschließen; um den kosmischen Rhythmus zu fühlen, muß er seinen Atem beruhigen und sein Herz meistern; und um von den ewigen Strömen getragen zu werden, muß er alle selbstischen Wünsche aufgeben. Dann kann der schöpferische Künstler seine Visionen in seinen Werken verwirklichen, der Heilige in seinem Leben. Doch auch wir alle könnten schöpferischer sein, wenn wir weniger an unsere Taten und Errungenschaften im weltlichen Bereich denken würden, auch weniger an unsere Persönlichkeit und unseren Ehrgeiz, dafür aber um so mehr an die verborgenen Fähigkeiten, die in uns schlummern. Wir machen mit unserem Gehirn Zukunftsprogramme, statt die stets gegenwärtigen Kräfte unseres Herzens zu gebrauchen. Wir betrügen uns selber mit unseren Plänen und trivialen Zielen. Wir sehen nicht, was uns am nächsten liegt – wir hören nicht auf das Flüstern des Herzens, über dem Lärm unserer eigenen Worte. Unsere Augen sind von den grellen Farben des Tageslichtes geblendet. Unser rastloses Leben nimmt uns den Atem, unsere unersättlichen Wünsche bringen Unruhe in unser Leben und treiben uns das Blut durch die Adern. So hören wir nicht die Musik der Sphären, sehen nicht die großen Visionen, fühlen nicht die mysteriösen Schwingungen – und so fließen die ewigen Ströme an uns vorbei in die Unendlichkeit, aus der sie kamen.

Glücklicherweise entstehen von Zeit zu Zeit große Menschen, Führer der Menschheit, Erforscher des Geistes und der ewigen Gesetze des Universums, welche durch ihr edles Beispiel uns aus dem Schlafe rütteln und uns von unserer nutzlosen Geschäftigkeit und unserem blinden Begehren befreien. Sie inspirieren uns durch ihre tiefe Weisheit und ihr großes Mitgefühl, durch die sublime Schönheit ihrer Worte, ihrer Taten und ihres Lebens und öffnen unsere Augen für die Wirklichkeiten in uns und um uns.

Auf diese Weise werden wir wieder jener tiefen Mysterien, die selbst in dieser unserer physischenWelt sich manifestieren, gewahr, und unser körperliches Dasein wird vor unseren Augen zu einer Manifestation des Geistes, sobald wir nur das Zentrum unserer inneren Welt und die Quelle alles Lebens in uns gefunden haben.

Der verborgene Weg, der uns zu dieser Quelle führt, ist der Pfad der Meditation und der Versenkung, und das Gefäß, in welchem wir das Wasser des Lebens an den Tag bringen, ist die schöpferische Kunst. Dieses Gefäß kann viele Gestalten annehmen: Worte, Gesang, Formen und Farben, Zeichen und Symbole, Träume und Visionen oder materielle Schöpfungen.

Diejenigen, die an der Quelle bleiben, sind weise; diejenigen, die wieder zur Welt zurückkehren, um das kostbare Elixier mit anderen zu teilen, sind die schöpferischen Geistesmenschen; aber diejenigen, welche selbst zu Gefäßen werden und sich der Welt opfern, sind die Mitleidsvollen, die Befreier der Menschheit, die Erleuchteten.

2

Der Parallelismus zwischen Kunst und Meditation

Kunst und Meditation sind die schöpferischen Zustände des menschlichen Geistes; beide werden von derselben Quelle genährt, doch hat es den Anschein, daß sie sich in verschiedenen Richtungen bewegen: die Kunst hin zum Bereich des Sinnlichen und Konkreten, Meditation hin zur inneren Verwirklichung und Integration der Formen und Sinneseindrücke. Aber diese Verschiedenheit ist nur zweitrangig und betrifft nicht das Wesentliche der Natur von Kunst und Meditation.

Meditation ist weder reine Abstraktion noch Negierung der Form, ausgenommen in ihren höchsten Stadien. Sie ist vielmehr die vollkommene Konzentration des Geistes und die völlige Ausscheidung aller unwesentlichen Eigenschaften des in Frage kommenden Gegenstandes, bis wir seiner voll bewußt sind, indem wir seine Wirklichkeit in einer bestimmten Anschauungsform oder von einem spezifischen Standpunkt erlebt haben.

Kunst verfährt in gleicher Weise: Während wir die Formen der äußeren Welt benutzen, versuchen wir nicht, die Natur nachzuahmen, sondern eine höhere Wirklichkeit derselben zu enthüllen, durch Weglassung aller Nebensächlichkeiten, so daß die sichtbare Form zum Werte eines Symbols erhoben wird, das eine unmittelbare Lebenserfahrung zum Ausdruck bringt.

Dieselbe Erfahrung kann durch den Prozeß der Meditation gewonnen werden. Aber anstatt einen formalen (objektiv bestehenden) Ausdruck zu schaffen, wirkt sie sich in subjektiver Beeindruckung aus und damit als eine charakterformende Kraft, die das Bewußtsein des Meditierenden bereichert und verfeinert.

Die höchste oder intensivste Form der Meditation oder vollkommenen Versenkung, die kein in Worten darstellbares Objekt kennt, kann vielleicht als das Erreichen einer geistigen Raum-Erfahrung oder jener »Leerheit« umschrieben werden, in der sich die universellen Kräfte unseres tiefsten Zentrums manifestieren können. Denn es bedarf der »Leere«, um die Fülle feinerer Einflüsse wahrzunehmen. In diesem Sinne kann Meditation als die Kunst, sich in eine schöpferische Bereitschaft zu versetzen, definiert werden – als ein Zustand intuitiver Rezeptivität.

Der Künstler andererseits, der die Gabe hat – oder der sich durch lange Übung die Fähigkeit erwarb –, eine derartige intuitive Erfahrung auszudrücken, kristallisiert seine innere Schau in sichtbaren, hörbaren oder tastbaren Formen, indem er den meditativen Prozeß in einen Prozeß künstlerischer Materialisierung umkehrt. Aber dies setzt zunächst einmal voraus, daß der Künstler jenen intuitiven Zustand vorweg selbst erreicht hat. Dieser kann nun herbeigeführt werden entweder durch äußere Stimuli oder durch den Genius des Künstlers oder aber durch ein geistiges Training. Oftmals wirken alle diese Faktoren zusammen: die Schönheit der Natur, der Eindruck eines menschlichen Gesichtes oder ein erleuchteter Gedanke können als ein Stimulus wirken und den schlummernden Genius erwecken. Als Resultat jedoch der bewußten Konzentration auf diese Intuition nimmt das Erlebnis feste Form an und materialisiert sich im Kunstwerk.

So bewegt sich die Gestaltung eines Kunstwerkes nicht ausschließlich in entgegengesetzter Richtung zur Meditation, wie es dem oberflächlichen Beobachter zunächst erscheinen mag, der nur die formale Seite des Kunstwerkes betrachtet. Die Kunst bewegt sich auch auf der Ebene der Meditation insofern, als sie schöpferisch und kulturfördernd ist. Kunst und Meditation ergänzen einander, indem sie sich gegenseitig durchdringen, ja, sich gegenseitig hervorbringen.

Die Bedeutung der Kunst und ihre Beziehung zur Meditation erschöpfen sich jedoch nicht allein in der Betrachtung ihres gemeinsamen Ursprungs. Die Wirkung eines Kunstwerkes, das Erlebnis, zu dem es den Besucher führt, ist von gleicher Wichtigkeit. Der Künstler selbst mag von der Wirkung seines Werkes unberührt bleiben: Für ihn ist der Prozeß des Erschaffens das einzige, was ihn interessiert. Aber der entscheidende Einfluß der Kunst auf das Leben der Menschheit – als wesentlicher Bestandteil menschlicher Zivilisation – ist ihre Macht, alle diejenigen, die sich ihr öffnen, zu inspirieren. So haben große Kunstwerke eine länger anhaltende Wirkung auf die Menschheit gehabt als alle Weltreiche und alten Religionen, die nur in ihren Kunstschöpfungen überlebten. Denn die Sprache der Kunst spricht zu uns über den Abgrund der Jahrtausende, selbst wenn alle anderen Sprachen der Zeit zum Opfer gefallen sind.

Kunstgenuß ist ein Akt der Nachschöpfung, oder vielmehr ein Schöpfungsakt in umgekehrter Richtung, der auf die Quelle der Inspiration zurückführt. Er ist ein Akt der Vertiefung und des Absorbierens, durch den wir uns von unserem kleinen »Ich« befreien, indem wir uns dem schöpferischen Erlebnis einer größeren Welt und eines allbezogenen Lebens hingeben.

»... Kunst bedeutet den immer wieder erneuten konzentrischen Angriff und Durchbruch durch die Ichhaftigkeit zur Unendlichkeit, die völlige Aufhebung jeglicher Grenzsetzungen durch eine unbegrenzte und damit ununterbrochene Wechselfolge von Radiationen und Inhalationen; sie bedeutet: Verdichtung des Universums zu einem mikrokosmischen Brennpunkt und vor allem immer wieder die Erstellung eines magischen Gleichgewichtes zwischen Seele und Universum. Der Gegenstand der Kunst ist der Niederschlag aller unfaßbaren Ströme, Kräfte und Einwirkungen des Alls auf der Ebene menschlichen Erfassens und Erlebens; es ist die Projektion der seelischen Ergriffenheit in die Unendlichkeit hinein: das Selbst bis zur Weltheit aufgelöst, wobei die Leere nur das vollkommene Geschehen-Lassen bedeutet, das Ineinander-Aufgehen, das leidenschaftslose Aufnehmen der Welt in die befreite, d.h. unbegrenzte Seele.«[50]

Hier treffen sich Kunst und Religion in einer Bewußtseinssphäre, wo keine wie auch immer geartete Unterscheidung besteht. So kann man sagen, daß immer dort, wo Religion eine lebendige Kraft ist, sie ihren natürlichen Ausdruck in der Kunst findet; ja sie wird selbst zur Kunst, so wie Kunst in ihrem höchsten Ausdruck zur Religion wird. Kunst ist der Maßstab für die Lebendigkeit einer Religion.

Die vollkommenste Kombination von Kunst und religiösem Leben wurde in den vergangenen Jahrtausenden verwirklicht, als buddhistische Mönche und Mystiker ihre Visionen in Skulpturen und Malereien, in Hymnen und in Architektur, in Philosophie und Dichtung darstellten und die Botschaft einer neuen Kultur über ganz Asien verbreiteten.

Die Betrachtung des Schönen macht uns, nach des Buddha eigener Darlegung, frei von allen selbstischen Regungen; sie erhebt uns auf eine Ebene vollkommener Harmonie und Glückseligkeit, sie gibt uns einen Vorgeschmack endgültiger Befreiung und ermutigt uns auf diese Weise in unserem Streben zum höchsten Ziel. Die Verwirklichung dieses Zieles jedoch bedeutet die Entdeckung der Wirklichkeit in uns selbst und damit der Tatsache, daß wir selbst Brennpunkt universeller Kräfte sind, die durch uns strömen wie das Licht der Sonne durch den Brennpunkt einer Linse. Die Strahlen des Lichtes werden aber weder in der Linse noch im Brennpunkt aufgehalten; sie werden nicht das »Eigentum« der Linse. Die Linse dient nur dazu, sie zu sammeln und sie im Brennpunkt zu vereinen, in dem jetzt das punktartige Bild der Sonne wiedererscheint und in dem deren Macht – zur Glut gesteigert – sich offenbart. In derselben Weise dient die menschliche Individualität dazu, die Qualitäten und Kräfte des Universums zu fokalisieren, bis sie in uns zur leuchtenden Glut entfacht sind, in welchem Augenblick sie zum Blitz der Inspiration oder zur Flamme der Erleuchtung werden. Durch sie aber wird sich der Mensch seiner Universalität bewußt oder – was das gleiche besagt: – das Universum wird sich seiner selbst bewußt.

Das wahrhaft Schöne ist zu gleicher Zeit das wahrhaft Sinn- und Gehaltvolle (d.h. etwas, dem ein wirkliches Erleben zugrunde liegt und das nicht nur eine bloße ästhetisierende Dekoration ist wie die Mehrzahl heutiger Bilder), und zwar insofern, als es eine unmittelbare Beziehung zum Menschen herstellt, d. h. nicht nur mit seiner Umgebung oder der Welt, in der er lebt, sondern auch mit jenem Etwas, das über sein augenblickliches Dasein als ein gesondertes, von seiner Umwelt getrenntes Wesen hinausgeht. Eben das ließ den Kontemplativen und Mystiker wie auch den Künstler vergangener Zeiten in geistige Beziehung zu Bergen und Flüssen, Felsen und Bäumen, Menschen und Tieren, Göttern und Dämonen kommen, wie wir aus den machtvollen Darstellungen furchterregender Kräfte, in denen das Schöne nicht das Schreckliche ausschließt, ersehen können. Man denke nur an die zahlreichen tibetischen Thangkas, die die westliche Welt heutzutage nicht nur tief beeindrucken, sondern zum Nachdenken und einer Neuorientierung anregen.

Die kontemplativen Künstler des Ostens »vertieften sich in ihr eigenes Wesen oder in das eines Wasserfalls oder einer Landschaft oder eines menschlichen Antlitzes, je nachdem, was sie darstellen wollten, bis sie mit ihrem Objekt eins geworden waren, und dann schufen sie von innen, unbekümmert um alle äußeren Formen. Innere Sammlung schien diesen Künstlern wichtiger zu sein als äußeres Training. Und sicherlich steht das ganz nach innen gerichtete Individuum über der Vernunft, denn ihre Gesetze leben in seinem Geist... Der Rhythmus der fernöstlichen Zeichnungen liegt nicht in ihrem rationellen Ursprung: es ist ein innerer Rhythmus, wie der der Musik.«[51]

Kunst, als die Manifestation des wahrhaft Schönen (d. h. innerer Wahrheit) und der Reinheit innerer Schau, ist darum die größte schöpferische Kraft. Selbst die Unvollkommenheit dieser unserer Welt kann dieser Schöpferkraft dienlich sein. »Denn wahre Schönheit kann nur entdeckt werden von denen, die geistig das Unvollendete vollenden.« Buddhisten schätzen Kunst als eine meditative Betätigung, als eine Art Yoga, denn die dynamische Natur ihrer Philosophie legt ein größeres Gewicht auf den Vorgang, durch welchen Vollkommenheit erreicht wird, als auf die Vollkommenheit selbst. »Die Lebendigkeit von Leben und Kunst liegt in ihren Wachstumsmöglichkeiten.«[52]

Somit inspirierte die buddhistische und taoistische Meditation die Kunst Zentralasiens und des fernen Ostens mit neuen Idealen. Die Ausführung eines Kunstwerkes wurde als ein Akt schöpferischer Meditation betrachtet, und der Kunstgenuß, die Betrachtung eines Kunstwerks, wurde zu einem Teil des geistigen Trainings, ohne das sich niemand einen wirklich kultivierten oder gebildeten Menschen nennen konnte. »Die Anhänger des Zen zielten auf direkten Gedankenaustausch mit der inneren Natur der Dinge, indem sie die äußeren Nebensächlichkeiten nur als Hindernisse eines klaren Wahrheitsverständnisses betrachteten. Diese Liebe für das Abstrakte war es, die den Zen schwarz-weiße Skizzen anstelle sorgfältig ausgeführter, farbiger Gemälde vorziehen ließ, wie sie in der klassischen Schule des Buddhismus üblich waren.«[53]

Nicht der Gegenstand eines Kunstwerkes macht seinen Wert aus, sondern vielmehr der inspiratorische Anstoß, die Spontaneität des inneren Erlebens, aus der heraus es gestaltet wurde und die es im Betrachter wieder hervorruft und wieder erzeugt. Aber die Fähigkeit, die innere Bedeutung eines Kunstwerks zu erfassen, muß kultiviert werden – in gleicher Weise wie das Gestalten von Kunstwerken. So wie der Künstler das Material beherrschen muß, mit dem er arbeitet, so muß jemand, der Kunst wirklich genießen will, das Instrument seiner geistigen Empfänglichkeit ausbilden und schärfen, um eine tiefere Resonanz zu erzielen. Eine solche ist nur möglich, wenn er seinen Geist von allen ablenkenden Gedanken und alltäglichen Sorgen befreit hat (in diesem Sinne mag *śūnyatā* der vollkommenste Resonanzboden genannt werden).

Die tibetische religiöse Kunst geht sogar noch einen Schritt weiter: Hier erwartet man vom Betrachter nicht nur, daß er die Vision des Künstlers nacherlebt, sondern daß er sie in jeder Einzelheit in seinem Geiste wiedererstehen läßt und sie zu neuem Leben erweckt, bis sie zu einer selbständigen Wirklichkeit wird und so vor seinem inneren Auge steht, als ob sie in den Außenraum projiziert wäre. Aber ungleich dem Werke eines Künstlers, der seine Schöpfungen gegenständlich vor sich sieht – unabhängig von ihm selbst –, muß der Meditierende seine Schauung wieder einschmelzen und in sich selbst absorbieren, indem er den schöpferischen Vorgang umkehrt und ihn in der Essenz seines eigenen Geistes auflöst. Dieses befreit ihn vom Festhalten an seinen eigenen Schöpfungen und hilft ihm, sich von der Illusion von Subjekt und Objekt zu befreien.

3

Das Problem von Subjekt und Objekt

Unsere Hände können nur die Dinge in unserer nächsten Umgebung betasten. In gleicher Weise können wir nur Wahrheiten begreifen oder erklären, die von begrenztem Wert sind, d.h. solche, die rein informativ sind und unserem Wissen äußerlich zugefügt werden können. Aber es gibt andere Wahrheiten, die inspiratorischer Natur sind und die nicht unseren Errungenschaften oder unserem Wissen zugefügt werden können. Diese letzteren sind nicht wie Nahrung, sondern eher wie der Appetit, und dieser kann nur dadurch angeregt werden, daß wir unsere körperlichen Funktionen harmonisieren. In diesem Zusammenhang sagt Tagore, daß Religion eine solche Wahrheit sei und daß Kunst im höchsten Sinne die gleiche Wahrheit offenbare. »Sie stellt das rechte Lebenszentrum wieder her, indem sie ihm eine ewige Bedeutung verleiht – indem sie den wahren Wert der Objekte unseres Strebens feststellt und in uns den Geist jenes Verzichts erweckt, der der Geist der Menschlichkeit ist. Er kann nicht in regulären Dosen verteilt werden, noch durch akademische oder erzieherische Institutionen. Er muß unmittelbar von der brennenden Flamme geistigen Lebens genährt werden.«[54]

Um diese Flamme am Brennen zu erhalten, müssen wir den Geist des Fragens und Forschens in uns wachhalten und uns nicht mit den Endlösungen, die sich unserem Verstand anbieten, begnügen. Wir sollten unser Denken dazu benutzen, uns des Undenkbaren bewußt zu werden und uns immer neuen Erfahrungen zu öffnen, so daß wir uns des rätselhaften Charakters der Welt und unseres Daseins bewußt werden. Dann wird alles für uns Bedeutung gewinnen, denn wir werden jedes Ding betrachten, als ob wir es nie zuvor gesehen hätten, und zwar unter jeglichem Verzicht auf alle vorangegangenen Bewußtseinsassoziationen, die wir gewöhnlich mit dem Ausdruck »Wissen« bezeichnen.

Je länger wir davon abstehen können, Dinge gewohnheitsmäßig zu sehen, um so mehr werden wir uns unserer eigenen, wahren Natur wie auch der der Dinge bewußt, die weit über alle Begriffe und Definitionen hinausgehen. Gewohnheit tötet Intuition, denn sie verhindert lebendige Erfahrung. Darum muß das Denken, nachdem es zu dem Punkt gelangt ist, an dem existenzielle oder metaphysische Probleme auftauchen, weder durch intellektuelle Lösungen, abstrakte Begriffe noch durch Verallgemeinerungen aufgehalten oder gelähmt werden. Es muß vielmehr in eine dynamische Geisteshaltung verwandelt werden, welche alle Probleme bis zur Grenze logischen Denkens und menschlichen Verstandes verfolgt, wo Worte zu Paradoxa werden und eine neue Sprache der Symbole geboren wird. Diejenigen, die solche Paradoxa logisch zu lösen versuchen oder vorgeben, sie auf intellektueller Ebene erklären zu können, verlieren sich in einem unentwirrbaren Labyrinth. Aber diejenigen, die sich der neuen Sprache der Zeichen, Symbole und Paradoxa öffnen, werden entdecken, daß selbst das unscheinbarste Ding zu einer Offenbarung werden kann und daß in Wahrheit die äußere Welt nichts anderes ist als die »in den Geheimzustand erhobene innere« (Novalis). Um dieses Mysterium zu durchdringen, muß der Mensch seine Ichheit aufgeben, denn nur durch den vollständigen geistigen Verzicht auf alles »Ich« und »Mein« ist er imstande, alle seine künstlichen Begrenzungen und inneren Hindernisse zu beseitigen.

Um einen solchen Geisteszustand hervorzubringen, schufen die Buddhisten des Fernen Ostens besondere Meditationsübungen, in denen methodische Konzentration auf sogenannte »Koans« eine wichtige Rolle spielte. Das »Koan« ist ein Problem in der Form eines kurzen – meist paradoxen – Ausspruchs, der mit Worten weder beantwortet noch erklärt werden kann, aber den Geist aufrüttelt und den Intellekt verwirrt, so daß jede Logik versagt und augenscheinlich ein anderer Ausweg gefunden werden muß. Die Ratlosigkeit steigert sich, bis ein plötzlicher Durchbruch oder eine psychische Explosion der Spannung ein Ende macht, wobei Denker und Denkobjekt in einem Aufblitzen tiefer Erkenntnis der Natur der Wirklichkeit verschmelzen. Dieses wird »Satori« oder »Kensho« genannt: Einblick in das Wesen der Wirklichkeit.

Doch nicht alle Paradoxa haben einen tieferen Sinn. Oft dienen sie nur dem Zweck, von einer unbequemen oder rein intellektuellen Frage abzulenken, insbesondere dann, wenn der Frager noch nicht jene geistige Reife erlangt hatte, um die Antwort auf seine Frage zu verstehen. So gibt es eine Anzahl von Koans, die den Fragenden einfach auf einen alltäglichen Aspekt der Wirklichkeit verweisen. Andererseits setzen viele Koans eine intime Kenntnis der heiligen Schriften des Buddhismus voraus. Ohne Kenntnis der entsprechenden Schriftstellen würde alles unverständlich bleiben und zu einem bloßen Spiel mit paradoxen Worten oder skurrilen

Problemstellungen herabsinken, was bei vielen modernen Zen-Beflissenen immer wieder deutlich wird, denen der traditionelle buddhistische Hintergrund unbekannt und fremd ist. Europäischen Zen-Anhängern sei daher das Buch von Ohasama-Faust empfohlen, das weithin den traditionellen Hintergrund und das religiöse Schrifttum erklärt, in dem die Koans ihren Ursprung haben.[55]

Um den Unterschied zwischen einem höheren Geisteszustand und dem unseres gewöhnlichen Bewußtseins zu illustrieren, sagte ein Zen-Meister: »Wenn du Satori hast, so bist du imstande, einen feenhaften Palast, der aus kostbaren Steinen gebaut ist, in einem einzigen Grashalm zu erkennen; aber wenn du Satori noch nicht erreicht hast, so kann ein einfacher Grashalm selbst ein palastartiges Gebäude deinem Blick entziehen.«

Im täglichen Leben verhalten sich unsere Begriffe wie jener Grashalm: Sie verbergen die lebendige Welt vor unserem Geist. Sie sind einseitig und voreingenommen, obwohl sie dem gewöhnlichen Intellekt als wahr erscheinen. Ein Dichter kann uns einen augenscheinlich übertriebenen Bericht über ein Ereignis geben und mag dennoch der Wahrheit näher sein als jemand, der genau die Tatsachen beschreibt. Warum ist das so? Weil ersterer nicht vorgibt, objektiv zu sein, sondern sich die Freiheit nimmt, das von ihm erlebte Ereignis der Wahrheit gemäß, aber völlig subjektiv darzustellen. Diese unverfälschte Subjektivität ist das Privileg des Genies und des Kindes. Darum sagen wir: »Kindermund tut Wahrheit kund«. Aber in späteren Lebensaltern wird die Wahrheit meistens unterdrückt, und zwar durch den urteilenden, messenden, sezierenden, voreingenommenen und auf sich selbst gerichteten Intellekt, der die Welt in »gut« und »schlecht« einteilt oder in »günstig« und »ungünstig«, je nach den eigenen Zielen und Wünschen. Eine unvoreingenommene und darum echte Subjektivität kann wiederhergestellt und wahrgenommen werden, wenn eine höhere Bewußtseinsstufe erreicht worden ist, in der die Beziehung zwischen Subjekt und Objekt nicht mehr als ein unversöhnlicher Gegensatz empfunden wird, sondern nur als zwei Seiten ein und desselben Bewußtseinsprozesses und einer einheitlichen Wirklichkeit.

Goethe konnte darum sagen: »Die höchsten Kunstwerke sind diejenigen, die die höchste Wahrheit, aber keine Spur von Wirklichkeit besitzen.« (»Wirklichkeit« hier im Sinne von Tatsächlichkeit.) Hier haben wir ein echtes Koan in Form eines scheinbaren Paradoxes. Ein Paradox besteht aus dem *Gegensatz* zwischen augenscheinlicher Wahrheit und der Wirklichkeit, während nach allgemeinem Glauben Wahrheit und Wirklichkeit als Synonyme betrachtet werden. Dies zwingt uns von neuem, zu denken und unseren Standpunkt zu revidieren, um Goethes Worte in ihrem tieferen Sinn zu verstehen. Was er mit »Wahrheit« meinte, war augenscheinlich mehr als das, was wir gewöhnlich mit »Wirklichkeit« bezeichnen, nämlich die äußeren Tatsachen eines Ereignisses.

Wahrheit ist in diesem Zusammenhang das, was die höchste Gültigkeit menschlicher Existenz ausmacht – ein Wert, der nur im menschlichen Individuum erfahren und bestätigt werden kann, und zwar im Gegensatz zur Welt materieller Tatsachen, deren scheinbare Substantialität die meisten Menschen dazu verführt, sie als eine unabhängig bestehende Wirklichkeit anzusehen.

Ouspenski beschäftigt sich mit dem gleichen Problem, wenn er sagt: »Objektives Wissen studiert nicht die Tatsachen, sondern nur die *Wahrnehmung von Tatsachen.* Subjektives Wissen studiert ebenfalls die Tatsachen, aber die Tatsachen des Bewußtseins – die einzig wirklichen Tatsachen. Somit beschäftigt sich das objektive Wissen mit der unwirklichen, der reflektierten, scheinbaren Welt; subjektives Wissen hat mit der wirklichen Welt zu tun.«[56]

Hier entsteht die Frage, was wir »wirklich« nennen. Die ursprüngliche Bedeutung von »real« (in welchem Sinne Wirklichkeit für gewöhnlich aufgefaßt wird) ist das Wort »sachlich« (etwas, das mit Dingen zu tun hat), denn es kommt von der lateinischen Wurzel »res«, was einfach »Ding« bedeutet. Es ist somit eine Folge der alten, statischen Weltauffassung, die weder mit unserer heutigen Wissenschaft übereinstimmt noch mit der Dynamik des Buddhismus oder der dynamischen Haltung der modernen Psychologie und Kunst. Wirklichkeit wird heute nicht mehr mit irgendwelcher Substantialität gleichgesetzt, sondern mit Wirkung und Rückwirkung, dynamischer Beziehung, Aktualität. Darum kann Wirklichkeit nicht irgend etwas an oder in sich selbst sein, sondern nur aus einer Beziehung zu etwas anderem oder zur Gesamtsumme aller anderen Dinge bestehen. Dies aber macht den Begriff eines »Absoluten« nicht nur überflüssig, sondern sinnlos, denn er hat keinen Erfahrungsinhalt.

Je weiter sich die Philosophie von der Erfahrung entfernt, desto mehr wird sie dem Leben entfremdet und bewegt sich in einer sterilen Welt abstrakter Begriffe. Diese Tendenz fortschreitender Intellektualisierung und Verbegrifflichung erstickt das Interesse an der Philosophie unserer Zeit, während die Psychologie mit ihrem Nachdruck auf menschlicher Erfahrung die Stelle der Philosophie und selbst der Religion eingenommen hat. Sofern Kunst nicht wieder Ausdruck echten individuellen Erlebens wird – gleichgültig, ob dies in abstrakter oder konkreter, realistischer oder surrealistischer Form geschieht –, wird sie mehr und mehr entmenschlicht, dem Leben entfremdet und wird sich mehr und mehr nur in zufälligen oder willkürlichen Mustern und Konstruktionen erschöpfen. Solange die Menschen aus Angst, dumm oder altmodisch zu erscheinen, sich von einigen als »modern« abgestempelten Künstlern einschüchtern lassen, werden wir nicht imstande sein, den Niedergang der Kunst aufzuhalten. Bei aller Freiheit des Experimentierens müssen wir uns hüten, echtes Erleben durch das Experiment zu verdrängen.

4

Abstrakte Kunst

Um der Gefahr zu entgehen, wesentliche Werte der Kunst durch Beschränkung auf äußere Naturformen zu verlieren, muß der Künstler wieder und wieder über diese Formen hinausgehen oder sie einschränken, um ihren inneren Wert darzustellen. Er hat zu abstrahieren im wörtlichen Sinne: d. h. er muß den Mantel konkreter Phänomene und gewohnheitsmäßiger Assoziationen, welche die Aufmerksamkeit vom Wesentlichen ablenken und den Geist täuschen, abziehen, bis diese Formen reine Manifestationen seines Erlebens geworden sind. Das bedeutet nicht, daß der Künstler die Formen der Dinge vergewaltigen muß oder gezwungen ist, die Natur seinen willkürlichen Launen zu unterwerfen. Im Gegenteil, diese Formen hören auf, nur Exponenten statischer Dinge zu sein, deren Bedeutung sich von Realitäten herleitet, die außerhalb ihrer selbst (und auch unserer selbst) liegen. Sie werden vielmehr zur Verkörperung einer Bewegung, die sowohl ihre eigene Natur wie unsere entsprechenden Gefühle und Emotionen zum Ausdruck bringt. Die emotionale Eigenschaft ist mit der aktiven, mehr aggressiven Natur der Farbe (Lichtausstrahlung) und des Tones (Vibration) verbunden. Die perzeptive Seite des Gefühls ist mehr mit den zwei- oder dreidimensionalen Formen verbunden. Sie stehen dem Intellekt näher, weil ihre Auffassung eine klare räumliche Definition verlangt. Malereien, die in gleichem Maße Form und Farbe enthalten, vereinen beide Seiten menschlicher Erfahrung – die mentale wie die emotionale – und sind aus diesem Grunde besonders zur Entfaltung abstrakter Kunst geeignet.

Doch ist es wichtig, daß man sich zunächst einmal über die Bedeutung des Ausdrucks »abstrakte Kunst« im klaren ist, denn es gibt Leute, welche glauben, daß abstrakte Kunst in einer allegorischen Darstellung abstrakter Begriffe bestehe. Aber selbst in Fällen, wo solche Begriffe eine Formulierung von etwas zu finden versuchen, das in der gleichen Richtung dessen liegt, was Kunstwerke zum Ausdruck bringen wollen, so besteht doch ein grundlegender Unterschied in Prozedur und Zielgerichtetheit. Abstrakte Begriffe, die durch logische Operationen und analytisch-deduktive Methoden erlangt werden, verlieren den Zusammenhang mit dem Leben wie mit der Wirklichkeit in dem Maße, in dem die Operation gelingt. Abstrakte Kunst andererseits entwickelt sich in induktiver und konstruktiver Weise, indem sie alle wesentlichen Züge betont und entwickelt und alle sekundären Faktoren unterdrückt oder ausläßt, so daß das unter der Oberfläche verborgene Leben intensiviert wird und mehr Wirklichkeit gewinnt.

Somit ist der Ausdruck »abstrakt« mehr auf die Wirkung bezogen als auf den Vorgang der künstlerischen Schöpfung. Er ist weniger Ausdruck der Haltung des Künstlers als der des Beschauers. Denn was dieser zunächst beobachtet, ist die Abwesenheit der konkreten oder sogenannten natürlichen Formen, an welche er gewöhnt ist. Je mehr er Parallelen zu ihnen zu finden versucht, desto weniger wird er den Geist abstrakter Kunst begreifen können, denn sie macht nicht den Umweg über die äußeren Objekte, sondern erschafft Kompositionen in Form und Farbe, die in ihrer Ganzheit eine gewisse Geisteshaltung oder Erfahrung darstellen.

Das beste Beispiel, glaube ich, ist die Musik, denn sie ist von allen Künsten die, die am wenigsten nachahmt oder beschreibt. Niemand würde je fragen, was ein einzelner Ton eines Liedes oder einer musikalischen Komposition bedeutet. Nicht einmal eine ganze Melodie kann mit Worten erklärt oder beschrieben werden. Wir können lediglich sagen, daß diese oder jene Gefühle sich dabei geregt hätten.

In der gleichen Weise können wir nicht fragen, was eine einzelne Farbe oder Form in einem abstrakten Gemälde bedeutet: Alles hängt von dem Zusammenhang ab. Dieselbe Farbe oder dieselbe Form kann eine völlig andere Bedeutung annehmen, wenn sie mit anderen Farben und Formen kombiniert wird. Aber wenn wir auch die Bedeutung eines Kunstwerkes nur teilweise in Worte fassen können, so ist dennoch eine Aussage darin enthalten, die weit über alle Worte hinausgeht. Wir können ein Kunstwerk bis zu einem gewissen Grade beschreiben oder, richtiger, umschreiben, aber wir können es nicht definieren. Dennoch wäre es falsch, daraus zu schließen, daß abstrakte Kunstwerke keinen Sinn hätten. Im Gegenteil: wegen der Tiefe ihrer Natur, der Vielseitigkeit ihres Charakters, können wir sie nicht eindeutig beschreiben oder in Worte fassen. Nur die Gesamtkomposition gibt den Einzelheiten ihren Sinn – einen Sinn, der zwar nicht erklärbar, wohl aber sichtbar oder hörbar ist und damit mehr das Gefühl als den Verstand anspricht. In anderen Worten, Kunst mag nicht erklärbar sein, aber sie muß deshalb nicht sinnlos sein. Ein Künstler, der malt oder Plastiken gestaltet oder komponiert, ohne ein Erlebnis mitteilen zu wollen, sollte sein Werk für sich behalten und nicht der Öffentlichkeit aufzwingen. Denn Kunst ist ein Mittel der Verständigung, und wer nichts mitzuteilen hat, tut besser daran zu schweigen. Darum sollte auch abstrakte Kunst sich nicht nur im Ästhetischen erschöpfen, sondern einen Inhalt haben, der uns höheres oder tieferes Erleben ermöglicht. Somit muß abstrakte Kunst ebensoviel Wirklichkeitsgehalt haben wie eine Landschaft oder die Form eines menschlichen Wesens. In solchen Kunstwerken wird nichts nachgeahmt, sie hängen nicht von ihnen aufgezwungenen oder unterlegten Ideen ab: Sie sprechen für sich selbst wie ein Lied, das auch ohne Worte seinen Sinn in sich trägt. Wenn Worte hinzugefügt werden, so betonen sie höchstens den Stimmungsgehalt oder helfen uns, die Melodie zu fixieren.

Geradeso, wie das menschliche Gesicht der Ausdruck einer gewissen Entwicklungsstufe eines Individuums ist, so stellt ein abstraktes Kunstwerk eine gewisse geistige und emotionale Stufe im Leben eines Künstlers dar. Wenn er nach einiger Zeit auf sein Werk zurückblickt, vermag er seinen Sinn und den Geisteszustand, aus dem es entstand, zu verstehen. Aber während der Zeit des Schaffens ist das Werk noch zu sehr Teil des Schaffenden, als daß es objektiv gesehen werden könnte. Und selbst wenn er dies könnte, würde er es sowenig erklären können wie sein eigenes Gesicht, obwohl er es im Spiegel betrachten kann.

Wenn ein Gemälde oder irgendein anderes Kunstwerk adäquat durch irgendein anderes Medium erklärt oder beschrieben werden könnte, so wäre es nicht nötig, dieses Thema mittels Farbe und Form auszudrücken. Aber Worte können nur in die Richtung eines gewissen Erlebnisses oder einer Idee weisen, die den Beginn oder den Anstoß zur Schaffung eines Kunstwerkes gaben. Und in dieser Weise mögen sie dem Betrachter nützlich sein, einen Zugang zum Kunstwerk zu finden.

»Worte sind wie der Zeigefinger, der uns die Richtung weist, in der wir den Mond finden können«, sagte einst ein buddhistischer Patriarch. Aber wir müssen nicht auf den Finger sehen, wenn wir den Mond betrachten wollen.

5

Symbolik elementarer Farben und Formen

Selbst die einfachste Form oder Farbe ist ein Symbol, das uns sowohl die uranfängliche Beschaffenheit des Universums enthüllt wie die Struktur der menschlichen Psyche, in der die universelle Wirklichkeit sich widerspiegelt. Denn wenn die Struktur unseres Bewußtseins nicht der des Universums und seiner Gesetze entspräche, so würden wir weder des Universums noch seiner Gesetze gewahr werden. »Dieselben organisierenden Kräfte, welche die Natur in allen ihren Formen geschaffen haben, sind für die Struktur unserer Seele und ebenso unserer Denkfähigkeit verantwortlich.«[57]

Die Formen, in denen sich die Natur offenbart, sind insofern als Symbole anzusprechen, als sie jene Aspekte der Wirklichkeit zum Ausdruck bringen, die weder durch Definitionen noch durch starre Begriffe umgrenzt werden können, sondern die auf jeder Bewußtseinsstufe eine neue Bedeutung durch eine direkte, blitzartig aufleuchtende Erfahrung enthüllen.

Die sichtbare Welt erscheint uns in einer unerschöpflichen Vielfalt von Formen und Farben. Und dennoch ist diese unsere Welt auf drei Grundformen und drei Grundfarben beschränkt. Selbst mit der größten Phantasie können wir uns nicht mehr als diese sechs Elemente formaler Darstellung vorstellen. Diese Tatsache ist ein wichtiger Hinweis auf eine innere Ordnung, welche die Vielheit äußerer Erscheinungsformen durchdringt. Sobald wir dessen aber bewußt werden, fangen wir an zu verstehen, daß diese fundamentalen Formen der Schlüssel für das Verständnis unserer dreidimensionalen Welt und der Natur unseres eigenen Geistes ist.

Die Tatsache, daß diese Formen nur einen gewissen Aspekt der Wirklichkeit darstellen, nämlich den, der unserem Bewußtseinsniveau entspricht, vermindert nicht ihre Bedeutung, da unser Bewußtsein selbst ein Produkt der Totalität aller universalen Kräfte ist. Die Möglichkeit oder Fähigkeit, sich höherer Dimensionen bewußt zu werden, macht die niederen nicht weniger wirklich und mindert nicht ihre Bedeutung. Ein Bewußtsein der dritten Dimension mag nicht imstande sein, die nächsthöhere Dimension wahrzunehmen oder zu begreifen, aber zweifellos hat sie die Fähigkeit, niedere Dimensionen (wie die erste und zweite) wahrzunehmen.

Die drei Grundformen sind: Würfel, Zylinder und Kugel.

Der Würfel und die Kugel stellen zwei Extreme dar: ersterer besteht aus ebenen Oberflächen, die letztere aus einer allseitig gekrümmten Oberfläche.

Der Zylinder nimmt eine mittlere Stellung zwischen der vollständig ebenen und der vollständig gekrümmten Oberfläche ein, indem für ihn weder das eine noch das andere zutrifft, da er beide Eigenschaften besitzt: er ist gekrümmt in einer Richtung und eben in einer anderen (nämlich parallel zu seiner Achse).

Wenn wir uns nun die drei stereometrischen Körper in Beziehung zu einer unterstützenden Ebene vorstellen, so finden wir folgende Fakten: die Kugel berührt die Ebene in nur einem Punkt, der Zylinder in einer geraden Linie, der Würfel mit einer Fläche. Vom Standpunkt der Beweglichkeit aus bedeutet dies, daß die Kugel sich in alle Richtungen bewegen kann (d.h. rollen), der Zylinder in einer Richtung, der Würfel in keiner. Der Würfel steht daher für das Prinzip der Unbeweglichkeit.

Diese rein äußerliche und im wörtlichen Sinne »oberflächliche« Betrachtung ist weit davon entfernt, die innere Natur dieser Formen zu erschöpfen, aber sie zeigt, daß selbst die Oberfläche eines Körpers nicht als eine sekundäre Eigenschaft behandelt werden kann, denn ohne sie wäre die Form eines Körpers überhaupt nicht vorhanden und würde den Begriff eines Körpers gar nicht aufkommen lassen. In anderen Worten, es ist gerade die Begrenzung, welche Form möglich macht. Es ist nicht nur so, daß der Inhalt die Form bestimmt, sondern wir können mit gleichem Recht sagen, daß die Form den Inhalt bestimmt. Auf das alltägliche Leben angewandt, würde das bedeuten, daß es wichtiger ist, gute Formen zu wahren, als gute Absichten zu hegen, ohne sie äußerlich zum Ausdruck zu bringen. Es ist die Form, welche selbst bei anfänglichem Fehlen der Motivation uns zum Ziele eines adäquaten Inhalts führt. Also heiligt nicht das Ziel die Mittel, sondern eher die Mittel das Ziel. Und die Form ist es, die sich den Inhalt schafft. Das zeigt sich sowohl im positiven wie im negativen Sinne; z.B. wenn wir Formen nachahmen, die unserem Innern widersprechen oder die gegen unsere Überzeugung gehen. In diesem Fall zwingen sie uns zu einer Lüge, deren dauernder Zwiespalt auf die Länge der Zeit unerträglich wird. Um diesem inneren Zwist zu entgehen, lassen sich die meisten Menschen schließlich zum Gegenteil ihrer ursprünglichen Überzeugung überreden, um so ihr Gewissen zu beruhigen und den Zwiespalt zwischen besserem Wissen (d.h. Gewissen) und äußerem Handeln zu beheben. Aber im Falle rein ideeller oder sogenannter abstrakter Formen ist eine intellektuelle Definition ihrer Bedeutung aus gänzlich anderen Gründen nicht erschöpfend.

Worauf es nämlich ankommt, ist nicht nur die äußere Bewegungsmöglichkeit dieser in ihrem materiellen Verhalten beobachteten oder vorgestellten stereometrischen Körper, sondern der Vorgang ihrer von innen her sich vollziehenden Gestaltung – ihrer aus einem inneren Formprinzip oder aus einer inneren Richtung geborenen und bedingten Selbstbegrenzung. Hier aber rühren wir an das tiefste Prinzip aller Form, wo sich Form und Nichtform, Form und metaphysische »Leere«, Potentialität und Aktualität gleichzeitig im Vorgang eines unergründlich-geheimnisvollen Werdens, das wir Leben nennen, begegnen.

Dies aber können wir nie von außen her beobachten, sondern nur im eigenen Innern er-»leben« (d.h. nachleben) als Dimensionen oder Ausdehnungs- beziehungsweise Wachstumsmöglichkeiten unserer selbst, unseres eigenen »Bewußtseinskörpers«. Und in diesem Erleben, in dem wir die Formen nicht mehr mit Objekten der Außenwelt identifizieren, sondern mit uns selbst, das heißt, indem wir selbst uns in diesen Formen empfinden, »wird der Beschauer eins mit seiner Schauung«, wie es so oft in mystischen Schriften heißt.

Dann ist eine sphärische Form nicht mehr die Nachahmung eines Himmelskörpers oder einer imaginären Atomstruktur, sondern Inbegriff alles Lebendigen, Organischen, Beweglichen und zugleich Insichruhenden, Vollkommenen, Keimhaft-Potentiellen – während kubische Formen nicht bloße Reminiszenzen architektonischer Gebilde sind, sondern die Widerstandskraft des Unbeweglichen, die Starre des Anorganischen, die Trägheit des Stofflichen, aber auch die Prinzipien der Stabilität, der Festigkeit, der Solidität und ganz besonders das Prinzip der Stofflichkeit, der Materialisierung. Der Zylinder steht zwischen diesen zwei Gestaltungsformen und hat eher die Eigenschaft einer Gerichtetheit ins Unendliche als eines in sich geschlossenen Körpers.

Jede dieser drei fundamentalen Formen kann auf einen Punkt projiziert werden. Auf diese Weise erhalten wir, vom Würfel ausgehend, die Pyramide, vom Zylinder ausgehend den Kegel, von der Kugel ausgehend den sphärischen Kegel. Jede dieser sekundären Formen beinhaltet die Eigenschaften der Form, aus der sie hervorging, kombiniert mit den aktiven Eigenschaften des Gerichtetseins auf einen Punkt. Es ist etwas Definitiveres, Aggressiveres, Positiveres in diesen auf einen Punkt gerichteten Formen. Die Beziehung zwischen Würfel und Pyramide, Zylinder und Kegel, Kugel und sphärischem Kegel ist vergleichbar der zwischen dem Weiblichen und dem Männlichen.

In diesem Sinne können wir Pyramide, Kegel und sphärischen Kegel als aktive Formen bezeichnen, im Gegensatz zu ihren »weiblichen«, passiven Urformen, aus denen sie entstanden. Aber wir müssen uns dessen bewußt sein, daß Ausdrücke wie »aktiv« und »passiv« in bezug auf männliche und weibliche Eigenschaften nur in sehr relativem Sinne gebraucht werden können. Passivität, Empfangsbereitschaft und Sensibilität sind zwar weibliche Eigenschaften, schließen aber nicht Aktivität innerhalb des spezifischen Bereiches weiblicher Eigenschaften aus.

Weibliche Aktivität ist gekennzeichnet durch Reproduktion und Transformation, männliche Aktivität dagegen durch Intensivierung und Gerichtetheit. Weibliches Tun ist nach innen gerichtet, männliches Tun nach außen. Weibliche Passivität ist eine positive Haltung, nämlich jene der Aufnahmebereitschaft, der latenten Kreativität oder Potentialität. Männliche Passivität aber bedeutet bloße Abwesenheit oder einen geringeren Grad von Tätigkeit und ist daher negativ.

Obwohl das Vorherrschen männlicher oder weiblicher Eigenschaften in allen Formen des höheren organischen Lebens das Geschlecht bestimmt, so besitzt dennoch jedes Individuum gleichzeitig männliche und weibliche Eigenschaften. Je höher die Stufe geistiger Entwicklung, desto größer ist die bewußte Durchdringung männlicher und weiblicher Eigenschaften. Von jeher waren die größten Dichter, Denker und Künstler befähigt, sowohl die männliche als auch die weibliche Psyche mit gleicher Vollendung darzustellen; denn sie waren fähig, Männliches wie Weibliches in sich selbst zu erleben. Der Heilige, d.h. der heil und ganz gewordene, vollkommene Mensch, hat das Männliche und das Weibliche in sich polarisiert und so den Zustand vollendeter Harmonie erreicht. Daher erscheint Avalokiteśvara sowohl in männlicher wie in weiblicher Gestalt.

Eine fundamentale Modifizierung in der Bedeutung und dem Sinn und Wert reiner Formelemente entsteht mit der Zufügung von Farben, welche nicht nur die emotionale Atmosphäre einer bildlichen Darstellung oder der ihr zugrunde liegenden inneren

Vision bestimmen, sondern die eine völlig neue Welt, eine neue Dimension des Erlebens eröffnen. Während die drei Dimensionen des euklidischen Raumes, mit denen wir vertraut sind, die drei nach außen gerichteten Bewegungen darstellen, sind Farben und Tönungswerte (wobei hier Tönung entsprechend seinem Doppelsinn sowohl auf Farben, Schwarz-Weiß-Bilder und auf Musik bezogen werden kann) nach innen gerichtet und schaffen somit einen Raum, in welchem Dinge nicht nur nebeneinander, sondern auch ineinander bestehen, sich gegenseitig durchdringen und dennoch sich nicht auflösen oder sich gegenseitig vernichten.

Farbe und Klang (Musik) sind der unmittelbare Ausdruck psychischer Erfahrungen, die intellektuell weder begriffen noch definiert oder ausgedrückt werden können. Sie sprechen zunächst das Gefühl an, während rein abstrakte Formen primär den Intellekt stimulieren. Der Intellekt definiert und begrenzt; dasselbe geschieht durch die Form. Farbe jedoch vemittelt uns die Wärme des Lebens, des Gefühls und all der unbeschreiblichen Nuancen des Erlebens, die der Intellekt weder ausdrücken noch definieren kann. So ist Klarheit die hervorstechende Eigenschaft der Form und Tiefe des Erlebens die wesentliche Eigenschaft der Farbe. Vom Intellekt fordern wir Klarheit, Folgerichtigkeit, Logik, Unterscheidungsvermögen; dasselbe verlangen wir von der Form. Vom Gefühl verlangen wir Tiefe; dasselbe gilt für die Farbe.[58]

Somit enthüllt Farbe immer etwas, das mit unserer inneren Natur oder mit den emotionellen Werten der Form zu tun hat, und dies um so mehr, wenn wir uns der Nachahmung äußerlich sichtbarer Objekte enthalten und ausschließlich aus unserer inneren Schau oder unserer meditativen Erfahrung schöpfen.

Hier erhebt sich die Frage, ob jenseits unserer subjektiven Haltung oder Erfahrung irgendeine definitive Beziehung zwischen den fundamentalen Farben und Formen besteht.

Wenn wir davon ausgehen, daß das Universum – wie es sich in unserem menschlichen Bewußtsein widerspiegelt – aus drei grundlegenden Formen und drei grundlegenden Farben besteht und daß sich sowohl die Formen als auch die Farben zu Gegensatzpaaren entwickeln, die sich gegenseitig bedingen und ergänzen wie die positiven und negativen Pole eines Magneten oder wie die aktiven und passiven Eigenschaften des Männlichen und Weiblichen, dann ist es sehr unwahrscheinlich und um so weniger glaubhaft, daß dieser Parallelismus ein bloßer Zufall ist. Was mich betrifft, so bin ich überzeugt, daß beide die Struktur unserer dreidimensionalen Welt und somit die Struktur unserer Psyche widerspiegeln, daß sie also dieselbe Harmonie in verschiedenen Dimensionen ausdrücken und somit eine definitive Beziehung zwischen Formen und Farben besteht. Diese Beziehung mag, je nach dem Standpunkt des Individuums, auf verschiedene Weise ausgedrückt werden, aber diese Verschiedenheiten betreffen nur den Grundton, nicht aber die Melodie. Selbst ein verschiedener Rhythmus entsprechend dem individuellen Temperament und der individuellen Erfahrung würde diese Melodie nicht zerstören.

Laßt uns nochmals die grundlegenden Tatsachen betrachten. Die drei primären Farben, aus denen alle anderen Farben entwikkelt werden können (die aber selbst nicht abgeleitet werden können) sind Blau, Rot, Gelb.

Für jede dieser Farben kann eine Komplementärfarbe gefunden werden, die das Produkt einer Kombination der übrigen zwei Primärfarben ist. Dementsprechend bewirkt eine Kombination von Blau und Rot die Komplementärfarbe von Gelb, nämlich Violett. Die Vermischung von Rot und Gelb bewirkt die Komplementärfarbe von Blau, nämlich Orange. Die Kombination von Gelb und Blau bringt die Komplementärfarbe von Rot hervor, nämlich Grün.

Wenn die primären Farben aktiv sind, dann müssen die sekundären oder komplementären Farben passiv sein. Die aktiven Farben sind Rot, Gelb und Orange; Grün, Violett und Blau hingegen sind passive Farben. Es gibt genügend physiologische und psychologische Gründe für diese Einteilung, die wir hier nicht zu wiederholen brauchen. Aber abgesehen von diesen gibt es viele Arten und Grade von Aktivität und Passivität, die von farbempfindlichen Menschen erlebt werden, obwohl wir auch einen intellektuellen Eingang durch Vergleiche und Assoziationen, jenseits aller wissenschaftlichen Forschungsmethoden, finden können.

Wenn wir die Aktivität der zwei primären, aktiven Farben Rot und Gelb betrachten, so finden wir in ihnen denselben Unterschied wie zwischen Feuer und Licht, materieller und immaterieller oder emotionaler und intellektueller Tätigkeit. Die Aktivität des Feuers wird intensiver und mehr körperlich empfunden[59]; die Aktivität des Lichtes ist Strahlung, die nur bei höherer Intensität vom Körper empfunden wird – aber in noch weiterem Maße und in gänzlich verschiedener Form vom Gesichtssinn – und seiner Natur nach eher mit der Tätigkeit des Bewußtseins verglichen werden kann.

Orange, welches Rot und Gelb vereinigt, enthält und kombiniert beide Eigenschaften: Wärme und Licht; in der menschlichen

Sphäre: Gefühl und Wissen, die höchste Form geistiger Tätigkeit, die wir mit dem Heiligen oder mit einem Erleuchteten assoziieren. Diese Farbe wird darum in der ganzen Welt gebraucht, um die Aura eines Heiligen zu versinnbildlichen. Es ist gleicherweise die Farbe des Goldes und der Sonne, die beide Symbole göttlicher Eigenschaften, wie Geisteskraft und Unvergänglichkeit, sind. Darum wurde sowohl von Inkas wie von Tibetern das Gold für heilig gehalten und nicht für kommerzielle Zwecke benutzt.

Die Komplementärfarbe von Orange ist Blau, die einzige passive Primärfarbe. Die Passivität von Blau ist jedoch von einer sehr positiven Natur, einer Eigenschaft kosmischer Potentialität, die nicht mit der vegetativen Passivität von Grün zu verwechseln ist. Blau, und besonders Dunkelblau, ist mit der Tiefe und Reinheit des Himmelsraumes, der Einheit und Unendlichkeit des Universums, dem potentiellen Urgrund alles Bestehenden assoziiert. Darum ist es das Symbol der metaphysischen Leere oder Nicht-Dinghaftigkeit – der *śūnyatā* im Buddhismus – und von Vishnu und Krishna, den göttlichen Verkörperungen der universellen Wirklichkeit im Hinduismus. Die Bedeutung von Blau in der christlichen Symbolik wird offenbar in der Verbindung mit Maria, der Weltenmutter, deren allumarmende Universalität durch die tiefblaue Farbe ihres Mantels symbolisiert wird, im Kontrast zu ihrem Untergewand, das in einem dunklen Rot erscheint und so die Wärme mütterlicher Liebe zum Ausdruck bringt.

Rot und Grün sind in erster Linie Farben körperlicher Nähe, Farben des Lebens in seinem warmblütigen als auch in seinem vegetativen Aspekt. Sie stellen schöpferische Kräfte sowohl in der anorganischen als auch in der organischen physischen Welt dar. Auf der psychischen Ebene, durch Beigabe von Blau oder Gelb, stellen sie Gefühl (Emotion, leidenschaftlichen Wunsch oder Streben und Ekstase) dar oder vitale Harmonie (Friedfertigkeit, Gewaltlosigkeit, Anpassungsvermögen). Je nach dem Vorherrschen der einen oder der anderen Komponente (Gelb oder Blau) kann Grün zu einem hochgeistigen oder mystischen Ausdruck werden. Im augenblicklichen Zusammenhang jedoch genügt es, uns auf die grundlegenden Prinzipien und möglichen Richtlinien betreffs der Bedeutung und gegenseitigen Beziehung der Farben und der stereometrischen oder korrespondierenden abstrakten Formen zu beschränken. Wir müssen uns darüber im klaren sein, daß wir es hier nicht mit rein wissenschaftlich bestimmbaren Beziehungen oder Interpretationen zu tun haben, sondern mit einer Auffassung, die ebensosehr von intuitiven und daher subjektiven

Gesichtspunkten abhängt, obwohl wir soweit als möglich uns objektiver Argumente bedient haben.

Die dritte passive Farbe, Violett, ist vielleicht die schwierigste, denn sie ist die komplizierteste und schillerndste aller Farben (sie teilt diesen wandelbaren Charakter mit der Kugel). Sie vereint die intensivst aktive Farbe (Rot) mit der passivsten (Blau). Violett enthält eine sehr große innere Spannung, eine Neigung zur Transformation (den Shiva-Aspekt im Hinduismus), ja, selbst der Auflösung, des seelischen Kampfes und der inneren Bewegung. Es ist bezeichnend, daß diese Farbe die letzte war, die in der Kunst erschien. Sie ist dem primitiven Menschen unbekannt und wurde selbst von den frühen Griechen nicht verwandt. Im christlichen Symbolismus ist sie die Farbe des geistigen Leidens, der Passion.

Die Kugel, die in sich selbst ruht (Blau) und zu gleicher Zeit die größte Beweglichkeit hat (Rot), ist darum in einer ähnlichen Lage wie das Violett unter den Farben. Dementsprechend nimmt der sphärische Kegel, das aktive Gegenstück zur Kugel, die aktive Komplementärfarbe von Violett, nämlich Gelb, an.

Der Zylinder mit seiner quasi unendlichen, in Stabilität befindlichen Achse, vergleichbar einem vereinheitlichenden kosmischen Gesetz, entspricht der Stabilität und Ruhe des Blau. Die vermittelnde Stellung des Zylinders zwischen den zwei anderen Formprinzipien betont seinen zentralen und einheitschaffenden Charakter. Das aktive Gegenstück zum Zylinder ist der Kegel, dem die aktive Komplementärfarbe von Blau, also Orange, entspricht.

Der physischen Aktivität der Pyramide entspricht die physische Aktivität von Rot, während die Unbeweglichkeit oder das Beharrungsvermögen des Würfels, dessen einzige »Bewegung« in einer Ausdehnung seines Volumens besteht, mit der physischen Passivität der grünen Farbe in Beziehung zu setzen ist.

Es ist selbstverständlich, daß der Parallelismus zwischen Formen und Farben (die für mich der Gegenstand eines meditativen Erlebnisses waren und die Form dreier abstrakter Kompositionen annahm) nicht die Beziehungen zwischen Formen und Farben erschöpft. Es ist tatsächlich nur eine der unzähligen Anschauungsformen kosmischer Wirklichkeit, die so viele Facetten hat, als es bewußte Individuen gibt.

Die erste dieser kosmischen »Abstrakten Kompositionen« stellt den Drang zur Schöpfung materieller Existenz oder den Drang zur Formwerdung, der ersten Stufe der Verkörperung, dar. Ich habe sie darum »WERDEN« (das Prinzip des Brahma, des Offenbarers des Universums) genannt. Kubische und pyramidale Formen kristallisieren sich auseinander heraus. Im Vordergrund erscheint ein Würfel, der keimhaft eine Kugel enthält. In der oberen linken Ecke öffnet sich der Hintergrund und gestattet uns einen Blick in die nächste Stufe der Formentwicklung, die durch einen Kegel angedeutet wird. Die Farben der kubischen Formen sind verschiedene Abstufungen von Grün, diejenigen der Pyramiden Schattierungen von Rot. Die Kugel ist tiefviolett und der Kegel orangefarben gegen ein helles Blau.

Orange und Blau sind die vorherrschenden Farben des nächsten Bildes. Nur die kubischen Formen im Vordergrund, eine Reminiszens der vorhergehenden Komposition, sind in grünen und roten Farben gehalten. Mit Ausnahme dieser Formen besteht das Bild nur aus Körpern mit gekrümmter Oberfläche: blaue Zylinder, von denen die meisten in orangefarbenen Kegeln enden. Warme gelbe Reflexe vibrieren im Blau, während Orange sich zu blauen Schattierungen vertieft. Die zentralisierende Tendenz der Kegel gipfelt in den dunkelblauen zylindrischen Säulen, die in einer zentralen Kugel sich vereinen. Die mittlere Säule, welche die Achse betont, ist von doppeltem Umfang wie die übrigen.

Somit wächst das Bild von einem ungezügelten Formendrang zum zentralisierenden und stabilisierenden Prinzip des Gesetzes, das alles Wachstum reguliert, einschließlich der Komposition und der Beziehungen aller ihrer Teile. Ich nenne daher dieses Bild und den psycho-kosmischen Zustand, den es darstellt, »SEIN«, das Prinzip des Vishnu, der Verkörperung des universellen Gesetzes.

Lange nachdem ich diese Meditationsbilder gemalt hatte, kam es mir zum Bewußtsein, daß Vishnu (gemäß der Hindutradition) in blauer Farbe dargestellt wird (so wie auch Krishna und Rama, seine bedeutendsten Inkarnationen oder Avatare) und daß die konischen Shikara-Türme hauptsächlich mit Vishnu-Tempeln assoziiert werden (die im Norden Indiens entstanden), während die hemisphärische Kuppel hauptsächlich mit Shiva-Tempeln verbunden ist (die im Süden vorherrschen). Im Falle Brahmas wird das Quadrat betont, das seinen vier Gesichtern, seinen vierseitigen Pfeilern und den vier Tempeleingängen, in den vier Richtungen des Universums, entspricht. Seine Farbe ist rot, denn er ist ursprünglich der Feuergott. »Vom flammenden Tapas (der kosmischen Hitze, die sich im Menschen als psychische Hitze manifestiert (tibetisch: *tum-mo,* die Flamme der Inspiration) wurden Ordnung und Wahrheit geboren«, wie es im Ṛgveda heißt.

Vishnu ist der Erhalter der Welt, das welterhaltende Gesetz, die kosmische Ordnung, das vereinende und ausrichtende Prinzip in einer Welt der Mannigfaltigkeit, das Zentrum des Lebens, der Erleuchter, der Sonnengott. In seiner letzterwähnten Eigenschaft gehört Orange, die Farbe der Sonne, und Gold, das Sonnenmetall, zu seinen Symbolen. Das Gesetz ist die ruhende Achse, um welche die Welt sich dreht. Die zylindrische Form stellt die ideale Achse dar, tatsächlich eine unendliche Achse (da der Zylinder, seiner eigenen Natur nach, weder Anfang noch Ende hat), und stellt als solche das Prinzip der Stabilität dar. Ebenso, wie wir gesehen haben, nimmt der Zylinder die zentrale und vermittelnde Stellung zwischen den Körpern mit vollständig ebenen Oberflächen und Körpern mit allseitig gekrümmter Oberfläche ein. In diesem Zusammenhang sei auch auf die ungeheure Bedeutung der Säule in ägyptischer und griechischer Architektur und in vielen von ihr beeinflußten Kulturen hingewiesen. Die Säule spielte nicht nur eine funktionelle Rolle in der Architektur, wie die einer bloßen Stütze des Daches, sondern hatte eine überweltliche Würde in sich selbst, unabhängig von funktionellen und raumschaffenden Eigenschaften. Die Säule war mehr ein Ausdruck der plastischen Künste, vergleichbar der Skulptur, in der Maße und Form primäre Elemente sind, im Gegensatz zum umgebenden Raum. Dies ist besonders augenfällig in alten ägyptischen Tempeln, wo jede Säule eine monumentale Skulptur ist, die den sie umgebenden Raum völlig beherrscht und geradezu negiert, so daß er lediglich als unwesentliches Nebenprodukt erscheint. Jede Säule ist ein göttliches Symbol der Macht und Gerichtetheit, von Gesetz und Harmonie, Maß und Festigkeit, das die Prinzipien schöpferischen Lebens und Wachstums jenseits aller menschlichen Begriffe ehrfurchterweckend und inspirierend zum Ausdruck bringt. Jede einzelne Säule, die nach der Zerstörung jener alten Tempel (und nicht nur in Ägypten, sondern auch in Griechenland und seinen Tochterkulturen) stehen blieb (man denke nur an Rom, Agrigent und Heliopolis), berührt uns selbst heute noch als ein ehrfurchtgebietendes Monument, selbst wenn wir ihre ursprüngliche Bedeutung und ihren vorwiegend religiösen Charakter vergessen haben.

Um zu unserem Bild zurückzukehren: die dunkelviolette Kugel in der oberen Mitte der Komposition weist auf die dritte Stufe der Formentwicklung hin, die das Thema des dritten Bildes ist.

Im Vordergrund finden wir wieder die Andeutung der vorangegangenen Stufen in ihren charakteristischen Farben. Aber vorherrschend sind die sphärischen Formen, die am Ende in einer rhythmischen Bewegung ausschwingen, in der Form und Raum sich gegenseitig durchdringen und einander erschaffen. Es stellt die Auflösung und Befreiung der Materie in Energie dar, die Befreiung der Form zur Nichtform, die Überwindung allen Widerstandes durch das Niederbrechen aller Begrenzungen, den Sieg des Lebens über den Tod. Ich nenne deshalb dieses Bild »ENTWERDEN oder Shiva: die Macht der Verwandlung«.

Er ist der Herr des Tanzes, der die ganze Welt in seinem ekstatischen Tanz in Stücke tanzt – eine Zerstörung, die jedoch nicht negativ ist, sondern welche die Hindernisse beseitigt, die durch die Anhäufung von Form und Materie entstanden sind, sowie von stagnierendem Karma oder erstarrtem Gesetz, von Prinzipien, die das Leben überwuchert haben und es zu ersticken drohen. Wo Prinzipien um ihrer selbst willen bestehen, werden sie zu Hindernissen und führen zu geistigem Stillstand. Shiva ist somit der Zerstörer der Illusion, nicht aber der Zerstörer des Lebens, in ihm vereinigen sich Verzicht auf lebensfremden Luxus (Askese) und Lebensüberschwang (Ekstase), Konzentration und Aktivität, Integrierung und Intensivierung.

Der tiefe Symbolismus zwischen Transformation und einem sphärischen Körper stellt sich auch in der Architektur des Stūpa dar (aus dem sich später Dagoba, Pagode und Chorten entwickelten)[60], in dem die Hemisphäre die Elemente der geistigen Verwandlung und die gänzliche Überwindung der obenerwähnten Hindernisse auf dem Weg der Erleuchtung darstellt. Der Ursprung des Stūpa, der anfangs das Parinirvāna des Buddha symbolisierte, kann auf die prähistorischen Tumuli und den Totenkult, der auf den Glauben an die Unsterblichkeit gegründet war, zurückgeführt werden. Die hemisphärische Form des Tumulus überlebt selbst in den Kuppeln der Shivatempel.

Die Farbe der sphärischen Gebilde in unserer letzten Komposition ist ein dunkles Rotviolett, während die sphärischen Kegel, die von ihnen ausgehen, in einem oszillierenden gelblichen Grün gegen einen tiefvioletten Hintergrund erscheinen.

Das Erlebnis dieser drei kosmischen Meditationen fand seinen Ausdruck in drei Gedichten, die die Stufen von Manifestation, universellem Gesetz und Befreiung widerspiegelten, entsprechend den drei Prinzipien Brahma, Vishnu und Shiva oder den drei Zuständen des Werdens, Seins und Entwerdens. Diese drei Stufen werden in jeder tantrisch-buddhistischen Meditation immer erneut durchschritten, denn diese beginnt immer mit dem Zustand des Hervorbringens (Sanskrit: *sriṣṭikrama;* tib.: *skyed-rim),* in dem gewisse Aspekte der inneren Welt in Form von archetypischen Symbolen offenbar und visualisiert werden und die schließlich – nachdem das universelle Gesetz, das ihnen innewohnt, verwirklicht wurde – aufgelöst und wieder integriert werden in der vollkommenen Leere, aus der sie entsprangen. Dieser Prozeß der Reintegration oder Einschmelzung ist im Sanskrit als *laya-krama* und in Tibet als *rdogs-rim* bekannt. Ohne diesen befreienden Prozeß würden die kristallisierten und verhärteten Formen unserer objektivierenden Vorstellung und Weltauffassung uns schließlich in einem furchtbaren Dschungel erstarrter Wahnvorstellungen gefangenhalten, in einer *samsārischen* Welt der Täuschung, in der die Wasser des Lebens aufgehört haben zu fließen und sich in einen abflußlosen Pfuhl verwandeln würden.

6

Kosmische Meditation

I
WERDEN
(BRAHMA: DIE MACHT DER MANIFESTATION)

In Felsenklüften
braust die Brandung:
Es stürmen drohend,
donnernd Wasserberge
In furchtbarer Phalanx
die Felsenwände.
Es drängt sich Form an Form,
gestaltungslüstern,
Und die Gestaltungsfülle
schlingt sich selber ein.

Der Formkraft Sehnen
stammelt in Kristallen,
Gestaltungsdrang
türmt ewig Fels auf Fels.
Des Werdens Kraft
treibt Berge himmelan,
Der Lebensdurst
gebiert der Wesen Form:
Es sehnt sich, drängt sich,
formt, gestaltet sich –
Aus tausendfält'gem Schoß
Geburten speiend;
In tausendfachem Weh,
in Schmerzenslust-Ekstase,
In brausend-brünst'ger Brandung
machtlos tosend
An der demantnen Felsenwand
der Ewigkeit.

II
SEIN

(VIṢNU: DIE MACHT DER GESETZMÄSSIGKEIT ODER DER ORDNUNG)

Wie Zwillingssonnen sich
in kreisgeschwung'ner Bahn
Um einen unsichtbaren Mittelpunkt
im Raume drehn,
Und wie die Schwingung sich
stets selbst das Zentrum schafft:

So formt sich
das Gesetz der Welt
Im Pendelschlag von Werden
und Entwerden.

Dem Auge nicht sichtbar,
weil allgegenwärtig,
Dem Denken nicht faßbar,
weil allumfassend.

Allgegenwärtig umfassend das All
im Streben zur Einheit:
Nie sich erschöpfend
und
nie sich vollendend.

III
ENTWERDEN
(SHIVA: DIE MACHT DER VERWANDLUNG)

Shiva!
Du stürmender Zerstörer der Welt!
Du wandelnder Umwandler!
Der du nimmst und gibst in einem Atem:

Befreie mich von mir selbst!
Entforme die Form zur Freiheit,
Entwirke das Leben des Wurzelns,
Entwirke das Leben des Klammerns,
Entwirke das Leben des Haftens!

Erlöse mich vom Tod der Beharrung
zum Sturme des Lebens:
Dem Sturm, der Bäume entwurzelt,
Dem Sturm, der, was klammert, zerreißt,
Dem Sturm, der, was haftet, zerwirbelt!

Erlöse mich vom Leben,
das den Tod verneint,
Du wandelnder Umwandler!
Du tanzender Befreier der Welt!

7

Konzentrische Meditation

I
EINKEHR
(ERSTE VERSENKUNGSSTUFE)

Des Weltenbrandes ferner Widerschein
dringt als ein Letztes
durch das schmale Tor der Sinne.
Im Innern weitet sich
ein nie erschauter Raum
Und wächst, je mehr
die Flammengluten schwinden;

Und aus dem Grunde,
der noch wankt und wogt,
Nachbebend von der Außenwelt Geschehen,
sprießt Säul' auf Säule hoch;
Und Blütenkelchen gleich
entfalten ihre Häupter sie
zur Wölbung.

II
INNERE MEERESSTILLE
(ZWEITE VERSENKUNGSSTUFE)

Geschlossen ist das Tor,
der Flammenschein verschwunden,
Und dennoch geht
ein Leuchten durch den Raum,
Millionenfach gebrochen
in dem Glanz der Wände,
Die wie aus Licht gewoben
ständig wandeln,
und doch in kühnem Schwung
des Raumes Weiten einen.

Der Grund ist eins geworden
mit des Himmels Wölbung,
Nicht aber strahlt von ihr
des Lichtes Fülle,
Sie quillt vom Grunde,
wie durch Meeresfluten.

III
GEBURT DES GLÜCKS
(DRITTE VERSENKUNGSSTUFE)

Aus inn'rer Meeresstille
keimt es golden auf,
Es steigt und schwillt,
strömt über, füllt den Raum,
Verschmilzt, versinkt
in glücklichem Durchdringen,
Ein einzig Wogen, Schwellen,
Wachsen, Schwingen!

IV
AUSKLANG
(VIERTE VERSENKUNGSSTUFE)

Beruhigt ist die Flut,
verströmt das Übermaß des Glücks,
Durchsichtig, klar
erfüllt sie nun die Tiefe.

Der Wellen letzte Kreise
schwingen aus,
Gleich Schlußakkorden
hehrer Symphonien.

Der Ton verhallt,
die Stille wird Musik,
Es strahlt das Licht,
die letzten Schatten fliehen.

MANDALA
DER HEILIGE KREIS

Bevor wir in das Reich der Schauung treten,
Muß uns ein dreifach heil'ger Kreis umgeben,
Ein Kreis aus Reinheit, Kraft und tiefem Wissen,
Den wir als Schutzwall magisch um uns weben.

Des Herzens Reinheit ist der Lotusblütenkreis;
Der zweite Kreis besteht aus Szeptern aus Demant:
Das Reich der Geistesmacht, das seine Ziele weiß;
Der dritte ist ein Weisheitsflammenkreis, der von
des Herzens Mitte ausgesandt.

Dies sind die Kreise, die wir erst erschaffen,
Denn ohne sie wird unser Geist erschlaffen,
Und nicht dem so bequemen Irrweg widerstehen,
Die Welt als bloßes Trugbild anzusehen.

Denn nur, wer diese Welt als das erkennt,
Was Tod und Leben immerdar vereint,
Und was am tiefsten im Gemüt ihm brennt
Und Spiegel ist, der weder ja sagt noch verneint:

Dem wird die Welt zu einem Zauberkreise,
In der ein jeder Ort zum Mittelpunkte wird,
In dem uns auf die wunderbarste Weise
Das Rätsel uns'res Daseins wird entwirrt.

Dann bleibt nichts einzeln, in sich selbst verschlossen,
Kein Punkt erstarrt zu einem festen »Ich«,
In jedem wird das Ganze voll genossen:
Die Welt im kleinsten selbst noch spiegelt sich.

So werden wir befreit zu höh'rem Leben
Und sehn die Welt als uns'res Geistes Wesen.
Und wenn wir unser Bestes ihr nur geben,
So wird die Welt vom Übel bald genesen.

Fünfter Teil

Kontemplative Gedanken

1

Vergänglichkeit und Unsterblichkeit

Warum besteht ein so großer Unterschied zwischen Wissen, das im Leben erworben wurde, und Wissen, das uns durch andere vermittelt wird? Warum sind diejenigen, die in den Gedanken großer Denker aufgewachsen sind, meist noch weit entfernt davon, weise zu sein?

Der Grund ist darin zu suchen, daß Erfahrung die Anteilnahme unseres ganzen Wesens erfordert, und das ist mehr als eine bloße objektive, unbeteiligte Betrachtung. Darum sind diejenigen, die aus der Meditation eine kaltblütige, unbeteiligte und nur »objektive« Betrachtung machen und die dabei nur den unbeteiligten Zuschauer (oder »Zeugen«) spielen wollen, weit entfernt von wirklicher Meditation. Solange wir nicht eins werden mit dem Objekt unserer Betrachtung und es in seiner Eigenart erleben, betrügen wir uns um den Gewinn wirklicher Meditation. Die Betrachtung der Nahrung stillt nicht unseren Hunger; wir müssen sie essen, verdauen und assimilieren. In gleicher Weise bedeutet jede Erfahrung und jedes Erlebnis Einverleibung und Assimilation von etwas Wesentlichem.

Das gleichgültige, indifferente, gefühllose, ungerührte Individuum, das weder Dinge noch lebende Wesen, weder Vorgänge noch Geschehnisse in sein Herz eindringen läßt, ist ebensowenig wirklicher Erfahrung fähig wie derjenige, der sich von jedem Ding und jedem Ereignis gefangen nehmen läßt oder bloß Sklave äußerer Umstände ist, über die er keinerlei Kontrolle hat. Ein typisches Beispiel sind Menschen, die glauben, Anapanasati zu üben, wenn sie wie Nachtwandler oder Gespenster in unnatürlich verzögerten Bewegungen (wie in einem zeitraffenden Film) durch die Gegend stolzieren, in der Meinung, dadurch hinter das Geheimnis ihrer Körper- und Gliederbewegungen zu kommen. In ihrer Verrationalisierung halten sie das »Objektivsein« für eine höhere Wahrnehmungsstufe, ohne sich dessen bewußt zu sein, daß das, was wir »objektiv« nennen, nur ein konventioneller, durch Übereinkunft gewonnener Wert ist. Daher sagt Dacqué mit Recht:

»Wir kennen nur einen Kosmos: den unseres Bewußtseins, und der ist anthropozentrisch. Es liegt ein ungeheuerlicher erkenntnistheoretischer Irrtum in der Forderung an eine Wissenschaft, nicht anthropozentrisch zu sein. Wo in aller Welt kann man die Berechtigung zu dieser Forderung hernehmen, die eine rein metaphysische Fiktion bleibt, solange man nur *ein* Wissen und nur *ein* Bewußtsein kennt und nur *eine* Art von Vorstellungsinhalten: die des Menschen.« [61]

»Selbst die experimentelle Wissenschaft setzt eine metaphysische Hypothese voraus; die Stabilität der Naturgesetze.« (André Maurois). Damit aber unterstellen wir aller Verschiedenheit eine zugrunde liegende Einheit, was im Grunde genommen ein reiner Glaubensakt ist. Darum sagt Dacqué im Zusammenhang mit obigem Gedanken:
»Wenn ein Mensch durch eine grüne Brille sieht, ist ihm die Welt subjektiv–grün; wenn fünfzig Menschen aber hindurchsehen und sich dann mitteilen, was sie sahen, sich daraufhin einigen und es in Begriffe fassen, dann ist die Welt objektiv-grün.« [62]

Der rein »objektiv« Betrachtende schließt sich selber aus; der rein »subjektiv« Betrachtende, der sich seiner Subjektivität nicht bewußt ist, steht in Gefahr, sich im Gegenstand seiner Betrachtung zu verlieren und von ihm hingerissen zu werden. Der erste kann mit einem Mann verglichen werden, der am Ufer eines Flusses verdurstet, weil er sich weigert, daraus zu trinken; der andere gleicht einem Menschen, der sich in den Fluß wirft und darin ertrinkt.

Leben bedeutet geben und nehmen, empfangen und teilnehmen: Austausch und Transformation, Gegenseitigkeit und Wandlung. Es ist Einatmung und Ausatmung. Es ist nicht das Inbesitznehmen von irgend etwas, sondern ein Teilnehmen an allem, was mit uns in Berührung kommt. Es ist weder ein Zustand des Besitzens noch des Besessenseins, weder ein den Dingen Verhaftetsein noch auch ein Zustand der Indifferenz, sondern der mittlere Weg, der Weg der Verwandlung.

Wir werden verwandelt durch das, was wir annehmen oder empfangen. Wir verwandeln, was wir angenommen haben, indem wir es assimilieren. Wir werden verwandelt durch den Akt des Gebens, und wir tragen zur Verwandlung anderer durch das, was wir geben, bei.

Wer diesem Vorgang der Verwandlung sich entgegenstellt, stirbt den langsamen Tod der Erstarrung; er wird von allem Lebendigen ausgeschlossen und ausgestoßen, so wie tote Materie von einem lebenden Organismus. Tod ist Mangel an Transformationsfähigkeit.

Diese Fähigkeit ist grundsätzlich verschieden von Zerfall oder bloßer Vergänglichkeit im Sinne eines unqualifizierten, willkürlichen Wechsels. Zerfall ist die Auflösung dessen, was aufgehört hat, eine organische Einheit zu sein, ein System harmonischer Beziehungen innerhalb bestimmter Grenzen und innerhalb der Welt, in der es lebt oder sein Wesen hat.

Transformation ist weder willkürlicher Wechsel noch ein Wechsel, der dem Zerfall ausgesetzt ist, sondern gesetzmäßige Veränderung gemäß der inneren Natur des in Frage kommenden Objektes. Es gibt viele Kategorien der Gesetzmäßigkeit, die sich auf verschiedenen Ebenen auswirken, zum Beispiel:

das Gesetz der Kausalität, das in rein linearer Weise wie in der Physik diesseits des atomaren Niveaus wirkt;
das Gesetz der »abhängigen Entstehung« oder relativer Kausalität, das durch Nichtumkehrbarkeit gekennzeichnet ist und im Bereich der Biologie, d.h. im Bereich lebender Organismen vorherrscht;
das Gesetz der Assoziation, das auf Affinität beruht und im Bereich der Psychologie zu Hause ist;
das Gesetz der Gleichzeitigkeit oder der Synchronizität, das im Weltraum vorwiegend zu operieren scheint;
das Gesetz der Transformation, das sich in der Zeit auswirkt.

Mit anderen Worten, die Kategorien des Gesetzes bewegen sich zwischen dem rein Universellen und dem rein Individuellen; sie erstrecken sich von den allgemeinen Gesetzen der anorganischen Materie bis zu den besonderen (und viel komplizierteren) Gesetzen organischen Lebens und individuellem Selbstausdruck, vom Bereich der Notwendigkeit zum Bereich der Freiheit, denn Freiheit ist nicht Gesetzlosigkeit, sondern nur die Möglichkeit des Selbstausdrucks, der Selbstverwirklichung im Rahmen der universalen Gesetze. Selbstverwirklichung jedoch kann nie in Egozentrizität bestehen oder in individueller Getrenntheit oder Exklusivität, sondern nur in einem höheren Grad von Empfänglichkeit, Verantwortlichkeit und schöpferischer Tätigkeit, also in einem dynamischen Austausch lebendiger und geistiger Kräfte.

»Unser Selbst muß, um zu leben, durch einen ewigen Wechsel und ein Wachstum der Form gehen, das wir ein dauerndes Sterben und ein dauerndes Geborenwerden, welches zu gleicher Zeit vor sich geht, nennen können. Wenn wir uns dem Tode widersetzen, so rufen wir ihn in Wirklichkeit herbei: wenn wir dem Selbst Form zu geben wünschen, die unveränderlich feststeht; wenn das Selbst keinen Impuls fühlt, über sich selbst hinauszuwachsen; wenn es seine Grenzen als endgültig betrachtet und dementsprechend handelt.«[63]

Somit enthält Transformation sowohl Wechsel wie Stabilität, Vielheit und Einheit, Bewegung und Konstanz. Sie hat die Natur des Lebens, d.h. organisch polare Gegensätze zu überbrücken, die Hemmschuhe der Logik abzustreifen und alle widerstrebenden Elemente in einem allumfassenden Rhythmus zu vereinen.

Rhythmus und Richtung stellen die Stabilität der Bewegung dar, einer Bewegung, die nie in gerader Linie fortschreitet (denn eine solche existiert nur in theoretischer Mathematik oder im abstrakten Denken, nicht aber im Leben). Darum ist die Logik des Gehirns eine andere als die Logik des Lebens.

Wenn wir Stabilität haben wollen, so können wir sie in uns selbst finden: als die Stabilität unserer inneren Richtung, auf ein Zentrum oder auf Erleuchtung gerichtet. Dieses ist nicht die Stabilität des Stillstandes, sondern die Stabilität einer dynamischen Bewegung. Deshalb verwendet man im Buddhismus das Symbol des »Stromes«, in den man eintritt, sobald man jene innere Richtung gefunden hat, und bezeichnet den als »Stromeingetretenen« (Pāli: *sotāpanna),* der den Befreiungspfad beschritten hat. Ob diese Bewegung zu einem Stillstand kommt, wenn das Zentrum erreicht ist, oder ob sie in eine andere verwandelt wird – vielleicht in eine höhere Art der Bewegung –, ist unwesentlich; in jedem Falle sind die individuellen Begrenzungen – die Ursachen aller unserer Probleme – ausgelöscht. Die innere Stabilität und Integrität eines Menschen, der seine innere Mitte gefunden hat, ist jedenfalls unendlich größer als die eines Individuums, das unerleuchtet und unausgerichtet ist und in einer Welt lebt, die von Hindus und Buddhisten als *samsāra* bezeichnet wird.

Diese *samsārische* Welt aber ist es, die überwunden werden muß und die, wie gewisse Schulen meinen, eine illusorische Welt ist. Doch bedeutet das nicht eine Verneinung der Wirklichkeit dieser Welt, sondern nur die jener falschen Werte, die wir von einer entstellten Realität herleiten oder auf sie anwenden. Werte können nur durch Entscheidung oder die klar ausgerichtete Haltung des Geistes hervorgebracht werden. Es gibt keine in sich selbst bestehenden Werte, sondern nur Werte in bezug auf geistige Ziele oder auf praktische Notwendigkeiten des Lebens oder individuelle Gegebenheiten. Es ist daher unmöglich, der Welt als solcher oder der Natur irgendwelche Werte zuzuschreiben. Die Welt als solche ist weder gut noch schlecht; sie bringt sowohl Verbrecher wie Heilige, Unwissende wie Weise, Narren wie Erleuchtete hervor. Wenn man sagt, daß die Zahl der Unwissenden die der Weisen bei weitem übertreffe, so zeigt das nur, daß man Qualität und Quantität verwechselt. Der menschliche Körper besteht aus Millionen und Abermillionen von Zellen oder lebenden Organismen; und trotzdem gibt es nur ein einziges menschliches Bewußtsein, um diese ungeheuerlich große Organisation zu rechtfertigen. In gleicher Weise kann die Existenz eines erleuchteten Geistes nicht von Millionen unerleuchteter Individuen aufgewogen werden. Ein Weiser bedeutet mehr als tausend Narren.

Somit kommt es darauf an, was wir aus dem Material, das wir die Welt oder unsere Umgebung nennen, machen. Aus demselben Lehm können schöne und häßliche, nützliche und unnütze Dinge gemacht werden. Die Qualität hängt vom Töpfer, nicht vom Lehm ab. Wenn wir z.B. wissen, daß eine Statue aus gewöhnlichem Stein, Lehm oder Holz gemacht ist, so haben wir damit keinesfalls den wirklichen Wert der Skulptur erfaßt. Zu glauben, daß das Leben Illusion ist, ist von geringem Wert und wird uns nur dazu verführen, es nutzlos zu vergeuden, statt es zu nutzen oder es zu etwas Schönem zu gestalten, das andere mit Inspiration und uns selbst mit Befriedigung erfüllt.

Wir leiden nicht deshalb, weil irgend etwas an der Welt falsch ist, sondern weil etwas bei uns nicht stimmt. Wir leiden zum Beispiel nicht, weil die Dinge der Welt vergänglich sind, sondern weil wir an vergänglichen Dingen hängen. Wenn wir nicht an ihnen hängen würden, so würde uns ihre Vergänglichkeit nicht stören. Wir erfreuen uns an einem Wasserfall oder einer Wolkenformation trotz ihrer Vergänglichkeit; die wechselnden Formen sind es gerade, was uns entzückt. Wir bewundern die flüchtige und gebrechliche Schönheit einer Blume, und wir schätzen sie um so höher wegen ihrer Einzigartigkeit, ihrer Vergänglichkeit, ihrer unwiederholbaren Individualität. Sie ist kostbar, weil sie einen unwiederholbaren Ausdruck des Lebens darstellt und die Summe alles dessen, was war; sie verkörpert in ihrer individuellen Form die Unermeßlichkeit des Universums.

Darum bestand die letzte große Geste des Buddha darin, daß er eine Blume emporhielt, als er von Subhuti gefragt wurde, was die Quintessenz seiner Lehre sei. Es war seine tiefste Predigt – ohne daß er ein Wort sprach! Ein hoher Grad von Kultur und Einsicht sind notwendig, um das Ewige im Vergänglichen zu sehen, die zeitlose Harmonie in der Augenblicklichkeit der Erscheinungsformen zu erleben und den unendlichen Rhythmus zu fühlen, der die unscheinbarsten Lebensäußerungen erfüllt.

Die tödliche Gleichheit maschinengemachter Dinge und ein Leben, das von Technologie beherrscht wird, sind, was den Geist zerstört und ihn schließlich tötet. Unendliche Verschiedenheit des Ausdrucks ist charakteristisch für das Genie, während Einförmigkeit den Philister kennzeichnet. Das Symbol der Maschine ist das Rad. Das Maschinenrad ist das Symbol des Samsāra, des unentrinnbaren Gesetzes des Daseins, in dem Geburt und Tod ewig wiederkehren. Die Versklavung Tibets durch die Chinesen geschah mit der Einführung des Rades, das unbekannt war vor der chinesischen Annexion. Das einzige Rad, das bekannt war, war das Rad des Dharma, das Rad der Lehre und jenes universellen Gesetzes, das Tibet mit dem unendlichen Kosmos verband und dem Menschen die Sicherheit gab, von etwas Höherem abzuhängen als von der Willkür machthungriger Tyrannen.

Das Rad des Dharma ist nicht ein Rad, das sich um seine Achse dreht, sondern ist der Sonne gleich, die nach allen Seiten strahlt und alle Formen des Lebens durchdringt. Wer dieses Symbol begreift, erkennt seine Universalität und die gegenseitige Bezogenheit und Verwobenheit aller Dinge und Erscheinungsformen, ohne ihren relativen Wert und ihre Daseinsberechtigung zu verleugnen.

Wir leben in einer Welt der Unbeständigkeit und Vergänglichkeit, weil wir von den kleinen Bruchstücken, an die wir uns unter dem Einfluß unvernünftiger Wünsche klammern, geblendet sind. Und so geblendet, verlieren wir die großen Zusammenhänge und inneren Beziehungen, die unserem Leben Sinn und Harmonie geben. Wenn wir das ganze Bild sehen könnten, die Ganzheit und Vollständigkeit aller Beziehungen, so würden wir imstande sein, die Dinge und die Wesen in der richtigen Perspektive zu sehen. Der Wechsel oder die Bewegung – die wir bis jetzt nur unter dem negativen Aspekt der Vergänglichkeit (als dem Prinzip der Vernichtung) sehen konnten – würde eine Beständigkeit des Rhythmus, eine Stabilität der Richtung und eine Kontinuität der organischen Entwicklung und geistigen Entfaltung enthüllen, welche unserer Welt und unserem Leben eine höhere Art von Beständigkeit und Wert geben könnte, als es alle intellektuellen Abstraktionen und Spekulationen jemals vermögen.

Wir anerkennen die Einheit eines Dinges im Raum, obwohl es sich in verschiedene Dimensionen ausdehnt und verschiedenartige Aspekte und Proportionen besitzt. Aber wir bezweifeln eine ähnliche Einheit, wenn sie sich in der Zeit erstreckt (welche nur eine andere Dimension ist), wo sich ebenfalls verschiedene Aspekte und Proportionen bemerkbar machen, je nach der inhärenten Natur des Objektes.

»Unser Intellekt... begreift diese letzte Wahrheit über die Dinge nur langsam, stückweise und mit Mühe. Er sieht nur ein Ding (und einen Aspekt davon) auf einmal und hat somit immer ein Gefühl der Unvollständigkeit und Begrenzung. Aber wir haben manchmal Augenblicke der Einsicht, wo etwas, das sich unserer Vorstellung darbietet, uns, da es sich selbst formt oder aufgrund unserer eigenen gehobenen Stimmung, wie ein vollkommenes oder völlig begreifbares Universum im Kleinen erscheint«[64]

Während der gewöhnliche Mensch an die Wirklichkeit seiner Sinnenwelt und seines individuellen Lebens glaubt, ist der Denker enttäuscht, weil er entdeckt, daß das Leben nicht mehr Wirklichkeit hat als ein Traum. Der Weise jedoch, obwohl er sich des illusorischen Charakters des Lebens bewußt ist, erfüllt es mit der höheren Wirklichkeit eines Kunstwerkes, das illusorische Formen und vergängliche Materialien benutzt, um Wirklichkeit auszudrücken und sich dessen bewußt zu werden, was über die Grenzen individuellen Lebens hinausgeht. Er ist der Träumer, der sich seines Traumes bewußt ist und der nun seinen Traum beherrscht, ohne seinen Sinn für die Wirklichkeit zu verlieren.

Eben dies erlebten die großen Mystiker aller Zeiten und die größten Künstler. Aber während die letzteren es nur in ihren schöpferischsten Augenblicken verwirklichten, waren jene Mystiker, infolge ihrer inneren Überzeugung und Losgelöstheit von allen Vorurteilen, fähig, mehr oder weniger in diesem Zustand schöpferischen Erlebens zu verweilen. Für sie war die vergängliche Welt gewöhnlicher Sterblicher ausgelöscht, obwohl sie weiterhin mit ihnen lebten und ihnen ihre Liebe gaben, denn sie hatten jene zentrale Harmonie gefunden, in der der Begriff oder vielmehr das Erlebnis der Ganzheit auch im Individuum nicht verloren geht. Sie sind die Siddhas, welche die magische Kraft verwirklicht haben, welche *samsāra* in *nirvāna* verwandelt. Sie sind die Heiligen und Weisen, die zur Erleuchtung gelangten.

2

Die Überwindung des Todes

Da der Tod kein unmittelbares Erlebnis, sondern nur ein aus äußeren Geschehnissen abgeleiteter Begriff ist, so hängt die Befreiung vom Tode von der Überwindung des Begriffes ab. Dies aber kann nie durch den Intellekt geschehen, der ja gerade die Zone des begrifflichen Denkens ist, sondern nur durch Wiederherstellung des Erlebniszustandes.

In anderen Worten: die Verbegrifflichung unserer Individualität schafft das »Ich«, die Verbegrifflichung des Wechsels (der einseitig nur unter dem Aspekt des Vergehens gesehen wird), unter Bezugnahme auf jenes illusorische »Ich«, schafft den Tod. Weder der Tod noch das »Ich« können erlebt werden. Sie sind die beiden entgegengesetzten Enden derselben Begriffsreihe. Ihr Kennzeichen, wie das jedes Begriffes, ist Begrenzung, Abgrenzung.

Wäre der Tod etwas Wirkliches, so könnten wir ihn erleben. In dem Augenblick aber, in dem wir ihn erleben würden, hätten wir den Beweis erbracht, daß er das erlebende Subjekt nicht zerstört und somit nicht das ist, wofür wir ihn halten.

Wenn der Tod aber etwas ist, das gar nicht erlebt werden kann, warum sollten wir uns dann vor ihm fürchten? Wir würden uns ja auch nicht vor einer Krankheit fürchten, von der wir wissen, daß sie uns gar nicht befallen kann. Wenn wir den Tod dennoch fürchten, so beweist dies nur, wie sehr wir unter der Herrschaft des Intellekts stehen.

Eine typische Eigenschaft des Intellekts ist sein Streben nach Objektivität. Sie ist berechtigt und nützlich, solange es sich um Objekte, d.h. um begrifflich Abgrenzbares handelt (denn be»greifen« kann man nur Begrenztes, Gegenständliches); sie versagt aber naturgemäß in allen lebenswichtigen Fragen, d.h. in denen, die den Menschen selbst angehen. Anstelle jener intellektuellen Objektivität subjektives Erleben zu setzen, ist der einzige Ausweg aus dem Dilemma des Geistes.

Das Problem der Todesüberwindung (oder der Unsterblichkeit) ist somit gar kein objektives, sondern ein rein subjektives und ist dementsprechend nur erlebnismäßig zu lösen. Objektiv gibt es noch weniger einen Tod als subjektiv, sondern höchstens den

Leichnam, den aber doch ernstlich niemand für die Person des Verstorbenen ansieht – andernfalls man ihn nicht beerdigen oder verbrennen würde.

Die Überwindung des Todes liegt also durchaus im Bereich des Möglichen. Zwar können wir uns in die Bewußtseinslage des Kindes oder des Tieres, das nicht stirbt, weil es vom Sterben nichts weiß, nicht zurückversetzen; aber wir können uns über den Standpunkt des Durchschnittsmenschen, der dem Tode ausgeliefert ist, weil er ihn glaubt, hinausentwickeln, indem wir die Ich-Illusion durchschauen und somit die Voraussetzung des Todes zunichte machen.

Die Vernichtung der Ich-Illusion ist aber keineswegs identisch mit der Vernichtung der Individualität oder der individuellen Kontinuität. Ganz im Gegenteil: erst durch die Vernichtung dieser hemmenden und einschränkenden Illusion wird es möglich, über die Grenzen der momentanen »Ichheit«, jenes nur gedachten Bezugszentrums unserer vielfältig bedingten Persönlichkeit, hinauszusehen und den Zusammenhang mit vorhergegangenen und zukünftigen Lebensformen zu erkennen.

Es ist eine in Tibet wohlbekannte geistige Übung der in die Bardo-Lehren Eingeweihten, in jene tieferen Schichten der Psyche einzudringen, in die sich das Bewußtsein im Augenblick des physischen Todes zurückzieht, und so das Erlebnis des Überganges von einer Lebensform zur anderen geistig vorwegzunehmen. Es handelt sich hier nicht um die Bewußtmachung der Vergangenheit oder der Zukunft, die Erinnerung früherer Leben oder die Vorausschau künftiger Existenzen, sondern um etwas viel Wichtigeres: die bewußte Leitung unserer psychischen Kräfte im Augenblick des Aufhörens der körperlichen Funktionen oder die bewußte Projektion dieser Kräfte in einem ähnlichen, während der Meditation hervorgerufenen Zustande der Befreiung vom Einfluß körperlicher Funktionen.

Durch Beobachtung und Befolgung der Naturgesetze ist es dem Menschen gelungen, die Naturkräfte zu beherrschen. Durch Beobachtung und Befolgung geistiger Gesetze wird er zum Herrn des Geistes.

Seit Jahrtausenden hat man sich darum gestritten, ob der Mensch unsterblich sei oder ob mit dem physischen Tode alles vorbei sei. Dabei hat man das Wesentliche übersehen: daß Unsterblichkeit oder Vernichtung keine naturgegebenen Tatsachen sind, sondern daß sie von uns selber abhängen.

Der Mensch ist sterblich, solange er sich nicht bemüht, über seinen gegenwärtigen Zustand hinauszukommen, d.h. über den Zustand seines gegenwärtigen Unwissens, seines Sichgenügens mit den unwesentlichen Teilerscheinungen seines Daseins. Unsterblichkeit ist nicht eine Gabe der Natur oder eines Gottes: sie muß erworben werden.

Die alte, so furchtbare Lehre von der ewigen Verdammnis (die so wenig zu der Idee eines gütigen Gottes paßt) hat ihren Ursprung in der richtigen Erkenntnis, daß das Individuum, das den Anschluß an die großen Zusammenhänge seiner Existenz und seines inneren Seins nicht gefunden hat, in der Tat der Vergänglichkeit anheimfällt und sich um seine Unsterblichkeit bringt. Denn Unsterblichkeit ist nicht die Fortexistenz einer unbewußten Lebenskraft, sondern das Bewußtsein der eigenen tieferen Wirklichkeit. Es ist das Wissen um die Wirklichkeit jenes großen Stromes, in dem unser jetziges Leben nur einen Augenblick darstellt. In diesem Wissen liegt die Befreiung vom Tode, das Erlebnis und die Verwirklichung der Unsterblichkeit.

3

Das Mysterium des Lebens und des Sterbens

Der gewöhnliche Mensch glaubt an die Wirklichkeit seiner Sinnenwelt und seines individuellen Lebens.

Der Denker ist enttäuscht, denn er entdeckt, daß das Leben keine größere Wirklichkeit besitzt als ein Traum.

Der Weise aber, obwohl er sich des illusorischen Charakters unseres Lebens bewußt ist, macht, wie der Künstler, die illusorischen Formen und vergänglichen Materialien zum Träger des Unvergänglichen und erfüllt sie mit einer Wirklichkeit, die über die Grenzen individuellen Lebens hinausgeht.

Zu wissen, daß eine Statue aus gewöhnlichem Lehm und Stein gemacht ist, sagt nichts über die Natur der Statue aus und bedeutet nicht, daß wir dem Wesen oder dem Sinn des Kunstwerkes näher gekommen sind. In gleicher Weise bringt uns die Analyse des menschlichen Körpers, seiner seelischen Eigenschaften, Bewußtseinsfaktoren und geistigen Funktionen nicht dem Wesen oder dem Sinn des Lebens näher.

Zu wissen, daß das Leben Illusion ist, ist nicht von entscheidendem Wert und braucht nicht daran zu hindern, es zu einem Kunstwerk zu gestalten, zu einem Gebilde von innerer und äußerer

Harmonie. Das Leben hat nicht Sinn in sich selbst, sondern nur den Sinn, den wir ihm geben.

Wenn Konfuzius sagt, daß es nicht die Wahrheit ist, die den Menschen groß macht, sondern daß es der Mensch ist, der die Wahrheit groß macht, so dürfen wir diesen Satz dahin abwandeln, daß wir sagen: Es ist nicht das Leben, das den Menschen groß macht, sondern der Mensch, der das Leben groß macht.

Denn Leben ist überall; aber erst, wenn es sich zu einem individuellen Brennpunkt konzentriert, gewinnt es die Kraft und die Fähigkeit, sich seiner überindividuellen, allumfassenden Natur bewußt zu werden.

Darin besteht die große Paradoxie des Geistes: um sich seiner Universalität bewußt zu werden, bedarf es der Individualisierung. Die Individualität aber bedarf dauernder Auflösung, Erweiterung und Auflockerung, um nicht zu verhärten, zu erstarren und ihrer ursprünglichen Funktion verlustig zu gehen. Sie bedarf des Sterbens, der Wiedereinschmelzung und Verflüssigung, um sich vor dem seelischen Tode zu retten, dem Tode der Stagnierung, der Erstarrung und Trennung von der Ganzheit des Ursprungs.

Um das Leben groß zu machen, dürfen wir es nicht festhalten. Das lehren uns selbst die Funktionen des Körpers, in dem sich die Gesetze des Lebens widerspiegeln. Jeder Stoff, den wir festhalten, sei es Luft oder Nahrung, verwandelt sich in Gift. Ausatmung und Ausscheidung sind ebenso lebenswichtig wie Einatmung und Nahrungsaufnahme. In gleicher Weise verhält es sich mit dem Sterben: es ist ebenso lebenswichtig wie das Geborenwerden. Nur dadurch, daß wir es mit dem Zerfall und der Auflösung des Körpers gleichsetzen, ohne Beachtung des gleichzeitigen geistigen Regenerierungsvorganges, kommen wir zu unserer einseitig-negativen Auffassung des Todes.

In der Tatsache des Sterbens enthüllt sich das tiefste Mysterium des Lebens. Die Notwendigkeit des physischen Todes ergibt sich aus der Lebendigkeit des schöpferischen Geistes, dem keine Einzelform auf die Dauer Genüge sein kann.

Nur wer begreift, daß Geburt und Tod zwei Seiten desselben Vorganges sind, der sich in jedem Augenblick des Lebens vollzieht, so wie Ein- und Ausatmung, erkennt, daß Sterben nicht der Gegenpol zum Leben, sondern eine Grundfunktion des Lebens selber ist, die in keiner Weise von der des Geborenwerdens getrennt werden kann.

Darum sagt schon Plutarch, daß im Augenblick des Todes die Seele das gleiche erlebt wie die Eingeweihten der großen Mysterien. Denn die Eingeweihten gehen schon im Akte der Einweihung durch die Pforten des Todes und der Wiedergeburt und wissen um die untrennbare Einheit beider im Strome des Lebens.

Das Wissen dieses Mysteriums ist bis zum heutigen Tage in Tibet lebendig geblieben und in den Lehren und Symbolen des Tibetischen Totenbuches niedergelegt. Dieses Buch ist daher weit mehr als eine Anweisung zum Sterben oder eine Totenmesse oder ein Führer durch den Bereich des Todes. Es ist ein Buch für Eingeweihte, ein Führer für die Lebenden. Sein wirklicher Titel ist: »Die Befreiung durch Hören (der Wahrheit) (Tibetisch: ›thos-grol‹, gesprochen ›Thö-dol‹) vom Zwischenzustand (Tib.: ›bardo‹).«

Dieser Zwischenzustand aber ist nicht nur der Zustand zwischen dem physischen Tod und der Wiedergeburt, sondern umfaßt jeden Augenblick unseres Lebens. Denn das Leben des Unerweckten ist nichts weiter als ein solcher Zwischenzustand, dem keine größere Realität zukommt als den Erlebnissen des Traumes und anderer illusorischer (d.h. nur in begrenztem Sinne »wirklicher«) zeitbedingter Geisteszustände.

Diejenigen aber, die nicht nur mit den Ohren, sondern mit dem inneren Sinn gehört und schon im Leben diese Lehren verwirklicht haben, sind aus dem illusorischen Zwischenzustand zur Wirklichkeit erwacht und Meister ihres Lebens und Sterbens geworden. In Tibet werden sie als »Tulkus« bezeichnet, d.h. als solche, deren Körper (Tib.: »sku«) die bewußte Projektion oder Schöpfung (Tib.: »sprul«, gespr. »tul«) ihres Geistes ist, im Gegensatz zum gewöhnlichen Menschen, dessen Körper und Persönlichkeit das Produkt unbewußter Triebe und Neigungen ist (die der Gegenstand der Psychoanalyse sind).

Solche »Tulkus« (mein eigener Guru war ein solcher) werden von Europäern fälschlich als »lebende Buddhas« bezeichnet, was gänzlich irreführend ist – wie das meiste, das man über Tibet hört. »Sprul« ist die schöpferische Kraft des Geistes, und wer diese Kraft beherrscht, ist ein »Tulku«.

Sollte der Ungeist und die brutale Gewalt der Maschinenzivilisation die lebendige Tradition des Bardo Thödol und der geistigen Kultur Tibets auslöschen, so wäre die Menschheit des letzten Zusammenhanges mit den großen Mysterien der Vorzeit beraubt.

4

Knechtschaft der Worte

Im *Lankāvatāra Sūtra* heißt es: »Möge ein jeder Jünger sich vorsehen, nicht an Worten zu haften, als wären sie ein vollkommener Ausdruck des Sinnes; denn Wahrheit ist nicht im Buchstaben. Wenn ein Mensch mit dem Finger nach etwas weist, so könnte die Fingerspitze irrtümlicherweise als das Ding genommen werden, auf das hingewiesen werden sollte. In gleicher Weise sind die Unwissenden und Einfältigen gleich Kindern, unfähig, die Idee aufzugeben, daß in der ›Fingerspitze‹ des Wortes der Sinn selber enthalten sei.«

Worte sind irreführend, nicht nur wenn sie dasselbe Ding oder dieselbe Erfahrung in verschiedener Weise beschreiben, sondern mehr noch, wenn derselbe Ausdruck in verschiedenen Bedeutungen und für verschiedene Zwecke gebraucht wird. Die negative Haltung, die orthodoxe Buddhisten den Upanischaden oder dem Vedanta gegenüber einnehmen, ist gewöhnlich auf einem Wissensmangel gegenüber dem anderen System begründet oder auf der naiven Voraussetzung, daß gleiche Worte gleiche Bedeutung haben oder daß sich Aussagen, die in ihrem verbalen Ausdruck gewissen Formulierungen der buddhistischen Philosophie widersprechen, notwendigerweise gegenseitig ausschlössen. Eine solche rein scholastische Haltung hält die Oberfläche, den verbalen Ausdruck, für wichtiger als die ihm zugrunde liegende Erfahrung oder das religiöse Erlebnis.

Keyserling hat in seinem »Reisetagebuch eines Philosophen« sehr richtig bemerkt, daß der westliche Mensch »vom Denken, induzierend, deduzierend, differenzierend, integrierend fortschreitet, während der Inder von Bedingung zu Bedingung, von Zustand zu Zustand fortschreitet. Der erstere erhebt sich höher und höher im Bereiche der Abstraktionen, von Sonderbegriffen zu Allgemeinbegriffen, von diesen zu Ideen, usw.; der letztere wechselt dauernd die Form seines Bewußtseins. Er hat natürlich, was er auf den verschiedenen Ebenen erlebt hat, objektiviert und hat dies in begriffliche Formen gebracht; und diese Begriffe sind oft identisch mit den unsrigen, was Worte anbelangt. Auch die Inder sprechen vom Absoluten. Während aber dieser Begriff für uns eine gewisse Stufe der Abstraktion darstellt, bedeutet es für den Inder die ob-

If there is a change

jektive Wiedergabe eines subjektiv erlebten Zustandes. Wir haben es darum nicht mit Identität, sondern mit Inkommensurabilität zu tun. *Ātman* ist für den Inder nicht eine verstandesmäßige Idee, sondern die Beschreibung eines erreichbaren Bewußtseinsniveaus; purusha ist nicht die Seele einer vorgestellten Welt, sondern ein Erfahrungsprinzip, etc.«

Es ist daher ein kindisches Unterfangen, das *Ātman*-Erlebnis der Upanischaden auf dieselbe Ebene zu stellen mit dem naiven Ichbegriff, den der Buddha mit Recht in seiner *Anattā*-Lehre verwirft. Der Weg der Upanischaden und der Weg des Buddha unterscheiden sich in vielen Dingen; und Menschen, die auf halbem Wege stehen bleiben, mögen sich an entgegengesetzten Standpunkten befinden, wie zwei Reisende, die vom selben Ort ausgehend die Erde in entgegengesetzter Richtung umwandern. Das Ziel ist das gleiche, wenn wir den Weg zu Ende gehen, obwohl wir nicht die gleichen Worte dafür finden mögen, weil unsere Worte durch Erlebnisse unseres Weges und unserer »Richtung« bedingt sind.

Wenn wir einem Menschen begegnen, der uns durch seine Handlungen, seinen Charakter, seine geistige Größe und Integrität davon überzeugt, daß er die vollkommene Befreiung erreicht hat (wie dies, nach allem menschlichen Ermessen, bei Ramana Maharshi, dem großen indischen Heiligen unserer Zeit, der Fall war), wäre es da nicht töricht, einem solchen Mann die Anerkennung zu verweigern, weil er in seinen Lehren eine von uns verschiedene Ausdrucksweise verwendet?

Es war das Verdienst des Buddha, einen Weg zu finden und eine Formulierung der Wahrheit, die so universell waren, daß sie von den Menschen verschiedenster Rassen und Kulturen erfaßt und verwirklicht werden konnten. Dieses Verdienst wird in keiner Weise geschmälert durch Anerkennung der Tatsache, daß es auch vor dem Auftreten des Buddha große Weise und Heilige gab, die sich zur höchsten Verwirklichung durchgerungen hatten und daß es gleicherweise nach ihm viele gab, die auf gleichen, ähnlichen oder vielleicht sogar gänzlich verschiedenen Wegen das hohe Ziel der Befreiung erlangten.

Die größte Gefahr, die dem Buddhismus wie jeder lebendigen Religion droht, ist die Orthodoxie kleiner Sekten, die sich als alleinige Besitzer der reinen Lehre dünken und die da glauben, daß ihr Weg der einzige Weg sei. Je ehrlicher wir bestrebt sind, andere zu verstehen, desto besser verstehen wir uns selber. Die Ehrfurcht vor allem Großen ist die Wurzel alles Großen in uns selbst.

Wer aber diese Ehrfurcht besitzt, der hat zugleich Achtung vor der inneren Form und Eigengesetzlichkeit jedes geistigen Ausdrucks und Weges zur Vollendung. Es gibt keine größere Sünde wider den Geist als die Verflachung und Gleichmacherei aller Werte durch willkürliche Vermischung geistiger Ausdrucksformen. Diese sind ebensowenig austauschbar wie die Glieder verschiedener Individuen, denn sie sind ein Produkt organischen Wachstums und nicht bloß Teile eines leblosen Mechanismus.

Ebensowenig wie es physisch möglich ist, zu gleicher Zeit zwei oder gar mehrere Wege zu gehen, ist es möglich, verschiedene Wege geistiger Praxis zugleich zu beschreiten. Wir können die Berechtigung und das Sinnvolle jedes Weges anerkennen, aber wir müssen für uns selbst wählen, welchen Weg wir beschreiten wollen, und ihn konsequent zu Ende gehen, wenn wir zum Ziel kommen wollen. Wer auf halbem Wege umkehrt, um einen anderen Weg zu versuchen, muß von neuem beginnen. Und je öfter wir solche Versuche wiederholen, desto geringer wird unsere Aussicht, zum Ziel zu gelangen. Die Kenntnis verschiedenartiger Wege aber mag uns helfen, den eigenen Weg um so klarer zu erkennen.

5

Ewigkeit und Unendlichkeit

Ewigkeit oder Unendlichkeit, im geistigen oder religiösen Verstande, sind nicht mathematische Größen, sondern Erlebnisse, wie sie allen Menschen, die eine gewisse geistige Reife erreicht haben, vor allem aber allen Großen der Menschheit, eignen. Nur der Stümper, der Nachahmer, der nicht aus eigener Fülle Lebende, der Unschöpferische, leugnet die Wirklichkeit solcher Erlebnisse; und da er sie selbst nicht hat, so findet er seine Genugtuung in der intellektuellen Zersetzung und Herabsetzung derselben.

Wer dem Buddhismus seinen Ewigkeitsgehalt absprechen will durch falschverstandene Schlagworte wie »Ewigkeitswahn« oder »Seelenlosigkeit«, der hat überhaupt noch nicht begriffen, worum es sich im Buddhismus handelt. Von einem »Ewigkeitswahn« kann man nur reden, wenn es sich um den Wahn einer unbegrenzten persönlichen Fortdauer handelt, nicht aber, wenn von jenen »ewigen Werten« die Rede ist, welche die Grundlage alles geistigen Lebens bilden.

Die Frage ist nicht, ob wir endlich oder unendlich, ewig oder vergänglich sind, sondern ob wir uns mit dem Unendlichen und Unvergänglichen oder mit dem Endlichen identifizieren wollen.

Dies ist das Leitmotiv alles indischen Denkens, die gemeinsame Grundlage, die auch der Buddha schweigend – weil selbstverständlich – anerkannte. Der Vergänglichkeit der Wandelswelt *(samsāra)* steht das Unvergängliche, über alle Grenzen und Begriffe Erhabene des Erleuchtungsbewußtseins gegenüber, wodurch der Zustand des *Nirvāna,* der »Wahnbefreiung«, hergestellt wird. Wir haben es hier nicht mit einem Dualismus zu tun, sondern mit ein und derselben Wirklichkeit, je nachdem sie vom ich-bedingten oder vom ich-befreiten Gesichtspunkt gesehen wird.

Es ist daher gänzlich verfehlt, wenn vom Buddhismus behauptet wurde, daß er die Sinnlosigkeit des Lebens betont. Zu solchem Resultat kann man nur kommen, wenn man den metaphysischen Hintergrund des Buddhismus verleugnet, wie dies aus historischer Unkenntnis oder einseitiger intellektueller Analyse einzelner aus dem Zusammenhang religiösen Erlebnisses gerissener Begriffe geschieht.

Weil der Buddha die praktischen Aspekte des geistigen Lebens betonte und philosophische Spekulationen und Theorien vermied, so lebte er deswegen durchaus nicht in einem geistigen Vakuum, in dem nichts jenseits der gegebenen Tatsachen unserer empirischen Welt existierte. Seine Lehre erhebt sich auf dem allgemein anerkannten Fundament indischer Metaphysik, der Voraussetzung einer universellen und moralischen Weltordnung *(dharma),* der gesetzmäßig wirkenden Tat *(karma),* der Kontinuität und Wechselwirkung aller Lebensformen im Kreislauf der Wandelwelt *(samsāra)* und der Befreiung aus diesem Kreislauf durch die Erkenntnis *(prajñā)* und Ganzwerdung, in der alle ichhafte Begrenzung aufgehoben ist. Auf letzteres bezieht sich die Nicht-Ich-*(anattā)*-Lehre des Buddha, die weder eine Leugnung der menschlichen Seele (Psyche) noch einer ihr zugrunde liegenden höheren Wirklichkeit, die ja im Zustande der Erleuchtung erlebt wird, bedeutet. Die Leugnung eines unveränderlichen, ewig in sich begrenzten Ich mit der Leugnung des Ewigen im Menschen gleichzusetzen und zur »Seelenlosigkeit« des Buddhismus abzustempeln, ist das besondere Verdienst derer, denen die Lehre des Buddha nicht religiöses Erlebnis, sondern ein intellektuelles Begriffsschema ist, das bestenfalls zur Begründung einer puritanischen Moral taugt. Ein solches Schema wird auf der Basis einer »streng wissenschaftlichen« Analyse errichtet, die sich, wie jede bloße Analyse, im Negativen verliert.

D.T. Suzuki, einer der größten buddhistischen Gelehrten des Fernen Ostens, hat die Gefahr dieser Methode mit beredten Worten gekennzeichnet. »Ich begann mit der analytischen Methode«, sagt er in einem vor wenigen Jahren erschienen Aufsatz. »Diese Analyse endet in Negation; es ist die Vernichtung der Wünsche, die Auflösung aller existierenden Objekte. Wir müssen darüber hinausgehen in die Synthese. Durch die synthetische Methode wird alles, was wir getötet, seziert und zu bloßer Leblosigkeit reduziert haben, wiederbelebt und wiedererweckt. Die Analyse hat das lebende Objekt in einen Leichnam verwandelt, der Leichnam muß wiederbelebt werden, und seine Auferstehung muß durch die Synthese bewirkt werden. Dies ist die große Bejahung, die höchste Bejahung. Zu sagen, es gibt kein Ich, es gibt keinen Atman – das ist nicht genug. Wir müssen einen Schritt weitergehen und sagen, daß es einen Atman gibt: aber daß dieser Atman nicht auf der Ebene des Relativen, sondern auf der des Absoluten ist. Wenn die sezierten Elemente der Nichtsheit wieder rekonstruiert sind, dann haben wir die wirkliche Wahrheit. Die integrierende Methode verdrängt nicht die analytische, aber wir müssen wiederaufbauen, was wir zerstört haben.«

Unsere Ichhaftigkeit, unsere Selbstüberschätzung und das Gefühl, ja die Überzeugung unserer Gesondertheit werden in keiner Weise vermindert durch die Überzeugung, daß es kein »Ich an sich« gibt oder daß wir nur eine Anhäufung verschiedener Qualitäten, Kräfte und Substanzen sind; im Gegenteil, je mehr wir hiervon überzeugt sind, desto ungehinderter, skrupelloser und selbstsüchtiger werden wir in unseren Handlungen, die ja doch nichts anderes sind als das »Abrollen« leerer Funktionen und Phänomene. Wir haben dann zwar das Selbst aus der Fronttüre (unserem Intellekt) geworfen, aber es kommt mit größerer Stärke durch die Hintertür zurück aufgrund jener Skepsis, die keine höheren Werte anerkennt, dem Dasein jeden tieferen Sinn abspricht und darum »kein Ding für der Mühe wert« hält.

Wenn die bloße Überzeugung von der Nichtexistenz eines Atman, eines »Ichs« oder einer unsterblichen Seele ausreichte, um den Egoismus zu überwinden, dann wären alle Materialisten (die nur ihre sinnlich-wahrnehmbare Welt und Existenz für wirklich halten, wie auch die Anhänger des dialektischen Materialismus und eines auf den jeweiligen Resultaten einer rein analytisch-deduktiven Wissenschaft beruhenden Weltbildes unbewußter, mechanisch aufeinander-wirkender Kräfte) die idealen Buddhisten.

Es gibt nur einen Weg zur Überwindung unserer Ichbeschränkung, und das ist der positive Weg der Erkenntnis, daß wir Exponenten von etwas Größerem und Würdigerem sind als von einem bloßen Komplex individueller Wollungen und Kettenreaktionen oder »dynamisch-energetischer Quanten« oder einem sonstigen Leerlauf von Funktionen und »Daseinsaggregaten«; es ist der lebendige Weg der Erfahrung, der uns lehrt: je mehr wir unsere eingebildete Selbstheit betonen und aufrecht zu erhalten versuchen, um so weniger können wir an der grenzenlosen Freiheit und Ganzheit unserer wahren Natur teilhaben, die im universalen Bewußtsein, im Zustande der Erleuchtung *(bodhi)* verwirklicht wird.

Nur in einem von höherem Bewußtsein durchwalteten Universum kann es sinnvolle Gestaltung und Vollendung geben. Je mehr sich das Individuum des Universums innerhalb und außerhalb seiner selbst bewußt wird und der tiefen Verbundenheit mit allem Lebenden und Beseelten (und was wäre hiervon ausgeschlossen?), desto weniger wird es an die Wichtigkeit oder Wirklichkeit seines eigenen »Ichs«, seines eigenen getrennten Daseins und Selbstseins glauben.

Und so mögen wir zusammenfassend sagen:
Wer nur im Physischen lebt, geht mit der Auflösung des Körpers der Vernichtung entgegen.

Wer nur im Bereich Ich-gebundenen Denkens und Fühlens lebt, wird im Ozean der Wandelwelt umhergeworfen und verfällt der Macht des Karma, als Sklave seiner Taten und Begierden.

Wer aber die Ganzheit seines Wesens in der Flamme der Inspiration gewinnt und völlig leuchtend (und somit »erleuchtet«) geworden ist, der nur hat wirkliche Unsterblichkeit gewonnen.

6

Analyse und Synthese

Wahrheit und Tatsachen sind zwei verschiedene Dinge. Eine Tatsache ist himmelweit verschieden von Wahrheit oder Wirklichkeit. Wirklichkeit ist unendliche Bezogenheit, Wahrheit ihre synthetische Erkenntnis, Tatsachen: die aus dem Zusammenhang losgelösten Augenblicke, Einzelaspekte, Bestandteile.

Daß der menschliche Körper aus Zellen besteht, ist eine Tatsache. Dennoch ist es unmöglich, aus der Betrachtung der Zellen ein Bild des Menschen zu gewinnen oder die Natur des menschlichen

Wesens zu erkennen. Das Mikroskop mag dem menschlichen Auge tausendfach überlegen sein an Genauigkeit und Objektivität; dennoch vermittelt das illusorische Bild, das unser Auge vom menschlichen Körper entwirft, mehr von der wahren Natur des menschlichen Körpers und des menschlichen Wesens als alle mikroskopischen Tatsachen und Details. Das Ganze ist mehr als die Summe seiner Teile. Das Teil erhält seine Bedeutung vom Ganzen – nicht aber umgekehrt!

Löse das Individuum aus seiner Beziehung zum Weltganzen, zum Kosmos, und es wird zur sinnlosen Illusion – zum Nichts, zum Nichtwirklichen *(anātman)*. Sieh es im Zusammenhang mit dem Ganzen, und das Individuum wird zum Exponenten kosmischer Wirklichkeit (der *ātman* der Upanischaden), zum Erleuchteten, zum Buddha.

Durch Verwechslung der kosmischen Potenz des menschlichen Bewußtseins mit dem illusorischen »Ich-Bewußtsein« war der Buddha gezwungen, die *ātman*-Idee durch die des *anātman*, des »Nicht-Ich«, zu ersetzen.

Der primitiv-mechanistische Materialismus eines Nagasena, der das menschliche Wesen mit den leblosen Teilen eines Wagens vergleicht, würde sicher nicht des Buddhas Zustimmung gefunden haben. Der Vergleich läßt das Wesentliche aus: die organische Zusammensetzung und Wechselwirkung der einzelnen (und im Falle des menschlichen Körpers, willkürlich-begrifflich geschiedenen) Teile und die schöpferische, lebendige Kraft des Geistes, die sie (in beiden Seiten des Gleichnisses) geschaffen hat. Selbst der moderne Materialist hat eine objektivere Einsicht in das Wesen des geistigen und körperlichen Organismus des Menschen.

Eine Analyse, die auf willkürlicher Zertrennung des organisch Zusammengehörigen beruht und das Wesentliche, nämlich das vereinheitlichende, schöpferische Prinzip des Lebendigen außer Betracht läßt, ist eine bewußte Fälschung der Wirklichkeit, aus der nie eine gesunde Erkenntnis geboren werden kann.

Selbst wenn es gelingt, auf einer solchen Grundlage den Lebenswillen zu schwächen oder sich der eigenen Körperlichkeit zu entfremden, so hat dies keinen geistigen Wert. Es ist nicht die Lösung des Problems (des Daseinsproblems), sondern die Flucht vor ihm. Eine Meditation, die zur Verachtung des Körpers führt, ist in keiner Weise besser als eine Betrachtungsweise, die zum Gegenteil, zur Überschätzung des Körpers führt.

Den Wert einer architektonischen Schöpfung oder sonst eines Kunstwerkes herabzusetzen durch die Vorstellung, daß es doch nichts weiter sei als eine Zusammenhäufung von Stein, Mörtel, Holz und dergleichen, würde einer Verfälschung der Tatsachen gleichkommen, indem man das Wichtigste unterschlüge: die sinnvolle Gestaltung des Materials und den schöpferischen Geist als Urheber dieser Gestaltung.

Wo der Grundsatz, daß der Geist es ist, der sich den Körper schafft, in seiner ganzen Tiefe begriffen wird, ist kein Raum für eine materialistisch-willkürliche Zergliederung des menschlichen Körpers, sondern nur für eine Gesamtschau geistiger Dynamik, in der das Sichtbare zum Symbol und zur letzten Auswirkung des Unsichtbaren wird.

Jeder Analyse muß die Synthese voraufgehen, d.h. das Verständnis des großen universellen Hintergrundes jeder Einzelerscheinung und ihrer unendlichen Bezogenheit zu allen anderen Erscheinungen. Dies ist eine größere Sicherung gegen den Größenwahn einer abgesonderten Ichheit als alle Zergliederungen des menschlichen Körpers und Geistes in seine Funktionen und Grundbestandteile.

Deshalb nehmen alle großen tantrischen Meditationen des tibetischen Buddhismus das universelle Ziel, die große mystische Synthese, d.h. die ideale Buddhaschaft, vorweg; und erst nachdem sie den Meditierenden mit dem Ziel identifiziert haben, überlassen sie ihn der Vielfältigkeit meditativer Erlebnisse und Methoden.

Gleich wie ein Bogenschütze sein Ziel ins Auge faßt und mit ihm eins wird, um es mit Sicherheit zu treffen, so muß der Meditierende sich vorerst sein Ziel vergegenwärtigen und sich völlig mit ihm eins fühlen. Dies gibt seinem inneren Streben die Richtung und den Impetus, so daß, welche Wege und Methoden er auch wählt, seien sie aufbauend oder unterscheidend, gefühlsmäßig oder verstandesmäßig, schöpferisch oder analytisch – er wird immer auf das Ziel hin fortschreiten und sich weder in der Öde der Zergliederung verlieren, noch an den Schöpfungen seiner Vorstellung haften. Die letztere Gefahr wird durch den Gang der Einschmelzung, der Integrierung oder Auflösung aller geistig aufgebauten Formen und Vorstellungen vermieden.

Die Demonstration der Fähigkeit, eine Welt zu schaffen und wieder aufzulösen, zeigt mehr als jede mechanistische Analyse des Verstandes die wahre Natur aller Erscheinung und die Sinnlosigkeit alles Haftens und Begehrens.

Die Analyse, die das Baumaterial zergliedert, wird nie zur Idee oder zur wahren Natur des Baues vordringen. Denn die Idee ist früher als der Bau. Die Idee des Baumeisters, nicht die Form der einzelnen Steine, entscheidet den Bau. Der Bau kann nicht aus der Natur der Steine verstanden werden, und darum kann eine Analyse nur Sinn haben im Zusammenhang mit der Synthese. In diesem Falle wird die Analyse zur sinnvollen Unterscheidung anstelle willkürlicher Trennung, zu organischer Gliederung anstelle mechanischer Zerstückelung, zur Herstellung lebendiger Beziehungen anstelle toter Begriffe. Wenn das Weder-gleich-noch-verschieden die Basis der Analyse ist, dann besteht die Möglichkeit, daß sie im Bereiche der Wirklichkeit bleibt.

7

Individualität und Universalität

Kraft als solche ist nicht schöpferisch; sie wird es erst, wenn sie Widerstand findet. Das Universelle bedarf daher des Individuellen und das Göttliche des Menschlichen, um sich zu verwirklichen. Je größer die Spannung oder der Abstand zwischen diesen zwei Polen, desto größer der schöpferische Impuls oder die Kraft der Verwirklichung.

Die Gefahr des Westens ist die Überbetonung des diesseitigen Poles der Individualität, der ichhaften Bestätigung, der Selbstbehauptung und Willenskraft. Die Gefahr des Ostens ist die Überbetonung des universellen Poles, des Jenseitigen und die Negierung des Wertes der Individualität, die zu einem passiven Aufgehen, zu einer Auflösung in einer gestaltlosen Einheit führt.

Beide Haltungen widersprechen dem innersten Gesetz des Daseins, die eine, indem sie die Universalität verneint, die andere, indem sie die Individualität ihres Wertes beraubt. Letzteres würde geradezu der Idee eines göttlichen Universums (das dem Osten so am Herzen liegt) widersprechen, denn es würde darauf hinauslaufen, die Gottheit einer sinnlosen Schöpfung individueller Formen und Wesen anzuklagen.

Die Überbetonung der Einheit ist ein ebenso großer Fehler wie die Überbetonung der Dualität oder der Vielheit. Wenn wir Dualität als Gegensätzlichkeit oder Widerspruch auffassen und nicht als die notwendige Polarität sich jeweils zu vollkommener Einheit ergänzender Aspekte der Wirklichkeit – oder wenn wir uns nur an eine Seite klammern, unter völligem Ausschluß oder Nichtbeachtung der anderen –, dann leiden wir allerdings unter einer schlimmen Illusion. Wenn wir aber die Tatsache der Polarität zu leugnen versuchen (unter der Vorstellung, daß Realität nur in der Einheit bestünde), so ist dies eine ebenso große Illusion, denn wir verschließen unsere Augen vor der allergreifbarsten Wirklichkeit.

Wie ein durch Trunk oder Rauschgift seiner Sinne beraubter Mensch sich vorstellt, in einem Zustand vollkommener Einheit und Harmonie mit der Welt zu leben, weil er seine Individualität, sein Unterscheidungsvermögen und Selbstverantwortungsgefühl abgetötet hat – in derselben Weise betrügen sich jene, die in unbewußten oder unterbewußten Trancezuständen den höchsten Zustand göttlicher Vereinigung erreicht zu haben glauben. Sofern sie nicht imstande sind, das Erlebnis der Universalität in ihr normales individuelles Bewußtsein aufzunehmen und in ihrem täglichen Leben zu verwirklichen, haben sie nichts erreicht, das des Strebens wert wäre. Nur wenn das Universelle im Individuellen bewußt und verwirklicht ist, ist der Zustand der Erleuchtung und der Befreiung erreicht.

Einem Gott müßte das Endliche ebenso Bedürfnis sein wie dem Menschen das Unendliche. Denn erst das Endliche gibt dem Unendlichen Sinn. Nur ein Mensch auf der Höhe der Erkenntnis weiß den wahren Wert des Endlichen in der Einmaligkeit seiner Erscheinung und der Einzigartigkeit seines Ausdrucks zu schätzen. Darum sind nur die Größten unter uns imstande, die einfachsten Dinge des Lebens in ihrer wahren Tiefe zu verstehen.

Der unterentwickelte Mensch strebt nach dem Endlichen, um seines Nutzens willen.

Der denkende Mensch strebt nach dem Unendlichen, um seiner Freiheit willen.

Der Erkennende kehrt zurück zum Endlichen, um seiner unendlichen Liebe willen.

Der Erkennende aber ist der Bodhisattva, der Leuchtendgewordene.

8

Das Erlebnis der Ehrfurcht und der Sinn für das Wunderbare

Es ist nicht unsere Sache, die Welt zu erklären, sondern ihr Sinn zu verleihen. Das gleiche trifft zu auf die Mysterien des Lebens und des Bewußtseins. Alles, was erklärt werden kann, verliert damit seine Unendlichkeit, wird umschrieben, endlich – und wird zum Ding. Dinghaftigkeit ist das Gegenteil des Lebendigen – und alles Bewußten, dessen Natur ja gerade in seiner Unvorhersagbarkeit beruht, in seiner inneren Freiheit und Beweglichkeit.

Menschen, die alles in der Welt zu erklären versuchen, töten alles. Kein geistiges Leben kann bestehen ohne die Anerkennung und Ehrfurcht vor einem letzten Mysterium. Ein Mysterium kann erlebt werden und bleibt dennoch unerklärlich. Es ist nicht ein Mysterium, weil es etwas Verborgenes und Unwißbares ist, sondern weil es zu groß ist für Worte. Ist nicht etwas Ähnliches bei allen großen Kunstwerken der Fall, die ebenfalls nur erlebt, nicht aber erklärt werden können, obwohl sie uns in aller Klarheit vor Augen stehen?

Das Gefühl der Ehrfurcht, des Staunens und des Wunders ist die Anerkennung des tiefen Mysteriums, das uns allenthalben umgibt, und dieses Gefühl vertieft sich, je mehr unser Wissen wächst. Je weniger wir wissen, desto sicherer sind wir mit unseren Erklärungen. Diejenigen aber, die dem Universum einen »Zweck« unterschieben, berauben es damit seiner Universalität in Zeit und Raum. Das gleiche gilt von allen Vorstellungen des Göttlichen, das seine Göttlichkeit verliert in dem Augenblick, in dem ihm »Zwecke«, d.h. begrenzte Motive und Handlungen, zugeschrieben werden.

Diejenigen, die in Gott den einzigen Handelnden sehen, ohne dessen Willen nichts geschehen kann, versuchen damit ihrer eigenen Verantwortung zu entfliehen und Gott zum Sündenbock aller ihrer Verfehlungen und Unzulänglichkeiten zu machen. Solange wir noch nicht das Göttliche oder die göttliche Eigenschaft in uns selbst verwirklicht und das universelle Bewußtsein erreicht haben, können wir uns unserer individuellen Verantwortlichkeit nicht entledigen.

Obwohl alle Bestandteile der Butter in der Milch enthalten sind, können wir nicht eher von Butter sprechen, als bis wir die Milch gequirlt haben. In gleicher Weise können wir unser Bewußtsein, obwohl es die Ganzheit des Universums zur Basis hat, nicht als göttlich bezeichnen, solange wir seine göttlichen Qualitäten oder seine potentielle Universalität nicht entwickelt (d.h. von seinen Einhüllungen oder Bindungen befreit) und verwirklicht haben.

Hierzu bedarf es ernsthaften inneren Bemühens, sozusagen eines »Quirlen des Geistes« – was im Buddhismus symbolisch dargestellt wird durch die Inbewegungsetzung des Gesetzrades *(dharma-cakra)*, d.h. durch die Aktivierung und Verlebendigung des universellen Gesetzes in uns, wodurch wir der geistigen Weltordnung bewußt werden.

Dieses Gesetz kann zusammengefaßt werden, negativ, als die Nichtabgegrenztheit, Nicht-Ichheit, positiv, als die Allbezogenheit jedes Wesens. Diese Allbezogenheit ist aber nicht die Beziehung zu einem abstrakten Ganzen (als bloße Summierung unendlich vieler Teile), sondern zum organischen Zusammenhang mit allem Bestehenden und Lebendigen, in dessen jeglicher Form das Ganze zum Ausdruck kommt.

9

Kontemplative Zen-Meditation und die intellektuelle Haltung unserer Zeit

Obwohl Zen, der meditative Buddhismus des Fernen Ostens, ein Weg zur Überwindung unserer begrenzten intellektuellen Haltung ist, müssen wir erst unsere Denkfähigkeit und unser Unterscheidungsvermögen entwickelt haben, ehe wir Zen wirklich schätzen können. Man kann nicht einen Intellekt überwinden, den man nie besessen, d.h. beherrscht hat. Der Intellekt ist ebenso notwendig für die Überwindung bloßer Gefühlsschwelgerei und geistiger Verworrenheit, wie die Intuition notwendig ist für die Überwindung intellektueller Begrenzungen und begrifflicher Unterscheidungen.

Es ist übrigens eine sonderbare Paradoxie, daß Zen, trotz seiner Irrationalität, mehr an den Intellektuellen als an den Nicht-Intellektuellen appelliert. Der Grund jedoch ist, daß Zen eine durchaus vernunftgemäße Grundlage hat: es ist weder vom Glauben noch von der Tradition abhängig, sondern von direkter Erfahrung und unvoreingenommener Beobachtung. Erfahrung jedoch ist der gemeinsame Grund, auf dem Wissenschaft sowohl wie Mystik stehen. Der einzige Unterschied zwischen diesen beiden Erfahrungsgebieten ist der, daß die Wahrheit der Wissenschaft »objektiv« beweisbar, oder richtiger, nachweisbar ist, während die der Mystik auf »subjektiv« nachweisbarem Erleben beruht.

Die Tatsache, daß Zen keine vorgefaßten Anschauungen, Dogmen und Glaubenssätze gelten läßt und sich von allem, was gewöhnlich unter den Namen Religion fällt, fernhält, kommt der wissenschaftlichen, antireligiösen Haltung des modernen Menschen entgegen. Der extreme Individualismus der Zen-Methode imponiert dem Intellektuellen. Die Tatsache, daß Zen Schönheit und Natursinn kultiviert, zieht den modernen Ästheten an.

Aber gerade weil Zen dem modernen Geschmack auf halbem Wege entgegenkommt, besteht die Gefahr einer oberflächlichen Beurteilung und Übernahme seiner äußeren Ausdrucksformen, ohne dem inneren Gehalt gerecht zu werden.

Solange Paradoxa dazu beitragen, unseren Geist aus seinen gewohnten Denkbahnen, den alten Geleisen seines konventionellen Denkens und erstarrter Dogmen zu befreien oder aufzurütteln, sind sie nützlich und heilsam. Aber wenn das Denken in Paradoxa zu einer Art intellektuellem Spiel wird, verfehlt es seinen Zweck und führt nur zum Zynismus und zu einer Vernichtung aller Werte.

Dies jedoch war im Zen nie beabsichtigt, und hier weicht es gänzlich von der modernen intellektuellen Haltung ab, die sich etwas auf ihre Freiheit von religiösem Glauben und traditionellen Werten einbildet. Denn Zen glaubt an den inneren Wert des Menschen und aller Lebewesen, seien sie auch noch so unbedeutend, und jede Lebensform wird als ein Exponent und ein in seiner Art einmaliger Ausdruck eines das Universum umfassenden Bewußtseins angesehen.

Die Einstellung des Zen ist daher weder agnostisch oder libertinistisch wie die des modernen Menschen, der den Glauben an sich und die Welt verloren hat, sondern ist aus der tiefen Überzeugung einer Weltordnung *(dharma)* und eines sie durchwaltenden Sinnes (nicht zu verwechseln mit dem »Zweck« eines teleologischen Systems) geboren, in dem die individuelle Erfahrung ebenso wichtig ist wie das abstrakte Gesetz und das Vergängliche ebenso bedeutsam wie das Ewige. Denn das Ewige kann nur erlebt werden im Augenblicklichen (der Gegenwart), das Unendliche nur im Endlichen, das Universelle nur im Individuellen.

»Es ist durch bewußtes individuelles Dasein«, sagt Sri Aurobindo, »daß das sich entwickelnde Bewußtsein organisiert wird und fähig, zu seiner eigenen Wirklichkeit zu erwachen. Die ungeheure Bedeutung des individuellen Seins, die zunimmt in dem Maße, in dem es in der Weltordnung aufsteigt, ist die bemerkenswerteste und bedeutsamste Tatsache des Universums, das ohne Individualität in einem undifferenzierten Zustand des Nichtwissens begann. Diese Bedeutung kann nur gerechtfertigt werden, wenn das Selbst als Individuum nicht weniger real ist als das Selbst als kosmisches Wesen oder Geist und wenn beide Kräfte des Ewigen (Ewigkeitskräfte) sind... Nur auf diese Weise kann die Notwendigkeit für das Entstehen des Individuellen erklärt werden... und die Entdekkung seiner selbst als Vorbedingung für die Entdeckung des kosmischen Selbstes und Bewußtseins und der höchsten Realität.« Die Unkonventionalität des Zen-Buddhismus besteht auf dem Hintergrund einer tiefen metaphysischen Tradition, die so lebendig ist, daß sie konventioneller Begriffe entsagen kann. Die Ablehnung religiöser Dogmen und Glaubensformen im Zen entspringt nicht einer skeptischen Geisteshaltung, sondern einer unbeschreiblichen inneren Gewißheit, dem tiefen Erlebnis der Wirklichkeit.

Der Mensch »glaubt« an Dinge nur, wenn er ihrer nicht gewiß ist. Wir »glauben« nicht an die Sonne; wir sehen sie, fühlen sie, leben in ihrem Licht und ihrer Wärme. In gleicher Weise zweifelt Zen nicht an den Werten der Religion und Tradition, sondern nur an den von ihnen angewandten Methoden. Zen möchte einen direkteren Zugang zu jenen Werten und Kräften eröffnen, die der Beweggrund aller Kultur, Religion und Tradition sind.

Wenn jedoch Menschen, die die Beziehung zu diesen Kräften und Werten verloren haben, Zen-Methoden in einem geistigen Vakuum anzuwenden versuchen, werden sie kaum über intellektuelles Jonglieren und einen flachen Ästhetizismus hinauskommen. Dann wird Zen zu einer Entschuldigung, so zu leben, wie man es immer schon tat, indem man den gleichen Handlungen nur neue Etiketten aufklebt. Dann wird Unbeherrschtheit zur Spontaneität, Schwäche zum Prinzip der Gewaltlosigkeit, Trägheit zum Ideal des Nichthandelns, Mangel an Logik zu geistiger Tiefe und Überwindung begrifflichen Denkens und Gefühlsschwärmerei zur Inspiration.

Zen kann nur dann Erfolg bringen – und das trifft für jede geistige Disziplin oder Meditationsmethode zu – wenn es von einer echten religiösen Haltung oder einer lebendigen Tradition ausgeht, welche die fundamentalen Werte anerkennt, die dem menschlichen Sein Sinn und Tiefe geben.

10

Religion und Wissenschaft

Da Sinn und Bedeutung wissenschaftlicher »Tatsachen« erst vom jeweiligen Zusammenhang und von den geistigen Voraussetzungen des Forschers und seiner Zeit bestimmt werden und sich oft geradezu in das Gegenteil des ursprünglich Angenommenen verwandeln, könnte man mit Recht die Naturwissenschaft unter psychologischem Gesichtspunkt betrachten.

Religion und Wissenschaft streben beide nach Wahrheit und können sehr wohl, ohne sich zu widersprechen oder zu hindern, nebeneinander existieren; aber daraus folgt noch nicht, daß beide verschmelzbar sind, und zwar deshalb nicht, weil die Verschiedenartigkeit sich weniger auf den Inhalt (die Objekte der Betrachtung) oder das Ziel erstreckt als vielmehr auf die Methode. Die Forschungsmethode der Wissenschaft geht von innen nach außen, die der Religion von außen nach innen, und eine jede von ihnen kann dann nur Höchstes leisten, wenn sie ihren eigenen Gesetzen folgt. Das Wesen der Wissenschaft ist Deduktion aus dem sinnlich Wahrnehmbaren, das der Religion, wie auch das der Kunst, Intuition hinsichtlich des seelisch Erfaßbaren. Ebenso wie die Kunst es nicht nötig hat, den Wert ihrer Schöpfungen durch Übereinstimmung mit naturwissenschaftlichen Beobachtungen zu beweisen (obwohl Übereinstimmungen hier und da vorliegen mögen) – ebensowenig hat die Religion es nötig.

Die Wissenschaft bleibt, infolge ihrer Abhängigkeit von äußeren Tatsachen, stets ein unvollständiges, fragmentarisches Gebilde, während die Religion, wie jedes echte Kunstwerk, infolge ihres intuitiven, aus der Einheit des Erlebens geborenen Charakters, stets ein Ganzes, in sich Ruhendes darstellt.

Wissenschaft ist das Streben des Menschen, über die Natur hinauszuwachsen.

Religion ist das Streben des Menschen, über sich selbst hinauszuwachsen.

Die geistige Haltung, aus der Wissenschaft entspringt, ist Reflexion. Die innere Voraussetzung der Religion ist Hingabe. Das soll nicht heißen, daß Religion Reflexion und Wissenschaft Hingabe ausschließt. Aber Reflexion reicht nicht aus, um eine Religion hervorzubringen, und Hingabe genügt nicht zur Erschaffung von Wissenschaft: wohl aber ist das Umgekehrte denkbar.

Daß alle Religionen in der Verurteilung des Egoismus übereinstimmen, beruht nicht auf übernatürlichen Offenbarungen oder tiefer Gedankenarbeit (deren übereinstimmendes Resultat die Wahrheit der Religionen verbürgt oder beweist), sondern liegt im Wesen der Religion selbst: Hingabe ist das Gegenteil von Selbstsucht.

Damit ist auch die Definition für den religiösen Menschen gegeben. Nicht derjenige ist religiös, der an bestimmte Dogmen glaubt oder von der Wahrheit gewisser Lehren überzeugt ist oder gewisse moralische Vorschriften befolgt, sondern derjenige, der die Kraft, die Fähigkeit und den Willen zur Hingabe besitzt.

Religion ist nicht da, um bestimmte Ansichten oder eine sogenannte Moral hervorzubringen, sondern sie ist eine dem Menschen eingeborene psychische Tendenz, eine Art geistige Zentrifugalkraft zum Ausgleich der zentripetalen Tendenz des (natürlichen) Egoismus. Beim Tier überwiegt die zentripetale Tendenz, beim Heiligen die zentrifugale. Der Durchschnittsmensch hält die Mitte.

Religion ist also nicht ein Mittel, sondern etwas, das seinen Sinn in sich selber trägt wie das Leben; ja, sie selbst ist eine geistige Lebensform, eine individuelle Bewußtseinssteigerung auf kollektiver oder gar kosmischer Grundlage. Denn es gehört zum Wesen der Religion, daß sie das Individuum aus seiner Vereinzelung heraushebt und es zum Gemeinschaftswesen und bei weiterem Fortschreiten zum kosmischen Wesen macht.

Maßstäbe wie »gut« und »böse« haben nichts mit der Religion als solcher zu tun. Moral ist ein Nebenprodukt, niemals aber Zweck der Religion.

Moralische Menschen sind oft gänzlich unreligiös, während »unmoralische« Menschen vielfach erstaunlich religiös sind. Die Gleichsetzung von Religion und Moral war der verhängnisvollste Irrtum der Menschheit. Er degradierte die Religion zum Polizeibüttel, bis selbst die Besten an ihr irre wurden. Die Religionsfeindlichkeit des Westens ist zur Hauptsache auf diesen Irrtum zurückzuführen, der noch verstärkt wurde durch die Verwechslung des Moralischen mit dem Sexuellen.

Aus dieser Einstellung erwuchs die Geringschätzung primitiven Religionen gegenüber, als »niederen« Formen religiösen Lebens, während doch in Wirklichkeit selbst der Fetischismus zentralafrikanischer Neger oder unberührter Südsee-Insulaner oder der

Schamanismus primitiver asiatischer Volksstämme vom Standpunkt religiöser Intensität, das heißt religiösen Erlebens und innerer Hingabe, entschieden höher zu werten ist als manche modernen Religionsformen.

So naiv uns die Gebräuche und Anschauungen primitiver Völker auch vorkommen mögen, es verbirgt sich eine tiefe Wahrheit in jener Geisteshaltung, die kein Ereignis des Lebens vorbeigehen läßt, ohne die Geister der Erde und des Himmels, des Wassers und der Wolken, der Bäume und der Berge anzurufen. »Die gesamte Natur wird«, wie Laurence Binyon in seinem schönen Buch »The Spirit of Man in Asia Art« sagt, »um ihren Segen gebeten, beim Dämmern eines neuen Lebens oder beim Abscheiden der Seele, sowie bei jeglicher Tätigkeit, die mit dem Pflügen der fruchtbaren Erde oder der Gesellschaftsordnung, die im Leben der Familie begründet ist, zusammenhängt. Es ist die gläubige, volkstümliche Seite dessen, was im Geiste der Dichter, Künstler und Philosophen zu einer einzigartigen Vollständigkeit der Schauung wird, zu einer gerechteren Auffassung der Stellung des Menschen im Universum und von der Beziehung des menschlichen Lebens zum Leben außerhalb seiner selbst, als sie je im Westen geherrscht hat.«

Es ist in der Tat seltsam, daß das, was die Dichter, Denker und Künstler, die eigentlichen Kulturträger des Westens, in ihren tiefsten Schöpfungen zum Ausdruck brachten, als primitiver Aberglaube betrachtet wird, wenn es von naturverbundenen Völkern in die Tat umgesetzt und zum lebendigen Ausdruck religiöser Überzeugung erhoben wird.

Nur eine Religion, die imstande ist, unserem Leben und der Welt, die uns umgibt, Sinn zu geben, hat Wert und Daseinsberechtigung. Eine solche Sinngebung besteht nicht in einer leichtfertigen Rechtfertigung alles Bestehenden, sondern weist stets über das sinnfällig Gegebene und die Beschränktheit des Individuums hinaus und schafft so das allem Lebendigen notwendige dynamische Element, den Ansporn zum eigenen Bemühen.

Die Sittlichkeit aber, die aus solcher Sinngebung erwächst, unterscheidet sich von jener aus Vernunftssätzen oder Dogmen abgeleiteten »Muß-« und »Soll-Moral« durch ihre innere Notwendigkeit und Selbstverständlichkeit. Sie ist nicht etwas Gefordertes, sondern Erwünschtes, etwas zur eigenen inneren und äußeren Harmonie Unentbehrliches. Und je höher die Religion, das heißt je reiner die Hingabe ist, desto höher die Sittlichkeit.

11

Die schöpferische Kraft des Geistes

Wir klagen über die Vergänglichkeit der Welt und unserer eigenen Körperlichkeit nur solange, wie wir nicht wissen, daß wir sie selbst erschaffen.

Wer aber weiß, daß wir sie selbst seit Ewigkeiten erschaffen, und weiß, daß das Vergangene jederzeit wiedererschaffen werden kann, der trauert über die Vergänglichkeit seiner Schöpfungen ebensowenig wie der Sänger über die verhallenden Töne seines Liedes: Er weiß ja, daß er jederzeit fähig ist, sie von neuem erklingen zu lassen.

Darin liegt das Geheimnis der Unsterblichkeit: nicht im Festhalten, sondern im Loslassen. Denn was wir meistern, brauchen wir nicht zu halten: Wir können es jederzeit aus uns neu erstehen lassen, kraft der schöpferischen Fähigkeit des souveränen Geistes in uns.

Erwachen die Blumen nicht jeden Frühling? Die Natur ist verschwenderisch aus Schöpferkraft. Nur der Unschöpferische klammert sich an das Gewordene – an den verhärteten Bodensatz des Lebens.

Der bloße Glaube an eine unsterbliche Seele beziehungsweise die bloße Überzeugung, daß etwas in uns den Tod überlebe, macht uns noch nicht unsterblich, es sei denn, wir wüßten, was überlebt und daß wir fähig wären, uns mit diesem zu identifizieren. Doch die meisten Menschen wählen den Tod, indem sie sich mit dem identifizieren, was zugrunde geht und nicht von Dauer ist – indem sie sich beharrlich dem Körper verhaften oder den augenblicklichen Bestandteilen der derzeitigen Persönlichkeit, die sie fälschlicherweise für die »Seele« oder die wesenhafte Lebensform halten.

Mit anderen Worten: Unsterblichkeit ist etwas, was innerhalb unserer Reichweite liegt. Aber vergleichbar einem armen Mann, der sich der Tatsache nicht bewußt ist, daß ein Schatz unter seinem Hause verborgen ist, sind auch wir nicht in der Lage, davon Gebrauch zu machen. Denn wenn wir nicht wissen, worin Unsterblichkeit besteht, ist diese für uns so nutzlos wie ein verborgener Schatz – und das um so mehr, wenn wir zwar um ihre Existenz wissen, nicht aber wissen, wo wir suchen sollen.

Wenn ein Mensch stirbt und wiedergeboren wird, ohne seine Identität (oder richtiger: die Verbindung mit seinem vorangegangenen Leben) zu erkennen, dann ist er wirklich gestorben und wird wieder und wieder sterben, mitten in all seiner Unsterblichkeit. Solange es uns nicht gelingt, die Verbindung zwischen dem einen und dem anderen Leben wiederherzustellen, bleibt unsere Unsterblichkeit eine bloße begriffliche Annahme und wird niemals eine Wirklichkeit.

Aber warum sollen wir nun überhaupt eine Verbindung zwischen dem einen und dem anderen Leben herstellen, statt jedes in sich selbst ruhen zu lassen? Mit der gleichen Berechtigung könnte man auch fragen: warum nicht jeden Tag auf sich selbst beruhen lassen und jeden Morgen zu einem neuen Beginn machen?

Die Antwort ist einfach: Wir würden auf den Stand tierischen Daseins zurücksinken, wenn wir nur unsere natürlichen Bedürfnisse befriedigen würden beziehungsweise bloß unseren augenblicklichen Stimmungen und Impulsen nachgäben ohne die bewußte Verbindung mit vergangenen Handlungen und Erfahrungen und ohne irgendeine zweckorientierte Ausrichtung unserer individuellen Existenz. Unser Leben und Sterben würde dann völlig von äußeren Bedingungen abhängen. Möglicherweise wären wir dann glücklicher – zumindest solange unsere natürlichen Bedürfnisse befriedigt werden. Aber wir müßten all dem entsagen, was wir am meisten schätzen: unserer menschlichen Natur und unseren Errungenschaften, unserem kulturellen Leben, unserem geistigen Streben – kurz, jeder und aller Art sinnvoller Tätigkeit und schöpferischer Bemühung, wie auch jedem Streben, über unseren gegenwärtigen Stand des Wissens und unserer Unvollkommenheit hinauszuwachsen.

In der Gegenwart eines »zeitlosen« Augenblicks zu leben, mag eine wertvolle Erfahrung sein. Aber sie vermag nicht das Rätsel unseres Daseins zu lösen. Wollten wir sie zu einer andauernden Erfahrung machen, so wäre das dem Wunsch vergleichbar, in der Pause zwischen den beiden Atemphasen zu verharren und zu erklären, daß dies der einzig wahre und wirkliche Zustand sei (das höchste Stadium der »Leerheit«), während man die beiden anderen Funktionsbewegungen des Atmens – nämlich die der Ein- und Ausatmung – einfach verleugnet. Leerheit hat jedoch nur Sinn in Verbindung mit Erfülltheit und Fülle.

Die Bedeutung und Wichtigkeit des gegenwärtigen Augenblikkes rechtfertigt in keiner Weise eine Verleugnung der Vergangenheit und Zukunft. Ohne die Vergangenheit würde die Gegenwart keinen Sinn haben: Denken kann nicht ohne Gedächtnis sein und Kultur nicht ohne Geschichte und Tradition. Und dennoch tun einige der selbsternannten Propheten unserer Zeit all diese Dinge ab und erklären sie für wertlos, weil sie »konditioniert« bzw. »bedingt« sind.

Aber warum soll man die Tatsache, daß etwas bedingt ist, von vornherein als etwas Negatives oder Wertloses betrachten? Warum soll man nicht der Wirklichkeit gemäß anerkennen, daß *es nichts im Universum gibt, was nicht bedingt ist,* daß die Welt (und das betrifft die Welt des Geistigen genauso wie die Welt der Erscheinungen) in Wirklichkeit ein System unendlicher Beziehungen ist, ein organisches Ganzes, in dem jeder einzelne Teil in Beziehung steht zu und bedingt ist durch alle anderen Teile. Auf der untersten Ebene erscheint diese Bedingtheit als das Gesetz von Ursache und Wirkung, in dem Kausalität gleichbedeutend ist mit Determinismus und (mechanischer) Notwendigkeit. Aber auf den nächsthöheren Ebenen organischen Lebens, d.h. der sich selbst wiedergebärenden Organismen, erscheint ein Element der Individualität, und dieses schlägt eine erste Bresche im Prinzip des reinen Determinismus und der Voraussagbarkeit. Ein Element des Zufalls (wie wir es vielleicht nennen können) oder der Wahl und somit ein freier Wille scheint möglich zu sein. Aber solange ein Organismus noch nicht seiner selbst bewußt ist, kann er keinen Gebrauch von den ihm gebotenen Chancen machen. Bewußtsein (und nicht nur Bewußtsein, sondern *reflektives* Bewußtsein – also das Gewahrsein nicht nur seiner Umwelt, sondern auch das seiner eigenen Existenz, was gleichbedeutend ist mit »sich seiner selbst bewußt sein«) ist daher die Voraussetzung für die Freiheit der Entscheidung, die sowohl das Fundament aller geistigen Werte wie auch all dessen ist, was dem Leben Sinn gibt und unsere Existenz rechtfertigt.

Ebenso wie in einem Orchester jedes einzelne Instrument seine eigene Melodie im Rahmen der Gesamtpartitur spielt, aber seine Vollendung und höchste Erfüllung in der vollkommenen Koordination und in der sinnvollen Abgestimmtheit und Beziehung aller Instrumente des Orchesters findet, so findet auch jedes individuelle Bewußtsein seine Vollendung in einer vollkommenen Beziehung zum Universum mit all seinen verschiedenen Lebensformen und individuellen Kräften, die weder Stillstand noch Stagnation zulassen.

Doch nur der, der die ganze Partitur kennt, kann seine Melodie vollkommen spielen. Auf uns selbst bezogen heißt das, daß wir unsere höchste Erfüllung und Vollendung solange nicht erreichen können, wie wir jenen Zustand der Erleuchtung oder des universellen Bewußtseins (in dem sich das Universum selbst als die Gesamtheit unserer Vergangenheit, aus der wir hervorgingen, offenbart) nicht verwirklicht haben.

Die aber, die sich weigern, ihre Einzelstimme zu spielen, weil sie unfähig oder nicht willens sind, sich zu »koordinieren« und sich dem Ganzen durch Übung und Erfahrung einzufügen (bis sie schließlich jenes vollkommene »Eingestimmtsein« und Eingeordnetsein erreicht haben), entfernen sich aus dem Orchester in stolzer Isolation und sterben einen geistigen Tod. Sie sind keine Helden, sondern bloße Versager, denn sie sind unfähig, ihre individuellen Melodien mit dem größeren Rhythmus des Lebens zu koordinieren. Und da sie das sich Wandelnde hassen und immer versuchen, das Gegenwärtige festzuhalten, verleugnen sie die Existenz der Zeit. Sie begreifen nicht, daß jede Melodie eine rhythmische Bewegungsentfaltung in der Zeit ist und daß selbst die Augenblicke der Stille – jene Momente augenscheinlicher Zeitlosigkeit, die die Pausen der Melodie sind – erst sinnvoll werden durch die sich entfaltende rhythmische Bewegung im ewigen Zeitstrom.

Wollte man die Zeitlosigkeit (oder: die Erfahrung der Ewigkeit) von der Zeit absondern, so wäre das, als wolle man nur die Pausen einer Symphonie spielen! Die Bedeutungsfülle des gegenwärtigen Augenblickes, das ganze und vollständige Erleben der Gegenwart, löscht weder die Existenz des Gedächtnisses noch die der Vergangenheit und Zukunft aus. Auch ist es keinesfalls so, daß ein solches Erfahren der Gegenwart keine Erinnerung an dieses Ereignis zurückließe. Im Gegenteil: an solche Augenblicke erinnert man sich sein ganzes Leben als Höhepunkte unmittelbaren Erfahrens.

Schöpferisches Denken und schöpferische Imagination deshalb zu verachten, weil sie »konditioniert« sind, ist das gleiche, wie wenn Musik deshalb verworfen würde, weil sie sich im Zeitbereich bewegt – ja, weil zeitlicher Ablauf und Rhythmus wesentliche Elemente der Musik sind. Aber gerade in der Musik erfahren wir, mehr als in irgendeiner anderen Kunstgattung, Zeitlosigkeit in eindrucksvollster Art und haben das Empfinden, aus der Zeitlichkeit, aus uns selber und aus aller Begrenzung der uns selbst einengenden Bewußtheit durch sie herausgetragen zu sein.

Nur in der Gegenwart zu leben, mag eine hohe Stufe geistiger Vollendung für den sein, der seine Vergangenheit bewältigt und gemeistert hat, aber keinesfalls für jene, die nur ihre Vergangenheit vergessen wollen, weil sie unfähig sind, ihr ins Gesicht zu schauen und sie zu transformieren – sie umzuwandeln. Aber nur, wer seine Vergangenheit transformiert, indem er sie in ihrer Ganzheit als sein universelles Fundament akzeptiert und indem er sie in sein geistiges Bewußtsein als einen integralen Bestandteil seiner Individualität und seines Lebens erhebt, kann die ganze Fülle des gegenwärtigen Augenblickes erfahren, in welchem die Ewigkeit der Zeit oder die Zeitlosigkeit der Ewigkeit erlebt wird, so wie es der Buddha im Augenblick seiner Erleuchtung verwirklichte. Doch um das zu erreichen, müssen wir den äonenweiten Weg eines Buddha gehen, den Weg geistigen Wachsens, der – wie das Wachsen aller lebendigen Dinge – sich in der Zeit entfaltet.

Wir können diesen Prozeß beschleunigen, indem wir Gebrauch von unseren früheren und gegenwärtigen Erfahrungen machen: Das ist Sinn und Zweck der Fähigkeit des sich Erinnerns, frei von jedem Hängen und Kleben an alten Gedächtnisinhalten, die vielmehr für die Gegenwart nutzbar gemacht werden müssen. So eingesetzt, wird Gedächtnis in Verantwortungsgefühl und damit in eine bewußte Dimension umgeformt, die uns Bewegungsfreiheit und die Freiheit in der Wahl unserer einzuschlagenden Richtung gibt.

Jene aber, die nur in der Gegenwart – und für den gegenwärtigen Augenblick – leben, ohne daß sie ihre Vergangenheit bewältigt, gemeistert und akzeptiert haben, drücken sich bloß um ihre Verantwortung im Genuß des Augenblickes, um dann zu entdekken, daß sie nicht fähig sind, in diesem glückseligen Zustand zu verharren. Dann aber fallen sie um so tiefer in ein sinnloses Leben zurück, beherrscht von Geschäftigkeit rund um die Uhr und ichzentrierten Zielsetzungen.

Die Spontaneität des Augenblickes ist kein Geschenk des Himmels, sondern das Ergebnis einer ein ganzes Leben füllenden Übung und Bemühung um die Entwicklung von Einsicht und Vertiefung in schöpferischer Meditation.

Hier ist der Punkt, wo die Verbindung von einem zum anderen Leben möglich wird durch die intuitive Erkenntnis, daß das Wesentliche der Vergangenheit und deren schöpferische Kräfte noch in unserem Tiefenbewußtsein lebendig sind. Indem wir aber dieses Wesentliche erkennen und anerkennen, sind wir in der Lage, unsere Bemühungen um Selbstverwirklichung bewußt gerichtet und sinnvoll fortzuführen und zugleich zu intensivieren.

Wenn wir hier vom »Wesentlichen der Vergangenheit« und dessen schöpferischen Kräften sprechen, so sollte man sich darüber im klaren sein, daß wir uns hier nicht mit den Zufälligkeiten in Form persönlicher und emotional mitgeteilter Erinnerungen an frühere Leben befassen, sondern mit der Erforschung jener Gesetze, die die Kontinuität des Bewußtseins (und damit die unseres geistigen Erbes von einer Verkörperung zur anderen) beherrschen. Wenn wir das aber einmal begriffen haben, dann sollten wir nicht mehr Zeit und Kraft damit vergeuden, Einzelheiten unserer Vergangenheit zu ergründen oder sie zu neuem Leben zu erwekken, sondern sollten vielmehr alle unsere Energie auf die Erschaffung eines neuen geistigen Körpers richten, der unser weiteres Leben und unsere zukünftige Geburt entscheidend bestimmt.

Dieser »innere« Körper, der durch die stete Pflege intensiver meditativer Praxis wächst, ist als »Diamant-Körper« *(vajra-kāya)* in der buddhistischen Terminologie bekannt, weil seine Natur unzerstörbar und zugleich transparent ist. Er ist die Verwirklichung unserer »Buddha-Natur«, die früher oder später ihre Reife im Zustand der vollkommenen Erleuchtung findet.

12

Die Relativität der Vollkommenheit

Licht bewegt sich unaufhörlich durch das Universum, doch es wird nur sichtbar, wenn es auf Widerstand stößt. Ebenso wird sich Bewußtsein seiner selbst nur bewußt, wenn Widerstand da ist. Wenn dieser Widerstand nicht zu durchdringen oder zu übersteigen ist, wird er als Leiden empfunden, kann er aber gemeistert werden, wird Freude gefühlt.

Freude ist Überwindung von Widerstand. Darum besteigen Menschen hohe Berge, stellen sich selbst große Aufgaben und lassen sich auf alle möglichen Abenteuer, Sport und Rekorde ein. Leben wird wertlos und untragbar, wenn entweder kein Hindernis da ist oder die Schwierigkeiten nicht gemeistert werden können.

Doch wie ist es mit ästhetischen Genüssen, mit dem Glück der Einsamkeit und mit der Seligkeit des Samādhi? Scheinbar ist da kein Widerstand. Gleichwohl können auch diese hohen Freuden nicht ohne Überwindung von Hindernissen oder ohne Beherrschung unserer Mittel der Wahrnehmung und Erkenntnis gefunden werden. Dies ist der Grund, warum wir in dem großen Glück des Samādhi oder im Genuß des Schönen nicht endlos verweilen können. Sobald die Anstrengung nachläßt und wir an einen bestimmten Zustand gewöhnt sind, schwindet auch hier die höchste Freude.

Nur in der Bewegung zur Vollkommenheit hin kann Vollkommenheit erfahren werden. Nur in der Hinbewegung zum Unendlichen wird das Unendliche erlebt. Unendlichkeit, die ereicht ist, ist keine Unendlichkeit mehr. Um darum den seligen Zustand von Samādhi zu genießen, muß ich ihn immer wieder neu schaffen und entfalten. Um Schönheit zu genießen, muß ich sie in mir selbst schaffen.

Also gibt es nicht einmal ästhetische Freude ohne schöpferische Anstrengung; und da die schöpferische Anstrengung des Künstlers größer ist als die des Beschauers des Kunstwerkes, ist auch die Freude des ersteren weit intensiver.

Der Weg zum wirklichen Samādhi ist ein beständiger Prozeß geistiger Entsagung und Selbstverleugnung, ein unausgesetztes Aufgeben. Ein Ding aufgeben heißt frei von ihm zu sein, Herr seiner selbst und aller seiner Entschlüsse zu sein.

Freiheit gibt es nur im Akt des Verzichtens. Mit anderen Worten: Es ist die nimmermüde Fähigkeit zur Entsagung, die uns alle Gewalt über uns selbst und die Dinge der Welt um uns gibt. Nicht das, dem wir entsagen, ist das Entscheidende, sondern der Akt des Verzichtes. Darum muß sogar zeitweise auf Samādhi selbst Verzicht geleistet werden, wenn wir diese hohe, geistige Gabe nicht verlieren wollen. Eine Fähigkeit, die nicht immer neu erworben wird, um sie zu besitzen, verliert ihre Kraft.

Wenn die Entsagung echt und unverfälscht ist, dann versklaven uns die Dinge nicht mehr, wir sind dann ihre Meister geworden und können uns ihrer ohne Gefahr bedienen. Dann können wir furchtlos von dem Samādhizustand vollkommener Einheit in die Vielfalt der Welt zurückkehren. Nachdem wir uns ernstlich davon überzeugt haben, daß wir ohne dies oder jenes sein können, haben wir nun auch wirklich zu beweisen, daß wir jetzt keinen Grund mehr haben, sie zu fürchten, – daß wir sie annehmen und sogar schaffen können, ohne unsere Unabhängigkeit, unsere innere Freiheit zu verlieren.

Das ist der unvergleichliche Buddhaweg: er beginnt mit der Weltentsagung, gipfelt in der Verwirklichung der Erleuchtung und führt durch grenzenloses Mitleiden wieder zur Welt zurück. Er gleicht dem dreifachen Atmungsvorgang: die innere Bewegung durch Einatmung, der Moment des Anhaltens oder der Bewegungslosigkeit und die äußere Bewegung der Ausatmung.

Beide Seiten dieses Vorganges wiederholen sich auch in der tantrischen Meditation, wie sie von den besten Mönchen in Tibet geübt wird; nur daß hier die Objekte aus dem Zustand «Vollkommener Leere« hervorgebracht und nachher wieder in die »Leere« zurückgeführt werden. Hier ist der Zustand der Buddhaschaft oder Erleuchtung, der zwischen den zwei Bewegungen liegt, als Ausgangspunkt gewählt.

Doch wie kann solch ein Ausgangspunkt gewählt werden, wenn der Buddhazustand tatsächlich noch nicht erreicht worden ist? Die Antwort: weil nur in der aktuellen Bewegung zur Vollendung hin (die hier zeitweise nach einem schwierigen Prozeß geistiger Reinigung als ein geistiges Bild oder Symbol erreicht wird) Vollendung erfahren werden kann.

Vollkommenheit ist kein absoluter Wert oder ein statisches Etwas, vielmehr die Harmonie von Kräften, die in jedem Augenblick hergestellt werden kann, indem ihre Bewegung durch die Richtung auf ein gemeinsames Ziel koordiniert wird. In solchen Augenblicken bilden die Kräfte eine »universale« Gruppe (das Wort »uni-versal« in seinem wörtlichen Sinn genommen: auf einen Punkt gerichtet), ein Universum im kleinsten.

Doch der ideale Punkt, auf den hin sich diese Kräfte richten, muß in der Unendlichkeit liegen und kann nie von ihnen erreicht werden, andernfalls würden sie widerstreiten und eine in die andere verschmelzen, d. h. ihre ideale Differenzierung, die nur durch die gemeinsame Richtung im Gleichgewicht gehalten wird, würde vernichtet und ihre Bewegung, ohne die Leben unmöglich ist, würde aufhören. Lebendige Harmonie braucht Differenzierung genauso, wie sie der Einheit bedarf. Ein Ton allein kann keine Musik machen.

Demzufolge können wir jetzt also sagen, daß Vollkommenheit auf jeder Stufe der Entwicklung, in jeder Lebensform möglich ist. Ein menschliches Wesen, das alle seine wahrhaft menschlichen Qualitäten entwickelt hat, kann vollkommen genannt werden, obwohl es andere Wesen geben mag, die uns Menschen in vieler Hinsicht übertreffen. Aber ebenso kann gesagt werden, daß ein Tier, das alle Eigenschaften seiner Art besitzt, vollendet ist, gleichfalls eine Pflanze oder ein Kristall, der die besonderen Kennzeichen seiner Natur harmonisch zum Ausdruck bringt.

Vollkommenheit existiert darum nicht als das absolute Ende an der Spitze eines Maßstabes noch als ein bestimmtes und fertiges Maß überhaupt, sondern als ein unendlich kleiner, harmonischer Augenblick in der Bewegung.

In Wesen mit Selbstbewußtsein wird diese edle Harmonie im

allgemeinen durch übertriebene Egozentrik und eine zerstörend-auflösende Art von Intellektualismus in Unordnung gebracht. Nur der, welcher die Täuschung und Illusion der Selbstheit und ihre begleitenden Übel völlig überwunden hat, d.h. wer zur Erleuchtung gekommen ist, vermag dauernd in einem Zustand vollkommener Harmonie zu wohnen. Wir sind im allgemeinen nur fähig, diesen Idealzustand in kurzen, seltenen Augenblicken zu erleben.

Harmonie stellt sich mehr oder weniger ständig durch einen organischen oder unbewußten Prozeß fortgesetzter Anpassung in jenen Lebensformen ein, in denen das Gleichgewicht noch nicht durch das hypertrophe Wuchern des Ich-Bewußtseins gestört ist. Eine entsprechende fortgesetzte Anpassung findet andererseits in jenen Individuen statt, die ihr Ich überwunden und ihr geistiges Gleichgewicht wiederhergestellt haben.

Der Unterschied zwischen der Vollkommenheit einer Blume oder eines Tieres und der Vollendung eines »Erleuchteten« ist der, daß die erstere unbewußt ist, letzterer sich aber der Harmonie bewußt ist, die er durch schöpferische Anstrengung verwirklicht hat. In dieser wohnt er nun dauernd aufgrund seiner Weisheit, die ein Zurückgleiten in den früheren unausgeglichenen Zustand unmöglich macht.

Sechster Teil

Dimensionen des Bewusstseins

1

Logik und Symbol im multidimensionalen Weltbild

Mathematik, Atomphysik und Tiefenpsychologie haben den Rahmen unseres Denkens und Weltbildes gesprengt und uns mit einer Menge von Einzelerkenntnissen überschüttet, denen der Laie ratlos gegenübersteht, weil die Ausdrucksformen seiner Sprache diese Erkenntnisse nicht formulieren und zu einem Ganzen vereinigen können, ohne die Gesetze seines gewohnten Denkens zu verletzen.

Es ist somit notwendig, eine neue Art des Denkens zu entwikkeln, das uns von der Dogmatik dieser selbstgeschaffenen Gesetze befreit, die zwar in der Welt konkreter Objekte und Begriffe von Nutzen ist, sich aber nicht mit den Erkenntnissen eines über unsere Sinne hinausgehenden Universums vereinbaren läßt. Da es nicht möglich ist, das Universum (und damit meine ich nicht nur die Gegebenheiten der äußeren, sondern auch die der inneren Welt, die in der Tiefe der menschlichen Psyche verborgen sind) dem Denken anzupassen, so bleibt uns nichts anderes übrig, als zu versuchen, unserem Denken eine umfassendere Grundlage zu geben, indem wir uns von der Enge einseitiger Dogmatik befreien. Dies aber kann nur geschehen durch die Überwindung jener eindimensionalen (»gradlinigen«) Logik, die mit dem Messer des Entweder – Oder die Welt zerschneidet und aus ihrem zerstückelten Leichnam einen abstrakten Begriffskosmos aufzubauen versucht.

Aus einem Gespräch mit Professor Heisenberg in München gewann ich den Eindruck, daß die moderne Atomphysik so weit dem heutigen Denken vorausgeeilt ist, daß die Diskrepanz zwischen dem Bewußtsein des Durchschnittsmenschen, der sich ihrer Resultate bedient, und den Erkenntnissen des Forschers, der sie möglich macht, so groß ist, daß sie zu einer Gefahr für die westliche Zivilisation wird und damit schließlich zu einer Gefahr für die Menschheit, die mehr und mehr von dieser Zivilisation durchdrungen ist.

Diese Diskrepanz zwischen der Vollkommenheit und der Macht der aus einer höheren Erkenntnisdimension geschaffenen Mittel und dem Bewußtseinsniveau derer, die sich ihrer bedienen, muß schließlich eine schizophrene Zivilisation zur Folge haben, in der der Mensch, weil er das Wesen der ihm zur Verfügung stehenden Kräfte nicht versteht, nicht mehr die Mittel beherrscht, sondern von ihnen beherrscht wird. Er gleicht dem Zauberlehrling, der die Kräfte, die er rief, nicht mehr kontrollieren kann, weil er keine Beziehung zu ihrem Wesen hat, sie in Wahrheit nicht kennt.

Es ist darum die Aufgabe führender Wissenschaftler, eine Brücke zum Erkenntnisniveau des Durchschnittsmenschen zu schlagen, so daß letzterer einen bewußten Zugang zu der Welt hat (oder zu jener Geistesdimension), welche die Wissenschaft ihm erschließen will. Denn nur ein Mensch, der geistig diese Welt errungen hat, dessen Bewußtsein diese Erkenntnisstufe erreicht hat, ist imstande, die aus ihr erwachsenden Kräfte sinnvoll anzuwenden, ohne ihre Macht zu mißbrauchen. Nur ein solcher hat das Recht, sich ihrer zu bedienen.

Um aber die Brücke zu dieser Erkenntnisstufe zu schlagen, bedarf es zunächst einer neuen Sprache, nicht so sehr im Sinne eines neuen Wortschatzes – der ohnedies von Laien ohne große Schwierigkeit übernommen wird – als vielmehr einer neuen Denkweise, einer erweiterten, mehrdimensionalen Logik, die von der klassisch-aristotelischen ebenso verschieden ist wie die euklidische Geometrie von der Einsteinschen Relativitätslehre.

Zur Schaffung einer solchen Denkweise dürfte eine Kenntnis östlicher Logik, insbesondere des indischen Denkens, von besonderem Nutzen sein. Während die westliche Logik von einem festgelegten »Standpunkt«, einer eindeutig bestimmten Prämisse, sich gradlinig auf das Objekt des Denkens oder der Betrachtung zubewegt, besteht das östliche Denken eher in einem Kreisen um den Gegenstand der Betrachtung. Der westliche »Frontalangriff« führt zu einem schnelleren und eindeutigen Resultat, aber es ist ebenso eindeutig, wie es einseitig ist.

Der Osten gewinnt durch einen immer wieder erneuten »konzentrischen Angriff« in ständig sich verengendem, dem Objekt näherkommenden Kreisen einen vielseitigen, d.h. multidimensionalen Eindruck, der sich aus der Summe der verschiedenstandpunktlichen Einzeleindrücke des Objektes herausbildet, bis auf der letzten, begrifflich nicht mehr erfaßbaren Stufe dieser konzentrischen Annäherung das erlebende Subjekt mit dem Objekt seiner Betrachtung eins wird. Aus diesem Erlebnis wird das Symbol, die richtungweisende Glyphe (der Symbolsprache der Mathematik vergleichbar), das über sich hinausreichende Paradox geboren.

Die neue Sprache gleicht also mehr der Sprache der Dichter als der der Schulwissenschaftler; und daher hat sich in der atomaren Wissenschaft eine Redeweise herausgebildet, in der man, wie Heisenberg am Beispiel der sich gegenseitig logisch ausschließenden – und dennoch den Tatbestand wiedergebenden – Wellen- und Korpuskulartheorien demonstrierte, einander widersprechende anschauliche Bilder verwendet.

Da man nicht gleichzeitig die räumliche Position und die der zeitlichen Dimension zugehörige Geschwindigkeit eines Elementarteilchens genau feststellen kann, so hat man, wie Heisenberg sagte, »in der Stromphysik verschiedene Beschreibungsweisen verwenden müssen, die sich zwar gegenseitig ausschließen, aber dennoch ergänzen, so daß erst durch das Spielen mit den verschiedenen Bildern schließlich eine angemessene Beschreibung des Vorganges erreicht wird.«

Glas-perlen-spiel

Bohr hat, wie Heisenberg in diesem Zusammenhang erwähnte, von einer Komplementarität der beiden Begriffe Ort und Geschwindigkeit gesprochen. »Dieser Sachverhalt der Komplementarität hat also dazu geführt, daß die Physiker, wenn sie über das atomare Geschehen sprechen, sich oft mit einer ungenauen und gleichnishaften Sprache begnügen, daß sie nur wie die Dichter versuchen, im Geiste des Hörenden durch Bild und Gleichnis gewisse Bewegungen hervorzurufen, die in die gewollte Richtung weisen, ohne ihn durch eindeutige Formulierungen zum präzisen Nachvollziehen eines bestimmten Gedankenganges zwingen zu wollen.«

Es handelt sich also in dieser Denkweise darum, den Geist nicht festzulegen nach dem Rahmen der klassischen Logik, nach der zwei einander entgegengesetzte Urteile nicht zugleich wahr sein können und nach der es eine dritte Möglichkeit nicht gibt, sondern den Geist in Bewegung zu halten, d.h. den Standpunkt zu wechseln, indem man ihn, wie in der indischen Logik, um den Gegenstand der Betrachtung kreisen läßt. Dieses würde die althergebrachte Logik ebensowenig außer Kraft setzen wie die vieldimensionale Logik der höheren Mathematik, sondern würde jeder dieser Art von Logik ihren Platz anweisen. Zwischen der dualistischen, vom Satz des Widerspruches und dem ausgeschlossenen Dritten beherrschten aristotelischen Logik und derjenigen der höheren Mathematik läßt sich eine ganze Stufenfolge von Denksystemen einordnen. Als Beispiel seien hier nur die vier Aussagemöglichkeiten der indischen Logik angeführt:

1. es ist
2. es ist nicht
3. es ist und ist nicht
4. es ist weder, noch ist es nicht.

Die vier Aussagen postulieren in anderen Worten:

1. Sein (oder »Existenz« eines Objektes)
2. Nichtsein
3. Sowohl-Sein-wie-Nicht-Sein
4. Weder-Sein-noch-Nicht-Sein.

Die ersten zwei Aussagen beziehen sich auf den Bereich sinnlich oder begrifflich konkreter Objekte, auf den Bereich fester Größen, in denen wir von Identität oder Nicht-Identität reden können. Die dritte Aussage bezieht sich auf den Bereich der Relativität und entspricht der Stufe des lebendig-organischen Geschehens. Die vierte Aussage bezieht sich auf den Bereich der transzendenten Erfahrung, die über das Sinnliche und Begriffliche hinausgeht, weil ihre Objekte unbegrenzt und nur der Intuition, d.h. der unmittelbaren Erfahrung oder dem Erlebnis höherer Dimensionen zugänglich sind.

Wir können nur soviel von der Welt verstehen, wie wir in uns selbst entwickelt und verwirklicht haben. »Wahrheit ist darum«, wie Plotinus (der alexandrinische Philosoph des 3. Jahrhunderts n. Chr.) in seinen Briefen an Flaccus schrieb, »nicht die Übereinstimmung unserer Wahrnehmung eines ewigen Objektes mit dem Objekt selbst. Es ist die Übereinstimmung des Geistes mit sich selbst. Bewußtsein ist darum die ganze Basis der Gewißheit. Der Geist ist sein eigener Zeuge. Die Vernunft sieht in sich selbst, was über ihr, und ebenso das, was unter ihr und noch einmal sie selber ist.

Wissen hat drei Grade: Meinung, Wissenschaft, Erleuchtung. Das Mittel oder Werkzeug der ersten sind die Sinne, das der zweiten ist Dialektik (Logik), das der dritten Intuition. Ich ordne die Vernunft der letzteren unter. Sie ist das absolute Wissen, das auf der Identität des wissenden Geistes mit dem bewußten Objekt beruht.«

Intuitives Wissen ist frei von Parteilichkeit und Dualismus; es hat die Extreme der Subjekt- oder Objektbetonung überwunden. Es ist die Vision einer Weltsynthese, das Erlebnis eines kosmischen Bewußtseins, in dem das Unendliche nicht nur begrifflich, sondern lebendig verwirklicht ist.

Obwohl in jedem niederen Bewußtseinszustand etwas gegenwärtig ist, das zur nächsten Stufe führt oder auf sie hinweist, so ist es doch unmöglich, Probleme, die zu einer höheren Bewußtseinsdimension gehören, von einem niederen Bewußtseinsniveau zu lösen. Das ist auch der Grund, warum wissenschaftliche und metaphysische Probleme oder Probleme der modernen Atom- oder Astrophysik, die jenseits des endlichen Bereichs liegen, nicht von einem egozentrisch bedingten, emotionalen Standpunkt gelöst werden können, indem man die Gesetze dieser Welt der dreidimensionalen Erfahrung oder eine daraus abgeleitete begrenzte Logik anwendet.

»Wenn wir der dreidimensionalen Welt entfliehen und über sie hinauskommen wollen, so müssen wir zunächst die grundlegenden logischen Prinzipien ausarbeiten, die es uns erlauben würden, die Beziehungen in einer Welt vieler Dimensionen zu beobachten – um sie in einer einigermaßen vernünftigen Weise und nicht als vollkommene Absurdität zu sehen. Wenn wir nur mit den Prinzipien der Logik unserer dreidimensionalen Welt ausgerüstet in eine solche vieldimensionale Welt eintreten würden, so würden diese Prinzipien uns zurückzwingen und uns keine Gelegenheit geben, uns von der Erde zu erheben.« (Ouspensky)
So hat jede Ebene ihre eigenen Gesetze und ihre eigenen Probleme, und die Methoden, die uns im einen Falle zu einer Lösung verhelfen, können in einem anderen zum Hindernis werden. Eines der Haupthindernisse in der Betrachtung vieldimensionaler Phänomene ist die Voraussetzung eines zeitlich-kausalen Zusammenhanges, der in der klassischen Logik durch den Satz vom »zureichenden Grunde« ausgedrückt wird. Wenn wir statt des Nacheinander die Gleichzeitigkeit gewisser scheinbar unzusammenhängender Phänomene betrachten, so werden wir oft einen Parallelismus, eine Koinzidenz gewisser Eigenschaften beobachten können, die nicht kausaler oder zeitbedingter Natur sind, sondern uns eher wie ein Querschnitt eines organisch zusammengehörenden Ganzen anmuten. Und umgekehrt können wir im Nacheinander gewisser Geschehnisse oder Erfahrungen eine zeitlich auseinandergelegte »Entfaltung« einer vom Zeitablauf unabhängigen, quasi präexistenten Struktur einer höheren Wirklichkeitsdimension beobachten.

Die von der Astrologie beobachteten Beziehungen zwischen individuellen Eigenschaften und Schicksalen und planetaren Konstellationen sind nicht notwendigerweise kausal bedingt, d. h. auf »Einflüsse« der in Frage kommenden Planeten zurückzuführen, sondern können ebensowohl, wenn nicht sogar besser, als parallele Vorgänge einer akausalen, synchronischen Situation gedeutet werden.

Die Konstellation der Gestirne dient in diesem Falle bloß als Bezugssystem einer gewissen Situation. Solche Situationen sind in dauernder Veränderung begriffen und erscheinen uns als zeitlich aufeinanderfolgende, ursächlich bedingte Phänomene. Indem wir dieses zeitliche Nacheinander als wirklich (d.h. wirkend) empfinden und den einzelnen Augenblick als ein vergängliches, an sich bedeutungsloses Glied in der Kette des kausalen Geschehens, verhaften wir uns der einseitigen Richtung der nicht umkehrbaren Zeitdimension, die sozusagen horizontal, d.h. auf der Ebene »Oberfläche« unseres individuellen Bewußtseins fortschreitet, ohne uns der vertikalen (in die Tiefe weisenden, im Zustand der »Vertiefung« wahrnehmbaren) Zusammenhänge des »zeitlosen« Augenblicks bewußt werden, in dem die organisch-lebendige Einheit des Weltganzen gegenwärtig und wie in einem Brennpunkt konzentriert ist.

Wenn wir die Horizontale als die Richtung unserer zeiträumlichen Entwicklung (Entfaltung) betrachten, so ist die Vertikale die Richtung unserer inneren Vertiefung hin auf das universale Zentrum unseres Wesens und damit die Bewußtwerdung der zeitlosen Gegenwart aller Daseinsmöglichkeiten in der organischen Gesamtstruktur des lebendigen Universums. Während die Horizontale aber aller Wahrscheinlichkeit nach – d.h. den Gesetzen aller räumlichen Bewegungen entsprechend – sich zu einem, wenn auch unfaßbar großen (uns darum gradlinig erscheinenden) Kreis zusammenschließt oder zu einer spiraligen Bewegung, in der sich gewisse Phasen rhythmisch wiederholen (ohne je absolut identisch zu sein) – dies ist die Gesetzmäßigkeit, die wir in allem Wechsel beobachten können –, so bewegt sich die Vertikale auf den ruhenden Mittelpunkt dieser kreisenden Bewegung zu, d.h. auf das Zeitlos-Allgegenwärtige, das allem Geschehen inhärent ist. Es ist, was wir dichterisch die »Ewigkeit des Augenblicks« nennen, die erlebt werden kann im Zustande vollkommener Verinnerlichung, d.h. wenn wir statt nach außen uns nach innen wenden zum Zentrum unseres eigenen Wesens und Seins, wie dies in Zuständen der Meditation und der schöpferischen Inspiration geschieht.

In einer früheren Arbeit[65] habe ich diese beiden Richtungen in einem kreisförmigen Diagramm dargestellt, in dem die der Peripherie folgende Bewegung die zeitlich-räumliche Entwicklung des Individuums, die senkrecht hierzu verlaufenden Bewegungen in der Richtung aufs Zentrum die zunehmenden Stadien der Verinnerlichung andeuten. Je weiter diese Verinnerlichung fortschreitet, d.h. je mehr wir uns dem inneren Zentrum nähern, desto universaler wird das Erleben, um beim Erreichen des Zentrums den vollen Querschnitt des bewußten Seins, die Ganzheit des universellen Bewußtseins zu verwirklichen.

Das Bewußtsein schreitet in diesem Vorgang von beschränkteren zu umfassenderen, von niederen zu höheren Dimensionen fort, wobei jede höhere Dimension die Eigenschaften der niederen in sich einschließt, d.h. einem höheren Bezugssystem einverleibt. Das Kriterium des Bewußtseins oder der Erkenntnis einer höheren Dimension besteht somit in der koordinierten und gleichzeitigen Wahrnehmung mehrerer Bewegungsrichtungen in einer umfassenderen Einheit, ohne Vernichtung jener Einzelzüge, die das Wesen der so integrierten niederen Dimensionen ausmachten. Die Wirklichkeit einer niederen Dimension wird daher nicht durch die höhere aufgehoben, sondern nur relativiert – so wie die aristotelische Logik von der Atomphysik nicht aufgehoben, sondern nur in ein anderes Verhältnis zu unserem erweiterten Weltbild gesetzt wurde.

Es ist wichtig, dies zu betonen, denn nichts wäre gefährlicher als ein leichtfertiges Überbordwerfen des normalen, auf unsere Welt zugeschnittenen logischen Denkens zugunsten tiefscheinender Paradoxa, wie dies in manchen Geistesrichtungen unserer Zeit (und nicht zuletzt in der modernen Kunst) Mode geworden ist. Ehe wir nicht zu einer klaren Erkenntnis der Gesetze unserer dreidimensionalen Welt gekommen sind, ist es nutzlos, uns mit denen einer höheren Dimension (deren Unterbau diese Gesetze darstellen) zu beschäftigen. Wir müssen erst die Grenzen unseres Denkens *erreicht* haben, bevor wir qualifiziert sind, sie zu überschreiten.

Bis dahin aber müssen wir uns mit den Symbolen begnügen, die uns die Sprache und die Archetypen des Bewußtseins zur Verfügung stellen; denn solche Symbole haben, wie C. G. Jung sagt, den großen Vorteil, heterogene und inkommensurable Faktoren in einem einzigen Bilde vereinen zu können. Das gilt für die Symbole der Mathematik ebenso wie für die des Tiefenbewußtseins: Auf beiden Wegen können wir zur Erkenntnis höherer Dimensionen fortschreiten, und schon jetzt können wir sehen, daß sie sich weitgehend ergänzen.

2

Die Raumauffassung in Alt-Buddhistischer Kunst und Philosophie

Nach Spengler ist die Konzeption eines unendlichen Raumes eine ausschließlich abendländische Idee – eine Schöpfung des »faustischen« Bewußtseins, die den Griechen und Römern genauso fern lag wie den Indern und Ägyptern. »Was *'unendlicher Raum'* – diese schöpferische Interpretation der Tiefenerfahrung von uns, den Menschen des Abendlandes, und von uns allein – auszudrükken versucht: jene Dimension, die die Griechen das Nichts nannten und die wir das All nennen, durchtränkt die Welt mit einer Farbe, die weder die griechische, die römische noch die indische oder die ägyptische Seele kannte.«[66]

Dagegen ist zunächst klarzustellen, daß Indien eine Anzahl verschiedener Theorien und Definitionen des Raumes hervorgebracht hat – eine Tatsache, die als solche schon erkennen läßt, daß das Raumerlebnis so intensiv war, um tiefgründige Überlegungen aufkommen zu lassen und um religiöse Praktiken in einem solchen Umfang entsprechend zu beeinflussen, daß es nicht angängig sein kann zu behaupten, die Inder hätten eine negative Einstellung zur Raumproblematik gehabt, was vielleicht betreffs der alten mediterranen Zivilisationen stimmen mag.

Auch die Behauptung, daß die Erfahrung – ja die bloße Idee des »unendlichen Raumes« – eine spezifisch abendländische Leistung und ein Charakteristikum der »faustischen« Seele bzw. des »faustischen« Bewußtseins sei, ist nicht haltbar, da die Anschauung der »Raumunendlichkeit« eine der fundamentalen Ideen des Buddhismus ist. Als besonders wesentliches Moment ist dabei zu betonen, daß diese Konzeption ihre Bedeutung nicht von bloßen philosophischen Erwägungen oder intellektuellen Spekulationen ableitete, sondern auf unmittelbarer geistiger Erfahrung gründete, die durch systematische Erforschung des menschlichen Geistes im meditativen Prozeß erzielt worden war.

Die später entwickelten philosophischen Definitionen (von denen jede für sich allein interessant ist) sind – verglichen mit dieser Grunderfahrung – von sekundärer Bedeutung. Die Raumunendlichkeit, die in den ältesten Pālitexten als *«ākāśanañcāyatana«* erwähnt wird, hat in der gesamten buddhistischen Literatur bis zum heutigen Tag einen bedeutenden Platz behaupten können. Doch war das Raumunendlichkeitserlebnis schon vor Buddha als ein höherer Geisteszustand bekannt, was durch Buddhas Hinweise auf die Yoga-Übungen seiner brahmanischen Lehrer belegt ist.

Das in diesem Zusammenhang benutzte Wort *ākāśa* – das sich von der Sanskritwurzel »*kāś*«*:* »leuchten, strahlen« ableitet – muß hier in seiner Grundbedeutung verstanden werden. Es deutet auf eine aktive, ja schöpferische Eigenschaft des Raumes – auf etwas, das mit Bewegung, Schwingung und Strahlung zu tun hat (vergleichbar der Äther-Hypothese in der Physik des beginnenden 20. Jahrhunderts). Und selbst in der negativen Definition der Sautrantika, die die Realität des Raumes im Gegensatz zu anderen buddhistischen Schulen verneinten, scheint die Idee der Bewegung instinktiv mit der Konzeption des Raumes gekoppelt, wenn dieser als das »Nicht-Bestehen von Hemmungen (bzw. Hindernissen)« umschrieben wird.

Die Theravadin, die die Realität der Außenwelt weder behaupteten noch verneinten, beschränkten sich auf die psychologischen – und damit notwendigerweise subjektiven – Standpunkte und kamen dadurch zu einer Schlußfolgerung, die der Kants sehr ähnlich ist, der den Raum als eine Bedingtheit bzw. Eigenart unseres Geistes erklärte.[67] Die Theravadin definierten *ākāśa* als ein dauerndes geistiges Element *(niccapaññatti),* wodurch sie dem *ākāśa* einen höheren (subjektiven) Wirklichkeitsgrad zuerkannten als der Materie schlechthin, die unter den unbeständigen geistigen Elementen aufgezählt wird, die alle nur eine kurzfristige phänomenologische Existenz haben.

Die Sarvāstivādin andererseits glaubten an die objektive Existenz des Raumes und klassifizierten ihn als eines der drei nichtkonditionierten Elemente *(dharmas).* Ihre Systematik zählte 75 *dharmas* auf, von denen 72 als konditioniert (in Abhängigkeit entstanden) betrachtet wurden. Die verbleibenden zwei, nicht in Abhängigkeit entstandenen Elemente waren Äquivalente des *nirvāna,* nämlich des bewußten *(pratisamkyā)* und des unbewußten *(apratisamkyā)* Erlöschens des Begehrens. Damit aber waren Raum und nirvāna die einzig beständigen Elemente, denen somit eine Art höherer Realität zukam. Das Faktum, daß man sie nicht in positiver Formulierung ausdrücken konnte, mindert ihren Wirklichkeitscharakter in keiner Weise, da alle positiven Ausdrucksmöglichkeiten der Welt der in Abhängigkeit entstehenden Elemente zugehören, die damit keine Realität an sich besitzen.

Die positive Bewertung des Raumes im Denken des früheren Buddhismus konnte daher nicht besser deutlich gemacht werden als durch dessen enge Assoziation mit nirvāna.

Wir können einen sehr eindrucksvollen Parallelismus in der Entwicklung moderner westlicher Zivilisation beobachten, durch den – nach Spengler – der reine aktive Raum als das Wesen wahren Seins erscheint: er ist reines und einfaches *Sein.* Die Gegenstände sinnlicher Wahrnehmung erscheinen daher als Faktoren von sekundärer Wertigkeit (die wir daher berechtigterweise »raumfüllende« Objekte nennen, wodurch wir den ihnen zukommenden relativen Wert zum Ausdruck bringen), und wenn man sie vom Standpunkt des Erkenntnis- und Beurteilungsvorganges her betrachtet, dann empfindet man die Fragwürdigkeit dieser Sinneswahrnehmungen, die als Erscheinungsform und als Hindernisse überwunden werden müssen, wenn der Philosoph oder der Physiker das wahre Wesen des Seins entdecken will. Die abendländische Skepsis wandte sich daher nie gegen den Raum, sondern immer nur gegen konkrete Dinge. Der Raum ist eine höhere Anschauungsform – Energie ist ein weniger abstrakter Ausdruck dafür –, und »Masse« erscheint nur als dessen Gegenbegriff bzw. als das, was *im* Raum existiert.[68]

Genau das gleiche aber vollzog sich in der Geschichte der buddhistischen Philosophie. Auch hier bezog sich die Skepsis nie auf den Raum, sondern immer auf konkrete Dinge, die als Täuschungen und als etwas Unwirkliches angesehen wurden, so wie alle anderen Sinneswahrnehmungen. Diese Tendenz erreichte in Nāgārjunās *Śunyavāda* (die Lehre, daß alle Dinge von Natur »leer« – *śunya* – von jeglicher unveränderlichen Substanz seien) ihren Höhepunkt, und zwar zu einer Zeit, als auch der buddhistische Universalismus seinen stärksten Ausdruck fand.

Damit aber wandelte sich der anthropozentrische Charakter des (frühen) Buddhismus mehr oder mehr zu einer kosmischen Einstellung. Der menschliche Charakter des historischen Buddha wich zahllosen Dhyāni-Buddhas und Bodhisattvas, die die Unendlichkeit des Raumes erfüllten und durchtränkten in ständig sich ausbreitender Bewegung.

Unendlichkeit ist somit die Schlüsselnote des Mahayana und – nach dem Mahāyāna-Śraddhotpāda-Śastra – wird sie durch drei Arten der »Unermeßlichkeit« interpretiert:

1. die Unermeßlichkeit der allumfassenden Ganzheit *(Dharmakāya),*
2. die Unermeßlichkeit der Potentialität *(Sambhogakāya),*

3. die Unermeßlichkeit seiner sich manifestierenden Tätigkeiten *(Nirmānakāya)*.

Das Mahayana glaubte, daß zahllose Welt-Systeme im grenzenlosen Raum existieren, bevölkert von einer unendlichen Zahl von Wesen und durchdrungen von gigantischen Kräften. Selbst die moderne Astronomie war nicht in der Lage, ein umfassenderes und gewaltigeres Weltbild zu entwerfen. Die Entwicklung der Mathematik und der astronomischen Instrumente ermöglichten dem Abendland, sein Streben nach Unendlichkeit in mathematischen Größen und Symbolen und heute in der Raumforschung und interplanetarischen Reisen auszudrücken.

In der Mahayanaliteratur wurde ein entsprechendes Streben in Form von philosophischen Symbolen zum Ausdruck gebracht (basierend auf der Erforschung des »inneren« Raumes mittels meditativer Praktiken), um die Unermeßlichkeit und Vielfalt der Welten sowie der geistigen Kräfte und Wesen (Seinsweisen) darzustellen. Doch war von all diesen Symbolen der Raum das Wichtigste, und wenn man sagen konnte, daß im Abendland seit den Tagen der Renaissance die Konzeption Gottes mehr und mehr der Idee des reinen unendlichen Raumes in den Geistern aller kulturschaffenden Menschen ähnlich wurde[69], dann kann auch gesagt werden, daß in gleicher Weise die Konzeption des Raumes *(ākāśa)* und des nirvāna in immer engere Beziehung gebracht wurden, je mehr das Ideal bzw. die innere Erfahrung der Unendlichkeit vom indischen und speziell vom buddhistischen Denken Besitz ergriff.

Doch während sich die abendländische Raumerfahrung zunehmend mit optischen und mathematischen Definitionen befaßte (wodurch das primäre innere Gefühl in eine Beobachtung des außen gelegenen Raumes verkehrt wurde), entwickelte sich die indische Raumauffassung in entgegengesetzter Richtung. Statt den sichtbaren Raum zu erforschen, betrachteten die Inder diesen als eine bloße Projektion bzw. als eine unvollkommene Reflexion oder ein Symbol der inneren Erfahrung. Folgerichtig tauchten sie deshalb hinab zum Zentrum ihres eigenen Wesens – in die Tiefe menschlichen Bewußtseins, in der das ganze unendliche All enthalten ist.

Aus diesem Schatz- und Speicherhaus des Bewußtseins *(ālaya-vijñāna)* holten sie ihre kosmischen Inspirationen, ihre mystischen Visionen und ihre künstlerische Schöpfungskraft. Aber in diesen schöpferischen Gestaltungen versuchten sie weder die Außenwelt zu imitieren, noch die Dinge so darzustellen, wie sie dem Auge erscheinen, sondern allein jene Welt, die sie in sich selbst erlebt hatten. Deshalb versuchten sie auch nie, in ihrer Malerei die Illusion eines optischen Raumes mit seinen willkürlichen Perspektiven, die vom jeweiligen Standpunkt des betreffenden Beobachters abhängen, zu erschaffen.

»Der Maler denkt in Bildern, und wenn er sie malt, dann verlegt er den Schauplatz vom Innern seines Bewußtseins auf jene Ebene außerhalb der Grenzen seines körperlichen Seins. Er dreht die Gestalten herum und ebenso alles, was sie umgibt, so daß sie ihm gegenüberstehen. Sie sind aus seinem Geiste hervorgetreten, um seinem Auge sichtbar zu werden. Doch ist dieser Prozeß des Sie-'Herumdrehens' – des Nach-außen-Wendens jenes Wesensgehaltes seiner inneren Schau – ein Spätstadium seiner Arbeit. Es setzt das 'Zurückwenden' seines Geistes zu jenem Augenblick voraus, wo er die objektive Welt als eine Manifestation des Geistes selbst erschaute.«[70]

Seit den Zeiten der Renaissance führt die westliche Malerei den Beschauer in einen illusionären Bild-Raum, »beim Ajantā-Maler aber schauen wir in die entgegengesetze Richtung«. Seine Gemälde scheinen ihre Formen aus einem raumlosen Hintergrund dem Beschauer zu offenbaren. Doch trifft diese »Raumlosigkeit« nur das Auge. Denn der Hintergrund strotzt von Leben – von einem Leben, das in einem ständig neuen sich Gebären und Werden ist, aus dem Formen in endlosen Strömen hervorbrechen, sich sogleich in ihrer ganzen Fülle entfaltend. Der Hintergrund ist vergleichbar dem dunklen Raum des mütterlichen Schoßes – ein Raum, erfüllt mit wachsendem Leben, das sich in Formen kristallisiert, ein Zustand zwischen Chaos und Kosmos: ein schöpferischer Raum, der gefühlt und geahnt werden kann, jedoch weder sichtbar gemacht werden kann, noch in unserer an die Dreidimensionalität gebundenen Sprache definiert werden könnte. »Während das Gemälde als Ganzes genommen mit all seinen Szenen in einer ununterbrochenen vorwärtsdrängenden Bewegung zu entstehen scheint, wird deutlich, daß diese Bewegung durch Rhythmen fest zusammengehalten wird, die sich an der Oberfläche abspielen. Die ganze kompakte Masse der Malerei entsteht aus der Bewegung heraus. Der Raum der Malereien aber ist erfüllt von gerichteten Strebungen. Die Hauptrichtung ist die Vorwärtsbewegung, deren Ursprung metaphysischer Art ist.«[71]

Gerichtetheit und Bewegung sind in der Tat Charakteristika buddhistischer Raumerfahrung, wie dies noch deutlicher in der Darlegung religiöser Ideen und meditativer Praktiken zum Ausdruck kommt. In der Beschreibung der vier *Brahma-Vihāras* oder

der »Göttlichen Verweilungszustände des Geistes« wird betont, daß man Liebe, Mitleid, Mit-Freude und Gleichmut erst in die eine Richtung, dann in die zweite, dritte und vierte Himmelsrichtung ausstrahlen solle und ebenso in die Regionen über oder unter uns. Sich selbst überall und in allen Dingen erkennend, soll man die ganze Welt mit Liebe, Mitempfinden, Freude und Gleichmut durchdringen, mit einem vertieften, allumfassenden, unbegrenzten Geist, der frei von allem Übelwollen und aller Mißgunst ist. Es genügt nicht, diese Gefühle der Liebe, des Erbarmens etc. nur in sich selber zu erzeugen: es ist erforderlich, daß man seinen Geist bewußt in jede der sechs Richtungen des Universums richtet, bis das Bewußtsein sich mit dem ganzen All identifiziert hat, indem es die Unendlichkeit des Raumes so erfüllt, daß keine Spur einer Ichheit zurückbleibt. Der Geist wird hier als ein aktives strahlendes Kraftzentrum betrachtet. Doch kann Kraft ungerichtet ebensowenig wirkungsvoll sein wie Bewußtsein, das nicht auf einen Punkt gerichtet ist. Darum muß jede Himmelsrichtung, jeder Teil des Alls für sich durchdrungen und bewußt gemacht werden, ehe ein allumfassendes Raumbewußtsein möglich wird.

Auf solche Weise wird der Raum in unserem Bewußtsein »aufgebaut« mittels Bewegung und Gerichtetheit. Ein solcher Raum aber kann gefühlt und bewußt werden; der Außenraum ist nur ein Symbol von ihm – ein Spiegelbild, begrenzt durch die Beschränktheit unserer physischen Sehfähigkeit. Denn was wir mit unseren Augen sehen, ist in Wirklichkeit nicht »Raum«, sondern nur eine Welt von Objekten, die dem Lichte Widerstand entgegensetzen und die wir dann unserem inneren Raumbewußtsein entsprechend interpretieren. Die Tatsache, daß dieses innere Raum-Bewußtsein im alten Indien als eine Art Strahlung empfunden und konzipiert wurde, ist durch den Terminus *ākāśa* erwiesen, der die Eigenschaften des Leuchtens und Strahlens beinhaltet. Und wie die Gemälde von Ajantā mit gerichteten Kräften geladen scheinen und durch ein strenges System von Abteilungen oder »Raum-Behältnissen« zusammengehalten werden, so wurde die Raumerfahrung buddhistischer Meditation vor der chaotischen Verschwommenheit unklarer Gefühle, Emotionen und Empfindungen durch die schöpferische Gestaltung einer gut fundierten Richtungsstruktur bewahrt.

Während sich in der Meditation der Raum proportional zur Durchdringung des Unendlichen mittels der geistigen Strahlung auszudehnen scheint (wodurch er das Unendliche in bewußten Raum verwandelt und es so im schöpferischen Bewußtseinszentrum integriert), scheint das Werk des Malers, wie es sich in der

Kunst Ajantās darstellt, eine in entgegengesetzter Richtung verlaufende Bewegung auszudrücken.

»Unserer selbst bewußt beim Erfahren der Außenwelt, wenden wir uns jetzt zurück zu uns selber als jenen Ort, der die ganze Welt beinhaltet. Und hier erblicken wir sie in einer Richtung, die nicht von uns wegführt, sondern die zurück auf uns selber weist. Wir selber sind die Bühne und der Zuschauer jener Welt, die wir sehen und erleben. Nichts kann uns da in eine Ferne fortführen, die außerhalb unserer selbst ist, und so gibt es auch keinen Platz mehr für Heimweh oder Fernsehnsucht. Es gibt keine Orte, zu denen noch gegangen werden müßte, da alle in uns sind: gesehen, erschaut, erinnert. Keine Zeit – denn diese existiert nicht – geht verloren, um uns von dem einen Ort zum anderen zu bringen. Vergangenes und gegenwärtiges Geschehen ist hier vereint, und nichts geschah je, das nicht noch besteht, und nichts besteht, was nicht dauern wird. Das Gedächtnis transformiert die Zeit mittels eines Rhythmus von gleichzeitigen Szenen, die wir selber auf der Bühne hervorbringen und erblicken.«[72]

Die enge Assoziation von Raum und Bewußtsein wird auch deutlich durch die Tatsache, daß in den fortgeschrittenen Vertiefungszuständen *(dhyāna)* die Erfahrung der Raumunendlichkeit *(ākāśañacāyatana)* unmittelbar zur Erfahrung der Bewußtseinsunendlichkeit *(vijñānañāyatana)* führt: Nach der Ausscheidung aller ding- und formhaften Ideen oder Vorstellungen wird der Raum zum unmittelbaren und intuitiven Gegenstand des Bewußtseins.

Das Bewußtsein hat zwei Eigenschaften: das der Unendlichkeit und das der Nicht-Stofflichkeit (der »Nicht-Dinghaftigkeit«). Beide bedingen einander wie »oben – unten«, »rechts – links«, »positiv – negativ«. Jede dieser zwei Eigenschaften enthält keimhaft die andere und kann die Grundlage oder der Ausgangspunkt für die Raumerfahrung werden. Ohne sie wäre eine entsprechende Erfahrung unmöglich, weil »Raum an sich« nicht Grundlage von Bewußtsein sein kann.

Die »Raumunendlichkeit« *(ākāśanañcāyatana)* und »Nicht-Dinghaftigkeit« *(akiñcanyāyatana)* sind somit entsprechende Werte, und zwar sowohl als Ausdruck der Raum-Erfahrung wie als Gegenstände des intuitiven Bewußtseins. Wenn jedoch das Bewußtsein der Raumunendlichkeit selber Meditationsgegenstand wird, so entsteht ein Erlebnis der Bewußtseinsunendlichkeit *(vijñānañcāyatana)*. Mit anderen Worten:

wenn Unendlichkeit bewußt wird, offenbart sich die Unendlichkeit des Bewußtseins.

Im intuitiven Erleben identifiziert sich das Bewußtsein völlig mit dem Gegenstand seiner Betrachtung und verschmilzt mit ihm. Ist dieser Gegenstand unendlich und unbegrenzt, so wird auch das Bewußtsein unendlich und unbegrenzt, kann sich jedoch nur retrospektiv dieser seiner eigenen Grenzenlosigkeit bewußt werden.

Analog wird das Leerheitsbewußtsein (das Bewußtsein vom Nichtvorhandensein aller greifbaren oder vorstellbaren »Dinge«, also jenes Bewußtsein der »Nicht-Dinghaftigkeit«) Gegenstand der nachfolgenden Versenkungsstufe, die die Bewußtwerdung jener »Bewußtseinsleerheit« beinhaltet, die man mit »Weder-Wahrnehmung-noch-Nicht-Wahrnehmung« bezeichnet. Alle diese Versenkungszustände stehen jedoch nicht nur durch die ihnen allen zugrunde liegende Anschauung und Erfahrung des Raumes zueinander in Beziehung, sondern auch dadurch, daß sie zusammen einen einheitlichen Prozeß fortschreitender Vereinheitlichung bilden, der von der Differenziertheit des Oberflächenbewußtseins zur Einheit des Tiefenbewußtseins führt.

Von dieser Erfahrung ausgehend wurde die philosophische Schau der *śūnyatā* inspiriert und ist daher nur von diesem Ausgangspunkt her verständlich. Denn wie hätte sonst eine so offensichtlich negativistisch erscheinende und völlig abstrakte Formulierung zum Kernstück der Mahāyāna-Philosophie werden können? Nur die in die Tiefe vorstoßende Raumerfahrung der Meditation *(dhyāna)* konnte den inneren Drang nach Unendlichkeit befriedigen. Dieses Unendlichkeitsstreben teilt der Buddhist genauso mit den Anhängern aller anderen indischen Religionen wie mit den Trägern westlich-arischer Kulturen. Als adäquates Symbol dieses Unausdrückbaren konnte nur ein Wort gewählt werden, das die vollständige Abwesenheit aller »Dinghaftigkeit« und aller Begrenzungen zum Ausdruck brachte. Wenn Spengler erklärt, daß der »reine, unendliche Raum das tiefste Symbol der abendländischen Seele darstellt«, dann kann man dies mit gleichem Recht bezüglich der indischen Seele sagen.

Die Art und Weise, in der Ost und West das Unendliche realisieren, mag unterschiedlich sein, entsprechend den besonderen Stimmungen und »Farben«, die diese Erfahrungen begleiten. Doch wird dadurch in keiner Weise die Tatsache gemindert, daß beide dem gleichen inneren Drang folgen – ein Faktum, das um so bedeutsamer erscheint, wenn wir uns vergegenwärtigen, daß z.B. den Griechen ein solches Streben nach Unendlichkeit völlig fremd war.

Wie wir bereits sahen, entwickelte sich die Raumerfahrung in der Malerei des Ostens und des Westens in entgegengesetzter Richtung, indem sich die eine mit dem bewußt gewordenen inneren Raum introspektiver Meditation befaßte, die andere sich dagegen dem sichtbaren Raum der Außenwelt zuwandte.

Damit aber ist nicht gesagt, daß es keine Berührungspunkte bezüglich der Raumauffassungen dieser sonst so unterschiedlichen Kulturen gäbe. Aber wir sollten diese nicht unbedingt im gleichen Ausdrucksmittel suchen.

Westliche Kultur fand ihre tiefste und vollkommenste Ausdrucksform in der Musik, die Kultur Indiens dagegen in der nach innen gerichteten Meditation *(dhyāna)*. In diesen beiden Bereichen müssen wir daher nach Parallelen und Berührungspunkten Ausschau halten. Nur hier sind Vergleichsmöglichkeiten zu erwarten.

Für diese Hypothese spricht, daß die abendländische Musik eine Art Raumempfindung hervorruft, die sich von der des sichtbaren Raumes so weitgehend unterscheidet, daß sie der Raumerfahrung in den tiefen Versenkungszuständen vergleichbar wird. Es handelt sich um eine Raumerfassung, die unter den Bedingungen der Dreidimensionalität unmöglich ist, da sie einer Ordnung höherer Art zugehört. Sie ist daher mit Worten ebensowenig wiederzugeben wie jene höchsten *dhyāna*-Erfahrungen und die letzliche Wirklichkeit der *śūnyatā*.

»Das urgründige Gefühl einer Befreiung, einer Loslösung und Auflösung der Seele im Unendlichen, einer Befreiung von aller materiellen Last, die während der Höhepunkte unserer Musik durchbricht, setzt auch den Tiefendrang der faustischen Seele frei....«[73]

Dieser Tiefendrang fand aber auch seinen Ausdruck in der Architektur gotischer Kathedralen (nannte man doch diese Architektur »zu Eis erstarrte Musik«) und ihrer Betonung des Gerichtetseins, das einerseits seinen Ausdruck darin fand, daß der Innenraum hier einen Weg zum Allerheiligsten – dem Altar – darstellte, wie andererseits die äußere Struktur ins Unendliche wies - zum Symbol stoffloser, transzendentaler Wirklichkeit als höchstem Ziel geistigen Lebens. In einem vorwärtsdrängenden Prozeß der Universalisierung wurde dieser Tiefendrang von der Einseitigkeit und exklusiven Einspitzigkeit befreit durch das noch stofflosere Medium der Musik, die im Barock dann in der Architektur bestimmende Ausdrucksform wurde, wodurch sich eine neue Tiefendimension eröffnete.

Ein ähnlicher Prozeß läßt sich in der Entwicklung des Buddhismus beobachten, in dem das Gefühl der Richtung – des geistigen Tiefendranges, der zunächst in der Idee des »Weges«, des «Pfades«, des »Stromes« usw. seinen Ausdruck fand – immer universeller wurde, indem mehr und mehr Gewicht auf die kosmischen Eigenschaften der Buddhaschaft und des Bewußtseins ganz allgemein gelegt wurde denn auf individuelle Befreiung, die jetzt als etwas Unwesentliches und Selbstisches erschien und sogar als ein unmögliches Unterfangen betrachtet wurde, wenn man vom Standpunkt des engen Miteinanderverwobenseins aller lebenden Wesen ausging – einer Verwobenheit, die um so gewaltiger und wesentlicher erschien, je mehr sich die ganze Bedeutung der *anātma-* und *śūnyatā-*Lehre den Anhängern des Mittleren Pfades enthüllte.

Mit anderen Worten: während anfangs die Idee eines individuellen Pfades, der aus der Welt hinausführt, vorherrschte, zielte die spätere Vorstellung auf eine Umwandlung und schließliche Befreiung der Welt. Obwohl beide Tendenzen im Buddhismus von Anfang an Seite an Seite bestehen (das Bodhisattva-Ideal, wie es in den *Jātakas* zum Ausdruck kommt, entstammt dieser alten Tradition), wurde damit der Akzent von der individualistischen zur universalistischen Grundeinstellung verlagert. Architektonisch waren die alten Caitya-Hallen Ausdruck des Pfades in seiner ausschließlichen Gerichtetheit auf das Nirvāna, das durch die *Caitya* symbolisiert wurde. Dann aber wurde dieses Symbol selbst großen Wandlungen unterzogen und dadurch selbst zunehmend komplexer und universeller in seiner Bedeutung.

Das Unendlichkeitsstreben im Mahāyāna führte dann zu dessen übertriebener Vorliebe für riesige Zahlen, endlose Klassifizierungen und Aufzählungen, die die Klüfte zwischen großartigen Visionen und tiefgründigen Entdeckungen überbrücken sollten. Doch es ist wahrscheinlich, daß Europa, wenn es nicht so ein ideales Ventil für seine geistigen Expansionen in Mathematik, Astronomie etc. gefunden hätte, unter dem Druck seiner Unendlichkeitssehnsucht eine ähnliche dichterische und imaginative Richtung eingeschlagen hätte.

Der Brauch, alles und jedes Ding zu vervielfältigen, bis sich der Geist in unvorstellbar großen Zahlen verwirrt, ist dem Stammeln eines Kindes vergleichbar, dessen Erfahrungen über die ihm zur Verfügung stehende Sprachfähigkeit hinausgehen. Es ist das Stammeln des Intellekts, der, an eine Welt dreidimensionaler Anschauungen gebunden, vergeblich versucht, Empfindungen und Schauungen einer höheren Dimension zu beschreiben. Doch sollte uns die Unvollständigkeit und das Unzureichende des Ausdrucks nicht dazu verleiten, Wesen und Wert der dahinterstehenden Erfahrungen zu unterschätzen, noch die Echtheit der Gefühle in Zweifel zu ziehen, die diese Erfahrungen hervorbrachten. Andererseits aber müssen wir uns auch eingestehen, daß ein großer Teil unserer Mißverständnisse durch vorgefaßte Ideen und falsche Interpretationen zustandekam. Die Menschen jener vergangenen Zeiten sprachen eine Sprache, die von der unseren völlig verschieden war, und zwar nicht nur im philologischen, sondern auch im geistigen Sinn. Zahlen z. B. hatten für sie vornehmlich eine symbolische und dichterische Bedeutung, mehr einen gefühlsmäßigen als einen mathematischen Wert. Daher bedarf es mehr als einer bloßen philologischen Meisterschaft, um in den Geist bestimmter Arten der Mahāyāna-Literatur einzudringen, und es wäre richtiger, wenn wir unsere Unwissenheit eingestehen würden, wenn uns gewisse Dinge unverständlich erscheinen, statt den Autoren dieser Texte Mangel an Intelligenz oder an Redlichkeit vorzuwerfen. Wenn man bedenkt, welch großer Aufwand notwendig war, um schriftliche Dokumente zu verfassen, zu kopieren, zu verbreiten und zu erhalten in einer Zeit, in der Schreiben und Lesen noch nicht Allgemeingut waren, sondern nur einer kleinen Elite vorbehalten und auf die Werke von wesentlicher Bedeutung beschränkt, dann ist mit Sicherheit anzunehmen, daß jene Literatur, die Jahrhunderte, ja, Jahrtausende überlebte, mit viel Berechtigung den Anspruch erheben kann, dem Besten dessen zu entsprechen, was in unserer Zeit gedruckt wird.

Allerdings müssen wir sehr vorsichtig sein, damit wir uns nicht irreführen lassen durch gewisse Ähnlichkeiten im Ausdruck oder durch gleichlautende Wortsymbole, die uns auch in der modernen Literatur und in unserem heutigen Denken begegnen. Hier ist zu bedenken, daß die Wertigkeit eines jeden Symbols abhängig ist von dem System, in dem es als integraler Teil steht. Wenn dies jedoch schon bezüglich all jener Symbole zu beachten ist, mit denen wir ganz vertraut zu sein scheinen, wieviel mehr Sorgfalt müssen wir dann walten lassen, wenn es sich um die Beurteilung oder Interpretation von Symbolen handelt, die unter ganz anderen kulturellen Bedingungen entstanden sind und für die es daher keine Parallelen in unserer gegenwärtigen Zivilisation gibt; z. B. im Fall der *Mantras* und *Dhāranīs,* die für den Uneingeweihten keinerlei Sinn haben und daher sinnlos erscheinen, wenn man sie von ihrem geistigen Hintergrund bzw. von der religiösen Praxis und Erfahrung, aus der sie gewachsen sind, losgelöst betrachtet. Wenn moderne

Gelehrte solche *Mantras* dann als »sinnloses Kauderwelsch« beschreiben, mit »albernen Geheimniskrämereien« und »verachtungswürdigem Mummenschanz und lächerlichen Körperhaltungen« (Mudrās), dann lassen sie nur erkennen, daß ihre intellektuelle Anmaßung ebenso groß ist wie ihre Unwissenheit.[74]

Die universelle Haltung des Mahāyāna in der Verfolgung seines Unendlichkeitsstrebens wird auch deutlich in seiner Betonung der Himmelsrichtungen, die nicht nur bei geistigen Übungen wie z. B. den vier *Brahmavihāras* oder »Verweilungen im Göttlichen« ihre Anwendung finden, sondern auch bezüglich aller transzendentalen Aspekte der Buddhaschaft und aller bewußten Kräfte des Universums. Selbst Farben, Formen, Töne, Elemente, Gefühle, geistige Fähigkeiten usw. werden eng mit den Himmelsrichtungen und Raumpositionen assoziiert und damit auf die Ebene universeller Werte erhoben.

Vor allem die Farben wurden so eng mit den Himmelsrichtungen assoziiert, daß sie aller stofflichen Eigenschaften verlustig gingen und nicht mehr die Natur, wie sie vom Auge gesehen wird, darstellen, sondern zum Ausdruck von Visionen einer höheren Wirklichkeit sowie des daraus hervorgehenden Wissens wurden. Daher haben die Farben in der Mahāyāna-Ikonographie keine primär ästhetische, sondern eine *symbolische* Bedeutung, die den Charakter, die Eigenschaften und den Platz anzeigen, den die einzelne Figur im spirituellen und kosmischen System – dessen Teil sie ist – einnimmt. Durch diese Koordination aller Aspekte des geistig erkannten Universums wird das Bewußtsein einer höheren Dimension geboren, in der das Symbol an die Stelle des Begrifflichen tritt und die Intuition an die Stelle der Berechnung.

In der buddhistischen Betrachtung des Universums spielt die *organische* »Logik des Gerichtetseins« eine wichtigere Rolle als die unorganische Logik der stofflichen dreidimensionalen Ausdehnung (»die Logik des Ausgedehnten«, wie Spengler sie nennt), weil der Buddhist die Wirklichkeit als eine dynamische und nicht als eine statische Bedingtheit erkennt. »Solange die Welt als etwas Statisches aufgefaßt wird, ist sie ohne Wirklichkeitsbezug – ist sie Māyā. Die Welt muß als etwas sich Bewegendes erfaßt werden, als etwas Werdendes, etwas, das von einem Zustand in einen anderen übergeht. Wird diese Bewegung zum Stillstand gebracht, so bleibt nur ein Leichnam.«[75]

Die Welt ist für den Buddhisten ein Werdeprozess – kein Seinszustand. Werden jedoch ist kein natürlicher Wechsel, sondern das Wesen von Leben und Reifung, d. h. eine organische Entwicklung.

Darum kann hier auch nur eine organische Logik angewandt werden. Die Elemente einer solchen Logik können aber nicht von den Körpern einer dreidimensionalen Welt, die sich in unveränderlichen Einheiten oder Begriffen darstellen, hergeleitet werden, sondern allein von den vielschichtigen Beziehungen verschiedenster Bewegungen und lebendiger Kräfte, die lediglich durch Symbole und Analogien ausgedrückt werden können.

Es gibt ebensoviele verschiedene Arten der Logik, wie es Dimensionen gibt. Doch scheint die Entwicklung der Arten der Logik weit hinter der Erkenntnis der Dimensionen zurückzubleiben. So denken wir, obwohl wir uns einer dreidimensionalen Welt bewußt sind, beispielsweise noch in Begriffen einer zweidimensionalen Logik, die sich auf das Gesetz von Identität und Nicht-Identität gründet, d.h. nur zwei Alternativen kennt: »entweder dies *oder* jenes«. Die Erkenntnis dieses Ungenügens in unserer Alltagssprache und in unserem alltäglichen Denken war es, die Nāgārjuna, den großen buddhistischen Philosophen des 2. Jahrhunderts der christlichen Zeitrechnung, dazu veranlaßte, einen völlig neuen Weg zur Lösung der geistigen Probleme menschlichen Daseins zu suchen, der ihn dann zur Entdeckung neuer Bewußtseinsdimensionen führte. Dabei kam es zu einer Negation aller philosophischen und konventionellen Anschauungen und zum Gebrauch von Paradoxa, die auf Erfahrungen jenseits allen begrifflichen Denkens hinweisen sollten, für die erst eine neue Sprache gefunden werden muß, mittels der die Erlebnisse der Meditation und der inneren Schau wiedergegeben werden können – eine Sprache »jenseits der Wege und des Brauchtums der Philosophen, die sich aller Aussagen wie Sein und Nicht-Sein, Eigenheit und Andersheit, des 'Sowohl-als-Auch' als des 'Weder-Noch', der Ewigkeit wie der Nicht-Ewigkeit enthält, eine Sprache, die nichts mit Individualität und Allgemeinheit zu tun hat noch mit falschen Vorstellungen und Illusionen, die aus dem Geiste selbst hervorgehen, eine Sprache, die sich vielmehr als jene Wahrheit höchster Wirklichkeit offenbart, durch die man – die Stufen der Reinigung kontinuierlich erklimmend – schließlich in den Bereich der Tathāgataschaft eintritt, wobei ..... man deren Wirkungskraft in unendliche Weltsysteme leuchten lassen wird, wie ein Edelstein seine bunten Farben verstrahlt .....« (Lankavatara-Sutra I).[76]

3

Raum und Zeit und das Problem der Willensfreiheit

Ein Blick in den Raum ist gleichzeitig ein Blick in die Vergangenheit. Raum ist sichtbar gewordene Zeit – sichtbar geworden jedoch nur in einer Richtung. Wir sind wie Reisende auf dem Rücksitz eines sich schnell bewegenden Fahrzeuges, von dem man nur das sehen kann, an dem man bereits vorbeigefahren ist, nicht aber das, was kommt.

Doch wer weiß, ob wir uns nicht in einem Kreise bewegen, so daß ein Blick in eine weit zurückliegende Vergangenheit gleichbedeutend mit einem Blick in die Zukunft wäre. Ja, selbst wenn der Kreis sich nicht schließen würde, sondern sich in einer Art dreidimensionaler Spirale entwickelte, so würde es doch eine große Zahl von Ähnlichkeiten zwischen Vergangenheit und Zukunft geben. Doch wie dem immer sei: wir können den Kreis mit dem starren Gesetz ewiger Wiederkehr vergleichen, das alle relativen Prozesse beherrscht, während die Abweichung des Kreises in eine dreidimensionale Spirale (wodurch die Bewegung von der zweiten in die nächsthöhere, dritte Dimension übergeht) ein gewisses Maß an freiem Willen bei den höheren Lebensformen anzeigt.

Die Entdeckung, daß es im Universum keine geradlinige Bewegung gibt, sondern daß alles, einschließlich des Lichts, sich in Krümmungen bewegt, rechtfertigt die oben erwähnte Idee. »Die erweiterte Relativitätstheorie«, sagte Haldane in *Mögliche Welten* (S. 4), »scheint unausweichlich zu der Ansicht zu führen, daß das Universum endlich ist und daß Fortschritt in irgendeiner Richtung schließlich immer zum Ausgangspunkt zurückführt.«

Wir können Welten erkennen, die Tausende von Lichtjahren entfernt sind, und vielleicht werden noch weitere, entfernter liegende Welten entdeckt werden, bis wir eines Tages herausfinden, daß eine von diesen unsere eigene Welt ist, jedoch nicht, wie sie jetzt ist, sondern wie sie vor Billionen von Jahren war. Und deshalb werden wir sie vielleicht niemals entdecken bzw. sie nicht wiedererkennen und werden uns immer weiter bemühen, das Universum zu durchforschen, ohne jemals zu einem Ende zu kommen, denn der Raum (obwohl er endlich sein mag in der Form, in der wir ihn kennen) weicht immer vor uns zurück und formt sich unter unseren Augen in eine neue Unendlichkeit um: in die der Zeit.

Wenn wir daher den gestirnten Himmel betrachten, so sehen unsere Augen nicht das gegenwärtige Universum, sondern ein Universum der Vergangenheit und, was noch weitaus bemerkenswerter ist, ein Universum, dessen verschiedene Teile nicht einmal zur gleichen Zeit existierten (vielmehr einige vor ein paar Minuten und andere vor ein paar Millionen von Jahren), obwohl wir sie im gleichen Augenblick wahrnehmen.

Aber leben wir nicht selbst in unserer engsten Umgebung mehr in der Vergangenheit als in der Gegenwart? Denn wenn wir die Tatsache erkennen, daß unser Körper in Wirklichkeit nur die sichtbar gewordene Erscheinung unseres früheren Bewußtseins ist, welches diese stoffliche Form entsprechend seinen besonderen Neigungen und seinem Entwicklungsstand geschaffen hat: leben wir dann nicht fast immer in einer gespensterhaft anmutenden Scheinwelt? Aus diesem Grunde sind vielleicht alle unsere körperlichen Sinnesorgane auf die Vergangenheit gerichtet, das heißt auf die verfestigten Formen und die von ihnen wiederausgehenden Schwingungen, nicht aber auf die Zukunft oder die Gegenwart im wirklichen Sinne.

Der Körper ist seiner Natur nach materialisiertes *Karma,* das heißt sichtbar gemachtes Bewußtsein vergangener Daseinsmomente. Denn Karma ist nichts anderes als das wirkende Prinzip des Bewußtseins, welches als Wirkung *(vipāka)* in sichtbare Erscheinung tritt.[77] Die Erscheinungsform ist daher in ihrem Wesen »vergangen« und wird deshalb von denen, die sich von ihr hinweg- und über sie hinausentwickelt haben, als etwas Fremdes empfunden.

Die Zwitterstellung unseres Körpers als das Produkt eines lange vergangenen Bewußtseins und als Basis des gegenwärtigen drückt sich auch in der Tatsache aus, daß ein Teil unserer körperlichen Funktionen bewußt ist und unserem Willen untersteht (wie zum Beispiel die Bewegung unserer Glieder, die Fähigkeit sprachlichen Ausdrucks etc.), während andere Teile unbewußt ablaufen und unserem Willen nicht unterworfen sind (und daher auch nicht unserem gegenwärtigen Bewußtsein), wie zum Beispiel der Blutkreislauf, die Verdauung, die innere Sekretion, das Wachstum, die Zellauflösung usw. Das Atmen nimmt eine Zwischenstellung ein, weil es von einer unbewußten zu einer bewußten Funktion erhoben werden kann. So kann das Atmen Gegenwart und Vergangenheit, das Geistige und das Körperliche, das Bewußte und das Unbewußte vereinen. Es ist der Mittler, die einzige Funktion, durch die wir das fassen können, was geworden ist und was wird, durch die wir Vergangenheit und Zukunft meistern können. Sie ist daher der Ausgangspunkt aller schöpferischen Meditation.

Wir leben meist in einer Welt, die uns nur mittelbar und durch ihre Reaktionen erfahrbar ist. Nur selten erleben wir Wirklichkeit unmittelbar und leben ganz in der Gegenwart. Unsere üblichen Reaktionen sind durch Gewohnheit bestimmt, durch Routine, und gründen sich daher auf der Vergangenheit, die in Form von Instinkt, Gedächtnis, begrifflichen und emotionalen Assoziationen etc. gespeichert ist. Obwohl diese Funktionen für den Zusammenhalt und die Kontinuität unseres geistigen und körperlichen Lebens notwendig sind, bilden sie nur den Rahmen unserer Existenz, die passive Seite des Lebens; sie sind unser individuelles wie auch unser gemeinsames Erbe. Solange dieses Erbe vorherrscht, bewegt sich unser Leben überwiegend in der Vergangenheit.

Unser Bewußtsein jedoch ist nicht an eine bestimmte Richtung gebunden wie unser Körper und seine Sinne, sondern hat gleichermaßen Anteil sowohl an der Gegenwart wie auch an der Zukunft – vorausgesetzt, wir geben ihm eine Möglichkeit, sich zumindest zeitweise von der Last der Vergangenheit zu befreien.

Das aber vollzieht sich in gewissen Momenten der Kontemplation oder Intuition (gleichgültig, ob es sich hier um religiöse Betrachtungen oder Betrachtungen von Kunstwerken oder Naturschönheiten handelt) wie auch in dem Stadium tiefer Versenkung oder Konzentration. Denn in solchen Zuständen wird jedes Objekt, ob es nun geistiger oder stofflicher Art sei, in eine direkte, subjektive Erfahrung verwandelt, in der keine vorangehenden Assoziationen die Unmittelbarkeit und Einmaligkeit des Eindruckes verzerren oder stören. In der Gegenwart leben heißt, jedes Ding mit einem vollkommen reinen, unvoreingenommenen und offenen Gemüt sehen, heißt jedes Ding so in seiner ganzen Tiefe erleben, als ob wir es niemals zuvor gekannt hätten. Mit anderen Worten: es gilt, jene Unmittelbarkeit und ganze Wachheit des Geistes zu erhalten (oder ständig wiederherzustellen), die die charakteristische Eigenschaft des genialen Menschen ist.

Im allgemeinen leben wir abseits des Lebens, indem wir entweder mit der Vergangenheit beschäftigt sind oder mit der Vorwegnahme der Zukunft. Aber diese beiden Geisteshaltungen bedeuten Bindung, Karma in seiner aktiven wie reaktiven Form. Doch seine *samskāra*[78] überwinden ist gleichbedeutend mit der Überwindung und Befreiung unserer selbst von der Vergangenheit.

Daher hat die buddhistische Meditation keine andere Zielsetzung, als den Geist in die Gegenwart zurückzubringen, in den Zustand des vollerwachten Bewußtseins, indem man es von allen Hemmnissen reinigt, die durch Gewohnheit und Tradition geschaffen wurden. Ich hörte einmal einen tibetischen Lama sagen, daß die Rolle des Meisters – eines Eingeweihten des *Kurzen Pfades* – darin bestehe, den »Reinigungs- und Abklärungsprozeß« zu überwachen. Der Guru müsse seinen Cela anspornen, sich selbst zu befreien von all den Glaubenssätzen, gedanklichen Voreingenommenheiten und Meinungen, erworbenen Gewohnheiten und angeborenen Tendenzen, die Bestandteil seines augenblicklichen Denkens sind und die im Laufe aufeinanderfolgender Leben, deren Anfang sich im Dunkel der Zeit verliert, entwickelt wurden.

Auch müsse der Meister seinen Schüler warnen, damit er auf der Hut sei, um nicht neue Glaubensbekenntnisse, Meinungen und Gewohnheiten anzunehmen, die genauso jeder Grundlage entbehren würden und genauso vernunftwidrig sind wie die, die er eben abgeschüttelt hat. Die Übung auf dem »Kurzen Pfad« besteht darin, daß man vermeidet, sich irgendwelche Dinge vorzustellen oder einzubilden. Wenn jedoch Imagination gefordert wird, zum Beispiel in kontemplativer Meditation, dann nur deshalb, um durch eine derartige bewußte Erschaffung von Wahrnehmungen und Empfindungen auch die illusorische Natur all jener Wahrnehmungen und Empfindungen aufzuzeigen, die wir für gewöhnlich als real betrachten, obwohl auch sie nur in der Vorstellung existieren. Denn der einzige Unterschied zwischen den beiden Wahrnehmungs- und Empfindungsarten besteht darin, daß die Erschaffung der letzterwähnten *unbewußt* vollzogen wird. Der tibetische Reformator Tsong Khapa definiert daher Meditation als »das Mittel, das einen befähigt, alle imaginativen Gedanken ebenso wie ihre Samen zu verwerfen«.[79]

Von diesem Standpunkt aus gewinnen die Worte Tilopas besondere Bedeutung:

> »Handle so, daß du dich mittels der Symbole in deinem eigenen Geist erkennst,
> Ohne dir etwas vorzustellen, ohne zu erwägen, ohne zu analysieren,
> Ohne zu meditieren, ohne Selbstprüfung; *den Geist einfach in seinem natürlichen Zustand wahrend.*«[80]

Solange wir in der Vergangenheit leben, sind wir dem Gesetz von Ursache und Wirkung unterworfen, das keinen Raum für die

Betätigung eines freien Willens läßt und uns zu Sklaven der Notwendigkeit macht. Das gleiche gilt auch für das, was wir als »In-der-Zukunft-Leben« bezeichnen, was im Grunde nur ein Zustand des »in die andere Richtung gekehrten« Gedächtnisses ist – eine Kombination früherer Erfahrungen, die in die Zukunft projiziert wurden. Wenn andererseits Vergangenheit und Zukunft in einem hellsichtigen Zustand erlebt werden, werden sie »gegenwärtig«, weil dies die einzige Form ist, in der wir Wirklichkeit erfahren können, von der alle anderen Formen der Erfahrung sozusagen deren »perspektivisch verzerrte Reflexe« sind. Nur wenn wir in der Gegenwart leben, d.h. in Augenblicken vollen Gewahrseins und Erwachtseins, sind wir frei.

So haben wir Anteil an beidem: dem Bereich des Gesetzes oder der Notwendigkeit und zugleich dem Bereich der Freiheit. Wissenschaft – die sich nur mit dem beschäftigt, was geworden ist, mit der verfestigten *Form,* aber nicht mit der *Natur* der Wirklichkeit oder dem wirklichen *Werdeprozeß* und die sich daher mehr mit einer *reaktiven* als mit einer *aktiven* Welt beschäftigt – kann nur ein Universum erfassen, in dem letztlich und ausschließlich Gesetzmäßigkeit oder Notwendigkeit herrschen. KAUSALITÄT

Die Naturwissenschaften können daher nicht zum Schiedsrichter aufgerufen werden in der Frage: Determinismus oder Indeterminismus, oder: Gibt es einen freien Willen da, wo es sich um lebendige Wesen handelt, d.h. um »sich selbst regulierende und selbst erhaltende« Organismen, die mit Bewußtsein ausgestattet sind? Selbst die Philosophie ist hier nicht kompetent, solange sie sich auf rein naturwissenschaftliche Fakten und Methoden stützt wie zum Beispiel logische Deduktion etc., die alle der gleichen »reaktiven« Welt zugehören – der gleichen sekundären Zeitdimension. Abstraktes Grübeln wird immer zu einem extremen und einseitigen Ergebnis führen, weil man regelmäßig auf eine Anzahl feststehender Begriffe und ideologisch vollkommen isolierter Gruppierungen reduziert, welche man dann auf eine künstlich erschaffene Ebene verlagert (die in Wirklichkeit ebensowenig existiert wie jene rein begrifflichen Einheiten), wodurch es möglich wird, daß man diese begrifflichen Gruppierungen auf die eine oder andere Seite seiner Rechnung setzt, so daß am Ende immer ein positives oder negatives Ergebnis herauskommt oder sich zumindest eine definitive Entscheidung zwischen den beiden Seiten ergibt.

Die stillschweigende Annahme, daß die Welt, die wir in unserem Denken aufbauen, dieselbe Welt sei, die wir im Leben erfahren (gar nicht zu sprechen von der Welt »an sich«), ist die Hauptquelle allen Irrtums: Die Welt unserer Erfahrung schließt zwar die Welt unseres Denkens ein – nicht aber umgekehrt! Denn wir leben in *verschiedenen* Dimensionen, von denen die Dimension des Intellekts (die Fähigkeit zu denken und zu urteilen) nur eine ist.

Wenn wir aber Erfahrungen, die anderen Dimensionen angehören, intellektuell reproduzieren, dann tun wir etwas Ähnliches wie ein Maler, der den dreidimensionalen Raum auf einer zweidimensionalen Fläche darstellt. Er kann das tun, indem er gewisse Eigenschaften opfert und indem er eine neue Proportionsanordnung einführt, die nur in der künstlich-künstlerischen Einheit seiner Malerei und von einem ganz bestimmten Gesichtspunkt aus Gültigkeit hat. Die Gesetze dieser Perspektive entsprechen den Gesetzen der Logik: beide opfern Eigenschaften einer höheren Dimension; sie wählen aus und beschränken sich auf einen einzigen Ausgangs- und Gesichtspunkt, so daß ihre Objekte nur von der einen Seite her in Erscheinung treten (nämlich der, die dem voreingenommenen Gesichtspunkt entspricht), wobei diese veränderte, in diesem Falle verkürzte Proportionen aufweisen.

Aber während der Künstler seine Eindrücke bewußt von der einen in die andere Dimension übersetzt – und zwar nicht mit der Absicht, objektive Wirklichkeit nachzuahmen oder zu reproduzieren, sondern um eine gewisse Erfahrung oder seine Einstellung zur Wirklichkeit auszudrücken –, glaubt der intellektuelle Denker im allgemeinen, er habe mittels seiner Gedanken die Wirklichkeit dargestellt, wobei er die verkürzende Perspektive seiner zweidimensionalen Logik fälschlicherweise für eine universelle Gesetzmäßigkeit hält. Der Gebrauch der Logik ist zwar im Denkprozeß so notwendig und so berechtigt wie der Gebrauch der Perspektive in der Malerei – jedoch nur als ein Ausdrucksmittel und keinesfalls als Kriterium der Wirklichkeit.

Aus diesem Grunde kann es nicht die Aufgabe der Philosophie sein, darüber zu entscheiden, ob der Determinismus oder der Indeterminismus wesenstypisch für diese Welt sei, denn es gibt hier kein »Entweder – Oder« – keine zwei Möglichkeiten, zwischen denen wir zu entscheiden oder zu wählen hätten –, sondern vielmehr schlicht die zwei Seiten ein und desselben Phänomens. Das Problem besteht daher einzig in der Definition der *Beziehung* zwischen den beiden.

Wenn der Logiker diese beiden Seiten unserer Erfahrung in seinem Weltbild nicht vereinen kann oder, mit anderen Worten, wenn er dies für unvereinbar mit den Gesetzen der Logik hält, dann beweist er nur, daß seine Logik unfähig ist, mit der Wirklichkeit umzugehen. Denn hier haben wir es mit der unmittelbarsten Form der Wirklichkeit zu tun, mit den allerfundamentalsten Tatsachen menschlicher Erfahrung, die weder durch die Philosophie noch durch die Religion verneint oder in Frage gestellt werden dürfen, nämlich

1. mit der Tatsache, daß wir uns frei fühlen und verantwortlich für unsere Handlungen und daß diese innerste Erfahrung freien Willens die *conditio sine qua non* für unsere eigene Existenz als bewußte Individuen ist. Ohne freien Willen würden wir zu bloßen Automaten reduziert werden, und unser Begabtsein mit Bewußtsein würde nicht nur überflüssig, sondern ein echtes Hindernis sein;

2. mit der Tatsache, daß wir in einer Welt leben, die von Gesetzen beherrscht wird, welche, obwohl sie unsere Freiheit beschränken, uns Gelegenheit geben, unsere Handlungen zu steuern, auszurichten und zu planen und auf diese Weise unser Verhalten mit unserer Umgebung in Einklang zu bringen.

Wir können das Gesetz der Kausalität nicht ändern. Aber sobald wir wissen, daß bestimmte Ursachen auch bestimmte Wirkungen hervorrufen, sind wir in der Lage, uns zwischen verschiedenen uns offenstehenden Handlungsweisen zu entscheiden. Haben wir uns aber einmal entschieden, so sind wir gezwungen, dem Lauf der Dinge zu folgen, die sich aus unserem ersten Schritt ergeben.

Es geschieht verhältnismäßig selten, daß wir uns einer echten Gelegenheit zu freier Entscheidung gegenübersehen, denn im allgemeinen entsteht eine Situation mit Notwendigkeit aus einer anderen und erzwingt einen ganz bestimmten Handlungsablauf. Doch die Tatsache, daß wir unsere Fähigkeiten der Unterscheidung, des Überlegens und des Entscheidens ausüben können, kann nicht verleugnet werden. Auch kann die Tatsache nicht übersehen werden, daß verschiedene Individuen, mit der gleichen Situation konfrontiert, unterschiedliche Entscheidungen treffen.

Hier wird der Determinist sagen, daß gerade dies die Unfreiheit des Willens beweise, weil jedes Individuum einfach gemäß seinem angeborenen Charakter handele, an den es so gebunden sei wie der Stein an das Gravitationsgesetz. Das ist ein Einwand, der so dumm wie logisch ist, und zwar deshalb, weil wir hier mit Worten zu spielen beginnen ohne Rücksicht auf ihre Beziehung zur lebendigen Erfahrung (so, als wäre jedes Individuum eine in sich abgeschlossene Wirklichkeit oder eine mathematische Größe mit einem festgelegten Wert).

Freier Wille bedeutet das Zum-Ausdruck-Bringen des *eigenen* Willens, das heißt des Willens, der mit unserem eigenen Wesen übereinstimmt. So beinhaltet der Ausdruck »freier Wille« bereits die Idee der Individualität oder des individuellen Charakters und setzt sie voraus. Wille kann nur in einem Individuum entstehen, und wenn er frei ist, bringt er dessen individuellen Charakter zum Ausdruck. Der Unterschied zwischen einem Naturgesetz und dem freien Willen besteht darin, daß das erstere automatisch wirkt und mit universeller Gleichartigkeit, während der freie Wille bewußt und individuell ist. Ein Wille, der im Widerspruch und ohne Beziehung zu unserem eigenen Wesen wirken würde, wäre sinnlos und könnte keinesfalls »frei« genannt werden, obwohl er frei von jedem denkbaren Gesetz wäre. Wir müßten dies eher Wahnsinn nennen.

Fassen wir also zusammen:

1. Freier Wille (oder Freiheit im allgemeinen) ist nicht Willkür.

2. Freier Wille kann niemals Gegenstand der Beobachtung sein, sondern ist nur eine subjektive Erfahrung. Das Problem von Freiheit und Notwendigkeit ist ein ausschließlich subjektives Problem und kann niemals objektiv (durch Naturwissenschaften oder Philosophie) gelöst werden.

3. Freier Wille ist ein relativer Begriff, der die Beziehung zwischen einem bewußten Individuum und seiner Umgebung aufzeigt sowie sein Verhalten in bestimmten Situationen.

4. Daher kann es keinen absolut freien Willen geben.

5. Freier Wille bedeutet die Freiheit, seinen eigenen Willen zum Ausdruck zu bringen entsprechend dem eigenen Wesen und der eigenen Einsicht (dem Grad der Entwicklung) und steht damit im Gegesatz zu einer mechanischen Reaktion, die einer allgemein gültigen Gesetzmäßigkeit folgt, ohne Einsicht in und ohne Verständnis für das eigene Wesen.

6. Freier Wille schließt weder das Vorhandensein eigener Gesetzmäßigkeit aus, noch bedeutet er, daß diese ihm eigene Gesetzmäßigkeit einer allgemeinen Gesetzmäßigkeit entgegensteht. Er mag oder mag auch nicht allgemeinen Gesetzen folgen, und in vielen Fällen modifiziert er sie und wandelt sie in individuelle Gesetzmäßigkeit um.

Wir können unseren individuellen Willen mit einer Eisenbahnlokomotive vergleichen und die allgemeine Gesetzmäßigkeit mit einem Streckensystem. Die Lokomotive kann die Strecke wählen, die sie befahren will, kann aber dann nicht mehr die Strecke wechseln.

Die beiden offensichtlich widersprüchlichen Bereiche von Freiheit und Notwendigkeit (Ethos und Logos, freier Wille und Gesetzmäßigkeit) haben ihren Treffpunkt im menschlichen Individuum. Was von außen her als eine Notwendigkeit erscheint, kann unter Umständen der echteste Ausdruck von Freiheit bzw. von freiem Willen sein, wenn es mit der inneren Gesetzmäßigkeit oder dem Wesen des Individuums völlig übereinstimmt.

Und hier erhebt sich nun die Kernfrage: Sind nicht vielleicht die Gesetze, die wir als gegeben und folgerichtig als uns gegen unseren Willen auferlegt betrachten, sind eben diese Gesetze unsere eigene geistige Schöpfung und daher von ihrem Wesen her Ausdruck unseres eigenen innersten Willens? Wie kann ein Philosoph annehmen, daß er außerhalb der Welt und des individuellen Daseinsbereiches stehe, und wie kann er vorgeben, ein »objektiver« Beobachter zu sein in einer Angelegenheit, wo inneres Erleben (auf dem gerade jene Gesetze, die er zu untersuchen wünscht, gegründet sind) die einzige Informationsquelle ist? In einem solchen Unterfangen gleicht er einem Menschen, der in einem sich bewegenden Fahrzeug sitzt und von den Bewegungen um sich herum spricht, ohne sich dessen bewußt zu sein, daß er selbst es ist, der sich bewegt.

A. Eddingtons bezeichnende Worte in seinem Werk »Raum, Zeit und Gravitation« fassen treffend unsere Situation zusammen: »Wir haben einen seltsamen Fußabdruck des Unbekannten an den Ufern gefunden. Wir haben tiefschürfende Theorien ersonnen, eine nach der anderen, um seinen Ursprung zu deuten. Schließlich haben wir erfolgreich jenes Geschöpf, das diesen Fußabdruck hinterließ, rekonstruiert. Und siehe! Es ist unser eigener!«

Mit diesem Zugeständnis erfährt die Naturwissenschaft eine Kurskorrektur, wodurch das Physische und das Metaphysische nicht mehr Widersprüche sind und die Erforschung des Universums zu einer Entdeckung und Erschließung neuer Dimensionen des menschlichen Geistes führt.

4

Das Mysterium der Zeit

Zeit und Raum gehören zu den großen Mysterien des menschlichen Geistes! Das Mysterium der Zeit aber ist das tiefere von ihnen. Es ist so tief, daß die Menschheit Tausende von Jahren brauchte, um sich desselben bewußt zu werden. Augenscheinlich wird der menschliche Geist sehr viel eher der Wirklichkeit des Raumes gewahr als der der Zeit. Und dies wiederholt sich in jedem Kinde, bei dem sich das Raumgefühl sehr viel früher entwickelt als das Zeitgefühl, das im frühesten Alter so gut wie abwesend ist.

Dies erklärt sich daraus, daß das Raumgefühl zunächst mit der Bewegung des Körpers zusammenhängt, das Zeitgefühl aber mit der Bewegung des Geistes. Obwohl aber das Raumgefühl zunächst mit dem Körper zusammenhängt, den Körper zum Ausgangspunkt hat, bleibt es nicht auf dieser Stufe stehen, sondern wird allmählich zu einer geistigen Funktion, zur Raumvorstellung unabhängig vom Körperlichen, unabhängig von materiellen Objekten, ja, unabhängig von jeglicher Begrenzung: gipfelnd im reinen Raumerlebnis, im Erlebnis des unendlichen Raumes. Wir sprechen hier nicht mehr von »Vorstellung« – denn Unendliches kann nicht mehr vorgestellt, d.h. objektiviert, sondern nur noch *erlebt* werden. Erst wenn der Mensch zu diesem Erlebnis vorgedrungen ist und sich begrifflich und geistig mit ihm auseinandergesetzt hat, kann die Entdeckung der Zeit als einer neuen Geistesdimension stattfinden.

Im frühen Buddhismus wurde das Raumerlebnis als ein wesentlicher Faktor der Meditation – z.B. in den »vier göttlichen Verweilungen« *(brahmavihāra)* wie in den Schauungszuständen tiefer Versenkung *(jhāna)* [81] erkannt und spielte eine noch größere Rolle in der Entwicklung der religiösen Kunst und ihrer Symbolik im frühen *Mahāyāna* (dem »Großen Fahrzeug« der Erlösung), auf dem alle späteren Systeme der Philosophie und Psychologie aufbauten.

Der Zeitbegriff jedoch wurde nur als eine sekundäre, rein negative Eigenschaft des Daseins aufgefaßt, aufgrund derer alle Existenz zu einem illusorischen Spiel vergänglicher Phänomene wurde. Erst mit dem Entstehen der *Kālacakra*-Schule im zehnten Jahrhundert n. Chr. wurden sich religiöse Denker und Seher des tiefen Mysteriums bewußt, das sich unter dem konventionellen Begriff der Zeit verbirgt, nämlich des Vorhandenseins einer anderen Bewußtseinsdimension, deren Gegenwart wir nur dunkel und unvollkommen auf der Ebene unseres peripherischen Bewußtseins empfinden.

Nur derjenige, der die Schwelle des peripherischen Bewußtseins in den fortgeschrittenen Stadien der Versenkung *(dhyāna)* überschritten hat, tritt in diese Dimension ein, in der das, was bisher als Zeit empfunden wurde, nicht mehr als eine bloß negative Eigenschaft unserer flüchtigen Existenz erlebt wird, sondern als ein stets gegenwärtiger dynamischer Aspekt des Universums und der inhärenten Natur des Lebens und des Geistes, jenseits von Sein und Nichtsein, jenseits von Entstehen und Vergehen. Es ist der lebendige Atem der Wirklichkeit – Wirklichkeit nicht im Sinne einer Abstraktion, sondern als Aktualität, als ein Wirken auf allen Ebenen des Erlebens – einer Wirklichkeit, die sich ebensosehr in den gewaltigen zyklischen Bewegungen des Universums, der Systole und Diastole des Herzens oder den Gemütsbewegungen und den Ekstasen des Geistes offenbart. Sie offenbart sich im kosmischen Reigen der Himmelskörper wie im Kreisen der Protonen und Elektronen – in der »Harmonie der Sphären« wie im »inneren Laut« *(śabda)* lebender Wesen, in der Funktion des Atems wie in der Bewegtheit unseres Geistes und dem Rhythmus unseres Lebens.

Wirklichkeit, in anderen Worten, ist nicht das stagnierende »Dasein« von irgendeinem Ding oder dinghaft Seienden; es ist weder Dinghaftigkeit noch auch ein Zustand der Unbewegtheit (wie der des gedachten Raumes), sondern Bewegung von einer Art, die weit über alle Sinneswahrnehmungen hinausgeht und ebenso über alle unsere mathematischen, philosophischen und metaphysischen Abstraktionen. In anderen Worten: Raum (ausgenommen der bloß gedachte Raum) existiert nicht »an sich«, sondern ist eine Schöpfung der Bewegung; und wenn wir von einer »Krümmung« des Raumes sprechen, so hat dies nichts mit seiner vorherrschenden oder bestehenden Struktur zu tun (vergleichbar der Maserung oder Körnung des Holzes oder der Stratifizierung gewisser geologischer Formationen etc.), sondern mit seinen Antezedenzien, der Art seines Entstehens, nämlich dem Charakter der Bewegung, die ihn gebar. Der Charakter dieser Bewegung ist »gekrümmt«, d.h. mit der Tendenz begabt, sich sein eigenes Zentrum oder Bezugssystem zu schaffen – ein Zentrum, das selbst unter Umständen sich in einer größeren Kreisform oder Ellipse oder dergleichen bewegt.

Das Universum wird auf diese Weise zu einem riesigen *Maṇḍala* oder zu einem System vielfältiger Maṇḍalas (was im traditionell-indischen Sprachgebrauch ein auf kreisförmiger Bewegung oder Anordnung beruhendes Kräfte- oder Symbolsystem bedeutet, das zur Veranschaulichung geistiger und kosmischer Relationen dient) und zu einer gewaltigen Symphonie, wenn es statt vom räumlichen, vom musikalischen Standpunkt (oder vom Standpunkt des »inneren Lautes«, *śabda)* betrachtet wird. In beiden

Fällen sind alle Bewegungen oder Schwingungen gegenseitig voneinander abhängig. Obwohl jede Bewegung ihr eigenes Kraftzentrum hervorbringt, verliert dieses nicht den Kontakt oder die innere Beziehung mit allen anderen so entstandenen Zentren.

»Krümmung « in diesem Zusammenhang bedeutet also eine Bewegung, die in sich selbst zurückführt oder zumindest die Tendenz hat, auf ihren Ursprung oder Ausgangspunkt zurückzuführen, entsprechend ihrer Eigengesetzlichkeit, die aber in Wirklichkeit nie zum mathematisch-räumlich gleichen Punkt zurückkehren kann, da sie selbst in den Rahmen einer größeren Bewegung und vielfältiger Beziehungen eingespannt ist. Eine solche Bewegung vereinigt somit das Prinzip der Veränderung, des steten Wandels mit der Konstanz eines unveränderlichen Gesetzes, d.h. einer Eigengesetzlichkeit, die wir als Rhythmus bezeichnen können. Wir können auch sagen, daß diese Bewegung sowohl Ewigkeit wie Vergänglichkeit besitzt, welch letztere wir als Zeit empfinden.

Da die Zeit, ebenso wie der Raum, ein Produkt der Bewegung ist, so müßten wir gleicherweise von einer »Krümmung« der Zeit sprechen; denn Zeit ist nicht ein Fortschreiten in einer geraden Linie, deren Beginn in einer unendlichen Ferne verschwindet und für immer verloren ist und die in das grenzenlose Vakuum einer unerforschlichen Zukunft vorstößt, sondern sie ist gleichfalls etwas in sich selbst Zurückführendes, etwas, das dem Gesetz prinzipieller Wiederholung unterliegt, also Veränderung mit Stabilität vereint. Jede ihrer Phasen wird durch neue Inhalte bereichert, aber wahrt im Wesentlichen ihren Charakter. Es kann also nicht von einer mechanischen Wiederholung irgendwelchen Geschehens die Rede sein, sondern nur von einer organischen Wiedergeburt seiner Elemente, durch die dem wechselnden Geschehen eine gewisse Stabilität und Gesetzmäßigkeit verliehen wird. Auf der Erkenntnis dieser relativen Gesetzmäßigkeit, der die Elemente (oder Elementarformen) alles Geschehens unterliegen, beruht der Wahrheitsanspruch des »Buches der Wandlungen« (I-Ging), des ältesten Werkes chinesischer Weisheit.[82]

Diese Elemente sind gewissermaßen ewig wiederkehrende geistige Wirklichkeiten und universelle Gesetze, was im indischen Denken als rhythmisches Entstehen und Vergehen von Weltsystemen ausgedrückt wird. Das gleiche Prinzip wiederholt sich im periodischen Erscheinen von erleuchteten Wesen, die – obwohl verschieden in ihren individuellen Eigenschaften und Charakteren sowie in ihren äußeren Erscheinungsformen – die Erkenntnis desselben universellen Gesetzes *(dharma)* und seine bewußte Verwirklichung darstellen.

Diese Gleichheit oder, wie wir auch sagen könnten, diese ewige Gegenwart des Gesetzeskörpers *(dharma-kāya),* die allen Buddhas, allen Erleuchteten gemeinsam ist, stellt das geistige Fundament aller Erleuchtung und Vollendung dar und wird darum in das Zentrum des *Kālacakra-Maṇḍala*, des mystischen Kreises der Zeit, gestellt, der die symbolische Darstellung des Universums ist. *Kāla* bedeutet »Zeit« (wie auch »Schwarz«), das unsichtbare, allen Dingen inhärente dynamische Prinzip, das in buddhistischer Ikonographie als eine schwarze, vielköpfige, vielarmige, furchterregende göttlich-dämonische Gestalt dargestellt wird. Sie ist schrecklich für das ich-befangene Individuum, dessen Ego, zusammen mit allen Göttern, die eine Projektion dieser Ichhaftigkeit sind, von der wildbewegten Figur unter die Füße getreten wird. Die Zeit ist die Macht, der alle Dinge, alle Wesen und selbst die höchsten Götter unterworfen sind.

Cakra bedeutet »Rad«, die fokalisierte, von einem Zentrum ausgehende Manifestation des dynamischen Prinzips im Raum. In der alten Tradition des *Yoga* bedeutet *Cakra* die räumliche Entfaltung geistiger oder universeller Kraft, wie z. B. in den *Cakras* oder Kraftzentren des menschlichen Körpers, oder, wie im Falle des *Cakravartin,* eine die Menschheit umfassende Kraft eines geistigen Weltherrschers.

In »Yuganaddha«[83] vergleicht H. Guenther das *Kālacakra*-Symbol dem modernen Begriff des Raum-Zeit-Kontinuums, indem er jedoch darauf hinweist, daß es im Buddhismus sich nicht um eine bloß philosophische oder mathematische Konstruktion handelt, sondern um die unmittelbare Wahrnehmung innerer Erfahrung, der zufolge Zeit und Raum unzertrennbare Aspekte der Wirklichkeit sind. »Nur in unserem Denken neigen wir dazu, die drei Dimensionen des Raumes und die eine der Zeit auseinanderzuhalten. Wir haben eine Wahrnehmung des Raumes und eine Wahrnehmung der Zeit. Aber diese Trennung ist rein subjektiv. In der Tat, die moderne Physik hat uns gezeigt, daß die Zeitdimension ebensowenig von der Raumdimension getrennt werden kann wie die Länge von der Breite und Dicke in einer exakten Darstellung eines Hauses oder Baumes oder des Herrn X. Raum hat keine objektive Wirklichkeit, ausgenommen als Anordnungsschema der Dinge, die wir in ihm wahrnehmen, und Zeit hat keine Existenz unabhängig von der Aufeinanderfolge der Ereignisse, an denen wir sie messen.« (S. 185)

Raum und Zeit sind somit zwei Aspekte der fundamentalsten Eigenschaft des Lebens: Bewegung! Und hier kommen wir auf den Urgrund unmittelbarer Erfahrung, die der Buddha in seiner Betonung des dynamischen Charakters der Wirklichkeit im Gegensatz zu der allgemein vorherrschenden Auffassung und philosophischen Abstraktion eines statischen *Ātmavāda* entgegenstellte.

Wir sprechen im allgemeinen von der Zeit nicht nur, als ob sie etwas für sich Bestehendes wäre, das wir als selbstverständlich hinnehmen könnten, sondern als ob es nur *eine* Zeit gäbe. Wir sind uns selten dessen bewußt, daß der Begriff »Zeit« eine Unzahl verschiedener Bedeutungen enthält, oder genauer, verschiedenartige Kategorien von Beziehungen. Wir müssen unterscheiden zwischen mathematischer Zeit, siderischer Zeit, Sonnenzeit, Ortszeit, physiologischer Zeit, psychologischer Zeit und so fort. Und die beiden letztgenannten sind in jedem Individuum so verschieden wie die Ortszeit, die von Ort zu Ort eine andere ist.

Eine Stunde im Leben eines Kindes stellt ein unendlich viel größeres Zeitmaß dar als im Leben eines Erwachsenen, denn der Lebensrhythmus eines Kindes ist bedeutend schneller als der eines Erwachsenen oder eines alten Menschen. Und ebenso wie sich das Zeitgefühl subjektiv – sowohl aus physiologischen wie aus psychologischen Gründen – mit fortschreitendem Alter ändert, in gleicher Weise »variiert die Natur die Zeit, entsprechend den von unserem Geiste beobachteten Objekten. Die Zeit, die wir in der Natur beobachten, hat keine für sich getrennte Existenz. Sie ist nur eine Seinsart (a mode of being) konkreter Objekte. Wir selber erschaffen die mathematische Zeit. Sie ist eine gedankliche Konstruktion, eine Abstraktion, die zum Aufbau der Wissenschaft unerläßlich ist. Wir vergleichen sie bequemlichkeitshalber mit einer geraden Linie, in der jeder aufeinanderfolgende Moment durch einen Punkt dargestellt ist. Seit Galileis Tagen hat man diese Abstraktion für die konkreten Gegebenheiten gesetzt, die sich aus einer direkten Beobachtung der Dinge ergaben. Indem wir die Objekte auf ihre primären Qualitäten reduzierten, d.h. auf das, was gemessen werden kann und sich mathematischer Behandlung unterziehen läßt, beraubte Galilei sie ihrer sekundären Qualitäten und ihrer Dauer. *Diese willkürliche Vereinfachung machte die Entwicklung der Physik möglich. Zu gleicher Zeit aber führte es zu einer unverantwortlich schematischen Weltauffassung.*«[84]

In der Tat, es führte zu einer Wissenschaft, die auf einem *post mortem* unserer Welt begründet war, d.h. auf den toten, statischen

Endresultaten von etwas, das einmal lebendig war und nun zu einer Welt von »Tatsachen« und toter Materie wurde. »Der Zeitbegriff ist ein Äquivalent des Tätigkeitsvorgangs, der notwendig ist, um die Dauer in den Objekten unseres Universums zu beurteilen. Dauer besteht in der Superimposition der verschiedenen Aspekte einer Identität. Es ist eine Art *eingeborener Bewegung der Dinge.* Ein Baum wächst und verliert dennoch nicht seine Identität. Das menschliche Individuum behält seine Persönlichkeit während des gesamten Verlaufes organischer und geistiger Prozesse, die sein Leben ausmachen. Jedes Ding oder Wesen, ob beseelt oder unbeseelt, enthält eine *innere Bewegung,* eine Aufeinanderfolge von Zuständen, einen ihm eigenen Rhythmus. Solch eine Bewegung ist die *inhärente Zeit.* Kurz, Zeit ist der spezifische Charakter der Dinge. Sie ist wahrhaftig eine Dimension unserer selbst.[85]

Zeit außerhalb unserer selbst zu suchen oder getrennt von den Objekten unserer Beobachtung – sozusagen »Zeit an sich« – ist so, als wolle man die Richtungen des Raumes vom beobachtenden Subjekt trennen und von einem »absoluten Norden« oder einem »Süden an sich« sprechen. Absolute Zeit oder »Zeit an sich« ist ebenso unsinnig wie die Leugnung der Zeit; ersteres, weil der Zeitbegriff eine Beziehung auf ein vorausgesetztes System oder Ordnungsschema oder eine angenommene Einheit (sei es die eines Subjektes oder Objektes) ausdrückt – letzteres, weil Zeit eine unbestreitbare Erfahrungstatsache ist, gleichgültig, ob wir sie begrifflich definieren können oder nicht.

Ebensowenig können wir definieren, was »Leben« ist, obwohl wir nicht daran zweifeln, es zu besitzen. Je wirklicher ein Erlebnis oder eine Erfahrung ist, desto weniger können wir sie definieren. Nur leblose Objekte, Dinge, die künstlich oder willkürlich isoliert, von ihrer Umgebung und ihren kausalen Zusammenhängen abgetrennt und somit vom menschlichen Intellekt begrenzt worden sind, können definiert werden. Ein Wirklichkeits*erlebnis* (und das ist alles, worüber wir sprechen können; denn »Wirklichkeit als solche« ist eine andere Abstraktion) kann nicht definiert werden, d.h. man kann sich ihm nicht auf der geraden Linie zweidimensionaler Logik (die nur ein »Entweder-Oder« kennt) nähern, sondern nur durch ein Kreisen um den Gegenstand der Beobachtung oder der Erfahrung, wodurch wir uns ihm nicht nur von einer, sondern von *allen* Seiten nähern, ohne an irgendeinem Punkte stehenzubleiben. Nur dadurch können wir eine einseitig perspektivische Anschauung vermeiden und zu einem ausgewogenen, unvoreingenommenen Urteil gelangen. Eine solche konzentrische Annäherung (die sich in immer engeren Kreisen um ihren Gegenstand bewegt, um – im idealen Falle – mit ihm eins zu werden) ist das genaue Gegenteil der westlichen, analytischen Art der Beobachtung: es ist die integrierende Konzentration innerer Schauung *(dhyāna)*.

Diese integrierende Schauung und die daraus entspringende Weltauffassung ist es, was Gebser in seinem großen, für unsere Zeit so hochbedeutenden Werk »Ursprung und Gegenwart« als *aperspektivische* Anschauungsweise bezeichnet. »Der Ursprung, aus dem heraus jeder Augenblick unseres Lebens lebt, ist göttlich-geistiger Art. Wer das verneint, verneint sich selber. Und es gibt derer ja genügend, die das heute tun. Wer es nicht verneint, in aller Einfachheit und Aufgeschlossenheit nicht verneint, ist heute bereits ein Mitarbeiter der Aperspektive, der integralen Bewußtseinsstruktur. Sie gründet in der Bewußtwerdung und Durchsichtigwerdung des Ganzen.«[86]

Dies bedarf einer neuen Art der Logik, die zwar in Indien schon seit Jahrtausenden geübt wurde, aber in der übrigen Welt bisher unbeachtet blieb. Diese Logik baute sich nicht auf dem Satz vom Widerspruch und dem ausgeschlossenen Dritten auf, sondern auf einer vierfachen Logik, die folgende Aussagen über ein Objekt zuläßt:

1. es ist,
2. es ist nicht,
3. es ist und ist nicht,
4. es kann von ihm weder gesagt werden, daß es ist, noch daß es nicht ist.

In anderen Worten, die indische Logik postuliert vier Möglichkeiten:

1. Sein oder Existenz eines Objektes,
2. Nichtsein oder Nicht-Existenz,
3. Sein sowohl als Nicht-Sein,
4. Weder Sein noch Nichtsein.

Die ersten zwei Aussagen beziehen sich auf den Bereich konkreter Objekte, die sinnlich oder begrifflich wahrgenommen werden, d.h. auf den Bereich feststehender, eindeutig abgegrenzter Einheiten, bei denen wir von Identität und Nicht-Identität sprechen können. Die dritte Aussage bezieht sich auf den Bereich der Relativität und entspricht der Stufe organisch-lebendigen Geschehens. Die vierte Aussage bezieht sich auf den Bereich transzendenter Erfahrung, die über das Sinnliche und Begriffliche hinausgeht, weil ihre Objekte unbegrenzt und nur der Intuition, d.h. der unmittelbaren Erfahrung oder dem Erlebnis höherer Dimensionen zugänglich sind.[87]

Von europäischer Seite ist der Versuch, eine dreiwertige Logik aufzustellen, gemacht worden, und Reichenbach, der von Gebser zitiert wird, definiert diese neuartige Logik folgendermaßen: »Die gewöhnliche Logik ist zweiwertig; sie ist mit Hilfe der Wahrheitswerte *Wahrheit* und *Falschheit* konstruiert. Es ist aber auch möglich, einen mittleren Wahrheitswert einzuführen, den wir *Unbestimmtheit* nennen können, und diesen Wahrheitswert der Gruppe von Aussagen zuzuordnen, die in der Bohr-Heisenberg-Interpretation *sinnlos* genannt werden ..... Wenn wir einen dritten Wahrheitswert der Unbestimmtheit haben, dann ist das *tertium non datur* keine endgültige Formel mehr; es gibt ein *tertium,* einen Mittelwert, der durch den logischen Zustand *unbestimmt* dargestellt wird.« (Op. cit., Bd. II, S. 215)

Dieser Zustand der logischen Unbestimmtheit (der im indischen Schema als Nr. 3 und 4 figuriert) kann als ein Zustand der Integrierung sich scheinbar widersprechender, in Wirklichkeit aber co-existierender Aspekte desselben Gegenstandes oder Vorgangs betrachtet werden, wie dies in den logisch sich ausschließenden, aber in Wirklichkeit gleichermaßen gültigen (oder anwendbaren) Anschauungsformen der Wellentheorie und der Korpuskeltheorie der Atomphysik zum Ausdruck kommt. Die westliche Logik ist das genaue Gegenstück zur westlichen Perspektive, deren *ein*seitige, von *einem* Punkt aus geradlinig auf den Gegenstand projizierende Blickrichtung alle anderen, gleichzeitig existierenden Anschauungsformen und objektiv vorhandenen Gegebenheiten ausschließt. Die Bemühungen der modernen Kunst, die Einseitigkeit der Perspektive durch Diaphanierung oder Superimposition mehrerer Aspekte desselben Gegenstandes zu überwinden, entspricht Gebsers Bemühen, einer *aperspektivischen Weltauffassung* den Weg zu bereiten, die uns von den Fesseln einer rein dualistischen perspektivisch-einseitigen Logik befreit und uns zum Erleben einer ganzheitlichen Wirklichkeit und Weltdurchsichtigkeit führt.

Gehen wir darum noch etwas weiter um unser Problem herum. Was bedeutet Zeit vom Standpunkt der *Erfahrung?* Die meisten

Menschen würden antworten: *Dauer*. Aber Dauer haben wir auch, wenn wir ohne Zeitwahrnehmung existieren, wie z.B. im Tiefschlaf. Die Zeitwahrnehmung, und mehr noch das bewußte Erleben der Zeit, ist daher mehr als die bloße Feststellung einer Dauer: es ist die Wahrnehmung einer Bewegung. Aber: Bewegung wovon? – Entweder unserer selbst oder von etwas außerhalb unserer selbst.

Je weniger wir uns innerlich oder äußerlich bewegen, desto mehr werden wir uns der Zeit bewußt. Je mehr wir uns selbst bewegen, desto weniger gewahren wir den Ablauf der Zeit. Ein Mensch, der geistig und körperlich inaktiv ist, empfindet die Zeit als eine Bürde, während der aktive Mensch ihren Ablauf kaum bemerkt. Diejenigen, die sich in vollkommener Harmonie mit dem tiefsten Rhythmus ihres Seins bewegen, mit dem pulsierenden Rhythmus des Universums in ihrem Innern, sind zeitlos in dem Sinne, daß sie die Zeit nicht mehr als solche empfinden. Diejenigen aber, die in Disharmonie mit ihrem inneren Rhythmus leben, existieren nur, haben aber keine innere Dauer: Sie haben nur augenblickliches Dasein ohne Richtung oder geistige Kontinuität – und darum ohne Sinn und ohne Sein.

Was wir »ewig« nennen, ist nicht eine unbegrenzte (unendliche) Zeitdauer (die nur gedankliche Konstruktion ist), sondern das *Erlebnis der Zeitlosigkeit.*

Zeit ist nicht umkehrbar. Selbst wenn wir denselben Weg zurückgehen, ist er nicht mehr derselbe, denn die Aufeinanderfolge der Kennzeichen dieses Weges ist eine andere und, was von noch größerer Bedeutung ist, wir sehen sie vom entgegengesetzten Blickpunkt, in umgekehrter Richtung – oder, wie im Falle der Erinnerung (im Wachrufen unseres Gedächtnisses), mit dem zuzüglichen Wissen früherer und inzwischen erworbener Erfahrung.

Das Zeiterlebnis ist eine Folge von Bewegung plus Gedächtnis. Gedächtnis, wie die Jahresringe eines Baumstammes, ist eine dauernd wachsende Bereicherung an Erfahrungsmaterial, das rückwirkend den Wert jeder neuen Erfahrung modifiziert, so daß selbst eine Wiederholung des gleichen Erlebnisses nie die gleichen Resultate hervorbringen kann.

Das Leben ist daher, ebenso wie die Zeit, ein nicht umkehrbarer Prozeß, und diejenigen, die von einer ewigen Wiederkehr identischer Ereignisse und Individuen sprechen (wie Ouspensky in seinem Buch »Ein neues Modell des Universums«), verwechseln Rhythmus oder Periodizität mit mechanischer Wiederholung. Es zeigt das Dilemma, in das ein auf mathematischen oder physikalischen Prinzipien aufbauender Determinismus notwendigerweise führt, und ist typisch für den Intellekt, der seinen Zusammenhang mit der lebendigen Wirklichkeit verloren hat und Leben durch die Phantome leerer Abstraktionen ersetzt.

Ob sich das Universum als Ganzes verändern kann oder nicht, ist eine müßige Frage; wichtig ist für uns nur, daß ein schöpferisches Fortschreiten des Individuums möglich ist und daß die Vergangenheit dauernd in ihm wächst, bis das Individuum den Zustand der Universalität erreicht, in dem er das Universum als ein Ganzes und Gegenwärtiges, d. h. als einen lebendigen Organismus erlebt und nicht nur als eine abstrakte Einheit oder eine unterschiedslose Uniformität. Dies ist die höchste Dimension des Bewußtseins.

Was verstehen wir nun unter »Dimension«? – Die Fähigkeit der Ausdehnung oder der Bewegung in einer bestimmten Richtung. Wenn wir uns nach außen bewegen, so können wir dies nur in drei Dimensionen tun, d. h. wir können nicht über den dreidimensionalen Raum hinausgehen. Die Bewegung jedoch, die diese Dimensionen hervorbringt, wird als Zeit empfunden, solange diese Bewegung und die durch sie hervorgebrachten Dimensionen noch nicht als ein vollständiges Ganzes begriffen werden. Das Zeitgefühl ist ein Gefühl der Unvollständigkeit. Aus diesem Grunde gibt es keine »Zeit« in Augenblicken intensivster Wahrnehmung, intuitiver Schauung, vollkommener Vergegenwärtigung und Verwirklichung. Für Erleuchtete gibt es keine Zeit mehr in unserem Sinne; sie sind wahrhaft zeitlos – zeitenthoben.

Das bedeutet jedoch nicht, daß für einen Erleuchteten die Vergangenheit ausgelöscht ist. Ganz im Gegenteil: die Vergangenheit hört auf, eine Zeitqualität zu sein und wird zu einer neuen – oder richtiger: inneren – Raumordnung, die wir die vierte Dimension nennen können, in der die Dinge und Ereignisse, die wir bruchstückweise, neben- und nacheinander erlebten, gleichzeitig erschaut werden, in ihrer Ganzheit und in der Gegenwart. In dieser Weise überblickte der Buddha, wie die alten Texte berichten, im Vorgang seiner Erleuchtung unzählige frühere Lebensläufe in immer weiteren Schauenskreisen, bis schließlich seine Schauung das ganze Universum umfaßte.

Nur wenn wir die Vergangenheit als eine wahre Dimension unserer selbst und nicht nur als eine abstrakte Eigenschaft gedachter Zeit empfinden, werden wir imstande sein, uns im richtigen Verhältnis zum Universum zu sehen, welch letzteres nicht ein uns wesensfremdes Element ist, das uns mysteriös umgibt, sondern geradezu der Körper unserer Vergangenheit, in dessen Mutterschoß wir träumen, bis wir zur Freiheit des erleuchteten Bewußtseins erwachen.

5

Das Problem von Vergangenheit und Zukunft

Sowohl Zeit wie Raum sind, wie wir sahen, das Produkt der Bewegung, die allem Lebendigen eigen ist, von den höchsten Manifestationen des Geistes bis zu den einfachsten physischen Phänomenen. Indem wir aber in unserem Denken die Zeit vom Raum trennen (und beide vom erlebenden Subjekt), gelangen wir zu einem abstrakten Zeitbegriff, der weder Vitalität noch Realität besitzt. Obwohl wir diesen Zeitbegriff in Vergangenheit, Gegenwart und Zukunft einteilen und ihm den Anschein von Bewegung auf diese Weise verleihen, haben weder die Vergangenheit noch die Zukunft aktuelle Realität in unserem Zeitbewußtsein, und die Gegenwart ist bloß die Trennungslinie zwischen einer nicht mehr existierenden Vergangenheit und einer noch nicht bestehenden Zukunft: Sie ist ein Punkt ohne Ausdehnung, ohne Dimension und darum ohne die Möglichkeit einer Bewegung. Dennoch empfinden wir die Gegenwart als den wirklichsten Aspekt der Zeit, ja, als den einzigen Punkt, von dem aus Bewegung möglich ist.

Infolgedessen versuchen einige moderne Denker den gordischen Knoten zu durchschneiden, indem sie erklären, daß es so etwas wie »Zeit« nicht gibt und daß die einzige Lösung des Lebensrätsels darin besteht, ausschließlich in der Gegenwart zu leben und Vergangenheit und Zukunft als illusorisch und nicht-existent zu betrachten. Auf diese Weise wird der Begriff der Spontaneität zum einzig wahren Lebensprinzip, wobei man vergißt, daß Spontaneität auf Übung aufgebaut ist; in anderen Worten, daß sie das Produkt von Handlungen ist, die gewissenhaft und bewußt über lange Zeiträume ausgeübt werden und die infolgedessen so mit unserer Natur verwachsen sind, daß sie keiner weiteren Entschlußkraft, Absicht oder Willensanstrengung mehr bedürfen.

Die wundervollen Instinkte der Tiere (die oft unsere klügsten logischen Schlußfolgerungen in den Schatten stellen) sind auf dieser Anhäufung vergangener Erfahrung begründet, und dasselbe trifft auf das Genie (den Menschen des unfehlbaren geistigen Instinktes, den wir Intuition nennen) zu. Selbst der Buddha hatte, wie die *Jātakas* (die Geschichten seiner früheren Geburten) berichten, einen äonenlangen Weg geistiger Vorbereitung als *Bodhisattva* hinter sich, bevor er zum Erleuchteten (zum Buddha) wurde.

Es ist wahr, daß alle Kräfte und Fähigkeiten des Universums latent in uns beschlossen liegen; aber sofern wir nicht den Zugang zu ihnen gefunden und offen gehalten haben durch geistiges Training, sofern wir sie nicht erweckt oder aktiviert haben durch ständige Praxis, werden sie nicht zu Faktoren der Wirklichkeit. Sie treten nicht in Erscheinung, wenn wir uns bloß auf die Potentialitäten unseres unbewußten Geistes verlassen, wie die mittelmäßigen Produkte spiritistischer Sitzungen und ähnlicher Betätigungen zur Genüge beweisen.

Gerade weil das Tiefenbewußtsein eine unbegrenzte Fülle von Kräften und Erfahrungsinhalten birgt, bedarf es eines geordneten, zielbewußen und geschulten Geistes, um von dieser Fülle Gebrauch machen zu können und das den jeweiligen Umständen Gemäße zu wählen, d. h. nur diejenigen Kräfte, Inhalte oder deren Symbole aufzurufen, die der gegenwärtigen Situation förderlich sind und ihr Sinn verleihen. »Ein volleres Verstehen der dynamischen Potentialitäten des Unbewußten würde die Forderung einer strengeren Disziplin und einer klarer bewußten Ausrichtung (oder Gerichtetheit) mit sich bringen«, wie Lewis Mumford in seiner Besprechung von Jungs »Erinnerungen« sagt.

Als Reaktion gegen die Überintellektualisierung des modernen Lebens sind die chaotischen Exzesse gewisser moderner Künstler zwar verständlich, aber ebensowenig, wie wir nur im Intellekt leben können, vermögen wir ausschließlich im »Unbewußten« zu leben. Keine kulturellen oder geistigen Werte sind je auf diese Weise entstanden.

Diejenigen, die der Meinung sind, daß jede bewußte Anstrengung oder jedes Streben nach Vervollkommnung oder einem idealen Ziel eine Vergewaltigung unseres spontanen Genius sei, und die auf jegliche Übungs- oder Meditationsmethode oder auf Vervollkommnung ihrer Ausdrucksmittel und auf alle Früchte traditioneller Erfahrung herabblicken, betrügen nur sich selbst und andere. Wir können spontan sein und dennoch das Bewußtsein einer Tradition in uns wacherhalten.

Alle Kultur beruht auf einem tiefen Bewußtsein der Vergangenheit. Ein solches Bewußtsein darf jedoch nicht mit einem *Hängen* an der Vergangenheit oder mit einer willkürlichen Nachahmung ihrer Ausdrucksformen verwechselt werden; im Gegenteil, ein vollkommenes Verstehen und eine klare Erkenntnis der Vergangenheit befreit uns von den Fesseln des Gewesenen, ohne die Früchte der dadurch gewonnenen Erfahrung zu verlieren. Wir befreien uns nicht von unserer Vergangenheit dadurch, daß wir sie vergessen oder sie zu ignorieren versuchen, sondern nur dadurch, daß wir sie meistern im Lichte höherer, d. h. unvoreingenommener Erkenntnis.

Wenn wir die Vergangenheit ungelöst und unverarbeitet ins Unterbewußte oder gar in ein »Unbewußtes« absinken lassen, wird sie zum Keim unkontrollierbarer – weil unbewußter – Triebe und Impulse. Nur die Dinge, die wir vollkommen durchschaut haben, können gemeistert werden und haben keine Macht mehr über uns. Auf dieser Einsicht beruhen die Heilmethoden der modernen Psychoanalyse wie diejenigen der ältesten Meditationspraktiken. Selbst der Buddha kam zur Erleuchtung erst, nachdem er sich seiner ganzen Vergangenheit bewußt geworden war. Diese Vergangenheit aber schloß schließlich die Vergangenheit des ganzen Universums ein. Indem er sich alles dessen bewußt wurde, befreite er sich von der Macht verborgener Ursachen.

Unwissenheit ist Knechtschaft, Wissen ist Befreiung. Solange wir die Ursachen der Vergangenheit nicht kennen, werden wir von ihnen beherrscht, wird unsere Zukunft von ihnen bestimmt. Der Ablauf der Zukunft ist »prädestiniert« nur im Maße unserer Unwissenheit. »Das Schicksal ist ein sehr realer Aspekt unseres Lebens, solange wir in Unwissenheit verharren. Er ist ebenso real wie der andere Aspekt, nämlich derjenige der Freiheit. Was wir Schicksal nennen, ist die treibende Kraft, die unser Leben formt und die aus Quellen gespeist wird, deren wir uns nicht bewußt sind. Wo das Licht des Bewußtseins ist, herrscht Freiheit; wo immer dieses Licht in uns nicht hindringt, ist Schicksal. Für den Vollendeten, den *Siddha,* dessen Bewußtsein die Gesamtheit des manifestierten Seins umfaßt, gibt es kein Schicksal mehr.« (Sri Krishna Prem: »The Yoga of the Kathopanishad«, S. 66)

Echte Meditation ist der Akt, sich jenem Licht zu öffnen, es ist die Kunst, Inspiration willentlich auszulösen, indem wir uns in einen Zustand intuitiver Empfänglichkeit versetzen, in dem die Pforten der Vergangenheit und der Gegenwart dem geistigen Auge offenstehen. Jedoch nur, wenn das geistige Auge vom Staub der Vorurteile und der Selbstsucht gereinigt ist, ist es imstande, den Sinn des Erschauten zu verstehen, den Wert oder die Bedeutung desselben einzuschätzen und von ihm Gebrauch zu machen. Hier ein Beispiel: zwei Menschen hören dieselbe Symphonie. Für den musikalisch Ungebildeten ist sie ein bloßes Geräusch, für den musikalisch Geschulten oder Empfänglichen eine Offenbarung, ein Erlebnis. Selbst die großartigste Vision sagt dem Unwissenden nichts Wesentliches oder kann sogar die Ursache eines völligen Mißverständnisses sein, das ihn in die Irre führt. (Hierin liegt die Gefahr für diejenigen, die sich trance-herbeiführender oder stimulierender Drogen, wie Meskalin und dergleichen, bedienen, ohne die geistige Fähigkeit zu besitzen, die ausgelösten Phänomene zu beurteilen oder zu verarbeiten.)

Als wir von den Pforten der Vergangenheit und der Gegenwart sprachen, die durch introspektive Meditation geöffnet werden, erwähnten wir nicht die Zukunft. Ebensowenig tat dies der Buddha, als er die Erlebnisse seiner Erleuchtung beschrieb. – Warum? – Weil die Zukunft in der Vergangenheit enthalten und in der Gegenwart fokalisiert ist. Wer die Struktur der Vergangenheit erkennt (die »Keime« der Vergangenheit, wie es im *I-Ging* heißt), kann die Umrisse der Zukunft voraussehen. Ihre Ähnlichkeit ist so groß, daß selbst Hellsichtige außerstande sind, sie auseinanderzuhalten, wie neuzeitliche Forscher vom Range Carrels bestätigt haben. So sagt letzterer zum Beispiel über »Clairvoyants« (hellsichtige Medien): »Einige von ihnen nehmen Ereignisse wahr, die bereits stattgefunden haben oder die in der Zukunft stattfinden werden. Es ist bemerkenswert, daß sie die Zukunft in der gleichen Weise wahrnehmen wie die Vergangenheit, so daß sie oftmals unfähig sind, sie zu unterscheiden. Es kann z.B. vorkommen, daß sie zu verschiedenen Zeiten über dasselbe Ereignis sprechen, ohne zu ahnen, daß die erste Vision sich auf die Zukunft bezieht und die zweite auf die Vergangenheit.« (»Man the Unknown«, S. 156)

Man hat hierin einen Beweis dafür gesehen, daß die Zukunft in der gleichen Weise existiert wie die Vergangenheit, nämlich als vollendete Tatsache, die nur den begrenzten Fähigkeiten des menschlichen Geistes verborgen sei. Aber gewisse hellsichtige Erfahrungen, von denen ein bekannter Forscher (der Mathematiker Dunne, soweit ich mich erinnern kann) ein treffendes Beispiel gibt, scheinen dieser Ansicht zu widersprechen. Es ist der wohlbelegte Bericht eines Mannes, der, nachdem er eine Fahrkarte für eine Seereise genommen hatte, träumte, daß das Schiff, auf dem er reiste, zu brennen anfing und schließlich sank. Er sah auf das lebhafteste alle Einzelheiten und seine eigene Rolle im Ablauf der Ereignisse, wie z.B., daß er sich und andere zu retten versuchte. Der Traum war von so überwältigender Deutlichkeit, daß er die Fahrkarte zurückgab. – Nicht lange danach las er in der Zeitung, daß der Dampfer, auf dem er seine Überfahrt gebucht hatte, tatsächlich unter den genauen Umständen, die er geträumt hatte – ausgenommen derer, die seine eigene Person betrafen –, untergegangen war.

Wäre die Zukunft unabänderlich festgelegt – oder wenn sie in irgendeiner »zeitlosen Dimension« existierte –, so könnte er nicht seinen Entschluß geändert haben und dem drohenden Schicksal entkommen sein. Was voraussehbar ist, sind wahrscheinlich nur gewisse allgemeine Bedingungen, unter denen zukünftige Ereignisse stattfinden werden, und diese allgemeinen Bedingungen haben ebensoviel Stabilität wie eine Landschaft, durch die wir fahren. Wenn wir die Geschwindigkeit unserer Bewegung und den Weg oder die Richtung, die wir einschlagen wollen, kennen, können wir mit Sicherheit vorhersagen, wo wir zu einer gewissen Zeit sein werden und welche Landschaftskennzeichen wir auf dem Wege passieren werden. Dies ist somit nicht so, weil es in einer zukünftigen Zeitdimension existiert, sondern weil wir in einer gewissen Richtung unter bereits bestehenden Bedingungen uns fortbewegen, oder richtiger, unter Bedingungen, deren Veränderungsrate soviel langsamer ist als unsere eigene Bewegung, daß wir sie als einen konstanten und in diesem Sinne existierenden Faktor betrachten können. Sobald wir uns also in einer bestimmten Richtung bewegen, können wir nicht anders, als gewissen Ereignissen zu begegnen. Ob wir uns jedoch fortbewegen oder nicht und welche Richtung wir wählen, liegt in unserer Hand – vorausgesetzt, wir haben das Wissen, die Resultate unseres Handelns vorauszusehen; und dieses Wissen kann nur aus der Vergangenheit kommen, aus der Erinnerung früherer Erfahrungen.

Hier erhebt sich nun die Frage, ob die Zukunft eine wirkliche Eigenschaft der Zeit ist oder bloß eine gedankliche Projektion der Vergangenheit in die entgegengesetzte Richtung.

Wir können der Vergangenheit gedenken ohne Bezugnahme auf die Zukunft; aber wir können nicht an die Zukunft denken ohne Bezugnahme auf die Vergangenheit. Wenn ein Astronom zukünftige Ereignisse mit Genauigkeit voraussagen kann, so aufgrund seiner Kenntnis vergangener Bewegungen der Himmelskörper, von denen er gewisse allgemeingültige Gesetze deduziert. Diese Gesetze sind sozusagen die Quersumme der Vergangenheit, der zeitlose Aspekt der Vergangenheit, ihre dauernd gegenwärtige Potentialität in der Wirklichkeit des gegenwärtigen Augenblicks.

Die Vergangenheit ist immer gegenwärtig, aber infolge der

Momentanheit und des begrenzten Wirkungsfeldes unseres gewöhnlichen individuellen Bewußtseins (oder jenes Teiles desselben, von dem wir in unserem Alltagsleben Gebrauch machen), das jeweils nur auf einem Punkt (einem Gegenstand) verweilen kann und das darum in ständiger Bewegung zu sein hat, um ein weiteres Feld von Ereignissen, Fakten oder Objekten zu erfassen, infolge dieser Momentanheit erleben wir immer nur den einen Punkt als gegenwärtig, auf den unser Geist gerichtet ist, und alle anderen Punkte als vergangen (oder, entsprechend unseren Erwartungen, als zukünftig). Wenn wir alle Punkte gleichzeitig sehen könnten, so würde die Vergangenheit als eine andere, tiefere Raumdimension erscheinen.

Rainer Maria Rilke schrieb in einem seiner Briefe aus Muzot: »So ausgedehnt das 'Außen' ist, es verträgt mit allen seinen siderischen Distanzen kaum einen Vergleich mit den Dimensionen, mit der *Tiefendimension unseres Innern,* das nicht einmal die Geräumigkeit des Weltalls nötig hat, um in sich fast unabsehlich zu sein. – Mir selbst stellt es sich immer mehr so dar, als ob unser gebräuchliches Bewußtsein die Spitze einer Pyramide bewohne, deren Basis in uns (und gewissermaßen unter uns) so völlig in die Breite geht, daß wir, je weiter wir in sie niederzulassen uns befähigt sehen, desto allgemeiner einbezogen erscheinen in die von Raum und Zeit unabhängigen Gegebenheiten des irdischen, des, im weitesten Begriffe, *weltlichen* Daseins. Ich habe seit meiner frühesten Jugend die Vermutung empfunden…., daß in einem tieferen Durchschnitt dieser Bewußtseinspyramide uns das einfache *Sein* könnte zum Ereignis werden, jenes unverbrüchliche Vorhanden-Sein und Zugleich-Sein alles dessen, was an der oberen 'normalen' Spitze des Selbstbewußtseins nur als 'Ablauf' zu erleben verstattet ist. Eine Gestalt anzudeuten, die Vergangenheit und noch nicht Entstandenes einfach als Gegenwärtigkeit letzten Grades aufzufassen fähig wäre, ist mir schon seinerzeit im 'Malte' Bedürfnis gewesen, und ich bin überzeugt, daß diese Auffassung einem wirklichen Zustand entspricht, mag er auch durch alle Vereinbarungen unseres ausgeübten Lebens widerrufen sein.«[88]

Der Aspekt des »Seins« ist nichts anderes als der Totalaspekt des Werdens. Eine Wahl zwischen diesen beiden Aspekten im Sinne der Frage, welcher von ihnen der wirklichere oder wahrere wäre, kann nicht zur Diskussion stehen. Beide sind stets vereint, und diejenigen, die eine Weltanschauung auf dem einen oder dem anderen Aspekt aufbauen wollen, unter Ausschluß oder Verneinung des anderen, verlieren sich in einem Spiel mit Worten. Selbst wenn die Zeit, wie wir sie verstehen, eine unvollkommene Anschauungsweise der Wirklichkeit ist, so sind die Bewegung, auf die sie sich gründet, und das Bewußtsein, das sie wahrnimmt, wirkliche Faktoren unmittelbarer Erfahrung und tiefer Bedeutung.

Wenn Zeit Bewegung ist, und zwar nicht nur im Sinne mechanischer oder physischer Bewegung, sondern Ausdruck individuellen Lebens, dann ist die Zukunft nicht etwas im absoluten Sinne bereits Existierendes, sondern etwas, das aus der Eigenart individueller Bewegung und Struktur *hervorgeht.* Selbst wenn die Gesamtheit aller dieser Bewegungen sich sozusagen zu einem zeitlosen »Körper der Wirklichkeit« zusammenschließt, die Tatsache bleibt, daß jede individuelle Struktur ihre eigene Bedeutung und Berechtigung hat, die sich im Erlebnis der Freiheit äußert, ohne die kein individuelles Leben möglich wäre oder hätte in Erscheinung treten können. Obwohl diese Freiheit im Durchschnittsindividuum nur einen unendlich kleinen Teil seines bewußten Wirkens darstellt, so ist sie dennoch ausreichend, nur die Starre und Monotonie naturhafter Gesetze zu durchbrechen.

Selbst wenn von der individuellen Verhaltensweise und seelischen Struktur eines Lebewesens der Ablauf zukünftiger Ereignisse mit einem gewissen Grad von Wahrscheinlichkeit vorausgesehen werden kann, so müssen wir dennoch zugeben, daß Wahrscheinlichkeit nicht Gewißheit ist, d.h. nicht unabänderliches Gesetz, sondern nur der Weg des geringsten Widerstandes. Der Wahrscheinlichkeitsgrad wird größer, je mehr wir uns mit dem Allgemeinaspekt der Dinge und Ereignisse beschäftigen, und geringer, je mehr wir es mit dem individuellen Aspekt zu tun haben. Dies ist der Grund, warum Statistiken nur dann korrekt sind, wenn es sich um astronomische Zahlengrößen handelt, wohingegen sie völlig versagen, wenn wir sie auf Individuen anwenden wollen. Wir können die Sterblichkeitsziffer einer Bevölkerung von vielen Millionen Menschen mit weitgehender Genauigkeit berechnen, aber wir können nicht sagen, *welche* Personen hiervon betroffen werden. Auf universeller Stufe ist alles Gesetz, auf der Ebene des Individuums löst sich das Gesetz in bloße Wahrscheinlichkeiten oder Möglichkeiten auf. Das Gesetz ist der allgemeine Rahmen, in dem individuelle Bewegung, individuelles Leben vor sich geht. So wie ein Bild erst durch seine Abgrenzung, seinen Rahmen, zum Bild wird, so hat Freiheit nur Sinn im Rahmen des Gesetzes.

Gesetz ist jedoch nichts anderes als akkumulierte, kristallisierte Vergangenheit, bewußte wie unbewußte Erinnerung oder Quersumme vergangener Geschehnisse oder Bewegung, die sich im Individuellen als *Karma*, d.h. die Macht der fortwirkenden Tat, zum Charakter verdichtet, kraft dessen wir konsequent und unserer Eigenart entsprechend handeln. Da aber Charakter nicht etwas vom Individuum Verschiedenes ist, sondern gerade das, worin die Individualität des Individuums besteht, so können wir diese beiden Begriffe nicht voneinander trennen oder sie gegeneinander ausspielen und sagen, daß, weil ein Individuum seinem Charakter gemäß handelt, es darum keine Freiheit des Handelns gäbe.

Im Gegenteil, wenn ein Individuum gezwungen wäre, *gegen* seinen Charakter zu handeln, wäre es unfrei. Freiheit ist weder Willkür noch Gesetzlosigkeit, sondern der Ausdruck der Eigengesetzlichkeit des Individuums. Freiheit und Gesetzlichkeit schließen einander nicht aus (ebensowenig wie das Bild den Rahmen oder der Rahmen das Bild ausschließt). Obwohl der Rahmen dem Bild eine Begrenzung auferlegt, stärkt es dasselbe in besonderer Weise. Ebenso können wir sagen, daß Gesetze, obwohl sie unserer Freiheit Grenzen auferlegen, nicht nur diese Freiheit stärken, sondern sie erst möglich machen. Freiheit besteht in der richtigen Anwendung der Gesetze, im richtigen Gebrauch derselben, und dieser wiederum hängt von unserer Erkenntnis ab, vom Grade unserer Einsicht in die Natur der Dinge[89] wie in unsere eigene Natur. Dort allein kann Freiheit gefunden werden. Seinem eigenen inneren Gesetz (»Gewissen«, das essentielle innere Wissen um Recht und Unrecht), seinem Charakter im Handeln Ausdruck zu geben, ist wahre Selbstverwirklichung und Kennzeichen echter Freiheit. Freiheit, gleich allen anderen geistigen Realitäten, ist eines der großen Paradoxa des Lebens und, gleich dem Leben selbst, jenseits aller Beweisbarkeit oder logischen Definierbarkeit.

Das Problem der Freiheit ist aufs engste verbunden mit dem Problem der Zukunft. Wäre die Zukunft etwas, das in gleicher Weise existierte wie die Vergangenkeit, so könnte es weder Freiheit geben noch auch irgendwelchen Sinn in der Entfaltung individuellen Lebens, noch auch sittliche Werte oder Verantwortlichkeit für unser Handeln. Das Leben würde zu einem Uhrwerk mechanischer Prozesse, das zu einem unvermeidlichen Ende oder in endlosem Kreislauf blinder Notwendigkeiten und vorbestimmter Handlungen abläuft. Keine Weltanschauung, die an ethische Werte und die Möglichkeit der endgültigen Vollendung und Befreiung durch individuelle Bemühung und ein gewisses Maß von Einsicht und Handlungsfreiheit glaubt, kann sich einer solchen Ansicht verschreiben.

Schon der Buddha wies die fatalistische Weltanschauung eines reinen Determinismus zurück, indem er die Prädestinationslehre Makkhali Gosalas verurteilte und die Selbstverantwortlichkeit des Menschen betonte – eine Überzeugung, die den Buddhismus weitgehend von den volkstümlichen Religionsformen jener Zeit abhob, die den Menschen mehr oder weniger vom Wohlwollen der Götter abhängig machten. Der Buddha behandelte die Vergangenheit als eine unbestreitbare Tatsache, die Gegenwart als das entscheidende Zeitelement, aber er gab sich keinen Spekulationen über die Zukunft hin. Obwohl er oft von der Vergangenheit sprach, von früheren Existenzen und Weltzyklen und den Erleuchteten, die ihm vorangingen, erging er sich nie in Prophezeiungen. Das ist ein bedeutungsvoller Hinweis, der zeigt, daß Vergangenheit und Zukunft nicht als ebenbürtig behandelt werden können, nicht so, als ob sie einen gleichen Grad von Wirklichkeit besäßen.

Da Zeit und Raum die untrennbaren Pole derselben Wirklichkeit sind, sollten wir einen gewissen Parallelismus ihrer Struktur erwarten. Aber entsprechen die drei Dimensionen des Raumes ähnlichen drei Dimensionen der Zeit? – Augenscheinlich nicht! Denn wenn wir die Zeit in Vergangenheit, Gegenwart und Zukunft einteilen, dann ist, wie wir bereits bemerkten, die Gegenwart überhaupt keine Dimension, sondern der inkommensurable, ausdehnungslose Punkt, der die Vergangenheit von der Zukunft scheidet, also ein reiner Grenzwert. Ebensowenig können wir sagen, daß Vergangenheit und Zukunft entgegengesetzte Dimensionen sind: Sie sind das Produkt ein und derselben Bewegung, die in der gleichen Richtung fortschreitet. Nur wenn Vergangenheit und Zukunft Bewegungen in verschiedener oder entgegengesetzter Richtung darstellen würden, wären wir berechtigt, sie als verschiedene Dimensionen zu bezeichnen.

Zeit aber ist Bewegung nur in *einer* Richtung und besitzt darum nur *eine* Dimension, weshalb wir von den »drei Dimensionen des Raumes und der einen der Zeit« sprechen und letztere auch oft als die »vierte Dimension« bezeichnen. (Wie weit letztere Bezeichnung berechtigt ist, hängt davon ab, was wir unter »Zeit« verstehen. Was wir gewöhnlicherweise als Zeit empfinden, ist nur eine unvollständige Wahrnehmung einer Bewegung, die erst bei tieferer Erkenntnis das Wesen der vierten Dimension enthüllt.)

»Auf der Oberfläche unseres Planeten werden diese Dimensionen durch besondere Charakteristika unterschieden. Die Vertikale wird mit dem Phänomen der Gravitation identifiziert. Wir sind jedoch nicht imstande, irgendeinen Unterschied zwischen den zwei horizontalen Dimensionen zu machen. – Und was die vierte Dimension, oder die Zeit, anbetrifft, so nimmt sie einen seltsamen Aspekt an. Während die anderen drei Dimensionen der Dinge kurz und fast bewegungslos sind, scheint sie (die Dimension der Zeit) sich unaufhörlich auszudehnen und sehr lang zu sein.« (Op. cit., S. 165) »Kein konkretes Ding hat nur drei Raumdimensionen. Ein Fels, ein Baum, ein Tier kann nicht momentan sein. Wir sind in der Tat fähig, in unserem Denken Wesen aufzubauen, die völlig innerhalb von drei Dimensionen beschrieben werden können. Aber alle konkreten Objekte haben vier. Und der Mensch breitet sich sowohl in der Zeit wie im Raum aus. Für einen Beobachter, der erheblich langsamer lebt als wir, würde ein Mensch als etwas Dünnes und Langes erscheinen, ähnlich der Leuchtspur eines Meteors. Außerdem besitzt er noch einen anderen Aspekt, der sich nicht klar definieren läßt, denn er ist nicht völlig in dem physischen Kontinuum enthalten. Das Denken ist nicht in Zeit und Raum beschränkt.« (Alexis Carrel: »Man the Unknown«, S. 156)

6

Die zwei Aspekte der Wirklichkeit

Da wir nach außen nicht über die drei Dimensionen, die wir vom Standpunkt unseres normalen Wachbewußtseins »Raum« nennen, hinausgehen können, bleibt uns nur noch eine einzige andere Richtung, in der wir fortschreiten können: nämlich nach *innen,* d. h. in einer Richtung, die von derjenigen der physischen Zeit und des dreidimensionalen Raumes völlig verschieden ist. Wenn wir (um bildlich zu sprechen) die Horizontale als die Richtung unserer zeiträumlichen Entwicklung oder individuellen Entfaltung betrachten, so ist die Vertikale die Richtung unserer inneren Vertiefung auf das universale Zentrum unseres Wesens und damit die Bewußtwerdung der zeitlosen Gegenwart aller Daseinsmöglichkeiten in der organischen Gesamtstruktur des lebendigen Universums. Während die Horizontale aber aller Wahrscheinlichkeit nach – d.h. den Gesetzen aller räumlichen Bewegung entsprechend – sich zu einem, wenn auch unfaßbar großen (uns darum gradlinig erscheinenden) Kreis zusammenschließt oder zu einer spiraligen Bewegung, in der sich gewisse Phasen rhythmisch wiederholen (ohne je absolut identisch zu sein) –, so bewegt sich die Vertikale auf den ruhenden Mittelpunkt dieser kreisenden Bewegung zu, das heißt auf das zeitlos Allgegenwärtige, das allem Geschehen inhärent ist. Es ist das, was wir dichterisch die »Ewigkeit des Augenblickes« nennen, die erlebt werden kann im Zustande vollkommener Verinnerlichung: wenn wir, statt nach außen, uns nach innen wenden zum Zentrum unseres eigenen Wesens und Seins, wie dies in Zuständen der Meditation und der schöpferischen Inspiration geschieht.

In einer früheren Arbeit[90] habe ich diese beiden Richtungen in einem kreisförmigen Diagramm dargestellt, in dem die der Peripherie folgende Bewegung die zeit-räumliche Entwicklung des Individuums, die senkrecht hierzu verlaufenden Bewegungen in der Richtung aufs Zentrum die zunehmenden Stadien der Verinnerlichung andeuten. Je weiter diese Verinnerlichung fortschreitet, d.h. je mehr wir uns dem inneren Zentrum nähern, desto universaler wird das Erleben, um beim Erreichen des Zentrums den vollen Querschnitt des bewußten Seins, die Ganzheit des universellen Bewußtseins zu verwirklichen.

Das Bewußtsein schreitet in diesem Vorgang von beschränkteren zu umfassenderen, von niederen zu höheren Dimensionen fort, wobei jede höhere Dimension die Eigenschaften der niederen in sich einschließt, indem sie sie einem höheren Bezugssystem einverleibt. Das Kriterium des Bewußtseins oder der Erkenntnis einer höheren Dimension besteht somit in der koordinierten und gleichzeitigen Wahrnehmung mehrerer Bewegungsrichtungen in einer umfassenderen Einheit, ohne Vernichtung jener Einzelzüge, die das Wesen der so integrierten niederen Dimensionen ausmachten.

Die Wirklichkeit einer niederen Dimension wird daher nicht durch die höhere aufgehoben, sondern nur relativiert. Dies bewahrheitet sich nicht nur in bezug auf räumlich wahrnehmbare Dimensionen, sondern mehr noch in bezug auf erlebbare Zeitdimensionen. »Nur die Anerkennung aller den Menschen mitkonstituierenden Zeitformen entrückt ihn der ausschließlichen Gültigkeit der mentalen Zeitform, schafft Distanz, befähigt ihn zu ihrer Integrierung. Der Mut, die prärationale magische Zeitlosigkeit und die irrationale mythische Zeithaftigkeit neben dem mentalen Zeitbegriff als wirkend anzuerkennen, ermöglicht den Sprung in die arationale Zeitfreiheit. Diese ist nicht etwa ein Freisein *von* früheren Zeitformen, die jeden Menschen mitkonstituieren. Sie ist zuerst einmal ein Freisein *zu* ihnen. Aus dieser Art Freisein, die aus der Konkretion und der Integration aller Zeitformen hervorgeht und als solche nur von einem Bewußtsein geleistet werden kann, das sich frei 'über' die bisherigen Zeitformen zu stellen vermag, kann eine bewußte Annäherung an den Ursprung erfolgen.«[91]

»Ursprung« jedoch bedeutet nicht den Beginn innerhalb einer Zeitdimension, sondern den *immer gegenwärtigen Ursprung*. In der Philosophie der Kālacakra-Schule hat man hierfür den Ausdruck *sahaja-kāya* geprägt, was wörtlich den »eingeborenen« oder »inhärenten Körper«, nämlich den *dharma-kāya,* das allen Buddhas (allen Erleuchteten) eignende, allumfassende Bewußtsein, das das Universum zum Körper *(kāya),* die universelle Gesetzmäßigkeit oder geistige Ordnung *(dharma)* zur Grundlage, zum wirkenden Prinzip hat. Dieser *sahaja-kāya* wird auch als *Ādibuddha* bezeichnet, als »Urbuddha«, d.h. als das primäre Prinzip der Erleuchtung oder des nach Erleuchtung strebenden Bewußtseins *(bodhi-citta),* das *jedem* lebenden Wesen eingeboren ist. Es ist das stets gegenwärtige dynamisch-schöpferische Prinzip im Zentrum jeglichen Bewußtseins, aus dem Zeit *(kāla)* und Raum (symbolisiert durch *cakra)* hervorgehen.

Anders ausgedrückt: wir leben nicht *in* der Zeit, sondern die Zeit lebt *in uns;* denn Zeit ist der innerste Rhythmus unserer bewußten Existenz, der außerhalb von uns als Raum erscheint und sich materialisiert und »kristallisiert« in unserem Körper und seinen Organen. Er ist sozusagen das sichtbar gewordene Bewußtsein vergangener Daseinsmomente, die Summe vorhergegangener Wollungen, Strebungen, Bewegungen des schöpferischen Geistes (was im Buddhismus als »wirkende Tat« [*karma*] bezeichnet wird). Es ist bemerkenswert, wie Gebser auf ganz anderen Wegen zu ähnlichen Schlüssen kommt, ja, zu einer Weltanschauung, in der sich östliches und westliches Denken ebenbürtig die Hand reichen – ebenbürtig, weil jeder auf *eigenem* Wege zur gleichen Einsicht in die Wirklichkeit vordrang. So äußert er sich zum vorliegenden Problem folgendermaßen: »Der Körper (insoweit er auch raumhaft aufgefaßt wird) ist nichts anderes als erstarrte, geronnene, dichtgewordene, materialisierte Zeit, die zu ihrer Entfaltung, Formwerdung und Erstarrung des Raumes bedarf, der ein Spannungsfeld darstellt und zufolge seiner latenten Energetik Träger der akuten Zeitenergetik ist, wobei sich die beiden energetischen Prinzipien, das latente des Raumes und das akute der Zeit, gegenseitig bedingen.« (Band I, Seite 52)

Wir können auch sagen: Raum ist die *Möglichkeit* der Bewegung, Zeit die *Wirklichkeit* oder der Ablauf der Bewegung. Oder: Raum ist die nach außen verlegte, nach außen projizierte, objektivierte Zeit; und Zeit ist der verinnerlichte, subjektivierte Raum – die Erinnerung und Verinnerlichung räumlicher Bewegung. Zeit und Raum entsprechen einander wie das Innen und Außen derselben Sache. Die Wirklichkeit umfaßt beide und geht zu gleicher Zeit über beide hinaus. Diejenigen, die diese Wirklichkeit erleben, leben in einer Dimension jenseits des Raum-Zeit-Kontinuums und erleben das Universum als ihren zeitlosen »Körper«. Dies ist die höchste Lehre der Kālacakra-Philosophie.

Wir mögen uns hier auch an Fa-tsangs Interpretation der Botschaft des *Avatamsaka-Sūtra* erinnern, dargestellt in seiner Monographie »Die Meditation, durch welche Vorstellung verlöscht und man zur Quelle zurückkehrt«: »Es gibt ein Geistesbewußtsein (mind), das äußerste Wirklichkeit ist, rein von Natur, vollkommen und leuchtend. Es wirkt auf zweierlei Weise. Von ihm genährt ist die Existenz einer Welt von Einzelheiten (im Raum)*[92] möglich, und aus ihm entstehen alle freien und erleuchtenden Tätigkeiten (in der Zeit)*, durch welche die Tugenden der Vollkommenheit *(paramitā)* verwirklicht werden. In diesen zwei Funktionen, die wir existentiell und moralisch nennen können, können drei universale Charaktere unterschieden werden. Vom existentiellen Standpunkt enthält jedes gesonderte Objekt, technisch als *anuraja*, 'Staubteilchen', (die denkbar kleinste Einheit, dem Atombegriff des Westens entsprechend)* bezeichnet, die ganze universelle Gesetzmäßigkeit *(dharmadhātu)*. Zweitens, vom schöpferischen Gesichtspunkt, bringt jedes Partikel alle Arten von Qualitäten hervor. Vermittels *eines* Objektes können daher alle Geheimnisse des Universums ergründet werden. Drittens, in jedem Einzelteil ist der Urgrund der *śūnyatā* erkennbar.«[93]

Śūnyatā ist jenes inkommensurable Element metaphysischer Wirklichkeit, das, im Gegensatz zu seinen phänomenalen oder formalen Elementen, nur als ein »Leersein« von aller Bestimmung umschrieben werden kann (*śūnyatā* bedeutet wörtlich »Leere«), ähnlich dem Raum, der alle Dinge und Bewegungen umfaßt, enthält und durchdringt. *Śūnyatā* ist gewissermaßen der geistige Raum, dessen Leere die Fülle aller Formen und Tätigkeiten möglich macht, die Freiheit, die vor aller Gesetzmäßigkeit besteht (»Beim ersten Schritte sind wir frei, beim zweiten sind wir Knechte.«), die Reinheit und Freiheit des Ursprungs. Es ist, um mit Gebsers Worten es auszudrücken, das, »was 'vor' Zeit und Raum ist, was dank der verschiedenen Bewußtseinsstrukturen durch Zeitlosigkeit, Zeithaftigkeit, Zeit und Raum hindurch immer stärker realisierbar wurde« und das »in der bewußten Achronität wahrnehmbar wird. Das Vorzeitlose wird zeitfrei, Leere wird Fülle, in der Durchsichtigkeit wird das Diaphainon, das Geistige, wahrnehmbar: Ursprung und Gegenwart. Wir wahren das Ganze, und das Ganze wahrt uns.« (Band II, S. 405)

Śūnyatā ist die Leere von allen Bestimmungen, weil sie die Essenz des »Ganzen« ist, die im Zentrum jedes Individuums (und jeder Erscheinungsform) in der innersten Tiefe unseres Bewußtseins verborgen liegt und die Fa-tsang »die Quelle« nennt. Raum und Zeit erstrecken sich daher zwischen diesem raum- und zeitlosen Zentrum und der Unendlichkeit (der grenzenlosen Ferne), die wir in der Ausdehnung des Raumes und der Anhäufung von Zeiterinnerungen (welche die Unendlichkeit der Zeitdimension ausmachen) erleben.

Somit bewegt sich die Zeit nicht von einer bereits bestehenden Zukunft in die Vergangenheit, wie es scheinen könnte, wenn die Zeit eine unabhängige Realität besäße, anstatt eine Eigenschaft der Dinge oder die eingeborene Natur lebender Wesen zu sein, sondern sie ist, wie Bergson es ausdrückt, »der kontinuierliche Fortschritt der Vergangenheit« – vom Zentrum alles Seins, wie wir sagen könnten, »der sich in die Zukunft hineinfrißt und anschwillt, je weiter er fortschreitet. Die Anhäufung von Vergangenheit auf Vergangenheit schreitet ohne Unterbrechung fort. In Wirklichkeit ist die Vergangenheit automatisch in sich selbst bewahrt. Aller Wahrscheinlichkeit nach folgt sie uns in ihrer Gänze in jedem Augenblick. – Wir denken zweifellos nur mit einem kleinen Teil unserer Vergangenheit, aber mit unserer ganzen Vergangenheit, einschließlich der ursprünglichen Tendenz unserer Seele, wünschen, wollen und handeln wir.«[94]

Hier wiederum sehen wir, daß die Zukunft keinerlei Rolle im tatsächlichen Zeitprozeß spielt und warum die gesamte Vergangenheit in das Licht des Bewußtseins gehoben werden muß, bevor die Kontrolle des Wünschens, Wollens und Handelns verwirklicht und vollkommene Erleuchtung erreicht werden kann. Erleuchtung ist die Überbrückung der zwei Pole der Zeit – Vergangenheit und Gegenwart – sowohl wie der zwei Pole des Raumes – des Nahen und Fernen. Das Hier des Raumes und das Jetzt der Zeit entsprechen einander wie die unendliche Ausdehnung oder Ferne des Raumes und die unendliche Vergangenheit oder Tiefe der Zeit. In anderen Worten: Zeit und Raum schwingen zwischen den Polen äußerster Nähe und äußerster Ferne.

Die Beziehung zwischen Zeit und Raum ist eine doppelte Polarität, und je mehr wir dies sehen, desto mehr werden wir uns darüber klar werden, daß die drei Dimensionen des Raumes nicht der dreifachen Einteilung der Zeit entsprechen. Niemand hat dies klarer gesehen und zum Ausdruck gebracht als Ludwig Klages, wenn er sagt: »Raum und Zeit, polar zusammengehörig, haben dieses miteinander gemein, daß sie ein jedes ausgespannt sind zwischen den Polen Nähe und Ferne. So gewiß nun räumliche Nähe nur eine ist (und zwar dem Wesen nach = Betastbarkeit), gleichgültig, wo ich verweile, und hinwieder räumliche Ferne nur eine, gleichgültig, ob ich Ausblick halte nach Ost oder West, nach Nord oder Süd, so gewiß kann im Verhältnis zur einen und selben zeitlichen Nähe nur eine sein die zeitliche Ferne! Gäbe es deren zwei, neben der Vergangenheitsferne nämlich noch eine Ferne der Zukunft, so wäre der Ferncharakter des vor mir liegenden Fluchtpunktes artlich irgendwie entgegengesetzt dem Ferncharakter des hinter mir liegenden Fluchtpunktes. Wenn nun davon unleugbar das Gegenteil stattfindet, so wurde die Doppelheit der Zeitferne erdichtet, und es muß die eine der beiden ein – Hirngespinst sein! Wir müssen aber aus folgendem Grunde die Zukunft dafür erachten. Gedenke ich der Vergangenheit, so gedenke ich einer gewesenen *Wirklichkeit,* denke ich dagegen ein Zukünftiges, so denke ich etwas *Un*wirkliches, genauer gesagt, einen Sachverhalt, der bloß im Gedachtwerden Dasein hat! Schwänden im Nu dahin alle denkenden Wesen, so bliebe doch haargenau, was sie vorher war, die wirklich stattgehabte Vergangenheit; wohingegen der Name 'Zukunft' schlechterdings seinen Sinn verlöre, sobald es an Wesen gebräche mit dem Zukunfts*gedanken!* Zukunft verhält sich zu Vergangenheit nicht wie *eine* Ferne der Zeit zu einer entgegengesetzten Ferne der Zeit, sondern wie zur Wirklichkeit überhaupt ein bloßer Begriff, oder: Zukunft ist keine Eigenschaft der wirklichen Zeit!«[95]

Zukunft ist nur eine in der Richtung unserer Bewegung inhärente *Möglichkeit.* Um ein konkretes Beispiel zu geben: die Brükke, auf die wir uns zubewegen, wird zum Bestandteil unserer Zukunft, *vorausgesetzt,* daß wir die eingeschlagene Richtung beibehalten. Die Brücke dagegen, die wir überschritten haben, ist ein nicht mehr rückgängig zu machender Bestandteil unserer Vergangenheit. Vergangenheit besitzt Wirklichkeit, insofern sie auf Gegenwärtiges und Zukünftiges wirkt und deren Ablauf weitgehend bestimmt. Zukunft aber ist nur eine Möglichkeit und kann daher nicht auf die Gegenwart (und noch weniger auf Vergangenes) wirken. In diesem Sinne ist sie unwirklich. Die wirkliche Zeit aber ist, wie Klages so schön sagt, »das *Pulsieren* der Ewigkeit«.

Es hängt also von der Art der Zeit ab, die wir durch den inneren Rhythmus unseres Lebens und die Tiefe unseres Bewußtseins erschaffen, ob wir sterblich oder unsterblich sind. Diejenigen, die in der illusorischen Zeit ihres peripherischen Bewußtseins, ihres Intellektes, im Raum-Zeit-Kontinuum einer vorgeblichen Außenwelt leben, identifizieren sich mit dem, was sterblich ist. Diejenigen, die im Einklang mit dem »Puls der Ewigkeit« leben, identifizieren sich mit dem, was unsterblich ist. Sie wissen, daß die ganze Ewigkeit in ihnen beschlossen liegt.

Bewußtsein ist die primäre und Raumzeit die sekundäre Qualität der Wirklichkeit. Die Bewegungen und Formbildungen innerhalb des allumfassenden Tiefenbewußtseins *(ālaya-vijñāna)* – das die moderne Psychologie zwar wiederentdeckt, aber zum Begriff des »Unbewußten« degradiert hat[96] – erscheinen als die Wahrnehmungen der Zeit und der räumlichen Ausdehnung, da das individuelle Bewußtsein die verschiedenen Phasen der Bewegung und der momentan erscheinenden Formen voneinander trennt und dadurch sein Blickfeld begrenzt und die Wirklichkeit in vergängliche Teilphänomene zerstückelt. Diese Phänomene, obwohl sie nicht wirklich sind im letzten Sinne, können jedoch nicht als bloße Halluzinationen beiseite geschoben werden, denn sie erscheinen nicht ohne Ursache, und diese Ursachen sind der Ausdruck einer der Wirklichkeit innewohnenden Gesetzmäßigkeit. Mit anderen Worten, diese Erscheinungsformen besitzen eine relative Realität, die nur für diejenigen, die sie als höchste Wahrheit betrachten, zur irreführenden Illusion wird.

Für diejenigen, die in ihre eigene individuelle Vergangenheit verstrickt sind, weil sie an isolierten Aspekten derselben hängen, ohne das Gesamtbild der abhängigen oder bedingten Entstehung aller Phänomene zu erkennen, wird die Zukunft ebenso feststehend und unabänderbar erscheinen wie die Vergangenheit; und tatsächlich reproduzieren diese Phänomene, infolge unserer blinden Verhaftung an sie, eine der Vergangenheit sehr ähnliche, weil durch sie bedingte, Zukunft. In dieser Weise entsteht ein endloser Kreislauf von Ursache und Wirkung, Geburt und Tod, aus dem es nur *einen* Ausweg gibt: das Loslassen, die Lösung jener Verhaftungen, die uns immer wieder in das Ephemere, in die Kettenreaktion von Ursache und Wirkung verstricken und uns den Ausblick auf das Ganze, die allumfassende Ganzheit, die in uns selbst beschlossen liegt, versperrt.

Die Lösung aus jenen Verhaftungen ist nur möglich, »wenn wir das *Ganze* unserer menschlichen Existenz in unser Bewußtsein aufzunehmen bereit sind, d.h. alle Ebenen unseres Bewußtseins, die unser heutiges und auch jedes kommende Bewußtsein bilden und tragen, sollten in einer neuen Wirklichkeit integriert werden. Dazu gehört die volle Tiefe unserer Vergangenheit, die wir in einem entscheidenden Sinne immer wieder erleben und erfahren müssen. Wer seine Vergangenheit leugnet oder verdammt, begibt sich seiner Zukunft; das trifft für jeden einzelnen Menschen ebenso zu wie für die Menschheit.« (Gebser, Band I, S. 8)

Auf die Weisen, die den Bereich der letzten Ursachen durchdrungen haben und die ins Licht der vollen Wahrnehmung und Erkenntnis gehoben haben, was anderen als das Dunkel einer ins Unbewußte abgesunkenen Vergangenheit erscheint – auf jene Weisen trifft zu, was Aśvajit vom Buddha sagte, als er gebeten wurde, die Quintessenz der Lehre des Erleuchteten in wenigen Worten anzudeuten:

»Die Ursachen aller bedingt entstandenen Dinge hat der Erhabene enthüllt und auch ihre Überwindung (ihr Aufhören). Dies ist die Lehre des großen Asketen.«

Die Befreiung von der Macht dieser Ursachen liegt in der Erkenntnis ihrer wahren Natur. Solange sie unter dem Gesichtspunkt peripherer Zeit, d.h. der Unvollständigkeit gesehen werden – oder genauer, unter dem Aspekt zeitlicher und räumlicher Isolierung und egozentrischer Eingeschränktheit – statt in ihrer dynamischen und immer-gegenwärtigen wechselseitigen Bezogenheit, haben wir nicht die tiefe Bedeutung des Gesetzes des vom Buddha verkündeten »bedingten Entstehens« *(pratītyasamutpāda)* verstanden, das weit mehr ist als ein bloßer Kausalnexus oder ein mechanisch operierendes Kausalgesetz, wie oberflächliche Beobachter angenommen haben.

Selbst Ānanda, der Lieblingsjünger des Buddha, scheint der Gefahr eines solchen Mißverständnisses ausgesetzt gewesen zu sein, als er erklärte, daß das Gesetz des abhängigen Entstehens selbstevident und leichtverständlich sei, worauf der Buddha ihn zurechtwies und ihn warnte mit den Worten: »Sprich nicht so, Ānanda; sprich nicht so! Tief ist das Gesetz der abhängigen Entstehung und tief ist seine Erscheinung. Weil die Menschen dieses Gesetz nicht erkennen und begreifen, werden sie vom Leiden überwältigt und sind nicht imstande, sich vom Kreislauf von Geburt und Tod zu befreien.« *(Mahānidāna Sutta, Dīgha-Nikāya)*

Die Idee der Kausalität erscheint »einfach« für diejenigen, die gewohnt sind, in Begriffen abstrakter Logik oder dreidimensionaler Gesetzmäßigkeit zu denken. Eine derartige Kausalität setzt einen zeitlichen und unabänderlichen Ablauf von Ereignissen voraus, einen Ablauf, der feststehend, gradlinig und vorhersehbar ist. Die buddhistische Formel des »bedingten Entstehens« jedoch ist nicht abhängig von einer bloß zeitlichen Aufeinanderfolge, sondern kann ebenso als ein gleichzeitiges Zusammenwirken aller seiner Faktoren betrachtet werden, in dem jedes Glied die Summe aller anderen Glieder darstellt. Jedes Glied enthält den ganzen Vorgang, sei es als Keim oder Frucht. Vom Gesichtspunkt der Zeit aus gesehen: jede Erscheinungsform ist auf eine unendliche Vergangenheit begründet und somit auf eine Unendlichkeit von Ursachen, Bedingungen und Beziehungen, die nichts ausschließen, was je war oder sein wird. Dies ist die Basis von Rilkes Pyramide des individuellen Bewußtseins.

Wenn aber die Vergangenheit in ihrer allumfassenden Ganzheit realisiert wird, verliert sie ihre Zeitqualität und wird verwandelt in etwas, das wir nur eine höhere Raumdimension nennen können, denn alles, was als in der Zeit geschehen erschien, wird als gleichzeitig gesehen oder empfunden und darum als zeitlose Gegenwart *erlebt* (im Gegensatz zum bloßen Begriff der Gegenwart, als einer gedachten Grenzscheide zwischen Vergangenheit und Zukunft). Wäre dies nicht der Fall, so würden die Ursachen einer unendlichen Vergangenheit für immer unerreichbar bleiben und könnten nicht ins Bewußtsein erhoben und damit ihrer Macht entkleidet werden, sondern für immer mit unfehlbarer Notwendigkeit weiterwirken. Indem wir sie aber wieder in die Gegenwart heben, verwandelt sich das Nacheinander in ein Miteinander und Ineinander, eine Beziehung, die ebenso anschaulich wie tiefsinnig im Avatamsaka Sūtra beschrieben ist, nämlich in der Vision von Maitreyas Turm, der das Universum vom Standpunkt einer höheren Dimension symbolisiert, in der alle Dinge reflektiert sind und sich gegenseitig, wie auch das erlebende Subjekt, durchdringen, ohne ihre jeweilige Individualität zu verlieren. In dieser Weise ist das Universum und der das Universum Erlebende in jeder Erscheinungsform gespiegelt, und darum kann man nicht sagen, daß irgend etwas im absoluten Sinne »entsteht« oder »vernichtet« wird. Was vernichtet wird, ist nur unsere Abhängigkeit von irgendeinem Einzelphänomen oder Motiv.

Das vollkommene wechselseitige Sich-Durchdringen von Formen, Gegebenheiten, Dingen, Wesen etc. und die Gegenwart des Erlebenden in ihnen allen, in anderen Worten, die Gleichzeitigkeit von Differenzierung und Einheit, von Individualität und Universalität, Form und Leere, ist die Hauptthese des großen buddhistischen Philosophen Nāgārjuna (des 2. Jahrhunderts n. Chr.). Seine Philosophie des »mittleren Weges« beruht auf einer Neuorientierung des Denkens, das sich von der Starre des Substanzbegriffes und eines statischen Universums befreit, in dem Dinge und Wesenheiten als mehr oder weniger unabhängig voneinander entstehend und vergehend gedacht wurden, so daß Begriffe wie »Identität« und »Nicht-Identität« die Basis des Denkens bilden konnten. Wo aber alles im Fluß ist, können solche Begriffe nicht zureichend sein, und daher kann auch das Verhältnis von Form und Leere nicht als ein sich gegenseitig ausschließender Gegensatz aufgefaßt werden, sondern nur als zwei Aspekte derselben Wirklichkeit, die in ständigem Zusammenwirken miteinander existieren. Denn »Form« *(rūpa)* ist nicht mit Dinghaftigkeit oder Materialität zu verwechseln, denn jede Form ist Ausdruck eines schöpferischen Vorgangs, einer anfanglosen und endlosen Bewegung, deren Voraussetzung eben jene geheimnisvolle »Leere« *(śūnyatā)* ist.

Im Erlebnis einer solchen Wirklichkeit, jenseits des Bereiches exklusiver Gegensätze, wird das Relative nicht zugunsten des Absoluten vernichtet, noch auch wird die Vielfalt des Lebens einer abstrakten Einheit geopfert, sondern das Individuelle und das Universelle durchdringen und bedingen einander so vollständig, daß das eine nicht vom anderen getrennt werden kann. Sie sind so unzertrennbar wie Zeit und Raum und stellen gleich ihnen zwei Seiten der gleichen Wirklichkeit dar: Zeit ist der dynamische Aspekt individueller (und darum notwendigerweise unvollständiger, begrenzter) Handlung und Erfahrung, Raum die Gesamtsumme aller Aktivität in ihrem stets vollständigen (ewig vollendeten) und darum zeitlosen universellen Aspekt.

Das Unvollständige jedoch ist ein ebenso notwendiges und wesentliches Element wie das der Vollständigkeit. Es ist dasjenige, das den Impetus, den Wunsch nach Ganzheit, Vollständigkeit und Vollkommenheit hervorbringt. Dieser Impetus ist geradezu die Essenz und *conditio sine qua non* des Lebens. Novalis sagt darum in seinen »Fragmenten«: »Nur das Unvollständige kann verstanden werden und uns weiterbringen. Das Vollständige kann nur genossen werden.« Und an einer anderen Stelle: »Alle Illusion ist zur Wahrheit so notwendig wie der Körper zur Seele.« – Letzteres könnten wir vielleicht in bezug auf den Zeitbegriff folgendermaßen modifizieren: Das Vergängliche ist der Unsterblichkeit oder

Hans Peter Dürr, der Physiker

Chaos-Theorie

dem Erlebnis der Ewigkeit ebenso notwendig wie der Körper der Seele oder die Materie dem Geist. Und indem wir dies sagen, sollten wir uns dessen bewußt sein, daß diese letztgenannten Prinzipien nicht unversöhnliche, sich ausschließende Gegensätze sind, sondern eher die äußersten Schwingungspunkte eines Pendels, d.h. Teile bzw. Grenzfälle ein und derselben Bewegung.

Indem wir uns der inneren Richtung und Bezogenheit unseres vergänglichen Lebens bewußt werden, entdecken wir die Ewigkeit, die in der Zeit beschlossen liegt, die Unsterblichkeit, die im Vergänglichen verborgen ist – und wir verwandeln die flüchtigen Gestalten zeitlicher Erscheinungsformen in die zeitlosen Symbole der Wirklichkeit.

Unsere Befreiung und Erlösung besteht nicht in einem Davonlaufen, in einer Weltflucht, sondern in der bewußten Verwandlung jener Elemente, die unsere Welt und unser Dasein ausmachen. Dies ist das große Geheimnis der *Tantras*[97], der esoterischen Tradition Indiens und Tibets und der Mystiker aller Zeiten. Unter den Denkern unserer Zeit hat dies niemand tiefer und schöner zum Ausdruck gebracht als Rilke, wenn er sagt: »Die Vergänglichkeit stürzt überall in ein tiefes Sein. Und so sind alle Gestaltungen des Hiesigen nicht nur zeitbegrenzt zu gebrauchen, sondern, soweit wir's vermögen, in jene überlegenen Bedeutungen einzustellen, an denen wir teilhaben. Aber *nicht im christlichen Sinne* (von dem ich mich immer leidenschaftlicher entferne), sondern in einem rein irdischen, tief irdischen, selig irdischen Bewußtsein gilt es, das *hier* Geschaute und Berührte in den weiteren, den weitesten Umkreis einzuführen. Nicht in ein Jenseits, dessen Schatten die Erde verfinstert, sondern in ein Ganzes, *in das Ganze.* Die Natur, die Dinge unseres Umgangs und Gebrauchs, sind Vorläufigkeiten und Hinfälligkeiten; aber sie sind, solange wir hier sind, unser Besitz und unsere Freundschaft, Mitwisser unserer Not und Froheit, wie sie schon die Vertrauten unserer Vorfahren gewesen sind. So gilt es, alles Hiesige nicht nur nicht schlecht zu machen und herabzusetzen, sondern gerade, um seiner Vorläufigkeit willen, die es mit uns teilt, sollen diese Erscheinungen und Dinge von uns in einem innigen Verstande begriffen und verwandelt werden. Verwandelt? Ja, denn unsere Aufgabe ist es, diese vorläufige, hinfällige Erde uns so tief, so leidend und leidenschaftlich einzuprägen, daß ihr Wesen in uns 'unsichtbar' wieder aufersteht.«[98]

Diese Auferstehung findet in jedem Akt introspektiver Schauung und geistiger Erweckung statt, wie wir es im Vorgang der Erleuchtung des Buddha gesehen haben. Es ist ein Akt der Auferstehung, in dem die letzte Verwandlung stattfindet und in der alle Ursachen zur Ruhe kommen im Lichte des vollkommenen Verstehens, in dem alle Dinge *transparent* werden und alles Erlebte und Erlittene in den Zustand der Verklärung tritt. Dann »stürzen sich alle Welten des Universums ins Unsichtbare, als in ihre nächst-tiefere Wirklichkeit«,[99] eine Wirklichkeit, die immer gegenwärtig ist in unserem Innern, jenseits von Zeit und Raum.

Anmerkungen

1 Helmuth von Glasenapp: »Zur Geschichte der buddhistischen Dharmaforschung«, in: *Zeitschrift der deutschen morgenländischen Gesellschaft,* Vol. 92 (Neue Folge, Vol. 17), 1938, Seite 414.
2 *Indische Welt,* Vol. 22, No. 3, 1951, Seite 37f.
3 Marie-Luise von Franz: *Zahl und Zeit,* Ernst Klett-Verlag, Stuttgart 1970, Seite 245.
4 Richard Wilhelm: *Weisheit des Ostens,* Diederichs Verlag, Düsseldorf-Köln 1951, Seite 33.
5 Vgl. mein Buch *Grundlagen tibetischer Mystik,* Verlag Rascher & Co., Zürich 1956 und Barth-Verlag, München 1972.
6 D.T. Suzuki: *Essays in Zen Buddhism,* London 1933, Vol. 2, S. 94f.
7 Ohasama-Faust: *Zen, der lebendige Buddhismus in Japan,* Gotha, Stuttgart 1925, S. 79.
8 Karlfried Graf Dürckheim: *Hara, die Erdmitte des Menschen,* O.W. Barth-Verlag, Weilheim 1967³, S. 80.
9 »*Samyak*« (Pali: sammā, Tibetisch: *yang-dak)* wird gewöhnlich mit dem vagen Begriff »recht« wiedergegeben. *Samyak* hat aber einen viel tieferen und eindeutigeren Sinn, es bedeutet die Völligkeit, Ganzheit, Vollständigkeit einer Handlung oder eines Zustandes, im Gegensatz zu etwas, das unvollständig, halb oder einseitig ist. Ein *Samyak-Sambuddha* ist ein »Vollkommen Erleuchteter«, ein völlig Erleuchteter, nicht ein »recht Erleuchteter«. *Samyak dṛṣṭhi* bedeutet daher mehr als rechte Ansichten oder Übereinstimmung mit gewissen vorgefaßten religiösen oder moralischen Ideen.
10 Edmund W. Sinnott: *The Biology of the Spirit,* The Viking Press, New York 1955.
11 Novalis: *Fragmente,* in: *Kritische Gesamtausgabe* 1928.
12 Eine eingehende Beschreibung und Analyse der achtzehn Arten der Leere befindet sich in Hiouen-tsangs Version der Mahā-Prajñāpāramitā; siehe D.T. Suzuki: *Essays in Zen Buddhism,* op. cit., Band III, S. 236ff.
13 Paul Dahlke: *Heilkunde und Weltanschauung,* Hippokrates Verlag, Stuttgart-Leipzig-Zürich 1928, S. 15.
14 Martin Buber: *Essays,* Manesse Verlag, Zürich.
15 Jacob Bronowski (aus einem Vortrag an der amerikanischen Akademie der Kunst und Literatur).
16 Die Einteilung in Vergangenheit, Gegenwart und Zukunft wird bereits in Vasubandhus *Abhidharmakośa-śāstra* erwähnt: I, 14b. Vgl. »Die fünf Skandhas und die Lehre des Bewußtseins« in meinen *Grundlagen tibetischer Mystik,* S. 74ff, op. cit.
17 In der *Divine Symphony* von Inayat Khan finden wir eine interessante Parallele zu diesem Gedanken. Er sagt: »Wenn ich meine Augen der äußeren Welt öffne, dann fühle ich mich wie ein Tropfen im Meer, aber wenn ich meine Augen schließe und nach innen schaue, dann sehe ich das ganze Universum, wie eine Blase, die im Ozean meines Herzens aufsteigt.«
18 Ich verdanke diese Information einer Anmerkung in dem von Lessing und Wayman übersetzten Buch *Fundamentals of the Buddhist Tantras* von M'khas grub rje, S. 270.
19 Im Gegensatz zu dieser natürlichen Geste des Betens, welche in unzähligen alten Gemälden und Skulpturen verschiedenster Religionen dargestellt ist, steht eine andere Geste, in der die Finger so verschlungen werden, daß es scheint, als ob die betende Person gefesselt wäre oder sich bemühte, in einem Gefühl der Hilflosigkeit und Verzweiflung etwas durch die schiere Kraft des Willens zu erreichen. Es ist bezeichnend, daß diese Geste – welche augenscheinlich im frühen und mittelalterlichen Christentum und selbst während der Renaissance noch unbekannt oder nicht gebräuchlich war (wie wir aus zahllosen berühmten Gemälden ersehen können) – nun, wie es scheint, in den Ländern des Westens gang und gäbe ist. Es entsteht die Frage: Ist diese Gebetshaltung nicht ein Spiegelbild der verspannten, wenn nicht geradezu verkrampften Haltung des westlichen Individuums?
20 Giuseppe Tucci: *The Theory and Practice of the Mandala,* Rider & Co., London 1961, S. 83 (zitiert nach der englischen Ausgabe).
21 Ibid.
22 Katto-shu, Teil 11, Blatt 27b–28a, zitiert von Ohasama-Faust in: *Zen, der lebendige Buddhismus in Japan,* Pertes A.G., Gotha-Stuttgart 1925.
23 Dwight Goddard: *A Buddhist Bible,* London 1956.
24 Long-chen-pa: »The Natural Freedom of Mind«, Übersetzung von H.V. Guenther, in: *Crystal Mirror* IV, Dharma Press, Berkeley 1976, S. 123.

25 H. Zimmer: *Ewiges Indien,* Müller & Kiepenheuer, Potsdam 1930, S. 81.

26 Alan Watts: *Cloud-Hidden. Whereabouts Unknown,* Pantheon Books, New York 1973, Seite 7.

27 »Es ist interessant, die verschiedenen metaphysischen Kirchen und okkulten Gruppen zu beobachten, die das Wort 'Wissenschaft' ihrer Organisation anhängen. Da gibt es 'Religiöse Wissenschaft', 'Okkulte Wissenschaft' etc., alle mit mißverständlichen Titeln versehen, die jedoch das große Prestige, das mit dem Namen 'Wissenschaft' verbunden ist, auszunützen suchen. Wenn der Durchschnittsmensch die Disziplin zu benennen hätte, die den größten Machtanspruch bezüglich der Realität hat, so würde es die Wissenschaft sein, denn es gibt so etwas wie ein grundlegendes Wissen von der Macht des am Buchstaben klebenden, die Maße bestimmenden Bewußtseins, das für die Wissenschaft grundlegend ist. Jedoch gibt es auch andere Modifikationen des Bewußtseins, die nicht linear, nicht folgerichtig und intuitiv in ihrem Ablauf sind.« *(Dream reality* von James J. Donahoe, Bench Press, Oakland, California, 1974).

Es ist dieses intuitive, nicht geradlinige, nicht folgerichtige Bewußtsein, mit dem wir in meditativen und mantrischen Praktiken zu tun haben. Ein solches Bewußtsein ist weder meßbar noch eignet es sich zum »Biofeed-back«. Aber es ist typisch für die Oberflächlichkeit der Menge, daß sie sofort in die Falle pseudowissenschaftlicher Geistigkeit geht, die an die Meßbarkeit und Quantifizierung geistiger Zustände und Erfahrungen glaubt, als ob die Menge der Energie, die dabei angewandt wird, irgend etwas mit dem Wert oder der geistigen Bedeutung des resultierenden Geisteszustandes zu tun hätte!

28 Richard Wilhelm: *Das Geheimnis der goldenen Blüte.* Mit einem europäischen Kommentar von C.G. Jung, Dorn Verlag, München 1929, S. 32.

29 Rabindranath Tagore: *Sādhana,* K. Wolff Verlag, München 1921 (zitiert nach der englischen Ausgabe)

30 Heinrich Zimmer: *Ewiges Indien,* op. cit., S. 81–82.

31 Diese Formel zeigt, daß – wie schon der Name »Keimsilbe« andeutet – es sich hier nicht um etwas Statisches, sondern vielmehr um etwas *Wachsendes* handelt, das sich in immer höhere Dimensionen erstreckt, indem der wachsende Erfahrungsinhalt mit geistigen wie intellektuellen Relationen dauernd zunimmt.

32 *Avalokiteśvara-guṇa-karaṇḍa-vyuha,* herausgegeben von Satya Bratu Samasrami, Calcutta 1873.

33 Genauere Angaben über den buddhistischen *Cakra-Yoga* in meinem Werk *Grundlagen tibetischer Mystik,* op. cit.

34 Ich spreche von der »Funktion« der Form, weil die Form nicht statisch ist sondern ein energetischer Zustand in einem mehr oder weniger großen Gleichgewicht.

35 *The Biology of the Spirit,* op. cit.

36 Ibid, S. 66.

37 H. Zimmers Definition des Yoga.

38 »An Aside on Consciousness« von Jacquetta Hawkes (J.B. Priestleys Frau) aus ihrem Buch über England, *A Land,* das im Rahmen einer Anthologie von Whit Burnett herausgegeben wurde unter dem Titel *The Human Spirit.* George Allen & Unwin, London 1960.

39 Djelal-ud-Din Rumi.

40 Aus einer Sammlung meiner Gedichte unter dem Titel *Maṇḍala,* Origo Verlag, Zürich 1961.

41 Karlfried Graf Dürckheim: *Hara – the Vital Center of Man,* George Allen & Unwin, London 1962, S. 158f.

42 Ibid, S. 18. (Da ich die deutsche Ausgabe nicht vor mir hatte, so ließen sich kleine Verschiedenheiten zwischen der Übersetzung und dem deutschen Original nicht vermeiden.)

43 *Crystal Mirror* IV., op. cit.

44 Die »hypnotischen Kreise« waren ursprünglich die bekannten Bewußtseinszentren *(cakras)* und die ihnen entsprechenden Farben und Elemente (Erde, Wasser, Feuer, Luft, Äther), die dem alten System des *Cakra-Yoga* entlehnt wurden. Diese tatsächliche Bedeutung der *Kasina* war aber in der Zeit, in der diese Übungen von den Theravādins übernommen wurden, lange in Vergessenheit geraten.

45 »Seit langem ist es kein Geheimnis mehr, daß das verehrungswürdige Grundkonzept der modernen Psychologie, 'das Unbewußte', ein eher unkritischer und obskurer Begriff ist.« Medard Boss in: *Indienfahrt eines Psychiaters,* S. 19.

»Die heutige psychologische Terminologie, welche das 'Unbewußte' im Gegensatz zum Bewußten postuliert, macht sich dadurch einer Verfälschung der grundlegenden psychosomatischen Tatsachen schuldig. Diese Terminologie und die folglich falsch strukturierten Phänomene sind ein typisches Beispiel für die falschen Schlüsse, die durch einen radikal praktizierten Dualismus entstehen.« Jean Gebser in: *Ursprung und Gegenwart,* Deutsche Verlagsanstalt, Stuttgart 1949, Band I, S. 327.

»Das moderne Denken leidet unter dem Vorurteil, daß das Bewußtsein ein rein oberflächlicher Auswuchs der Wirklichkeit sei und daß, je grundlegender die Energie, das Prinzip

oder die Substanz wird, um so blinder und unbewußter muß sie sein.« Alan W. Watts in: *The Supreme Identity,* Noonday Press, New York 1957, S. 56.
»Aus der Sicht Freuds ist das Unbewußte wesentlich der Sitz des Irrationalen. Im Denken Jungs erscheint diese Meinung meist umgekehrt; das Unbewußte ist essentiell der Sitz der tiefsten Weisheitsquellen, während das Bewußte der intellektuelle Teil der Persönlichkeit ist.« Erich Fromm in: *Zen Buddhism and Psychoanalysis,* Harper, New York 1960, S. 96.

46 *The Biology of Spirit,* op. cit., S. 88.

47 Ibid, S. 90.

48 O Herr, mache mich zum Werkzeug Deines Friedens!
Wo Haß ist, da laß mich Liebe säen,
Wo Unrecht herrscht, da laß mich Verzeihung bringen,
Wo Irrtum ist, laß mich die Wahrheit zeigen,
Wo Zweifel wohnt, laß mich Glauben bringen,
Wo Verzweiflung herrscht, laß mich Hoffnung geben,
Und wo Dunkel herrscht, da laß mich Licht bringen,
Wo Trauer ist, da Freude!

O Herr gib, daß ich nicht nach Trost suche, sondern tröste,
Daß ich mehr verstehe, als daß ich verstanden werde,
Daß ich mehr liebe, als daß ich geliebt werde,
Denn durch Geben empfangen wir,
Durch Vergeben wird uns vergeben,
Und durch das Sterben nur erwachen wir zum ewigen Leben.

49

Ye ca buddhā atītā ca	Alle Erleuchteten der Vergangenheit,
Ye ca buddhā anāgatā	Alle Erleuchteten der Zukunft,
Paccuppaña ca ye buddhā	Alle Erleuchteten der Gegenwart
Ahaṃ vandāmi sabbadā	Verehre ich zu allen Zeiten.

50 Karl With: *Bali.*

51 Graf Hermann Keyserling: *Reisetagebuch eines Philosophen,* Darmstadt 1922[6], zitiert nach der englischen Ausgabe.

52 Okakura Kakuzo: *The Book of Tea,* Tokyo 1906.

53 Ibid.

54 Rabindranath Tagore: *Sādhana,* op. cit., zitiert nach der englischen Ausgabe.

55 Ohasama-Faust: *Zen, der lebendige Buddhismus in Japan,* op. cit.

56 P.D. Ouspensky: *Tertium Organum,* O.W. Barth Verlag, München 1964.

57 Werner Heisenberg: *Der Teil und das Ganze,* Piper Verlag, München 1969.

58 Diese unterschiedlichen Eigenschaften von Form und Farbe werden gebraucht und sind zugleich grundlegende Mittel der Verwirklichung in tibetisch-tantrischen Meditationssystemen, in denen die gelenkte Vorstellungskraft in Form von Schaubildentfaltungen archetypischer Symbole die Klarheit der Form mit der Tiefe metaphysischer und emotionaler Farberlebnisse verbindet.

59 Es ist interessant festzustellen, daß Rot die Farbe ist, auf die sowohl Kinder als auch Tiere zuerst reagieren.

60 Näheres hierüber in meinem *Psychokosmischer Symbolismus des buddhistischen Stūpa,* Aurum Verlag, Freiburg i.Br., in Vorbereitung.

61 Dacqué: *Natur und Seele,* München 1926, S. 25.

62 Ibid, S. 26.

63 Rabindranath Tagore: *Sādhana,* op. cit., S. 114. (Zitiert nach der englischen Ausgabe).

64 E.F. Carrit: *What is Beauty?,* S. 29.

65 Vgl.: *Die psychologische Haltung der frühbuddhistischen Philosophie,* Rascher Verlag, Zürich 1962.

66 Spengler: *Der Untergang des Abendlandes,* München 1923, Band I, S. 234, zitiert nach der englischen Übersetzung.

67 Nach Kant ist der Raum die Form aller Erscheinungen äußerer Sinne bzw. die subjektive Bedingung der Sinnlichkeit, unter der allein die äußere Anschauung möglich ist.

68 Spengler, op. cit., S. 509, zitiert nach der englischen Übersetzung.

69 Spengler, op. cit., S. 505, zitiert nach der englischen Übersetzung.

70 St. Kramrisch: *A Survey of Painting in the Deccan,* Calcutta o. J., S. 6.

71 St. Kramrisch, op. cit., S. 7.

72 Ibid.

73 Spengler, op. cit., S. 230.

74 Aussprüche von L.A. Waddell: *The Buddhism of Tibet or Lamaism,* Heller, Cambridge 1934, S. 143–145. (Möglicherweise werden spätere Zivilisationen unsere mathematischen und chemischen Formeln und Symbole als »bedeutungsloses Kauderwelsch« bezeichnen, und unsere Theorien über das Universum mögen ihnen so kindisch erscheinen wie uns Heutigen manche mittelalterlichen Spekulationen. L. G.)

75 D.T. Suzuki: *Essays in Zen Buddhism,* op. cit., Band III, S. 290.
76 Nach D.T. Suzukis englischer Übersetzung, veröffentlicht in: Dwight Goddard: *A Buddhist Bible,* op. cit., S. 279.
77 Karma ist im Buddhismus ein rein psychologischer und kein metaphysischer Begriff. Er hat keineswegs die Bedeutung eines unwiderruflichen Schicksals oder Loses, sondern die von »Tun«. Die Definition von Handeln ist, entsprechend den Worten des Buddha im *Anguttara Nikāya* VI, 63: »Cetanaham bhikkhave kammam vadami« (»Wollen, o Mönche, das nenne ich tun!«). Mit anderen Worten, nur da, wo Absicht, das heißt bewußt motiviertes Handeln ist, können wir von einer »karmischen« Tätigkeit sprechen, und nur ein solches Tun hat charakterformende Auswirkungen, die unsere Neigungen bestimmen und damit unser zukünftiges Handeln und Reagieren. Charakter ist nichts anderes als die Tendenz unseres Willens, die sich durch wiederholte Handlungen herausbildete. Jede bewußt ausgeführte Handlung hinterläßt eine unterbewußte Spur *(saṁskāra).* Sie ist einem Pfad vergleichbar, der durch den Vorgang des Begehens entstand. Wo aber solch ein einmal getretener Pfad besteht, werden wir spontan immer wieder diesen Weg benutzen, sobald sich eine entsprechende Situation ergibt. Das ist das Gesetz des Handelns und Reagierens, das wir *karma* nennen, das Gesetz des Sich-Bewegens in der Richtuno des geringsten Widerstandes, das heißt des oft beschrittenen und daher gangbarsten Pfades. Das nennt man gemeinhin die »Macht der Gewohnheit«. Und so, wie ein Töpfer Gefäße aus formlosem Ton gestaltet, so erschaffen wir durch Taten, Worte und Gedanken aus dem noch ungeformten Material unseres Lebens und unserer Sinneseindrücke das Gefäß unseres zukünftigen Bewußtseins, nämlich jenes, das ihm Form und Richtung gibt.
78 Diese sind formende Tendenzen, verursacht durch frühere Handlungen, die unseren Charakter ausmachen und unser Schicksal bestimmen.
79 A. David-Neel: *Heilige und Hexer,* Brockhaus-Verlag, Leipzig 1931.
80 Evans-Wentz: *Yoga und Geheimlehren Tibets,* O.W. Barth Verlag, München 1937.
81 Das Pali-Wort »*jhāna*«, wie es von den frühen Theravādins gebraucht wurde, hat eine allgemeinere Bedeutung als das entsprechende Sanskrit-Wort »*dhyana*«, das als ein Zustand »innerer Schau«, jenseits des diskursiven Denkens und logischer Gedankenvollzüge beschrieben werden kann.
82 Deutsch von Richard Wilhelm, Diederichs Verlag, Jena 1924.
83 Herbert V. Guenther: *Yuganaddha. The Tantric View of Live,* Chowkhamba Series, Varanasi 1952.
84 Ibid.
85 Alexis Carrel: *Man – the Unknown,* New York 1935.
86 Jean Gebser: *Ursprung und Gegenwart,* op. cit., Band II, S. 382.
87 Vergleiche dazu meine Abhandlung:*Logic and Symbol in the Multi-dimensional Conception of the Universe,* London 1961.
88 R.M. Rilke: *Briefe aus Muzot,* Insel Verlag, Leipzig 1937, S. 291ff.
89 Selbst die Freiheit, uns materieller Dinge zu bedienen, hängt von der Stabilität physikalischer Gesetze ab.
90 *Die psychologische Haltung der frühbuddhistischen Philolosophie,* op. cit.
91 Näheres hierüber in meinen *Grundlagen tibetischer Mystik,* op. cit., S. 243.
92 Die mit einem Stern versehenen Klammern sind von mir hinzugefügt.
93 D.T. Suzuki: *Essays in Zen Buddhism,* op. cit., Band III, S. 72f.
94 Henri Bergson: *L'Evolution Créatrice,* Paris 1907.
95 Ludwig Klages: *Vom kosmogonischen Eros,* Georg Müller Verlag, München 1922, Seite 103–104.
96 »Es ist aufschlußreich genug, in welchem Maße die psychologische Literatur noch heute das bloß Unbewußte mit dem 'Verdrängten' und dem Vergessenen identifiziert und damit den reinen Gegensatzbegriff selber entwertet. 'Unbewußt' – falls man diesen irreführenden Begriff überhaupt verwenden will – ist jeweils nur eine Dimension weniger, welche durch die nächstdimensionierte Ebene erschlossen wird. Doch das beinhaltet keine generelle Gegensätzlichkeit von Unbewußtem und Bewußtsein, noch weniger eine Negierung desselben, sondern lediglich eine Andersartigkeit des Bewußtseins selbst....« (Gebser, op. cit., Band I, S. 329).
97 *Grundlagen tibetischer Mystik,* op. cit.
98 Ibid.
99 R.M. Rilke: *Briefe aus Muzot,* op. cit., S. 373ff.

INDEX

Die Anordnung des Index folgt dem deutschen Alphabet ohne Berücksichtigung diakritischer Zeichen (wie in ā, ś, ṣ, n, ṅ, ṇ etc.) und der stummen Anfangsbuchstaben in tibetischen Wörtern. Alle indischen und tibetischen Wörter sind in *Kursiv* gesetzt. Pāli-Wörter sind durch (P), tibetische durch (T) gekennzeichnet. Alle anderen in Kursiv gesetzten Wörter gehören dem Sanskrit an. Bei häufig vorkommenden Ausdrücken sind nur diejenigen Seiten angegeben, die eine wesentliche Definition oder Information enthalten. Bei evt. abweichender Schreibweise der Fachtermini im Text ist die im Index vorliegende Transskription verbindlich.

Weitere Bücher aus dem Aurum Verlag

Gopi Krishna

HÖHERES BEWUSSTSEIN

— Die evolutionäre Kundalini-Kraft —

184 Seiten, gebunden

Hier werden klare, direkte Antworten gegeben auf Fragen wie: Was ist höheres Bewußtsein? Was ist Kundalini? Wie wirkt Kundalini? Was ist die biologische Ursache für den nächsten Schritt menschlicher Evolution? »Aufschlußreich sind die Angaben über Samadhi, das Samyama, die Seele im Lichtmantel, . . . den vierten Bewußtseinszustand sowie die ›Verwandlung der psychischen Energie‹ . . .« *(Yoga in Ost und West)* »Gopi Krishna beleuchtet eine Fähigkeit unserer inneren Welt . . ., die man benützen kann, um die höchsten Ideale zu verwirklichen.« *(Laura Huxley)*

Kosho Uchiyama Roshi

ZEN FÜR KÜCHE UND LEBEN

Hrsg., bearbeitet u. mit einer Einführung versehen von F.-A. Viallet

168 S., kart. cell.

Zen für Küche und Leben ist ein Kochbuch ganz eigener Art: ein typisches Produkt des Zen. Die Küchenkunst wird hier zur Zen-Handlung, wird interpretiert als deutliche Anweisung für unser ganzes Dasein. Uchiyama hat lange Jahre selbst das Amt eines Tenzo im Kloster Antai-ji bekleidet, bevor er Abt dieses Klosters wurde. Seine bilderreiche, oft von typischem Zen-Humor gewürzte Sprache mag den Leser zuweilen schockieren. Doch immer strahlen die tiefe persönliche Erfahrung und die hohe Stufe seiner Erkenntnis aus und teilen sich dem Leser mit. Den Weg zum Selbst weisend, zeigt er, daß die Welt des Zen »die ganze Menschheit, des Ostens wie des Westens, umschließt«.